Gran Canaria

Izabella Gawin

DUMONT
Reise-Taschenbuch

Inhalt

Schnellüberblick   6
Insel der Kontraste 8
Lieblingsorte   10

Reiseinfos, Adressen, Websites

Information	14
Wetter und Reisezeit	16
Rundreisen planen	17
Anreise und Verkehrsmittel	20
Übernachten	24
Essen und Trinken	27
Aktivurlaub, Sport und Wellness	30
Feste und Unterhaltung	32
Reiseinfos von A bis Z	35

Panorama – Daten, Essays, Hintergründe

Steckbrief Gran Canaria	42
Geschichte im Überblick	44
Aus Feuer geboren	48
Ein Kontinent en miniature	50
Königliche Wege	54
Die Wettermacher – Passat und Kanarenstrom	56
Wasser – kostbar und knapp	58
Meeresforschung – gesponsert von der EU	61
Vom Zucker zur Banane – Eine Abfolge von Monokulturen	63
Olivenöl aus Gran Canaria	66
Tourismus – stagnierende Zahlen auf hohem Niveau	67
Altkanarier – die ›wilden‹ Ureinwohner	69
Endstation Sehnsucht – Flüchtlinge mit Kurs auf die Kanaren	72

Inhalt

Curanderos und Santeros – kanarische Hexerei	74
Klassiker und Krimi-Autor – Literaten aus Las Palmas	76

Unterwegs auf Gran Canaria

Die Inselmetropole Las Palmas	80
Las Palmas	82
Die Altstadt	82
Ciudad Jardín	98
Santa Catalina und Canteras-Strand	100
Der Osten	112
Alte Städte und Höhlen	114
Telde	114
La Atalaya	116
Pico de Bandama	117
Valsequillo	117
Cuatro Puertas	121
Ingenio	121
Agüimes	121
Arinaga	127
Vecindario	127
Pozo Izquierdo	128
Juan Grande	129
Castillo del Romeral	129
Der Süden: Costa Canaria	130
Die schönsten Strände	132
San Agustín	133
Playa del Inglés	137
Ausflug in den Barranco de Fataga	141
Maspalomas	147
Meloneras	154
Los Palmitos	160
Pasito Blanco	161
Salobre	161
Der Südwesten: Costa Mogán	162
Gran Canarias sonnigste Seite	164
Arguineguín	164

Inhalt

Patalavaca	167
Puerto Rico	170
Playa Amadores	172
Tauro	173
Playa del Cura	174
Taurito	174
Puerto de Mogán	175

Der Westen — 182
Die wilde Seite der Insel	184
Mogán	184
Veneguera	185
Playa de Tasarte	188
Mirador de Tasartico	188
La Aldea de San Nicolás	189
Puerto de la Aldea	193
Mirador del Balcón und El Risco	194
Puerto de las Nieves	196
Agaete	199
Valle de Agaete	204
Sardina del Norte	208

Der Norden — 210
Grün und fruchtbar	212
Gáldar	213
Santa María de Guía	217
Cenobio de Valerón	219
El Roque	223
Moya	223
Fontanales	225
Firgas	226
Arucas	228
Teror	232
Tafira	239
Santa Brígida	239
Vega de San Mateo	240

Das Zentrum — 242
Großartige Gebirgslandschaft	244
Cruz de Tejeda	244
Tejeda	248
Artenara	257
Ayacata	261
Roque Nublo	262
Pico de las Nieves	262
El Juncal	263

Inhalt

Presa Cueva de las Niñas	266
Presa de Chira	266
San Bartolomé de Tirajana	267
Santa Lucía	269
Temisas	270
Fataga	271
Sprachführer	278
Kulinarisches Lexikon	280
Busfahrplan	282
Register	285
Bildnachweis/Impressum	288

Auf Entdeckungstour

Kolumbushaus – Die Casa de Colón	86
Belle Époque und junge Kunst	92
Bodegas im Inselosten	118
Höhlenwohnungen im Barranco de Guayadeque	124
Durch die Mini-Sahara	150
Bootstrip zu Walen und Delfinen	168
Agaldar und die Cueva Pintada	214
›Blütenkäse‹ – Kostprobe im Inselnorden	220
Heilige Bäume und betrunkene Ratten – im Jardín Canario	236
Mandeln, Makronen, Marzipan – im Mandeldorf Tejeda	250

Karten und Pläne

Las Palmas: Altstadt	84
Las Palmas: Santa Catalina	102
Besuch in Bodegas, Routenkarte	119
Barranco de Guadayeque, Routenkarte	125
San Agustín & Playa del Inglés	138
Maspalomas & Meloneras	148

▶ Dieses Symbol im Buch verweist auf die Extra-Reisekarte Gran Canaria

Schnellüberblick

Der Norden
Die Küste ist brandungsumtost, die mittleren Höhenlagen sind fruchtbar, feucht und üppig grün. Dank blühender Landwirtschaft entstanden eine Reihe hübscher historischer Ortskerne, u. a. in Gáldar, Arucas und Teror. ›Tourismus auf dem Land‹ ist im Kommen. S. 210

Der Westen
Gran Canarias wilder Westen mit spektakulärer Steilküste und einsamen Buchten. Im Hinterland tiefe Schluchten, einige karg, andere subtropisch grün. Zum Urlaub bestens geeignet ist das Tal von Agaete, das sich über 10 km ins zentrale Gebirgsmassiv erstreckt. S. 182

Der Südwesten: Costa Mogán
Im Windschatten des Nordostpassats ist es wunderbar warm, allerdings gibt es keine langen Naturstrände. Hotels und Apartmentanlagen wurden längs steiler Felswände hochgezogen; positive Ausnahme ist Puerto de Mogán, das mit einem schönen Hafen ins Meer ragt. S. 162

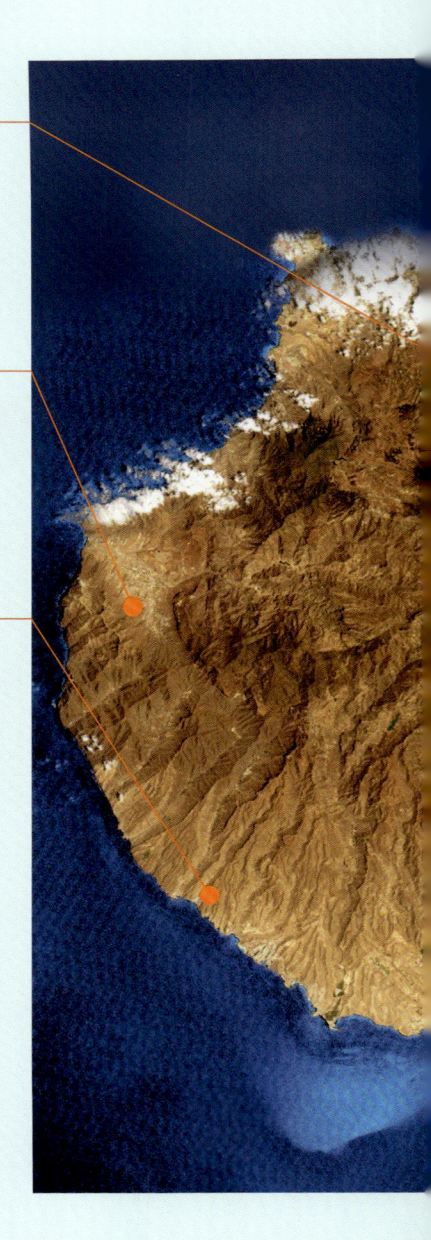

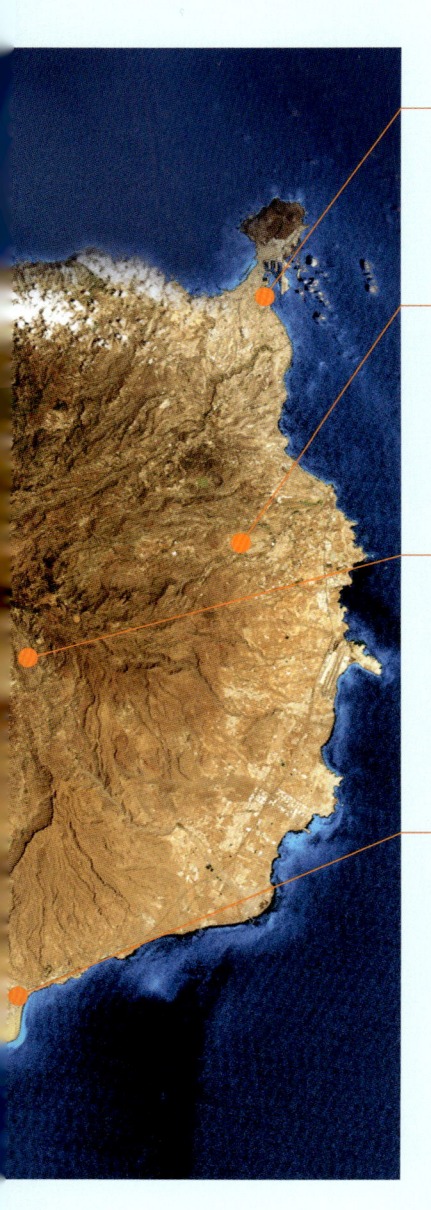

Las Palmas
Lebendige Metropole mit stimmungsvoller Altstadt und einem 4 km langen Paradestrand, der ›Copacabana‹ der Kanaren. Hier lassen sich Bade- und Kultururlaub bestens verbinden. S. 80

Der Osten
Historische Städtchen wie Telde und Agüimes kontrastieren mit neuen Urbanisationen. An der Küste lohnt nur Aringa einen Stopp, Pozo Izquierdo ist Top-Spot der Surfer. Eine Oase in der kargen Region ist der Barranco de Guayadeque – nicht entgehen lassen! S. 112

Das Zentrum
Großartige Gebirgslandschaft mit knapp 2000 m hohem ›Schneegipfel‹ und ›Wolkenfels‹, tiefen Canyons, Kiefernwäldern und Seen. Aufgrund ihres unberührten Charakters wurde sie ein Unesco-Biosphärenreservat: ein fantastisches Wanderrevier mit guten Unterkünften in Tejeda, Fataga und San Bartolomé. S. 242

Der Süden: Costa Canaria
Angrenzend an lange Sandstrände entstanden die bekannten Ferienzentren Maspalomas und Playa del Inglés. Nur wenige Kilometer landeinwärts ist von Massentourismus keine Spur, zerklüftete Schluchten ziehen sich ins Landesinnere. S. 130

Izabella Gawin

Mit Izabella Gawin unterwegs
Izabella Gawin studierte Kunst, Spanisch und Deutsch und schrieb ihre Doktorarbeit über die Kolonialgeschichte Gran Canarias. Doch statt danach eine akademische Laufbahn einzuschlagen, zog sie es vor, unterwegs zu sein. Sie hat das Reisen zum Beruf gemacht und zahlreiche Bücher zu europäischen Zielen verfasst. Die Kanarischen Inseln haben es ihr so sehr angetan, dass sie dort jeden Winter mehrere Monate verbringt. Ihre besondere Liebe gehört Gran Canaria, wo man alles hat: eine spannende Stadt, einsame Berge und kilometerlange Strände.

Insel der Kontraste

Buchen, hinfliegen und ab zum Strand! Für kältegeschädigte Europäer ist die Atlantikinsel rund ums Jahr ein verlockendes Urlaubsziel mit Sonnengarantie, feinsandiger Küste, sauberem Wasser und Badevergnügen. Immer scheint das Meer zum Greifen nah, man sieht und man riecht es, hört sein Rauschen und das Möwengeschrei.

Von der Küste in die Berge
So schöne Aussichten – und so leicht zu haben! Ein Urlaub auf Gran Canaria ist leicht organisierbar, von allen größeren Städten starten Flieger mehrmals wöchentlich auf die Insel. Die touristische Infrastruktur vor Ort ist perfekt, auch braucht man keine Angst zu haben vor Anschlägen oder hoher Kriminalität.

Derart optimale Bedingungen haben jedoch dazu geführt, dass die Südküste mittlerweile zugebaut ist: Von Bahía Feliz bis Puerto de Mogán reihen sich Hotel- und Apartmentanlagen aneinander, nur aufgelockert durch das Grün der Golfplätze.

Doch muss man sich nur wenige Kilometer von den Bettenburgen fortbewegen, um ein völlig anderes Gran Canaria zu erleben – einsam, wild und unberührt. Beeindruckend ist die Vielfalt der Landschaften, die sich dort auftut. Die Palette reicht von der Wüste bis zum Regenwald, von der Palmenoase bis zum Hochgebirge. Nicht umsonst nennt man Gran Canaria einen ›Kontinent im Westentaschenformat‹.

Canyons und Steilküsten
Vom fast 2000 m hohen ›Schneegipfel‹ Pico de las Nieves in der Inselmitte senken sich strahlenförmig Dutzende von Schluchten zur Küste hinab. Jede hat ihren ganz eigenen, unverwechselbaren Charakter: Im Süden sind die Canyons so sonnenverbrannt und wüst, dass sie als Kulisse für manch einen Western dienten. Dagegen wird im feuchteren Norden die Wildheit durch subtropisch üppige Vegetation gemildert: Saftige Hochalmen, erfüllt vom Gebimmel der Schafherden, wechseln

Relaxen unter Palmen – hier in Meloneras

ab mit grünen Tälern und Bananenfeldern. Wieder ein anderes Bild bietet die Westküste: Dort erlebt man die Gewalt des Meeres, das sich den weichen Teil des Landes einverleibt hat, so dass bis zu 1000 m hohe Steilklippen aufragen. Sie sind so unzugänglich, dass sich auf einer Länge von fast 60 km kaum Menschen angesiedelt haben.

Unvergesslich bleibt die Bergwelt im Zentrum der Insel: eine bizarre Felslandschaft mit weiten Panoramen, Stauseen und Höhlendörfern. Wenn im Frühjahr der Ginster die Berghänge mit strahlendem Gelb überzieht, glaubt man, ein Traumgebilde vor sich zu haben. Schon die spanischen Konquistadoren waren von der Vielfalt der Landschaften so beeindruckt, dass sie der Insel den Beinamen ›groß‹ gaben und sie zur Namensgeberin des Kanarischen Archipels erkoren.

Karibisches Flair

Dabei ist Gran Canaria nur die drittgrößte der Kanarischen Inseln. Sie liegt 1200 km vom spanischen Festland, aber nur 200 km vom afrikanischen Kontinent entfernt, auf halbem Weg in die Karibik, mit der sich die Kanarier stark verbunden fühlen. Lebensart, Gebräuche und Geschichte, der Singsang der Sprache und viele Worte kommen einem alles andere als spanisch vor.

Sie sind das kulturelle Erbe der Auswanderer, die der kanarischen Heimat vor 500 Jahren den Rücken kehrten, um ihr Glück in Amerika zu suchen. Später kamen sie zurück und brachten in ihrem Gepäck Salsa, Merengue und Reggae sowie eine ›tropische‹ Herzlichkeit mit. Dagegen ist die Nähe zu Afrika kaum zu spüren: Nur der heiße Wüstenwind Calima, der die Insel hin und wieder überfällt, ein paar verirrte Heuschreckenschwärme und die Flüchtlinge, die sich in kleinen Booten nach Europa retten wollen, erinnern an den Nachbarkontinent.

Gran Canaria hat viele Gesichter – deshalb lohnt es sich, ins Hinterland aufzubrechen! Und vielleicht bekommen Sie Lust, sich im nächsten Urlaub abseits der Ferienzentren einzumieten, sei es in einem kleinen Landhotel oder einer restaurierten Finca. Beim Kontakt mit den Kanariern werden Sie angesteckt von südländischer Lebensart!

Wintergarten Hotel Reina Isabel:
Licht, Luft und Laissez faire, S. 104

Sunset Boulevard Meloneras:
Schönste Promenade des Südens, S. 156

Lieblingsorte!

Piedra del Agua bei Veneguera:
Rast mit hochdosierten Vitaminen, S. 186

Felsbucht La Caleta bei Agaete:
Wo sich wilde Wellen brechen, S. 200

Von El Sao nach El Hornillo:
Paradeweg längs einer Schlucht, S. 206

Mirador de Unamuno in Artenara:
Dramatische Gebirgslandschaft, S. 258

Die Reiseführer von DuMont werden von Autoren geschrieben, die Ihr Buch ständig aktualisieren und daher immer wieder dieselben Orte besuchen. Irgendwann entdeckt dabei jeder Autor und jede Autorin ganz persönliche Lieblingsorte. Dörfer, die abseits des touristischen Mainstreams liegen, eine intime Strandbucht, Plätze, die zum Entspannen einladen, ein Stückchen ursprüglicher Natur, eben Wohlfühlorte, an die man immer wiederkehren möchte.

Presa Cueva de las Niñas:
Picknick an einem Stausee, S. 264

Malerische Gassen in Fataga:
Ein kanarisches Gebirgsdorf, S. 272

Reiseinfos, Adressen, Websites

Gran Canaraia ist ganzjährig ein beliebtes Strand- und Badeziel

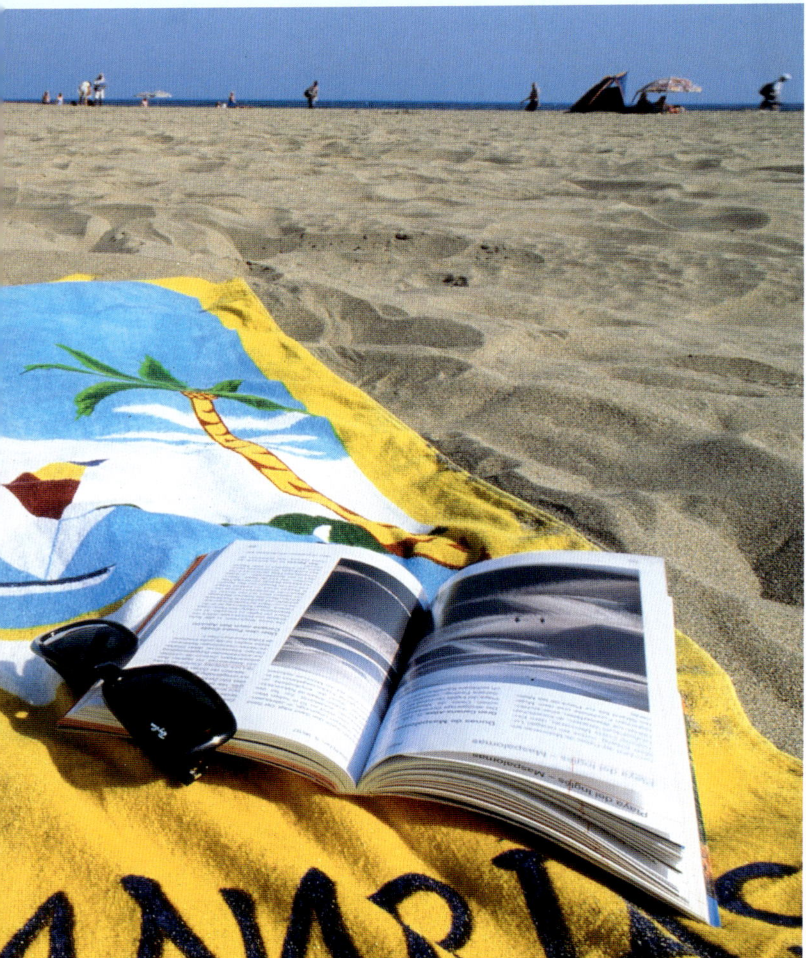

Information

Die besten Internetseiten

www.grancanaria.com
Die Website des Patronato de Turismo, der zentralen Touristikorganisation Gran Canarias, hat eine deutsche Sprachversion und gibt gute allgemeine Infos, wirbt für Aktivangebote und kommende Kulturveranstaltungen. Dazu ein Ausblick auf das Wetter der nächsten zehn Tage, Webcams, Videos und Fotogalerien.

www.grancanariacultura.com
Die Inselregierung veröffentlicht auf ihrer Seite alles Wissenswerte zu Museen und Galerien nur auf Spanisch.

www.infocanarias.com
Online-Version der Printausgabe der gleichnamigen deutschsprachigen Wochenzeitschrift. Mit aktuellen Artikeln zu Gran Canaria, der Gezeiten-Tabelle und einem Forum zum Archipel.

www.ecoturismocanarias.com
Professionelle Homepage für den sanften Tourismus mit Angeboten zu restaurierten Land- und Herrenhäusern.

www.turismodecanarias.com
Attraktive Website mit aktuellen Kulturinfos, Satellitenbildern der Inseln, 360°-Ansichten und Videos, Insel- und Stadtplänen.

www.canarias-foto.com
Bilderbank der Kanarischen Inseln von Tullio Gatti, nach Inseln und Themen sortiert. Mit englischer Sprachversion.

www.wetteronline.de/Spanien/LasPalmas.htm:
Das Wetter auf Gran Canaria in den nächsten drei Tagen.

Fremdenverkehrsämter

Prospektmaterial fordert man in Deutschland unter Tel. 06123 991 34 oder Fax 06123 991 51 34 an. Auskünfte werden unter diesen Nummern nicht erteilt. Diese bekommt man nur in den hier aufgeführten Büros des Spanischen Fremdenverkehrsamts.

In Deutschland

Spanisches Fremdenverkehrsamt
Kurfürstendamm 63, 10707 Berlin
Tel. 030 882 65 43
Fax 030 882 66 61
berlin@tourspain.es

Grafenberger Allee 100
40237 Düsseldorf
Tel. 0211 680 39 81
Fax 0211 680 39 85
duesseldorf@tourspain.es

Myliusstr. 14, 60323 Frankfurt
Tel. 069 72 50 38
Fax 069 72 53 13
frankfurt@tourspain.es

Postfach 151940
80051 München
Tel. 089 53 07 46-11, -12,
Fax 089 53 07 46-20
munich@tourspain.es

In Österreich

Spanisches Fremdenverkehrsamt
1010 Wien, Walfischgasse 8
Tel. 01-512 95 80, Fax 01-512 9 581
viena@tourspain.es

In der Schweiz

Spanisches Fremdenverkehrsamt
8008 Zürich, Seefeldstr. 19
Tel. 044 253 60 50, Fax 044 252 62 04
zurich@tourspain.es

Reiseinfos

Auf Gran Canaria
Alle Gemeinden haben Büros eingerichtet, in denen man mit kostenlosen Inselkarten, Busfahrplänen und Broschüren versorgt wird. Bestens bedient wird man in den Touristenzentren Playa del Inglés und Puerto Rico sowie in der Hauptstadt Las Palmas.

Karten

Straßenkarten
Einen guten Überblick vermittelt die Karte dieses Buches, auf ihr sind auch bereits die Straßen und Autobahnen korrekt nummeriert. Nur zur Grobübersicht taugt die Karte, die man in den Büros der Touristeninformation bekommt.

Weitere Karten findet man in der Librería del Cabildo in Las Palmas (Calle Cano 4, Triana). Die beste ist die von der Inselregierung erstellte ›Mapa de Carreteras‹: Sie ist preiswert, übersichtlich und auch im Detail weitgehend verlässlich, leider nicht immer vorrätig. Fragen Sie nach der neuesten Auflage!

Wanderkarten
Auf der Karte von Kompass sind alle Wanderungen zusammengetragen, die in den vergangenen Jahrzehnten in diversen Wanderbüchern auftauchten. Nicht alle sind heute noch begehbar.

Gleichfalls einer Überarbeitung bedarf die Karte von Freytag & Berndt und erst recht das aus 23 Einzelkarten bestehende topografische Kompendium, das die spanische Militärkartografie (Cartografía Militar de España) vor über 20 Jahren herausgab. Fazit: Wer wandern will, ist mit Karten schlecht bedient und kommt am Kauf eines guten Wanderbuchs eigentlich nicht vorbei (s. S. 55).

Lesetipps

Gran-Canaria-Krimis: s. ›Klassiker und Krimi-Autor – Literaten aus Las Palmas‹ (S. 76).
Gumpert, Gregor (Hrsg.): Kanarische Inseln. Ein Reisebegleiter, Insel Verlag, Frankfurt a. M. 2004. Die Kanarischen Inseln sind Schauplatz zahlreicher Romane, Erzählungen und Reisebeschreibungen. Im Insel-Taschenbuch finden sich viele Texte zu Gran Canaria, eine auch von Hans Henny Jahnn, der die Insel nie selber besucht und doch ein großartiges Stück Prosa über den Hafen von Las Palmas geschrieben hat.
Mueller, Carlos: Die Kanarischen Inseln – Reisen durch die Zeit, Dagmar Drewes Verlag, Celle 2006. Gut bebilderte Geschichte der Kanarischen Inseln, angereichert mit unterhaltsamen Exkursen und Anekdoten. Mit 48 € ein Buch für Liebhaber.
Pott, Richard / Hüppe, Joachim / de la Torre, Wolfredo Wildpret: Die Kanarischen Inseln – Natur- und Kulturlandschaften, Ulmer Verlag, Stuttgart 2003. Das Werk beleuchtet mit wissenschaftlichen Texten und vielen Fotos die aufgrund von Lage, Entstehung und Klima einzigartige kanarische Flora.
Spanisch für die Kanarischen Inseln: Reihe Kauderwelsch, Verlag Reise Know-How, Bielefeld 2003. Wer sich aus den Touristenorten hinausbewegen möchte, ist mit dem praxisnah orientierten Büchlein bestens bedient: Es vermittelt Grundkenntnisse der spanischen Sprache und stellt Besonderheiten der multikulturellen kanarischen Variante vor: von *guagua* (Bus) bis *naife* (Messer) und *queque* (Kuchen). Es macht auf unterhaltsame Art mit der Mentalität der Canarios vertraut und gibt wichtige Verhaltenstipps.
Wanderer: Buchempfehlungen finden sich im Essay ›Wanderparadies Gran Canaria‹.

Wetter und Reisezeit

Das ganze Jahr über ist Gran Canaria ein begehrtes Reiseziel, es herrscht ein durchweg angenehmes Klima. In den Urlaubsorten des Südens kann man im Sommer mit durchschnittlich 28 °C am Tag rechnen, nachts fällt das Thermometer kaum unter 20 °C.

In den Wintermonaten sind es etwa 5 °C weniger. Das Wetter ist in der Nordhälfte nicht so beständig wie im Süden; häufig sorgt der Nordostpassat für die Ausbildung einer dichten, über der Nordküste abbrechenden Wolkendecke. An der Südküste ist es an über 300 Tagen des Jahres sonnig, zwei bis drei Mal ist mit kurzem, aber kräftigem Regen zu rechnen.

Nur im Bergland, wo es zwischen Dezember und März empfindlich kühl werden kann, sind die Unterschiede zwischen den Jahreszeiten spürbar. Bei Kaltluftzufuhr sinkt die Frostgrenze auf 1400–1800 m. Kommt es an solchen Tagen zu Niederschlägen, sind die Zufahrtsstraßen zum Bergland verstopft: Viele Grancanarios wollen die Gipfel erstürmen und Schneemänner bauen.

Die beste Reisezeit

Baden ist zu allen Jahreszeiten möglich: Die Wassertemperatur beträgt im Sommer 22–23 °C, im Winter und Frühjahr sinkt sie auf 18–19 °C.

Wandern ist von September bis Juni ein Vergnügen, im Frühjahr sind Wiesen und Hänge von vielfarbigen Blütenteppichen überzogen. Im Juli und August ist es zum Wandern während der Mittagsstunden zu warm; während der Calima-Tage, wenn der Wind auf Südost dreht und Wüstenluft heranträgt, ist von Touren ganz abzuraten.

Wer seinen Urlaub kulturell anreichern will, schaut in den **Festkalender** (s. S. 32): Höhepunkte sind das vierwöchige Musikfestival zu Beginn des Jahres, es folgen das Opern- und das Kinofestival, im Juli ist Jazz, im November auf dem Womad Festival dann World Music angesagt.

Kleidung und Ausrüstung

Was also kommt in den Koffer? Wer Urlaub an der Küste macht, braucht leichte Sommerkleidung, sollte aber für Spaziergänge am Abend etwas Wärmeres dabeihaben – der Wind kann unangenehm auffrischen. Insbesondere für Ausflüge in die Berge und in den Norden benötigt man einen Pullover oder eine Jacke. Wer nicht als *guiri* (abfällig: Tourist) auffallen will, geht ordentlich gekleidet ins Lokal, d. h. mit Hemd und Hose bzw. Rock.

Klimadaten Gran Canaria

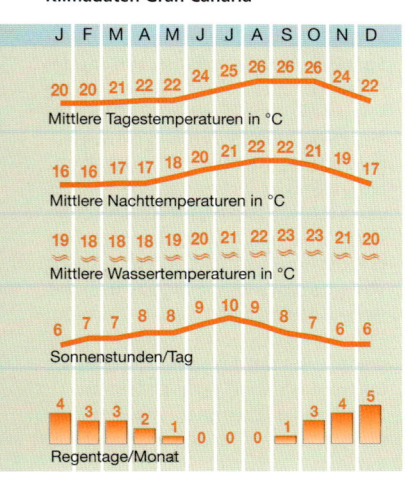

	J	F	M	A	M	J	J	A	S	O	N	D
Mittlere Tagestemperaturen in °C	20	20	21	22	22	24	25	26	26	26	24	22
Mittlere Nachttemperaturen in °C	16	16	17	17	18	20	21	22	22	21	19	17
Mittlere Wassertemperaturen in °C	19	18	18	18	19	20	21	22	23	23	21	20
Sonnenstunden/Tag	6	7	7	8	8	9	10	9	8	7	6	6
Regentage/Monat	4	3	3	2	1	0	0	0	1	3	4	5

Rundreisen planen

Die Insel wirkt klein, doch sie ist es nicht: Schluchten, die sich vom 2000 m hohen Zentrum in alle Himmelsrichtungen senken, verwandeln fast jede Fahrt in ein längeres Abenteuer. Nur auf der wenig attraktiven Ostautobahn von Las Palmas zur Costa Canaria kommt man schnell voran, ebenso auf der Nordstrecke von Las Palmas nach Agaete. Auf allen anderen Strecken planen Sie besser einen Schnitt von nur 30 km/Std. ein, auf abgelegenen Bergstrecken noch etwas weniger!

Tour 1: Zentrum und Südwesten

Gipfel, Bergdörfer und Seen

Die Bergrundfahrt macht mit spektakulären Landschaften bekannt. Von der **Costa Canaria** fährt man auf der GC-60 in die Fataga-Schlucht, dann via San Bartolomé de Tirajana nach **Ayacata** hinauf, wo man rechts zum **Roque Nublo** (Wolkenfels) einbiegt.

Höchstgelegener Stopp ist das Plateau am **Pico de las Nieves** (1949 m) mit atemberaubendem Panorama. An der **Degollada Becerra** (GC-150) schaut man in die Caldera hinab, am Parador von **Cruz de Tejeda** führt eine Straße links ins schöne Bergdorf **Tejeda** hinab. Wieder auf der GC-60, empfiehlt sich ein Abstecher zur Kultstätte **Roque Bentayga,** bevor man kurz vor Ayacata in die GC-605 abbiegt.

Durch Kiefernwald kommt man zum Stausee **Cueva de las Niñas,** biegt dann links ab nach El Barranquillo Andrés und erreicht einen zweiten Stausee, die **Presa de Soria.** Auf der GC-505 fährt man durch eine zerklüftete Schlucht zur Costa Canaria zurück (Länge ca. 120 km).

Tour 2: Westen und Nordwesten

Canyons und Steilküsten

Von **Puerto de Mogán** geht es durch ein fruchtbares Tal ins Bergdorf **Mogán,** anschließend 30 km lang durch eine einsame Gebirgslandschaft. Vom Pass **Degollada de la Aldea** schauen wir noch einmal auf die Schluchten hinter uns zurück, vor uns liegt bereits das Landwirtschaftszentrum **La Aldea de San Nicolás.**

Nachdem man den Ort durchfahren hat, kommt einer der Höhepunkte der Tour: Auf der schmalen, für Busse nicht passierbaren GC-210 fährt man an Stauseen vorbei durch einen fantastischen Canyon nach **Artenara** (53 km). Dort genießt man den Ausblick auf die Bergwelt und setzt die Tour auf der GC-21 in Richtung Osten fort. Kurz hinter dem Vulkankrater **Pinos de Gáldar** (mit Aussichtspunkt) geht es nordwärts hinab via Fontanales und Moya nach **El Roque.** Dort lohnt ein Spaziergang quer durch den Ort zur weit ins Meer ragenden, brandungsumtosten Felsspitze.

Auf der GC-2 erreichen wir **Agaete,** wo sich ein Fischessen in einem der vielen Restaurants am Hafen anbietet. Spektakulär ist auch wieder die nächste Etappe: Kühn krallt sich die GC-200 in die Klippen, jede Biegung hält eine neue Überraschung bereit. Bei guter Sicht schaut man übers Meer bis zur Nachbarinsel Teneriffa. Von der Fahrt erholt man sich in **Puerto de la Aldea** (130 km), bevor man auf bekannter Straße nach Puerto de Mogán zurückkehrt und im dortigen Jachthafen den Sonnenuntergang genießt (Länge ca. 170 km).

Reiseinfos

Mit dem Bus quer über die Insel
Bus 18 startet am Faro Maspalomas und fährt via Fataga und San Bartolomé ins Bergdorf Tejeda, wo man einen Zwischenstopp einlegen könnte. Weiter geht es mit Bus 18 oder 305 nach San Mateo, wo man in Bus 303 nach Las Palmas umsteigt. Von dort geht es alle 20–30 Min. zur Costa Canaria zurück.

Tour 3: Der Nordosten

Schöne Orte, Wein und Vulkan
Von **Las Palmas** folgt man der GC-2 bis Bañaderos und zweigt dort ab nach **Arucas**. Nach einem Besuch der Altstadt mit ihrer ›Kathedrale‹ geht es auf der GC-43 durch feuchtgrüne Fluren nach **Teror** hinauf. Man sollte sich Zeit nehmen für einen Besuch der ›Kiefernjungfrau‹ in der Basilika und einen Bummel über die romantische, kopfsteingepflasterte Plaza.

Oberhalb des Wallfahrtsorts wird die Landschaft wilder. Ein Stopp lohnt in **Cruz de Tejeda,** wo man Zeuge eines spektakulären Naturschauspiels werden kann: Während an den Nordhängen Wolken empor kriechen, lösen sie sich an der Südseite in Windeseile auf und geben den Bick frei auf ein zerklüftetes Gebirge. Eine besonders tolle Aussicht genießt man von der Terrasse des Paradors, eines staatlichen Vorzeigehotels im Bergstil. Anschließend schwenkt man ostwärts, passiert Vega de San Mateo und durchfährt auf einer Eukalyptusallee mehrere Villenorte.

Am Weinmuseum von **Santa Brígida** beginnt die Entdeckertour für Bodega-Freunde (s. S. 118). In **Tafira** biegt man rechts in die GC-802 ein, besucht das

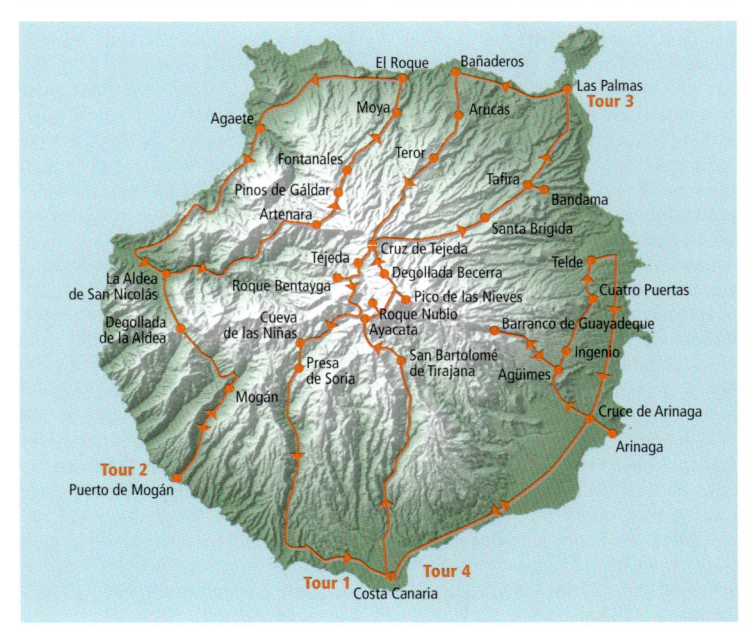

Reiseinfos

Maulesel – ein selten gewordenes Fortbewegungsmittel ...

Bodegón Vandama und den Vulkanberg **Bandama**. Nach einem Spaziergang durch den **Jardín Canario**, den größten Botanischen Garten Spaniens (s. S. 236), kehrt man nach Las Palmas zurück (Länge ca. 100 km).

Tour 4: Der Südosten

Höhlenschluchten und Felsfestungen

Von der **Costa Canaria** kommend, verlässt man die Autobahn GC-1 am Cruce de Arinaga und steuert als erstes Highlight **Agüimes** an. Der hübsche Gemeindeort wartet mit schmalen, gewundenen Gassen und ockerfarbenen Häusern auf – ein wenig fühlt man sich in eine marokkanische Medina versetzt. Anschließend empfiehlt sich ein Abstecher in den **Barranco de Guayadeque**, einer von Höhlen durchlöcherten Schlucht (s. S. 124). Ihr folgt man auf schmaler Straße bis zum Restaurant Tagoror in **Montaña de las Tierras**, auf der Rückfahrt wählt man den Abzweig nach Ingenio.

Parallel zur Autobahn, doch deutlich höher, durchfährt man eine herbeinsame Landschaft, Freunde altkanarischer Fundstätten legen bei **Cuatro Puertas** einen Halt ein. In **Telde** ignoriert man das hektische Zentrum und konzentriert sich auf die historischen Viertel San Juan und San Francisco.

Auf der Autobahn GC-1 geht es zur Südküste zurück. Wer unterwegs Hunger bekommt, macht einen Abstecher nach **Arinaga**: An der Meerespromenade gibt es mehrere gute Lokale (Länge ca. 110 km).

Anreise und Verkehrsmittel

Einreisebestimmungen

Bürger aus EU-Staaten und der Schweiz benötigen zur Einreise einen gültigen Personalausweis oder Reisepass. Für Kinder wird ein Kinderausweis mit Lichtbild empfohlen.

Haustiere: Zur Einreise mit **Hund oder Katze** benötigt man einen EU-Heimtierausweis, die Tiere müssen durch eine deutlich erkennbare Tätowierung oder einen Mikrochip gekennzeichnet sein. In einem Begleitdokument muss der gültige Impfschutz gegen Tollwut nachgewiesen werden.

Zoll: Innerhalb der EU ist der Warenverkehr zollfrei, sofern die Waren für den persönlichen Bedarf bestimmt sind. Als Höchstmengen gelten 800 Zigaretten oder 400 Zigarillos oder 200 Zigarren oder 1000 g Tabak, 10 l Spirituosen über 22 % Alkoholgehalt oder 20 l unter 22 % sowie 90 l Wein und 110 l Bier. Für Bürger aus der Schweiz sind die Freimengen niedriger: 200 Zigaretten, 2 l Wein oder andere Getränke bis 22 % Alkohol sowie 1 l Spirituosen mit mehr als 22 % Alkohol.

Anreise

... mit dem Flugzeug

Die meisten Urlauber kommen mit dem Flieger nach Gran Canaria. Maschinen starten von allen größeren Flughäfen Mitteleuropas mindestens einmal pro Woche, das Ziel ist in 4–5 Std. erreicht. Der Hin- und Rückflug kostet je nach Jahreszeit, Abflughafen und Kauftermin zwischen 200 und 600 €. Zu den bekanntesten Flugunternehmen gehören Air Berlin (www.airberlin.com), Condor (www.condor.de) und TUIfly (www.tuifly.com). Neuerdings drängen auch Billigunternehmen wie Ryanair (www.ryanair.com) und easyJet (www.easyjet.com) auf den kanarischen Markt. Im Schnitt deutlich teurer sind die Linienflüge von Iberia (www.iberia.com/de) und Lufthansa (www.lufthansa.com), bei denen man in der Regel auf dem spanischen Festland, meist in Madrid oder Barcelona, umsteigen bzw. zwischenlanden muss. Die Reisezeit dehnt sich dann oft auf 6–8 Std. aus.

Nur-Flüge ebenso wie Pauschalarrangements bucht man in Reisebüros oder im Internet. Preisgünstige Tickets werden früh verkauft, auch im Rahmen von Sonderaktionen, über die im E-Mail-Newsletter der betreffenden Fluggesellschaft informiert wird.

Riskant ist es geworden, auf ein Schnäppchen in letzter Minute zu spekulieren: Die Veranstalter sind dazu übergegangen, kurz vor Abflug nur noch eine begrenzte Zahl von Last-Minute-Flügen anzubieten. Diese werden in Reisebüros am Flughafen sowie über Agenturen wie L'tur (www.ltur.com) vermittelt, vor dem Kauf lohnt ein Blick auf die Website www.billigflieger-vergleich.de.

Sondergepäck wie Fahrräder, Surfbretter oder Tauchausrüstung muss rechtzeitig angemeldet werden und unterliegt besonderen Transportvorschriften. Tauch- und Golfgepäck bis zu einem Gewicht von 30 kg, aber auch Rollstuhl und Kinderwagen werden meist kostenlos befördert, dagegen ist die Mitnahme von Fahrrädern und Surfbrettern mit Zusatzkosten verbunden. Für den Transport im Taxi vom Flughafen zum Urlaubsort muss der Gast gleichfalls selber aufkommen.

Der internationale Flughafen **Aeropuerto de Gando** liegt im Osten Gran

Reiseinfos

Canarias, auf halber Strecke zwischen der Hauptstadt Las Palmas und den Touristenzentren der Costa Canaria. Pauschaltouristen werden bei Ankunft am Flughafen von der Reisebetreuung abgeholt und brauchen sich um nichts mehr zu kümmern.

Individualurlauber haben es etwas schwerer und müssen den Transfer selbst organisieren. Im Touristenbüro in der Ankunftshalle können sie sich mit Prospekten und Busplänen versorgen, Unterkunftsvermittlung ist nicht möglich. Im nördlichen Seitentrakt werben mehrere **Autoverleihfirmen** um Kunden. Wer einen Wagen bei einer internationalen Firma vor Reiseantritt gebucht hat, findet die Vertretung ebenfalls in der Halle.

Direktverbindungen der **Busfirma** GLOBAL gibt es nur mit Las Palmas und Playa del Inglés/Maspalomas. Die Busse sind grün und fahren rechts vom Ausgang des Flughafens ab. Ab 6.15 Uhr kommt man mit dem Schnellbus 60 nach Las Palmas: alle 30 Minuten zum Parque San Telmo (mit Anschluss ins Bergland und nach Agaete) oder stündlich zum Parque Santa Catalina im Hafenviertel. Schnellbus 66 fährt ab 7.20 Uhr stündlich nach Playa del Inglés/Maspalomas (mit Anschluss in Richtung Puerto Rico/Puerto de Mogán oder Fataga/San Bartolomé de Tirajana). Preisbeispiele für Taxi und Bus findet man unter Kapitel ›Geld‹ und ›Reisekosten und Spartipps‹ (s. S. 37).

… mit dem Schiff

Wer einen längeren Aufenthalt auf Gran Canaria plant, wird möglicherweise mit eigenem Wagen und viel Gepäck anreisen wollen. Eine Verbindung zu den Kanarischen Inseln unterhält Acciona/Trasmediterránea‹ einmal wöchentlich vom südspanischen Hafen Cádiz aus. Die Anfahrt von Mitteleuropa bis Cádiz muss mit ca. zwei Tagen veranschlagt werden, die Überfahrt dauert weitere zwei Tage.

Aktuelle Abfahrtszeiten und Preise findet man unter www. trasmediterranea.es, die Ticketreservierung erfolgt über die DER-Reisebüros.

Busse

Busse (kanarisch *guagua*) sind bequem und verkehren zwischen allen wichtigen Orten, nur im Bergland sind die Verbindungen selten. Fahrpläne der Busgesellschaft GLOBAL bekommt man in den Touristenbüros, im Kodak-Shop des Einkaufszentrums Yumbo (Playa del Inglés) und im zentralen Busbahnhof der Hauptstadt Las Palmas (Parque San Telmo). Einzeltickets gibt es nur beim Fahrer, doch kann man an Busbahnhöfen für 15 € die *tarjeta insular* kaufen, mit der man auf allen Inselstrecken 20 % spart. Man nennt dem Busfahrer das Reiseziel, zeigt ihm die Karte und schiebt sie in den Automaten. Die Karte gilt auch für die innerstädtischen Busse von Las Palmas. Infos im Internet: www.globalsu.net.

Mietwagen

Mit einem Leihwagen das grandiose Inselinnere zu erkunden gehört zu den unvergesslichen Erlebnissen eines Aufenthalts. Ein Kleinwagen genügt, da die meisten Inselstraßen kurvig sind und kein schnelles Fahren zulassen. Viele Touristen buchen ihren Wagen bereits vor der Abreise, andere machen dies vor Ort am Flughafen oder im Urlaubsort. Als beste kanarische Firma hat sich **CICAR** mit Filialen am Flughafen, in Playa del Inglés und Las Palmas profiliert. Abgesehen von der Weihnachtszeit sind gut gewartete Fahrzeuge stets in ausreichender Zahl

Reiseinfos

vorhanden, evtl. bekommt man hier für den gleichen Preis einen besseren Wagen (Reservierung von Deutschland Tel. 0034 928 82 29 00, info@cicar.com).

Um ein Auto zu mieten, muss man ein Jahr im Besitz eines gültigen Führerscheins und 21 Jahre alt sein. Vorzulegen sind Ausweis und nationaler Führerschein, gezahlt wird mit der Kreditkarte (sonst Kaution). Für einen guten Kleinwagen sollte man nicht mehr als 35 € pro Tag inkl. Steuer und Versicherung veranschlagen, Rabatt wird bei einer Miete ab drei Tagen und auf Wochenbasis gewährt. Zu achten ist darauf, ob im Kalendertag-Rhythmus oder im 24-Stunden-Takt abgerechnet wird und die Kilometerleistung ›unbegrenzt‹ ist. Wird der Wagen zur Unterkunft gebracht und von dort abgeholt, sollte dies während der Geschäftszeiten kostenlos sein. Vor der Übernahme des Wagens prüfe man die Verkehrssicherheit: Stellt man Mängel fest, scheue man sich nicht, das Fahrzeug umzutauschen oder zurückzugeben. Besonders zu achten ist auf Reifen, Bremsen und Beleuchtung, Seitenspiegel und Scheibenwischer, das Vorhandensein von Ersatzreifen und Warndreiecken. Machen Sie den Vermieter vor Fahrtbeginn auf sonstige Mängel wie Beulen und Kratzer aufmerksam. Registrieren Sie den Benzinstand und liefern Sie das Auto mit gleicher Tankfüllung ab. Bedenken Sie auch, dass einige Tankstellen sonntags nicht öffnen. Nehmen Sie den Mietvertrag immer mit und notieren Sie sich die Geschäftszeiten und das Pannentelefon der Firma.

Verkehrsregeln

Wenn nicht gesondert geregelt, gilt in Ortschaften 50 km/h, auf Landstraßen 90 km/h, auf Schnellstraßen 100 km/h und auf der Autobahn 120 km/h Höchstgeschwindigkeit. 100 m vor Kuppen ist Überholen verboten, ebenso auf Straßen, die nicht mindestens 200 m weit zu überblicken sind. Es besteht Anschnallpflicht, für Kinder unter drei Jahren sind Kindersitze vorgeschrieben. Telefonieren ist nur mit

Enge Serpentinenstraßen durchkurven das gebirgige Inselinnere

Reiseinfos

Notruf bei Autopannen
Rat im Notfall bekommt man von den Automobilclubs, Nichtmitglieder müssen alle auftretenden Kosten jedoch selbst tragen:
ADAC: Tel. 0049 89 22 22 22
www.adac.de
ÖAMTC: Tel. 0043 1 711 99-0
www.oeamtc.at
TCS: Tel. 0041 22 417 22 20
www.tcs.ch

Freisprechanlage erlaubt, die Promillegrenze liegt bei 0,5.

Vor unübersichtlichen Kurven auf engen Bergstraßen sollte man hupen (bei Dunkelheit Lichthupe) und auf Hupzeichen aus der Gegenrichtung achten. Einheimische hupen oft vor dem Überholen auf Landstraßen und betätigen bei Dunkelheit die Lichthupe zusätzlich zum Blinker. Da sie meist schneller fahren als Touristen, sollte man ihnen das Überholen erleichtern. Linksabbiegen ist oft durch eine Abbiegeschleife zwingend geregelt.

Ein gelb angestrichener Bordstein bedeutet Parkverbot (Abschleppgefahr), die Farbe Blau signalisiert Parken mit Parkschein. **Falschparken** und andere Verstöße gegen die Verkehrsordnung werden mit Strafpunkten und hohen Geldstrafen geahndet.

Im Bergland besteht nach Regen und Sturm erhöhte Steinschlaggefahr. Im Falle einer Panne oder eines Unfalls ist das Tragen einer reflektierenden Warnweste vorgeschrieben, vor und hinter dem Fahrzeug sind Warndreiecke aufzustellen. Die Polizei erreicht man unter dem **Notruf 112,** auch die Verleihfirma ist zu verständigen. Privates Abschleppen ist verboten. Bitte stets die Autonummern aller am Unfall Beteiligten sowie deren Namen, Anschrift und Versicherung notieren.

Taxi

Aufgrund des relativ niedrigen Benzinpreises ist das Taxifahren relativ günstig. Abgerechnet wird nach dem Taxameter, bei längeren Fahrten auch nach einer einsehbaren Tarifliste. Taxistände sind erkennbar an dem weißen ›T‹ auf blauem Schild. Freie Taxis haben ein grünes Signal auf dem Dach oder das Schild ›Libre‹ an der Frontscheibe. **Taxistände** gibt es vor größeren Hotels, an Einkaufszentren und wichtigen Parks. Aus Gründen der Hygiene werden Gäste mit nacktem Oberkörper oft von Taxifahrern abgelehnt.

Fähren zu anderen Inseln

Für einen Kurzausflug nach Teneriffa eignet sich die Olsen-Express-Fähre ab Agaete (6–8 x tgl., 1 Std. 15 Min.), preiswerter ist die Armas-Fähre ab Las Palmas (2 x tgl., 2 Std. 30 Min.), dort aber vorher fragen, an welcher Mole sie startet! Weitere Verbindungen gibt es mit Morro Jable und Puerto del Rosario (Fuerteventura) und mit Arrecife (Lanzarote).

Infos im Internet:
www.fredolsen.es
www.navieraarmas.com
www.trasmediterranea.es.

Flüge zu anderen Inseln

Die Gesellschaften Binter und Islas Airways fliegen mehrmals täglich von Gran Canaria nach Teneriffa, Fuerteventura, Lanzarote und La Palma. An Wochenenden, Feiertagen und in den Ferienzeiten sind viele Flüge schon Wochen vorher ausgebucht.

Infos im Internet:
www.binternet.com
www.islasairways.com.

Übernachten

Ferienresorts

Die meisten Urlauber wohnen zwischen San Agustín und Puerto de Mogán: in den Hotels und Apartmenthäusern des Südens. Sie haben ein Pauschalarrangement gebucht, oft auch online Flug und Unterkunft separat. Viele Unterkünfte liegen in Strandnähe, einige freilich auch mehrere Kilometer landeinwärts.

Hotelsuche online
Im Internet gibt es Hotelbewertungsportale, in denen Urlauber ihre Erfahrungen niederschreiben und anderen Reisenden zugänglich machen. Medienexperten gehen davon aus, dass in diesen Foren vieles umfrisiert wird und zahlreiche Tests gefälscht sind, doch sind gewiss auch ehrliche Meinungen herauszufiltern, die man im Vorfeld des geplanten Urlaubs als Entscheidungshilfe nutzen kann. Besonders oft wird das Portal Holidaycheck (www.holidaycheck.de) angeklickt, gleichfalls beliebt sind www.tripadvisor.de und www.trivago.de.

Vor jeder Buchung sollte man die Lage des Hotels prüfen und, sofern es sich um ein Haus fern der Küste handelt, nachfragen, ob ein kostenloser Busservice zum Strand eingerichtet ist.

Wellness- und Sporthotels

Viele wollen im Urlaub etwas für ihren Körper tun und buchen sich in Hotels ein, die mit Wellnesseinrichtungen werben. Professionell geführt sind die Spas in den Hotels Gloria Palace in San Agustín und Playa Amadores sowie das Dunas Vital Suites in Playa del Inglés. In Maspalomas sind das Hotel Palm Beach und das Grand Hotel Residencia, in Meloneras das Villa del Conde und das Hotel Costa Meloneras zu empfehlen.

Auf ein aktives Publikum haben sich Unterkünfte in den Bergen spezialisiert: Im Aldiana Mirador (San Bartolomé) sind geführte Wanderungen und Nordic Walking angesagt, auch gibt es Mountainbike- und Rennradtouren sowie ein Wellness Center mit Sauna, Dampfgrotte und Whirlpool. Ein schönes, kleines Bike-Hotel im Inselnorden ist das Villa del Monte (Santa Brígida).

Abseits des Massentourismus

In den letzten Jahren erwachte das Interesse an an Landhotels, Pensionen und Privatzimmern abseits des Massentourismus: . Küstennah wohnt man im schönen Tal von Agaete oder im Landwirtschaftsort La Aldea de San Nicolás. Das attraktivste Bergdorf ist Tejeda. Einige der in diesem Buch vorgestellten Unterkünfte sind im Internet nicht vertreten. Wer sich dort einquartieren will, sollte rechtzeitig anrufen und reservieren – ein paar Spanischkenntnisse erweisen sich als nützlich. Vorwahl Spanien 0034, es folgt die Telefonnummer des Hauses.

Landhäuser

Im Netz präsent sind die kanarischen Agenturen der Landhausbesitzer, die auf ihren Websites die ihnen angeschlossenen Häuser vermarkten. Es

Reiseinfos

handelt sich um restaurierte, meist schön gelegene Bauernhöfe und Wohnhöhlen. Die Kapazitäten pro Haus sind begrenzt, die Preise relativ hoch (2 Pers. ab 65 €). In den Häusern, die man meist nur auf Wochenbasis bekommt, kann es von November bis April, je nach Höhenlage, empfindlich kühl werden. In der Regel gibt es nur kleine, mobile Elektroheizungen!

Grantural: Calle Perojo 36, 35003 Las Palmas, Tel. 928 39 01 69, Fax 928 39 01 70, www.ecoturismocanarias.com;

Gran Canaria Rural: Paseo de las Canteras 7, 35008 Las Palmas, Tel. 928 46 25 47, Fax 928 46 08 89, www.grancanariarural.com.

Ferienhäuser

Folgende deutsche Agenturen vermitteln Ferienhäuser und Fincas:

Las Casas Canarias: El Lomo Felipe 3, E-38780 Tijarafe, La Palma, Tel. 922 49 19 00, Fax 922 49 00 16, www.lascasasca narias.com;

Canarias Reisen: Adolf-Kolping-Straße 10, 31180 Giesen bei Hildesheim, Tel. 05121 28 93 93, www.canarias-reisenbleidorn.de;

Finca Ferien: Hainbergstr. 18, 31167 Bockenem, Tel. 05067 65 26, Fax 05067 69 89 23, www.fincaferien.de.

Günstig wohnen

An der Südküste findet man empfehlenswerte Doppelzimmer und Studios für weniger als 20 € p. P. einzig in Puerto de Mogán. Wer die Touristenstädte meiden und preiswert übernachten will, wird fündig in La Aldea de San Nicolás, Agaete, Las Palmas, Tejeda, San Bartolomé de Tirajana und Fataga.

Reiseinfos

Herbergen befinden sich in Santa María de Guía, La Aldea de San Nicolás und Tejeda.

Camping

Größter offizieller Platz der Insel ist **Camping Guantánamo** im Südwesten (s. Tauro, S. 173). Weitere Anlagen befinden sich an der **Playa del Asno** (s. Degollada de la Aldea, S. 189) und in **Temisas** (s. S. 270).

Wildes Campen ist auf der Insel verboten, doch sind für ›reduziertes Camping‹ in freier Natur (ohne Dusche/Laden/Bar) 13 *zonas de acampada* offiziell ausgewiesen. Die Erlaubnis, dort kostenlos zu zelten, bekommt man im ›Edificio Insular 1‹ in Las Palmas, gut 100 m nördlich des Busbahnhofs Parque San Telmo. Bitte den Personalausweis vorlegen, den gewünschten Termin angeben (max. eine Woche) und die Zahl der Personen.
OIAC (Oficina de Información y Atención al Ciudadano): Calle Profesor Agustín Millares Carló s/n, Tel. 928 21 92 29, Fax 928 21 94 68, oiac@grancanaria.com, Mo–Fr 8.30–14 (Do auch 17–19), Sa 9–12 Uhr.

Preise

In diesem Reisebuch werden bei den Unterkünften die jeweils günstigsten Preise für zwei Personen im Doppelzimmer oder Apartment angegeben. Zu Weihnachten und Ostern steigen sie stark an. Handelt es sich um ein Hotel, ist das Frühstück im Preis inbegriffen. Alle Preise werden von Auflage zu Auflage überprüft und aktualisiert.

Höhlenlokal La Silla bei Artenara

Essen und Trinken

Runzlig, aber lecker

Die traditionelle Küche Gran Canarias kann ihr bäuerliches Erbe nicht verleugnen. Zu den Grundnahrungsmitteln gehört **la papa,** die Kartoffel. Der Artikel ist wichtig, denn El Papa ist der Papst in Rom. *Papas arrugadas con mojo* sind einfach, aber raffiniert und werden gern als Vorspeise bzw. als Beilage gereicht: kleine Kartoffeln, die mit Schale in Salzwasser ›runzelig‹ gekocht und mit pikanter Soße serviert werden. Diese besteht aus feurigem Chili *(mojo picón)* oder Kräutern *(mojo verde),* Olivenöl, Essig und Knoblauch. Übrigens: Die Salzkruste der Kartoffeln wird mitgegessen.

Tierisch deftig

Auch der Speisezettel der Bergbauern bietet Abwechslung. Besonders schmackhaft ist der *puchero,* ein Eintopf aus Kartoffeln, Fleisch und Gemüse. Zu besonderen Gelegenheiten gibt es den *puchero de siete carnes,* mit sieben verschiedenen Fleischsorten. Klassiker der kanarischen Küche sind Kaninchen *(conejo)* und Ziege *(cabra),* die besonders gut schmecken, wenn das Fleisch in einer Salmorejo-Weißweinbeize mariniert und im Tontopf geschmort wird.

Aus dem Meer

Fisch und Meerestiere werden abwechslungsreich zubereitet – gekocht, gebraten oder gegrillt. Den immensen Bedarf der Restaurants können die wenigen heute noch aktiven Fischer nicht mehr befriedigen – den Großteil der Ware bringen Trawler aus saharischen Gewässern. Will man wirklich frisch gefangenen Fisch, vom Fischerboot auf den Teller, bestelle man *pescado del día* (Tagesfisch), und das besonders in den Hafenorten wie Arguineguín, Puerto de las Nieves oder Sardina.

Häufig angeboten werden *bonito* (eine Tunfischart), *merluza* (Seehecht), *sama* (Zahnbrasse), *vieja* (Papageienfisch) oder *cherne* und *mero* (Barscharten). Um mehrere grillte Fischarten zu kosten, wählt man *pescado mixto* oder eine *parrillada,* eine umfangreiche Fischplatte. Der deftige *sancocho* enthält mehrere gekochte Fischsorten mit Süßkartoffeln, Zwiebeln und Kräutern. Gängiger Einstieg zu einem Menü ist die *sopa de pescado* (Fischsuppe).

Das Meer um die Insel bietet aber noch mehr: die Meeresfrüchte. Die *calamares* (Tintenfische) kennen Sie frittiert von zu Hause, probieren Sie hier einmal gegrillte *chocos,* eine besonders schmackhafte Tintenfisch-Variante, die mit Zitronensaft beträufelt werden sollte. Der große *pulpo,* ein achtarmiger Krake, schmeckt mit Essig, Knoblauch und Zwiebeln ausgezeichnet, auch wenn die Saugnäpfe sichtbar sind und der Anblick für manch einen gewöhnungsbedürftig ist. Gern essen ihn die Kanarier *a la gallega,* auf ›galizische Art‹, d. h. auf einer heißen Metallplatte gegart, in dünne Scheiben geschnitten und mit Olivenöl angerichtet. Pikant sind auch *gambas al ajillo,* in einer Tonpfanne mit viel Knoblauch gebratene Garnelen. *Langostas* (Langusten) sollten Sie nur in guten Fischrestaurants bestellen und in den dortigen Meerwasservitrinen aussuchen. Das ist teurer, aber garantiert Frische.

Reiseinfos

Süßes zum Abschluss

Bienmesabe (›schmeckt mir gut‹) heißt eine typische Süßspeise der Insel. Die Mischung aus Mandelmus, Honig und Eigelb wird pur oder zu Speiseeis gereicht. Damit nicht genug mit Mandelkreationen: Es gibt die *tartas de almendras,* eine Art Mandelkuchen, Mandelmilch und sogar Mandelbrot.

Bekömmlicher zum Nachtisch ist der *flan* (Karamellpudding), der dort am besten schmeckt, wo man die Köstlichkeit noch selbst herstellt. Gut für die Verdauung sind Mango-, Guaven- oder Papayastücke. Gemischte, angemachte Obstsalate sind weniger üblich. Obst kommt *natural* auf den Tisch.

Tapas – ›Deckel auf den Hunger‹

In heißem Klima kann eine umfangreiche Mahlzeit lähmend wirken. Deshalb sind *tapas,* auf Deutsch ›Deckel‹, gerade das Richtige. Es handelt sich um Appetithappen als Imbiss, vielleicht begleitet von einem Gläschen Rotwein. Tapas werden meist an der Bar eingenommen und stehen für hungrige Gäste sichtbar zur Auswahl bereit. Es gibt Hunderte von Variationen. Klassiker sind *tortilla española* (Kartoffelomelett), *boquerones en vinagre* (Sardellenfilets in Öl, Essig und Knoblauch), *ensaladilla rusa* (Kartoffelsalat), *hígado* (gebratene Leberstückchen in pikanter Soße), *jamón serrano* (luftgetrockneter Schinken) und *queso tierno* (Frischkäse). Dem kleinen Hunger dient die *media ración* (halbe Portion).

Alkoholisches

Auf Gran Canaria produziert sind der Inselrum *(ron)* und die darauf basierenden Obstliköre, vor allem der Bananenlikör. Sie werden in der Rumfabrik von Arucas destilliert. In der Bergregion um San Bartolomé werden *mejunje* aus Rum, Honig und Zitrone sowie *guindilla,* ein Kirschlikör, hergestellt.

Für Touristen wird eine große Vielfalt von Biersorten *(cervezas)* importiert, darunter auch bekannte deutsche Biere. Aber auch mehrere auf der Insel produzierte Sorten wie ›Tropical‹ werden mit Quellwasser aus den Bergen gebraut. Zieht man gezapftes Bier *(de barril)* vor, bestellt man eine *jarra* (0,4 l) oder eine *caña* (0,2 l). Wünschen Sie Flaschenbier, sollten Sie *cerveza de botella* anfordern.

Dem einheimischen Wein gelang erst Ende des 20. Jh. der Durchbruch. Nicht nur in der traditionellen Weinregion um Santa Brígida, sondern auch in der Gegend um Fataga und San Bartolomé de Tirajana, im Agaete-Tal und am 1400 m hohen Roque Bentayga werden Reben gepflanzt. Je nachdem, ob sie im mild-feuchten Norden oder im trockenen Süden, auf Meereshöhe oder im Mittelgebirge wachsen, entwickeln sie andere Geschmacksnuancen. In den vergangenen Jahren er-

---

Spezialitäten
Bienmesabe: Mandelmus mit Honig
Morcilla de Teror: süße Blutwurst aus Teror
Mousse de gofio: Cremespeise aus geröstetem Getreidemehl
Papas arrugadas con mojo: ›Runzelkartoffeln‹ mit pikanter Soße
Potaje de berros: Kresseeintopf
Puchero: Fleischeintopf
Ropa vieja: ›alte Wäsche‹, Eintopf mit Kichererbsen und Fleisch bzw. Fisch
Vieja a la plancha: gebratener Papageienfisch mit zartem Fleisch

Reiseinfos

hielten immer mehr Inselweine die staatlich geschützte Herkunftsbezeichnung *denominación de orígen* – erfolgreich konkurrieren sie mit den Tropfen vom spanischen Festland.

Für den klaren Kopf

Wer einen Kaffee verlangt, sollte sich etwas auskennen. Ein *café solo* ist ein Espresso in kleiner Tasse, den man auch verdoppeln kann: *café solo doble*. Bestellt man einen *café con leche* (Milchkaffee), kommt der meist in größeren Tassen. Will man das Mischungsverhältnis genau bestimmen, verlange man einen *cortado corto* (Espresso mit wenig Milch), einen *cortado normal* (halb Milch und halb Espresso) oder einen *cortado largo* (viel Milch). Der *cortado* wird in einem Glas serviert und mit heißer Milch *(leche natural)* oder Kondensmilch *(leche condensada)* bereitet.

Besonders der *carajillo* hat es in sich: Der Kellner kippt in den Espressokaffee einen Schuss Brandy, Rum oder Likör. Wollen Sie einen tüchtigen Schuss, heißt das *bien cargado* (›gut geladen‹). Natürlich braucht man auch auf den *café alemán*, deutschen Filterkaffee also, auf Gran Canaria nicht zu verzichten.

Leitungswasser ist gut fürs Zähneputzen, doch für die Zubereitung von Kaffee, Tee oder Speisen sollte man Mineralwasser *(agua mineral)* nehmen. Man bekommt es *sin gas* oder *con gas*, mit oder ohne Kohlensäure. Stark verbreitet ist die Marke ›Firgas‹ aus dem Barranco de Azuaje. In preiswerteren 5- bis 8-Liter-Plastikflaschen wird auch importiertes Quellwasser verkauft.

Öffnungszeiten und Preise

Restaurants sind in Touristenzentren ab 12 Uhr bis zum Anbruch der Dunkelheit oder länger geöffnet, ansonsten meist 13–16 und 19–23 Uhr. Die in diesem Reiseführer genannten Preise beziehen sich auf eine komplette Mahlzeit mit Vor- und Nachspeise und einem kleinen Getränk. Preisbeispiele und Spartipps finden sich auf S. 37.

Fisch mit Papas arrugadas con mojo – schlicht und lecker

Aktivurlaub, Sport, Wellness

Golf

Zu den schon länger bestehenden 18-Loch-Anlagen **Real Club de Golf** (s. S. 117) am Bandama-Krater und dem **Campo de Golf Maspalomas** (s. S. 153) sind inzwischen weitere hinzugekommen: zwei bei Telde und je einer bei Meloneras (s. S. 160), Salobre (s. S. 161) und Tauro (s. S. 174).

Radfahren

Free Motion und **Happy Biking,** beide in Playa del Inglés (s. S. 144), sind die angesagten Adressen für Bike-Fans. Hier kann man Fahrräder leihen und Touren buchen. Als ›härteste Radtour Europas‹ gilt die Fahrt auf den knapp 2000 m hohen Pico de las Nieves, bei der stellenweise Steigungen von 23 % bewältigt werden müssen. Das freilich brauchen sich ›normale‹ Radurlauber nicht anzutun. Mit dem Shuttle-Bus werden sie in die Berge hinauf gefahren.

Reiten

An der Straße nach Los Palmitos bieten Reitställe Unterricht an. Organisierte Ausritte führen auf alten Saumpfaden in die zerklüftete Bergwelt des Südens. Aktuelle Angebote liegen im Touristenbüro aus.

Segeln

Zentrum dieser Sportarten ist **Puerto Rico** (S. 170). Man kann Segelboote mieten oder an Bord großer Segler auf Tour gehen. Auch Katamarane werden angeboten. Diverse Segelschulen veranstalten Kurse.

Tauchen

Tauchcenter gibt es in Puerto Rico, Playa del Ingles und am Playa de las Canteras. Man kann das nötige Gerät entleihen und Tauchkurse nach internationalen Standards absolvieren. Auch Schnupperkurse für Anfänger in Pools werden angeboten. Anspruchsvolle Tauchgänge führen zu Schiffswracks, Grotten und Lavahöhlen Info: www.grancanariainfo.de/tauchen.

Tennis

Viele größere Hotels im Süden verfügen über Tennis- und Squashplätze, oft kann bei Flutlicht gespielt werden. Die bekannte **Tennisschule Centercourt** hat ihren Sitz im Hotel Buenaventura in Playa del Inglés und organisiert ein attraktives Kursprogramm.

Wandern

Die Insel bietet schöne Touren: Die *caminos reales* (Königswege), teilweise steingepflastert und von Mäuerchen flankiert, machen mit unterschiedlichsten Landschaften vertraut (s. S. 54). Von der Südküste kommt man leicht mit Bus 18 zu den Startpunkten in San Bartolomé de Tirajana, Cruz Grande, Ayacata, Tejeda und Cruz de Tejeda. Schade jedoch, dass die EU-Gelder bisher nur im Zentrum zur Wegemarkierung genutzt wurden. Organisierte Gruppentouren werden in allen größeren Hotels angeboten.

Reiseinfos

Mit dem Mountainbike unterwegs – in den Gebirgen von Gran Canaria

Wassersport

Vor allem an den Stränden von **Playa del Inglés** und **Puerto Rico** kann Ausrüstung für Wassersport geliehen werden: Tretboote, Wasserskier, Segeljollen, Jetskis und Bananaboats.

Wellness

Fast alle Vier- und Fünfsternehotels bieten ein Spa mit Trocken- und Dampfsauna, Erlebnisduschen sowie Hydromassage-Pool. Auf Thalasso-Therapie, d. h. auf die heilende Wirkung von erwärmtem Meerwasser, setzen die Wellness-Angebote der Hotels Gloria Palace in San Agustín sowie in Playa Amadores.

Schön gestylte Spas findet man auch im Hotel Dunas Vital Suites (Playa del Inglés), im Palm Beach und Grand Hotel Residencia (Maspalomas) sowie im Costa Meloneras und Villa del Conde (Meloneras). Im Bergdorf San Bartolomé wirbt Aldiana Mirador mit einem großen Wellness-Bereich.

Windsurfen

Die südwestlichen Strände mit geringeren Windstärken sind ideal für Anfänger. Für Fortgeschrittene sind die Strände nordöstlich von San Agustín interessanter: Die einschlägigen Surfschulen befinden sich in **Bahía Feliz** (s. S. 134) und **Playa del Águila** (s. S. 133).

Profis fahren noch weiter die Küste hinauf nach **Pozo Izquierdo,** wo der Passat oft Windstärken von 7–8 Beaufort erreicht und auch Wettkämpfe des World Cups ausgetragen werden. Ans Windsurfzentrum ist eine Herberge angeschlossen, es gibt gute Ausrüstungsgeschäfte und eine auf Surfer zugeschnittene Gastroszene.

Feste und Unterhaltung

So sehr auch Kanarier auf Distanz zu ihren Landsleuten vom Festland gehen, so sehr lassen sie doch in ihren Lebensgewohnheiten den Spanier erkennen. Dazu gehören vor allem die Begeisterung und Intensität, mit der gefeiert wird. Feste gibt es wahrlich genug. Neben dem Karneval, der in Las Palmas ausgelassen à la Rio gefeiert wird, gibt es eine Unmenge von Patronatsfesten. Jedes Dorf, mag es noch so klein sein, ehrt seinen Schutzheiligen mit einer Fiesta. Nach der Prozession *(romería)* als religiöser Pflichtübung folgt das viel wichtigere weltliche Vergnügen *(verbena):* Erst spielen Folkloregruppen auf, es wird gezecht und geschmaust, dann wird getanzt, meist zu heißen karibischen Rhythmen wie Salsa und Merengue.

Dazu gibt es zahlreiche Festivals und Kulturevents, letztere vor allem in Las Palmas. Der Programmablauf der Feste ist in der deutschsprachigen Wochenzeitschrift ›Info Canarias‹ abgedruckt. Wichtig für alle, die im Süden wohnen: Karten und Transport zu Veranstaltungen in der Hauptstadt organisiert der Kulturverein in Playa del Inglés (s. S. 137).

Kirchliche Feste

Día de los Reyes
Am Nachmittag des 5. Januar findet in Las Palmas die *cabalgata,* ein karnevalesker Umzug, statt. Die hl. drei Könige schwingen sich auf Kamele und ziehen, frenetisch bejubelt von Eltern und ihren Kindern, zum Parque San Telmo, wo nachts ausgiebig gefeiert wird. Dreikönigszüge gibt es in allen größeren Inselorten. Am 6. Januar erhalten Kinder ihre Weihnachtsgeschenke.

Semana Santa
Das alte Spanien feiert zu Ostern seine Auferstehung: Männer im Bußgewand ziehen der Prozession voran. Es folgen ihnen die an die Inquisition erinnernden Bruderschaften mit verhülltem Gesicht und langem Gewand, Frauen tragen die *mantilla,* eine an einem Riesenhaarkamm festgesteckte Schleppe. Größere Prozessionen gibt es am Palmsonntag, am Gründonnerstag und am Karfreitag.

Día de San Juan
Am 23. Juni, dem Gründungstag von Las Palmas, der mit dem Sonnwendfest zusammenfällt, wird am Strand ein großes Feuerwerk abgebrannt. Auch in anderen Orten (Telde, Arucas, Santa Lucía) wird der längste Tag des Jahres mit Feuerwerk und Tanz gefeiert.

Fiesta del Carmen
Am 16. Juli wird in vielen Hafenorten die Schutzpatronin der Fischer in bunten Schiffsprozessionen spazieren gefahren – so in Las Palmas, Castillo del Romeral, Arguineguín, Puerto de Mogán und Puerto de la Aldea.

Navidad
Schon in der Vorweihnachtszeit werden vielerorts, nicht nur in Kirchen, Krippen *(belenes)* aufgestellt. Am spektakulärsten ist die Krippe am Strand von Las Palmas, wo aus vielen Tonnen Sand eine riesige begehbare Krippenskulptur ›gezaubert‹ wird. Am Nachmittag des 24. Dezember schließen alle Geschäfte und fast alle Restaurants – der Heiligabend wird im Kreis der Familie verbracht. Um Mitternacht geht man zur *misa del gallo* – so heißt die Messe, denn ein *gallo* (Hahn) war es, der Christi Geburt verkündete.

Reiseinfos

Karneval

Ein wochenlanger Ausnahmezustand, ein Rausch für alle Sinne. Die größte Fiesta steigt im Februar in Las Palmas: Höhepunkt ist die Kür der in ein zentnerschweres Glitzerkostüm eingekleideten Königin *(reina)*. Fast ebenso populär ist die Wahl der von Transvestiten inszenierten Drag Queen: Die Schönen der Nacht erscheinen fast splitternackt, aber mit bemalter Haut und auf meterhohen Plateausohlen.

Zehntausende sind beim großen Umzug *(cabalgata)* dabei. Noch mehr Leute mobilisiert der nächtliche *mogollón,* bei dem zu Latino-Rhythmen bis zum Morgen durchgefeiert wird.

Abschluss des Karnevals ist die ›Beerdigung der Sardine‹ *(entierro de la sardina):* Unter dem Geschrei schwarzer Witwen wird ein riesiger Fisch aus Pappe entzündet und ›zu Grabe‹ getragen – zum Schluss gibt's ein großes Feuerwerk (www.lpacarnaval.com). Ist der Karneval in Las Palmas vorbei, wird in anderen Orten weitergefeiert …

Musikfestivals

Festival de Música de Canarias
Von Januar bis Februar reisen Weltklasseorchester und Interpreten an, um im Auditorium von Las Palmas Konzerte zu geben. Ob die Dirigenten Claudio Abbado, Daniel Barenboim oder der legendäre Sergiu Celibidache, die Solisten Plácido Domingo, José Carreras oder Cecilia Bartoli – alle, die Rang und Namen haben, sind hier schon aufgetreten.

Festkalender

Año Nuevo: 1. Jan., Prachtvolles Feuerwerk in Las Palmas. Ein guter Aussichtspunkt: die Canteras-Promenade.
Fiestas del Almendro en Flor: Ende Jan./Anfang Feb. Großes ›Mandelblütenfest‹ in den Bergdörfern Tejeda (s. S. 248) und Valsequillo (s. S. 117).
Festival Internacional de Cine: Ende Feb./Anfang März. Filmfestival in Las Palmas, Programm unter www.festival cinelaspalmas.com.
Fiesta del queso en flor: Mai. Käsefest, meist am ersten Sonntag des Monats in Guía, eine Woche später in Montaña Alta.
Corpus Christi: Fronleichnam. Vor den Kathedralen in Las Palmas und Arucas werden Riesenteppiche aus gefärbtem Sand und Blumen ausgelegt.
Fiesta de Santiago: 25. Juli. Fest zu Ehren des nationalen Schutzpatrons an mehreren Wochenenden, besonders in Gáldar und in San Bartolomé.
Bajada de la Rama: 4. Aug. Fest des Zweiges in Agaete und Puerto de las Nieves.
Fiesta de la Virgen del Pino: 7./8. Sept. Wichtigstes religiöses Fest zu Ehren der Inselheiligen in Teror.
Fiesta del Charco: 11. Sept. In La Aldea de San Nicolás wirft man sich in voller Kleidung ins Wasser und sucht nach dem größten Fisch.
Fiesta de la Virgen del Rosario: 7. Okt. In Agüimes finden Wettkämpfe der Jugend in inseltypischen Sportarten zu Ehren der Rosenkranzmadonna statt.
Fiesta de la Naval: Mitte Okt. Hafenfest in Las Palmas zur Erinnerung an den Sieg über die Flotte von Sir Francis Drake anno 1595. Damit verknüpft ist ein großer Erntedankumzug.

Reiseinfos

Damit die zeitgenössische Musik nicht zu kurz kommt, werden jedes Jahr berühmte Komponisten beauftragt, das Festival mit einem neuen Werk zu bereichern (www.festivaldecanarias.com).

Festival de la Ópera
Das Opernfestival findet in den Monaten März bis Mai im Teatro Pérez Galdós von Las Palmas statt (www.operalaspalmas.org).

Festival de Jazz
Auf einer Openair-Bühne im Catalina-Park und im Auditorium von Las Palmas treten im Juli erstklassige Musiker auf. Viele Konzerte finden bei freiem Eintritt statt (www.canariasjazz.com).

WOMAD
Das Festival ›World of Music and Dance‹ wurde 1982 von Peter Gabriel gegründet, um das westliche Publikum mit Musikströmungen aus der ›Dritten Welt‹ bekannt zu machen. Las Palmas ist einer der wenigen Orte, wo es bis heute stattfindet.

Im November gibt es drei oder vier Tage lang Konzerte im Catalina-Park, bei denen sowohl Künstler aus Afrika, Asien und Lateinamerika als auch europäische Bands auftreten. Tagsüber sind Workshops angesagt: So kann man an der Meisterklasse eines bekannten Perkussionisten oder eines Sitar-Musikers teilnehmen oder sich in rabbinischem Gesang üben – alles ist gratis (www.womad.org).

Große Samba-Show beim Karneval in Las Palmas

Reiseinfos von A bis Z

Apotheken

Apotheken *(farmacias)* öffnen in der Regel Mo–Fr 9–13 und 16–20, Sa 9–13 Uhr. Von Medikamenten, die man regelmäßig einnimmt, sollte man im Verlustfall den Beipackzettel vorzeigen können, damit das entsprechende spanische Medikament bestimmt werden kann. Der Nacht- und Bereitschaftsdienst wird an den Eingängen der Apotheken angezeigt.

Ärztliche Versorgung

Mit der europäischen Krankenversicherungskarte kann man sich als gesetzlich Versicherter kostenlos behandeln lassen. Man geht damit zum örtlichen Gesundheitszentrum (Centro de Salud), wo man ambulant behandelt oder an einen Kassenarzt (nicht immer deutschsprachig) weitervermittelt wird. Größere Zentren verfügen über einen Notdienst *(urgencia)* rund um die Uhr und überweisen auch ans staatliche Krankenhaus in Las Palmas.

Die Urlaubszentren des Südens verfügen über eine große Zahl deutscher Ärzte sowie Kliniken mit internationalem Standard. Da die meisten von diesen nur privat arbeiten, ist es ratsam, vor dem Urlaub eine (private) Reisekrankenversicherung abzuschließen. Für die Kostenerstattung sind Leistungs- und Medikationsbelege nötig.

Diplomatische Vertretungen

Deutschland
35007 Las Palmas
Calle Albareda 3-2°
Tel. 928 49 18 80, Fax 928 26 27 31
www.las-palmas.diplo.de

Österreich
35100 Playa del Inglés
Avenida de Gran Canaria 26
Hotel Eugenia Victoria
Tel. 928 76 25 00, Fax 928 76 22 60

Schweiz
35107 Playa de Tarajalillo, Bahía Feliz
Edificio de Oficinas L.1
Tel. 928 15 79 79, Fax 928 15 79 00

Einkaufen und Souvenirs

In den architektonisch nicht immer attraktiven Centros Comerciales (C.C.) gibt es neben Geschäften *(tiendas)* und Supermärkten *(supermercados)* auch Spielhallen, Bars und Lokale. Wer unter Kanariern einkaufen will, fährt nach Las Palmas: In der vom Busbahnhof San Telmo leicht erreichbaren Triana, der Hauptstraße des gleichnamigen Viertels, findet man zahlreiche Boutiquen und Fachgeschäfte. Parallel zur Triana verläuft die Calle Cano mit einem auf kanarische Themen spezialisierten Buchladen (Librería del Cabildo, Nr. 24).

Beliebte Mitbringsel sind **Kunsthandwerksartikel.** Um garantiert Originale zu erstehen, kauft man am besten in den staatlichen Fedac-Läden, von denen es je einen in Playa del Inglés und in Las Palmas gibt. Dort bekommt man außer Keramik handgestickte **Tücher und Decken** *(bordados, calados)*, aus Schilf und Binsen geflochtene **Taschen und Körbe** *(trenzados)*, **Bananenmesser** mit aufwendigen Intarsien *(cuchillos canarios)* und **Timples,** kleine kanarische Gitarren mit

Reiseinfos

Wochenmärkte

Die *mercadillos* sind ein Hauptanziehungspunkt für Besucher und Einheimische. Vor allem die Märkte in Teror und Vega de San Mateo sind lohnenswert, denn dort gibt es nicht nur den üblichen Trödel, sondern auch typische Inselspezialitäten, die sich als Mitbringsel empfehlen: Stickereien und andere kunsthandwerkliche Artikel, Mandelkuchen und eingelegte Oliven, pikante Würstchen, Käse und Wein. Es empfiehlt sich, früh aufzustehen, denn zwischen 13 und 14 Uhr wird wieder eingepackt. Hier eine Übersicht über die wichtigsten Märkte:
Dienstag: Arguineguín
Mittwoch: San Fernando (bei Playa del Inglés)
Donnerstag: Agüimes, Gáldar
Freitag: Puerto de Mogán
Samstag: San Fernando, Arucas
Sonntag: Teror, Vega de San Mateo, Las Palmas

vier oder fünf Saiten, die in keinem Folkloreorchester fehlen.

Touristen kaufen vor der Abfahrt gern auch **Strelitzien** (Papageienblumen) oder kleine, vom Geschäft fertig verpackte **Kakteen**. Kulinarische Highlights sind **Blütenkäse aus Guía** *(queso de flor)*, **Mandelmus aus Tejeda** *(bienmesabe)* oder ein Fläschchen der scharfen **Mojo-Sauce**. Typisch sind auch der Inselrum **Arehucas** und die mit diesem erzeugten **Liköre**.

Feiertage

1. Januar: Neujahr
6. Januar: Tag der Hl. Drei Könige
1. Mai: Tag der Arbeit
30. Mai: Tag kanarischer Autonomie
25. Juli: Sankt-Jakob-Tag
15. August: Mariä Himmelfahrt
8. September: Inselfeiertag
12. Oktober: Entdeckung Amerikas
1. November: Allerheiligen
6. Dezember: Verfassungstag
8. Dezember: Mariä Empfängnis
25. Dezember: Weihnachten

Bewegliche Feiertage sind Gründonnerstag *(Jueves Santo)*, Karfreitag *(Viernes Santo)* und Fronleichnam *(Corpus Cristi)*. Jede Gemeinde kann dazu zwei lokale Feiertage festlegen.

FKK

Offiziell ist das Nacktbaden auf Gran Canaria verboten, doch ist es an einem gesonderten Strandabschnitt von Maspalomas *(zona naturista)* sowie in den Buchten östlich von Arguineguín geduldet.

Geld

Auch auf den Kanaren gilt der Euro. Gängige Kreditkarten wie Visa und Mastercard werden von den meisten Hotels und Restaurants, Geschäften und Autovermietungen akzeptiert. Für Bargeldabhebungen ist die EC/Maestro-Karte günstiger als die Kreditkarte: Geldautomaten gibt es am Flughafen und vor allen Banken. Geht die Kredit- oder Maestrokarte verloren, können sie deutsche Benutzer unter der Nummer 0049 116 116 sperren lassen. Österreicher und Schweizer müssen vor der Reise bei ihrer Bank die für sie gültige Sperrnummer erfragen.

Notruf

Inselweit gilt die Rufnummer **112** für alle Notfälle: Polizei, Unfallrettung

Reiseinfos

und Feuerwehr. Der Anschluss ist rund um die Uhr besetzt, man spricht Deutsch oder Englisch.

Öffnungszeiten

Post und Banken: Okt.–Mai Mo–Fr 9–14, Sa 9–13, Juni–Sept. Mo–Fr 9–13 Uhr
Behörden: meist nur Mo–Fr 9–13 Uhr.
Geschäfte und Apotheken: meist 9–13 und 17–20 Uhr, Sa Abend und So geschlossen. Große Supermärkte und Einkaufszentren öffnen von 10 bis 20 Uhr oder länger, Bäckereien, Blumenläden und Touristengeschäfte oft auch sonntags. Nichts einkaufen kann man am Abend des 24.12. und 5.1., auch am Faschingsdienstag bleiben viele Läden zu!
Kirchen: meist nur während der Messe
Museen: Mo geschlossen.

Post

Briefmarken *(sellos)* erhält man bei der Post *(correos)*. Die offiziellen Briefkästen sind gelb, bitte nur hier die mit Marken der staatlichen Post frankierten Briefe einwerfen. Private Postdienste haben eigene Briefkästen!

Radio und Fernsehen

Wer Urlaub im Süden macht, entdeckt auf UKW mehrere deutsche Radiosender, die Musik und aktuelle Tipps ausstrahlen, z. B. Mix FM Radio auf 101 MHz (www.mix101.net) und Sun Radio auf 93,0 bzw. 93,5 MHz (www.sunradio.info). Via Satellit und Kabel lassen sich in vielen Hotels deutsche TV-Sender empfangen. Television Canaria bringt meist um 20.55 Uhr den Wetterbericht.

Reisekosten und Spartipps

Autofahren: Autofahren ist auf den Kanaren immer noch billig: Einen Mietwagen bekommt man schon für 25–35 € pro Tag, der Preis für 1 l Benzin liegt unter 1 €.
Bus & Taxi: Wie man beim Busfahren durch den Kauf der *tarjeta insular* Geld spart, wird auf S. 21 beschrieben. Hier einige Preisbeispiele für Fahrten im Bus (mit *tarjeta)* oder mit dem Taxi:
Bus Flughafen – Las Palmas 2,05 €
Taxi Flughafen – Las Palmas ca. 31 €
Bus Flughafen – Maspalomas 3,55 €
Taxi Flughafen – Maspalomas ca. 36 €
Museumsbesuch: Für Kinder bis 2 Jahre wird kein Eintritt erhoben, Kinder von 3 bis 12 zahlen die Hälfte. Vergünstigungen gibt es oft auch für Studenten und Personen ab 60.
Einkaufen: Jedes Jahr am 7. Januar startet der Winterschlussverkauf *(rebajas)*. Er dauert acht Wochen, alle zwei Wochen werden die Waren billiger. Ansonsten sind die Preise so hoch wie überall in Europa, nur Zigaretten und Tabak sind aufgrund des Freihandelsstatus der Kanaren billiger.
Essen und Trinken: Stark angestiegen sind die Restaurantpreise, selbst für Ta-

Günstig essen: Menú del día

Jedes Restaurant muss werktags, zumindest mittags, ein ›Tagesmenü‹ anbieten. Mal ist dieses deutlich sichtbar ausgestellt, mal so versteckt, dass man eigens danach fragen muss. Der günstige Inklusivpreis beinhaltet drei Gänge (Vorspeise, Hauptspeise, Nachtisch), meist auch ein Getränk (Wasser, Softdrink, Bier oder ein Glas Wein) – die Steuern sollten nicht extra berechnet werden. Wo immer das *menú del día* empfehlenswert ist, wurde in diesem Buch darauf hingewiesen.

Reiseinfos

Eines der am besten gelegenen Einkaufszentren Europas: El Muelle in Las Palmas

pas sind heute oft mehr als 3 € zu zahlen. Eine Mahlzeit mit Vorspeise, Hauptgericht, Nachspeise und Getränk kostet zwischen 15 und 35 €, deutlich billiger ist nur das ›Tagesmenü‹.

Reisen mit Handicap

Außer dem Hotel Dunas Canteras in Las Palmas sind vorerst nur wenige Hotels der Insel auf gehbehinderte Gäste eingestellt. Rampen für Rollstuhlfahrer und Zimmer mit breiten Türen findet man selten bei den älteren, häufiger inzwischen bei den neu erbauten Anlagen.

Aktuelle Empfehlungen bekommt man bei der ›Bundesarbeitsgemeinschaft des Klubs Behinderter und ihrer Freunde e.V.‹ (Tel. 02202 98 99 8-11, www.bagcbf.de). Dort kann man auch eine Broschüre anfordern, die alle Veranstalter aufführt, die Reisen für Behinderte anbieten.

Sicherheit

Wo Touristen sind, gibt es auch Diebe. Ihr bevorzugtes Revier sind Flughafen, Kaufhäuser, belebte Straßen und Festplätze – all jene Orte, an denen Trubel herrscht und die Aufmerksamkeit abgelenkt ist. Folgende Ratschläge sollten Urlauber beherzigen:
- Deponieren Sie im Hotelsafe Wertsachen und Dokumente!
- Lassen Sie keine Gegenstände sichtbar im Auto liegen!
- Nehmen Sie nur so viel Geld wie nötig mit!
- Wollen Sie baden, lassen Sie den Strandnachbarn ihre Tasche bewachen!

Wer bestohlen wird, muss, um Scha-

Reiseinfos

densersatz bei der Versicherung geltend machen zu können, ein Polizeiprotokoll vorweisen. Am besten besorgt man sich beim deutschen Konsulat in Las Palmas das zweisprachige Formblatt ›Schadensmeldung‹ *(denuncia)* und bringt es ausgefüllt zur Polizeistelle (Guardia Civil), wo die Bestätigung erfolgt.

Sind die Personalpapiere verloren, wird Ersatz nur dann vom Konsul ausgestellt, wenn ihm die Anzeige- und Verlustbestätigung der örtlichen Polizeibehörde, dazu zwei Passfotos und möglichst eine Kopie des gestohlenen Ausweises vorliegen.

Telefonieren

In Spanien gibt es keine Vorwahlnummern mehr. Nach Gran Canaria wählt man aus Deutschland, Österreich und der Schweiz aus die internationale Vorwahl 0034 für Spanien, dann folgt die neunstellige Nummer des Teilnehmers. Bei Gesprächen von Spanien ins Ausland wählt man 0049 für Deutschland, 0043 für Österreich und 0041 für die Schweiz, danach die Ortsvorwahl ohne führende Null und die Rufnummer des Teilnehmers.

Internationale Gespräche sind werktags zwischen 22 und 8 Uhr sowie an Sonn- und Feiertagen am günstigsten. Teuer telefoniert man vom Hotel, billiger von den *cabinas telefónicas* und den *locutorios*, öffentlichen bzw. privaten Fernsprechzellen. Erstere akzeptieren auch *tarjetas telefónicas* (Telefonkarten), die man in Supermärkten, Souvenir- und Zeitungsläden erhält.

Wer vom **Handy** ins heimatliche Festnetz anruft, wählt gleichfalls erst die Ländervorwahl, dann die Nummer ohne führende Null. Wer Sie vom Handy aus der Heimat anruft, wählt nur Ihre Handynummer; dagegen muss vom Festnetz die Ländervorwahl und dann die Rufnummer ohne Null gewählt werden. Noch vor der Abreise nach Gran Canaria sollte man sich erkundigen, welcher Roaming-Partner der preiswerteste ist (www.billiger-telefonieren.de). Diesen stellt man dann manuell auf dem Handy ein.

Mit spanischen Prepaid-Karten (z. B. Orange oder Vodafone), die man in fast jedem Tante-Emma-Laden erhält und ins SIM-lockfreie Handy einlegt, zahlt man nichts für ankommende Gespräche, muss aber Freunden die neue Nummer erst mitteilen.

Trinkgeld

Im Restaurant gibt man bei gutem Service 5–10 Prozent der Rechnungssumme als Trinkgeld dazu. Man lässt es kommentarlos bei Verlassen des Lokals auf dem Tisch oder auf dem Rechnungsteller liegen. Drücken Sie es nicht dem Kellner wohlwollend in die Hand! Gleichfalls Trinkgeld erhoffen Zimmerfrauen, Taxifahrer und Reiseleiter.

Zeitungen

In den Ferienzentren sind deutschsprachige Zeitungen meist schon am Nachmittag desselben Tages erhältlich. Jeden Donnerstag erscheint die Wochenzeitschrift ›Info Canarias‹ mit Inselnachrichten und Veranstaltungshinweisen sowie der Gezeitentabelle und auch einem Apothekennotdienst.

Wer gute Kenntnisse der spanischen Sprache besitzt, findet in den Tageszeitungen der Insel ›Canarias 7‹ und ›La Provincia‹ aktuelle Infos zur Wetterlage, zu Verkehrsmitteln und Kulturveranstaltungen.

Panorama – Daten, Essays, Hintergründe

Landschaft bei Santa Lucía

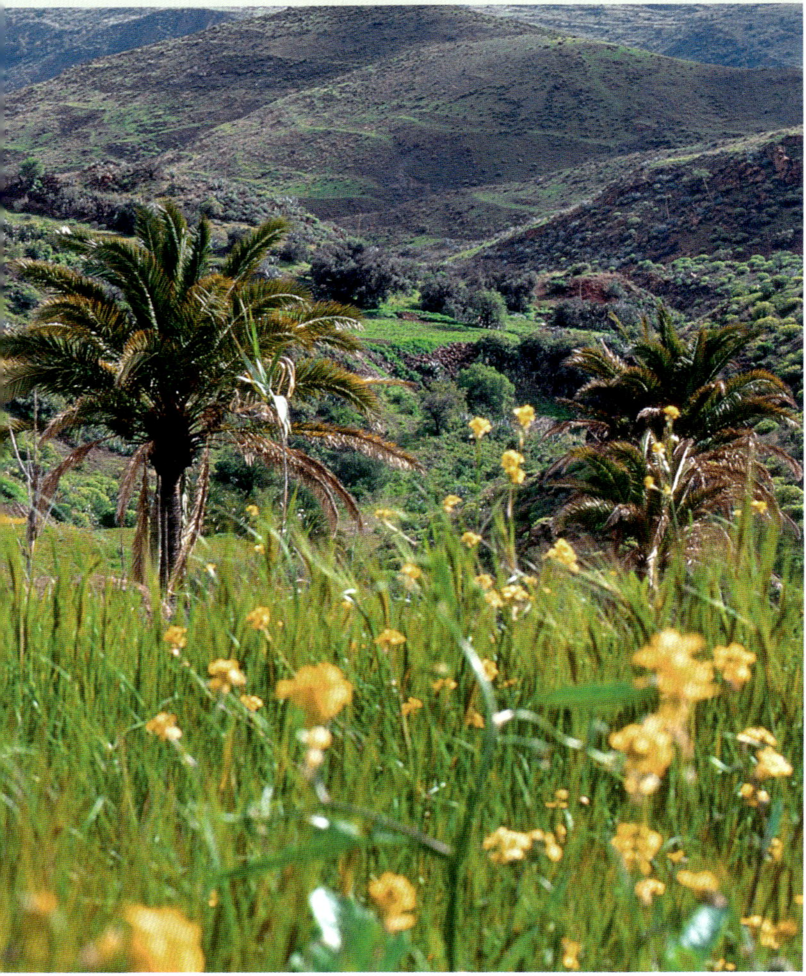

Steckbrief Gran Canaria

Größte Stadt: Las Palmas (ca. 400 000 Einw.).
Fläche: 1560 km^2; Gran Canaria ist drittgrößte kanarische Insel nach Teneriffa und Fuerteventura; der Durchmesser beträgt ca. 50 km, die Küstenlänge 236 km.
Einwohner: ca. 815 000 Einw.
Amtssprache: Spanisch
Zeitzone: MEZ minus 1 Std.
Vorwahl: 0034 für Spanien, 928 für Gran Canaria als fester Bestandteil jeder Telefonnummer.

Geografie und Natur

Gran Canaria liegt ca. 200 km von der Westsahara und 1200 km vom spanischen Festland entfernt. Geographisch gehören die Kanaren zu Afrika, politisch zu Spanien und damit zur EU.

Die Insel ist vulkanischen Ursprungs: Vor 14 Mio. Jahren wuchs sie über den Meeresspiegel, so dass Wasser und Wind viel Zeit hatten, ihr Profil zu formen. Vom 2000 m hohen Gebirgsmassiv in der Inselmitte senken sich strahlenförmig Schluchten *(barrancos)* in alle Himmelsrichtungen zur Küste hinab. Sie sind durch Seitenschluchten miteinander vernetzt, dazwischen liegen große Erosionskrater *(calderas)*.

Unterschiedlich sind die Küsten: Im Norden und Westen ragen Klippen auf, im Osten gleitet eine breite Plattform zum Meer ab. Im Süden hat der Atlantik so viel Sand angeschwemmt, dass hier das schönste Dünengebiet der Kanaren entstand; ihm vorgelagert ist der mit 8 km längste Inselstrand.

Insgesamt zählt Gran Canaria 35 Naturschutzgebiete (43 % der Inselfläche). Seit 2005 sind sie zum UNESCO-Biosphärenreservat zusammengefasst, ein Gütesiegel für intakte Naturräume.

Markant ist die Wetterscheide, die die Insel in einer Diagonale von Nordwest nach Ost in etwa zwei große Hälften teilt: Die nördliche Hälfte ist in mittleren Höhenlagen (400–1100 m) feucht und üppig-grün, die südliche dagegen trocken-karg. Die Trennung verdankt sich dem vorherrschenden Passat, der von Nordost Wolkenbänke heranführt, die sich an der Nordseite der Berge stauen.

Die höchste Erhebung ist der Pico de las Nieves (1949 m), der ›Schneegipfel‹.

Politische Gliederung

Die Kanaren bilden eine autonome Region mit eigener Regierung und Parlament. Las Palmas de Gran Canaria ist Hauptstadt der Ostprovinz mit Fuerteventura und Lanzarote, Santa Cruz de Tenerife ist Hauptstadt der Westprovinz mit La Palma, Gomera und El Hierro. Jede Insel hat eine eigene Regierung *(cabildo)*. Gran Canaria ist in 21 Gemeinden *(municipios)* eingeteilt.

Bevölkerung und Sprache

Gran Canaria ist mit ca. 815 000 Einwohnern die bevölkerungsreichste kanarische Insel. 80 % der Bewohner leben im Küstenbereich. In Las Palmas, der Hauptstadt, wohnt fast die Hälfte aller Grancanarios. Die Bevölkerung ist überwiegend römisch-katholisch. Unter den gemeldeten Ausländern stellen die Lateinamerikaner den größten Anteil.

Auf Gran Canaria spricht man das ›Atlantische Spanisch‹, einen Dialekt, der – wie das Castellano Lateinamerikas – zu den ›südlichen spanischen Sprachen‹ zählt.

Wirtschaft

Motor der Ökonomie ist der Tourismus und die mit ihm verbundene Bauindustrie. Pro Jahr kommen knapp 3 Mio. Urlauber nach Gran Canaria, ein Viertel davon sind Deutsche. Die Arbeitslosigkeit ist in den vergangenen Jahren auf etwa 10 % gesunken.

Als Brückenkopf zwischen den Kontinenten hat der Hafen große Bedeutung: Mit 2 Mio. umgeschlagener Container pro Jahr ist er der viertgrößte Spaniens und zugleich eine atlantische ›Tankstelle‹. Europäische Fischereiflotten, die EU-subventioniert in saharischen Gewässern auf Fang gehen, haben hier ihre Basis. Immer wichtiger wird Fischerei aus Aqua-Kultur. Die bisherigen Exportprodukte Bananen und Tomaten werden durch exotische Früchte und Zierpflanzen ersetzt.

Geschichte

Die Kanaren wurden ab 500 v. Chr. von Berbern aus Nordwestafrika besiedelt. Sie lebten ohne Kontakt zur Außenwelt, ›wieder entdeckt‹ wurden sie von europäischen Seefahrern an der Wende des 13. zum 14. Jh. Die iberischen Königreiche konkurrierten um den Besitz des Archipels, der nach mittelalterlicher Rechtsauffassung herrenlos, da von ›Heiden‹ bewohnt war. 1483 gelang spanischen Truppen die Unterwerfung Gran Canarias. Die bestehende Ordnung wurde außer Kraft gesetzt, an ihre Stelle trat das spanische Herrschaftsmodell. Das Land wurde an die Konquistadoren verteilt, die Zuckerrohr anbauen ließen. Die Bewohner wurden – sofern sie die Eroberung überlebt hatten – als billige Arbeitskräfte auf Plantagen eingesetzt.

In den folgenden Jahrhunderten diente der Archipel spanischen Flotten als Zwischenposten auf dem Weg in die lukrativeren Kolonien der ›Neuen Welt‹. Armut zwang viele Bewohner in die Emigration. Erst Ende des 19. Jh., als Gran Canaria dank seines Freihafens zum führenden *port of call* (Anlaufhafen) der damaligen Weltmacht Großbritannien wurde, setzte durch neue Anbaugüter (Bananen, Tomaten) die Modernisierung ein.

In der Endphase der Franco-Diktatur (1936–1975) wurde der Tourismus zum Wirtschaftsmotor und das blieb er auch nach Einführung der Demokratie. Seinen größten Entwicklungsschub erlebte der Archipel nach Spaniens EU-Beitritt (1986): Als ›ultraperiphere Region‹ profitierte er von hohen Subventionen. Bis 2012 bleibt ihm dieser Status erhalten.

Kanarische Inseln

Atlantischer Ozean

Lanzarote
La Palma
Teneriffa
Fuerteventura
Gomera
El Hierro
Gran Canaria

Geschichte im Überblick

Erste Erkundung und Besiedlung

ab 1100 v. Chr. Zwischen dem 11. und 7. Jh. v. Chr. dringen Phönizier und Karthager längs der westafrikanischen Küste bis zu den Kanaren vor.

ab 5. Jh. v. Chr. Die Inseln werden von nordwestafrikanischen Berbern besiedelt, die sich ›Canarii‹ nennen. Bis heute ist nicht bekannt, wie und warum sie auf die Inseln kamen. Ihre Ankunft ist umso rätselhafter, als sie offenbar keinen Schiffsbau kannten.

Am Rand des Römischen Reichs

25 n. Chr. Plinius d. Ä. berichtet von einer Expedition 25 n. Chr. zu den Kanaren und gibt den Inseln Namen, eine davon nennt er ›Canaria‹.

2. Jh. n. Chr. Auf der Weltkarte des Ptolemäus im 2. Jh. n. Chr. ist ›Canaria‹ geografisch korrekt eingetragen. Mit dem Zerfall des römischen Reiches gerät der Archipel in Vergessenheit, erst während der europäischen Expansion zu Beginn der Neuzeit wird er wieder entdeckt.

Sklavenjagd und Missionierung

1336 Lancelotto Malocello, ein Genueser im Dienst Portugals, von den Spaniern Lanzarotto genannt, landet auf der nordöstlichsten Insel und sorgt dafür, dass diese auf einer Karte als ›Lanzarote‹ eingetragen wird. Das Motiv für seine Reise ist die Sklavenjagd an der westafrikanischen Küste. Auch die Kirche ›entdeckt‹ die Inseln: Missionare im päpstlichen Auftrag sollen die ›Heiden‹ missionieren – zu diesem Zweck gründen sie auf Gran Canaria ein Bistum.

Eroberung durch Spanien

1402 Jean de Béthencourt beginnt – mit Unterstützung des kastilischen Königs und in Konkurrenz zu Portugal – die Eroberung der Kanarischen Inseln. Auf Lanzarote, Fuerteventura und Hierro ist diese erfolgreich, auf Gran Canaria scheitert sie am Widerstand der Bewohner.

1478–83 Durch die Vereinigung der Königreiche Kastilien und Aragon entsteht ein starker spanischer Staat, der eigene Truppen nach Gran Canaria entsendet. Noch bevor die Kämpfe einsetzen, gründet der spanische Befehlshaber Juan Rejón Las Palmas. In fünf Kriegsjahren werden die Ureinwohner besiegt: Tenesor Semidán, Herrscher im Norden (Hauptsitz Gáldar) wird 1481 gefangen genommen; Doramas, der Herrscher im Süden (Hauptsitz Telde), wird zwei Jahre später getötet.

Beginn der Kolonialzeit

nach 1483 Das Land wird an die Offiziere und die Finanziers der Eroberung verteilt, die sogleich damit beginnen, Zuckerrohr anbauen zu lassen. Die überlebenden Ureinwohner werden zwangsgetauft. Viele von ihnen werden als billige Arbeitskraft eingesetzt, einige landen auf dem Markt von Las Palmas, dem Zentrum des westafrikanischen Sklavenhandels. Dank der Siedler aus zahlreichen Ländern entsteht eine multiethnische Kolonialgesellschaft, regiert von der Krone, die durch Gouverneur, Gericht und Inquisition vertreten ist.

1492 Kolumbus legt auf Gran Canaria einen Stopp ein, bevor er in den unbekannten Atlantik aufbricht und einen neuen Kontinent entdeckt. Mit dessen Eroberung erhält Gran Canaria wachsende Bedeutung als atlantischer Brückenkopf: Spanische Flotten legen hier einen Stopp ein, bevor sie zu den Kolonien segeln.

1504 Die Inquisition wird zur festen Einrichtung in Las Palmas. 1526 werden drei Personen verbrannt, weil sie Fleisch am Freitag aßen. Anfänglich gegen getaufte Mauren und Juden gerichtet, bekämpft die Inquisition im späteren 16. Jh. die Einflüsse der Reformation, vornehmlich ausländische Protestanten.

16. Jh. Dank des Sklavenhandels und des Anbaus von Zuckerrohr boomt die Wirtschaft Gran Canarias. Ab 1550 wird die Insel Opfer der ersten Globalisierung: In der Karibik wächst Zuckerrohr besser und er ist billiger. Daher wird der Anbau von Zuckerrohr zunehmend durch den von Wein ersetzt.

Seeräuber und Seuchen

Ende 16. Jh. Im Auftrag der rivalisierenden Kolonialmächte Holland, England und Frankreich attackieren Korsaren die Insel. Zugleich machen sie Jagd auf die Silberflotte, die von Amerika zum spanischen Festland segelt.

1599 Der holländische Korsar Van der Does zerstört Las Palmas, kann erst bei Santa Brígida gestoppt und zum Rückzug von der Insel gezwungen werden. Die berüchtigten Seeräuber Leclerc, Drake und Hawkins unternehmen weitere Angriffe.

1629 Die Gefährdung durch Piraten veranlasst den spanischen König, einen Generalkapitän für die Kanaren zu ernennen. Sein Sitz ist zuerst Las Palmas, dann Santa Cruz de Tenerife.

ab 1678 Dem kanarischen Überseehandel werden drastische Beschränkungen auferlegt: ab 1678 müssen sich mit je 100 Tonnen Waren fünf kanarische Familien zwecks Besiedlung der Kolonien einschiffen (Blutzoll). Aufgrund kolonialer Konkurrenz geht den Kanaren der englische Hauptabsatzmarkt für Wein verloren.

1721	Pest und Hungersnot bringen Tausenden den Tod, am Ende des Jahrhunderts fordern die Pocken ihren Zoll an Menschenleben.

Wirtschaftlicher Aufschwung

1778	Carlos III. liberalisiert den Kolonialhandel und legt damit den Grundstein für den wirtschaftlichen Aufschwung auch der Kanarischen Inseln.
1787	Das Diözesanseminar, ein Vorläufer der Universität von Las Palmas, wird gegründet, zwei Jahre später das Museo Canario – Zeichen für das gestärkte Selbstbewusstsein der Insel.
1822	Santa Cruz de Tenerife wird Hauptstadt der Kanarenprovinz. Im Zwist mit Santa Cruz kämpft Las Palmas fortan für den Status als Hauptstadt einer Ostprovinz.
1830–1860	Armut treibt viele Kanarier in die Emigration: 50 000 Menschen (20 % der Bevölkerung) verlassen den Archipel in Richtung Amerika.
Um 1850	Schwerpunkt der Exportwirtschaft wird der Koschenille-Farbstoff, der erlebt jedoch bald einen Niedergang durch die Konkurrenz der Anilinfarben.

Freihandel

1852	Der Archipel erhält den Freihandelsstatus, worauf er in die imperialistische Dynamik einbezogen wird. Handelsflotten der damaligen Weltmacht Großbritannien entdecken Gran Canaria als maritime Versorgungsstation. Britische Unternehmer errichten Kohledepots für ihre Dampfschiffe, initiieren auf der Insel neue Exportgüter (Tomaten, Bananen) und begründen den Tourismus.
1883	Der Ausbau des Hafens von Las Palmas beginnt, dadurch erhält der Seehandel eine zusätzliche Stimulation. Die auf der Insel angebauten Bananen werden zum Exportschlager, ihr Verkauf ins Ausland erreicht Anfang des 20. Jh. seinen Höhepunkt.
1927	Las Palmas wird Hauptstadt der kanarischen Ostprovinz (Gran Canaria, Fuerteventura, Lanzarote) und tritt aus dem Schatten Teneriffas.
1930	Der Flughafen Gando wird eingeweiht.

Franco-Diktatur

1936	Spanien hat 1936 eine demokratisch gewählte linke Regierung, angeführt vom Grancanario Juan Negrín. Am 18. Juli ruft der auf die Ka-

naren versetzte General Franco in Las Palmas den Aufstand aus, der einen dreijährigen Bürgerkrieg auslöst.

1939 Franco siegt mit Unterstützung der faschistischen Mächte Deutschland und Italien. In der Folge wird Spanien diktatorisch regiert: Alle zuvor durchgesetzten Reformen (Auflösung von Großgrundbesitz zugunsten landloser Bauern, Streikrecht u. a.) werden zurückgenommen. Wer sich dem militärisch gesicherten Arbeitsfrieden nicht unterstellen will, emigriert nach Venezuela und Kuba.

1950er-Jahre Der Staatsbankrott zwingt Franco zum Kurswechsel: Fortan wird ausländisches Kapital als nationale Entwicklungschance gesehen. Dank vorteilhafter Bedingungen (Billiglöhne, geringe Steuern) nehmen ausländische Investitionen stark zu.

1956 Erster Charter nach Gran Canaria. Auf den Kanaren wird Tourismus der zentrale Wirtschaftszweig – auf Gran Canaria wird Las Palmas, ab 1963 auch der Inselsüden, touristisch erschlossen.

Spanien als Demokratie
ab 1975 Nach Francos Tod 1975 wird Spanien konstitutionelle Monarchie mit demokratischer Verfassung.

1982 Der Unabhängigkeitsbewegung, die die Loslösung von Spanien fordert, wird durch die Einführung der Autonomie mit eigener Regionalregierung der Wind aus den Segeln genommen.

1986 Die Einbindung Spaniens in die Europäische Gemeinschaft bringt den Kanaren einen Modernisierungsschub und hohe EU-Subventionen.

ab 1991 Die Kanaren profitieren von Kriegen und Krisen in anderen Teilen der Welt und werden zu einem der beliebtesten Reiseziele.

ab 2000 Spaniens einst ›vergessene‹ Provinz ist eine wohlhabende EU-Region und wird zum Einwandererland: Immigranten kommen aus Spaniens ehemaligen Kolonien in Amerika; gleichzeitig werden Tausende afrikanischer Flüchtlinge, die auf die Kanaren übersetzen, abgeschoben.

2008 Nach dem schweren Waldbrand im Sommer des Vorjahres beginnen sich die Wälder des Südwestens zu erholen. Zukünftig soll mehr Geld in Naturschutz investiert werden.

2009 Die Finanz- und Immobilienkrise erreicht die Kanarischen Inseln, die Arbeitslosigkeit steigt.

Aus Feuer geboren

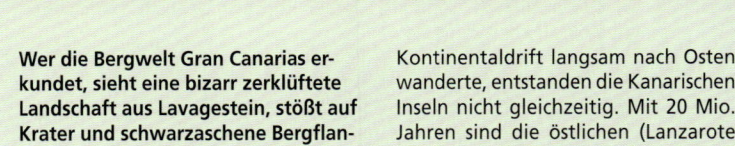

Wer die Bergwelt Gran Canarias erkundet, sieht eine bizarr zerklüftete Landschaft aus Lavagestein, stößt auf Krater und schwarzaschene Bergflanken. Doch anders als Teneriffa mit dem Vulkankegel des Teide oder Lanzarote mit seinen Feuerbergen verrät die Insel ihren vulkanischen Charakter nicht auf den ersten Blick.

Die Kanaren sind – wie Madeira im Norden und die Kapverdischen Inseln im Süden – eigenständigen Ursprungs und keineswegs, wie oft behauptet, über einen submarinen Festlandsockel vorgeschobene Teile des afrikanischen Kontinents. Ein in rund 100 km Tiefe aktiver Magmaherd hat im Laufe von 20–30 Mio. Jahren submarine Vulkane bis über Meeresniveau aufgebaut. Da dies in Abständen geschah und die Schicht über dem Herd aufgrund der Kontinentaldrift langsam nach Osten wanderte, entstanden die Kanarischen Inseln nicht gleichzeitig. Mit 20 Mio. Jahren sind die östlichen (Lanzarote und Fuerteventura) die ältesten und inzwischen durch Abtragung auch niedrigsten Inseln des Archipels. Vor 13,8 Mio. Jahren wuchs Gran Canarias Inselgebäude über den Meeresspiegel hinaus und vergrößerte sich durch nachfolgende Vulkanausbrüche.

Vulkanismus heute

Ein letztes Mal brach hier vor 3000 Jahren die Erde auf. Sie spie so viel Magma und Asche, dass der ›Schwarze Berg‹, der Montañón Negro, entstand – er befindet sich im Norden der Insel. Teneriffa, Lanzarote und La Palma haben bis in die jüngste Vergangenheit den

Kontakt mit dem Magmaherd nie ganz verloren, was die Eruptionen in den letzten Jahrhunderten bezeugen. Der letzte Ausbruch ereignete sich 1971 auf der Insel La Palma.

Calderas und Roques

Solange Menschen auf Gran Canaria leben, ist kein Vulkanausbruch bezeugt. Sichtbare Überreste einer lange vergangenen vulkanischen Tätigkeit sind die *calderas* (Riesenkrater) im Inselzentrum. So stark sind die Caldera de Tejeda und die Caldera de Tirajana erodiert, dass sie wie ein ›versteinertes Gewitter‹ (Miguel de Unamuno) aussehen.

Aus ihren Flanken ragen die Felsfinger der *roques* empor: ehemalige Vulkanschlote, deren härteres Zentralgestein widerstand, während der weichere Außenmantel von Regen und Wind in Millionen von Jahren abgetragen wurde. Geologische Wahrzeichen der Insel sind der Roque Nublo und der Roque Bentayga – beide wurden von den Altkanariern als ›heilige‹ Berge verehrt.

Die Barrancos

Vom zentralen Gebirgsmassiv, der *cumbre,* ziehen fast radial tief eingeschnittene und von der Erosion ausgewaschene Schluchten zur Küste hin – die *barrancos*. Im Süden und Westen der Insel sind diese Kerbtäler besonders steil und felsig, im fruchtbaren und regenreichen Norden enden sie in einer terrassenartigen, grünen Kulturlandschaft.

Aussichtspunkte

Von mehreren Aussichtspunkten hat man einen guten Blick auf Vulkanlandschaften. Im Nordosten ragt der Kegel des **Bandama** auf, von dessen Gipfel man in den zugehörigen Krater schaut – wer Lust hat, kann sogar in ihn hinabsteigen! Ein zweiter, kreisrunder Krater mit Aussichtsterrasse ist **Pinos de Gáldar** im Norden.

Die **Caldera de Tejeda** überblickt man am besten vom Aussichtspunkt **Degollada Becerra**; ein kleines Info-Zentrum gibt über die geologische Entstehung Auskunft.

Die **Caldera de Tirajana** im zentralen Bergland bei San Bartolomé sieht man von jedem beliebigen Punkt südlich des Passes Cruz Grande. In San Bartolomé de Tirajana empfiehlt sich die Aussichtsterrasse des Hotels Aldiana Mirador, wo auch Ferngläser aufgestellt sind.

Neue Inseln
»Eines Tages wird es noch mehr Kanarische Inseln geben, eine ist bereits im Entstehen", erklärt Juan Carlos Carracedo, Direktor der Vulkanologischen Station der Kanarischen Inseln. Die neue, noch unterseeische Insel südwestlich von El Hierro trennen nur 300 m von der Meeresoberfläche. Man hat sie Las Hijas (die Töchter) getauft – wohl um klar zu machen, dass sie und alle, die nach ihr kommen, ›Ableger‹ der Kanaren sind. Eine zweite, noch tief im Meer zwischen Gran Canaria und Teneriffa schlummernde Insel erhielt – zum Leidwesen der Grancanarios – den Namen Hijo de Tenerife (Kind bzw. Sohn Teneriffas).

Ein Kontinent en miniature

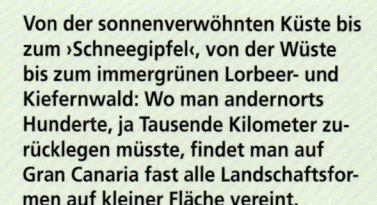

Von der sonnenverwöhnten Küste bis zum ›Schneegipfel‹, von der Wüste bis zum immergrünen Lorbeer- und Kiefernwald: Wo man andernorts Hunderte, ja Tausende Kilometer zurücklegen müsste, findet man auf Gran Canaria fast alle Landschaftsformen auf kleiner Fläche vereint.

Feucht-grüner Norden

Wie auch auf den anderen bergigen Inseln des Archipels ist die Nordregion von einer dichten Vegetation überzogen. Die Feuchtigkeit der Passatwinde kondensiert in kühleren Höhen zu Nebel und Wolken, die sich dann an den Nordflanken der Inselberge stauen und abregnen oder durch Gebüsch und Bäume ›gemolken‹ werden. Die Wolkendecke, die sich im Laufe des Vormittags schließt, reißt oft erst in den Nachmittagsstunden wieder auf.

An einigen wenigen dauerfeuchten Stellen sind kleine Märchenwälder entstanden – mit Moosen und Farnen und langen, gespenstisch herabhängenden Flechten. Die einstigen ausgedehnten Lorbeerwälder sind durch jahrhundertelangen Raubbau stark dezimiert und nur noch im Naturschutzgebiet von Los Tilos bei Moya zu besichtigen.

Durch Wiederaufforstung regeneriert sind die Kiefernwälder, die den Nordwesten und weite Teile des Inselzentrums bedecken. Das Gebiet, in dem sie wachsen, wurde zum Unesco-Biosphärenreservat erklärt. Selbst der große Waldbrand 2007 hat sie nicht vernichten können, sondern zeigte einmal mehr, was für ein Feuerspezialist die Kanarische Kiefer *(Pinus canariensis)* ist: Im Laufe von Jahrmillionen, in denen es auf der Insel viele Vulkanausbrüche gab, hat sie gelernt, mit dem heißen Element umzugehen. So bildet sie eine bis zu 15 cm dicke Borke aus, die sie optimal vor Flammen schützt. Mögen die Bäume von außen auch verkohlt aussehen – die Rinde hat das Innere der Kiefer geschützt, sodass der Baum wenig später neu ausschlagen kann. Ein weiterer Vorteil der Kanarischen Kiefer sind ihre extrem langen Nadeln, mit denen sie die Feuchtigkeit aus den Passatwolken herauskämmt. In Rinnsalen läuft das kondensierte Nass am Stamm herab, sammelt sich im Vulkangestein und speist Quellen und Bäche.

Sukkulenten gedeihen, deren dicke Blätter oder Stiele kostbares Wasser speichern können. Zu ihnen gehört die Kandelaberwolfsmilch *(cardón)*, die oft mit Kakteen verwechselt wird, zumal ihre Stämme mit Dornen besetzt sind. Wer von Playa del Inglés in die Berge fährt, trifft am Wegrand unweigerlich auf die bis zu 2 m hohen säulenartigen Gruppen dieser Pflanzen. Sie sind nicht ungefährlich, denn schon bei geringer Beschädigung kann der giftige milchige Saft in die Augen spritzen.

Sonnig-karger Süden

Niederschlagsarm präsentiert sich der Süden der Insel. Der Passat lässt seine Feuchtigkeit auf der Nordseite zurück und sinkt als trocken-warmer Fallwind an den südlichen Berghängen hinab, wobei er die Landschaft zusätzlich austrocknet. Allenfalls stehlen sich ein paar Wolkenfetzen über die Bergkämme, lösen sich aber meist schnell wieder auf. Daher ist oft – etwas euphemistisch – von ›Sonnengarantie‹ die Rede, wenn man von den Ferienorten im Süden Gran Canarias spricht.

Diese südliche Trockenzone, die bis auf 1000 m hinaufreicht, lässt vor allem

Botanische Gärten auf Gran Canaria
Jardín Canario (s. Entdeckungstour S. 236): größter botanischer Garten Spaniens.
Cactualdea (s. La Aldea de San Nicolás, S. 190): Tausende von Kakteen aus aller Welt.
Huerto de las Flores (s. Agaete, S. 199): kleiner Dorfpark mit Exoten.
Casa Romántica (s. Valle de Agaete, S. 204): Schaugarten eines Restaurants, u. a. Kaffeesträucher.
Parque Municipal (s. Arucas, S. 228): Park im Zentrum des wasserreichen Städtchens.
Jardín de la Marquesa (s. Arucas, S. 231): privater Park mit alten Drachenbäumen.

Trockenheit liebt auch der aus Mexiko eingeführte Feigenkaktus, dessen süße Früchte essbar sind. Der rote Farbstoff der auf ihm gezüchteten Koschenille-Schildlaus hatte einst große wirtschaftliche Bedeutung. Im Frühling überziehen sich die sonst ausgedörrten Berghänge mit einem vielfarbigen Blumenteppich. Dominierend ist der gelbe Zwergginster, durchsetzt mit der duftigen Micromeria, die an Thymian erinnert, dem wilden Salbei und dem Kanarischen Goldlack.

Tropische Früchte

In den unteren Tälern werden zunehmend tropische Früchte wie Mangos, Papayas und Avocados kultiviert. Gut bewässerte Parks der Hotelanlagen und Gärten der Ortschaften schmücken sich mit farbenprächtigen Exoten, die man zu Hause vergeblich oder, wenn überhaupt, mit nur kümmerlichem Erfolg züchtet – wie Bougainvillea und Oleander, Hibiskus und Strelitzien. Sie gehören zwar nicht zur einheimischen Flora, gedeihen hier aber in verschwenderischer Fülle.

Dünen und Palmen

In krassem Kontrast dazu steht die Dünenlandschaft am Südzipfel der Insel. Haushohe Sandberge wandern von der Küste landeinwärts, wobei sie alles begraben, was sich ihnen in den Weg stellt. Der wüstenhafte Eindruck wird noch durch eine Palmenoase verstärkt, die in langer Zeit wild am Rand der Dünen gewachsen ist.

Tierbeobachtung
Wer einheimische Tiere sehen will, muss in die Natur. Gute Beobachtungsposten finden Wanderer zuhauf. An den Stauseen im zentralen Bergland entdeckt man zahlreiche Vogelarten, an der Lagune La Charca bei Maspalomas sieht man viele große Eidechsen.

Dagegen werden in den touristischen Tiergärten vor allem exotische Arten vorgestellt: Für Krokodile, Schimpansen, Tiger und Papageien drücken Besucher willig ein hohes Eintrittsgeld ab. Bis zum großen Feuer 2007 war der Tierpark von Los Palmitos der beliebteste der Insel – der Termin der Wiedereröffnung ist noch unbekannt. Ersatzweise bieten sich kleinere Parks bei Agüimes (s. S. 121) und Gáldar (s. S. 213) an.

Die Tierwelt

Beruhigend für Besucher der Insel: Giftige Schlangen, Spinnen oder Skorpione gibt es nicht. Was da am Wegesrand raschelt, sind meist harmlose Eidechsen. Eine Art hat im Laufe ihrer Evolution die Gliedmaßen so stark zurückgebildet, dass sie einer Blindschleiche ähnlich sieht.

Den **Gecko** wird man kaum zu Gesicht bekommen, da er nur nachts auf Jagd geht. Das zierliche, fast transparente Tier kann sich dank der Klebdrüsen an seinen Pfoten mühelos an Zimmerdecken halten und ist nützlich als Kammerjäger. Auch das größte grancanarische Reptil ist nicht zum Erschrecken: Die **Rieseneidechse** wird gerade mal 50 cm groß – mit ihrem bräunlichen Schuppenpanzer hat sie sich perfekt an ihren felsigen Lebensraum angepasst.

Inselstämmige **Säugetiere** gibt es auf Gran Canaria nicht, sieht man einmal von Fledermäusen ab. Alle wild lebenden Kleinsäuger wurden eingeschleppt. Nutztiere wie Ziegen und Schafe wurden schon von den Ureinwohnern gehalten – sie waren offenbar von den ersten Siedlern von Nordafrika auf die Inseln gebracht worden.

Kanarienvögel

Reich ist die Insel an **Vogelarten.** Mit etwas Glück sieht man Turmfalken, Gelbschnabel-Sturmtaucher und Fischadler vor den Felswänden der *barrancos* oder der westlichen Steilküste kreisen. An Stauseen sieht man Teichhühner, in höheren Busch- und Baumregionen auch Felsentaucher und Rebhühner.

Zur zahlreich vertretenen Familie der Finken gehört auch der **Kanarienvogel.** Der kanarische Urvogel muss jedoch enttäuschen, verfügt er doch weder über das grellgelbe Federkleid noch die hohen Sängerqualitäten des uns bekannten Harzer Rollers, ein Ergebnis jahrhundertelanger Zucht. Der *Canario del Monte,* so genannt, weil seine Heimat die Berge sind, ist grünlich grau, allenfalls mit ein paar gelben Stellen auf dem Gefieder.

Dem Berg abgerungen: grüne Terrassenfelder beim Dorf El Carrizal

Königliche Wege

»Alles ginge besser, wenn der Mensch mehr ginge«: So resümierte Seume seine Wanderung durch halb Europa. Freilich muss man keine Tausende Kilometer zurücklegen, um zur Erkenntnis zu gelangen, dass man sich und der Natur näher kommt, wenn man zu Fuß unterwegs ist. Denn wer sieht vom Auto aus die Eidechse, den Kanarengirlitz und den Königsfalter?

Wer riecht die Mandelblüte und den wilden Salbei? Wandernd lernt man zwar keine große Region kennen, diese aber umso intensiver – herrlich ist es zu erleben, wie mit jeder Tour der Körper drahtiger wird!

Die meisten Wege Gran Canarias stammen noch aus prähispanischer Zeit. Die von den Altkanariern angelegten Pfade führten von der Gipfelregion zur Küste, überwanden schwierige Pässe und Schluchten und waren dem Gelände optimal angepasst. Nach der Conquista wurden die Pfade befestigt. Weil es die Krone war, die das Baumaterial finanzierte, sprach man von *Caminos Reales,* ›königlichen Wegen‹.

Wanderparadies Gran Canaria

Unbehauene Steine wurden zu einem fugendichten Bodenmosaik zusammengefügt, Seitenmauern schützten davor, dass der Weg nach Unwettern abrutschte. Dazu wurden quer zum Pflaster Rinnen angelegt, die das hinabfließende Wasser kanalisierten. So breit waren die Wege angelegt, dass sie ein Bauer mit seinem Maultier bequem passieren konnte. Statt in gerader Linie führen sie in vielen Kehren auf Pass oder Gipfel – das dauert länger, schont aber die Gelenke.

Doch als in den 1960er Jahren der Tourismus zu boomen begann und die Esel von Autos verdrängt wurden, erlosch das Interesse an den alten Wegen. Bald waren sie von Pflanzen überwuchert, Steinschlag machte sie unpassierbar. Die Jungen zogen in die Städte, um sich als Bauarbeiter und Kellner zu verdingen, nur die Alten blieben auf dem Lande zurück. Um alte Traditionen wieder zu beleben und den Canarios Anreize zu schaffen, in die Dörfer zurückzukehren, wurde von der EU ein Programm zur Förderung von *Turismo Rural* (ländlichem Tourismus) aufgelegt.

300 Kilometer Wanderwege

Dank der damit einhergehenden Restaurierung der alten *caminos* können Wanderer die Insel heute auf über 300 km durchlaufen. Einige Wege sind bereits gemäß internationaler Norm markiert: Im Inselzentrum, das zugleich das beste Wanderrevier ist, stößt man schon oft auf die gelb-weißen Schilder.

Beste Ausgangspunkte sind Tejeda, Cruz de Tejeda und San Bartolomé – dort findet man auch Hotels, Pensionen und Apartments. Wer sein Quartier lieber an der Küste nimmt, fährt mit dem Mietauto oder Bus 18 an (s. S. 18, 21). In diesem Buch werden mehrere Touren empfohlen, die einen Eindruck von der großartigen Insellandschaft vermitteln: Panoramawege führen z. B. auf den ›Wolkenfels‹ (S. 262) und den Altavista (S. 261), vorbei an Höhlenweilern (S. 260) und rund um den Chira-See (S. 266). Auf einsamen Pfaden geht es zu den Stränden von Güigüí und Playa de Guayedra (s. S. 189 und 196).

Ein Erlebnis besonderer Art ist der Abstieg in den erloschenen Bandama-Krater (s. S. 117).

Wanderbücher
Allen, die wandern wollen, seien folgende Bände empfohlen.
Gawin, Izabella: Gran Canaria, Bergverlag Rother: München 2008. 40 detailliert beschriebene Tal- und Höhenwanderungen entlang der alten Königswege.
Schulze, Dieter: Wandern auf Gran Canaria, DuMont Reiseverlag: Ostfildern 2007. Eine Fülle von Wandervorschlägen mit 35 Tourenkarten, von einfach bis anspruchsvoll. Fast alle Startpunkte sind auch gut mit dem Bus erreichbar.

Die Wettermacher – Passat und Kanarenstrom

Die Kanarier nennen den Passat ›viento alisio‹, ›elysischen Wind‹, den heißen Afrika-Wind bezeichnen sie als ›calima‹. ›Panza del burro‹ wird die Passatwolkendecke genannt, die grau ist ›wie der Bauch eines Esels‹.

Wissenschaftler diskutierten an der Universität von Las Palmas, wie sich der Klimawandel auf die Kanaren auswirken wird. Für 2050 diagnostizieren sie das Verschwinden vieler Strände, weil durch das Abschmelzen polarer Gletscher der Meeresspiegel steigen wird. ›Irrläufer‹, von der Karibik abgeirrte Tropenstürme, könnten den Archipel heimsuchen. Einen Vorgeschmack erhielten die Kanarier bereits 2005, als der tropische Sturm ›Delta‹ den viele Millionen Jahre alten Felsen Dedo de Dios (Finger Gottes) in Puerto de las Nieves einstürzen ließ. Doch das Jahr 2050 scheint weit und noch herrscht das Gute-Wetter-Image der Kanaren.

Ewiger Frühling

Für den ›ewigen Frühling‹ sorgen im Zusammen- und Gegenspiel die Faktoren Sonne, Meer und Wind. Wäre da nicht der Temperaturausgleich durch das kühlende Meer und den feuchten Nordostwind, würden auf den Kanaren, knapp unter dem 30. Breitengrad, ebenso hohe Tagestemperaturen herrschen wie in der nahen Sahara. So aber klettert das Thermometer im Sommer selten über 30 °C im Schatten und fällt in Winternächten an der Küste kaum unter 13 °C. Markante Unterschiede zwischen den Jahreszeiten gibt es nicht. Nur an wenigen Tagen im Jahr fällt Schnee, so auf dem Pico de las Nieves, dem 1949 m hohen ›Schneegipfel‹.

Urlauber, die im Inselsüden bei sommerlichen Temperaturen in Shorts und T-Shirt aufgebrochen sind, schauen fassungslos auf das Spektakel. Dann setzen sich Tausende von Hauptstädtern in Richtung Bergland in Bewegung, um den Schnee in Augenschein zu nehmen. Dort bauen sie kleine Schneemännchen, die sie stolz auf die Kühlhaube des Autos setzen – in der Hoffnung, dass diese bis zur Ankunft in Las Palmas nicht schmelzen.

Passat und Calima

Der Wettermacher ist der Passatwind aus Nordosten, der schon den Entdeckern und Eroberern seit Kolumbus die ›Passage‹ über die Kanaren nach Amerika erleichterte. Er ist Teil einer ellipsenförmigen, globalen Luftbewegung: In der Äquatorregion steigt warme Luft auf, sinkt etwa bei den Azoren wieder ab und weht in Meereshöhe als relativ kühler und feuchter Wind wieder in Richtung Äquator. Dabei streift er die Kanaren und sorgt für Erfrischung an den Stränden sowie für beste Surfbedingungen an der Nord- und Ostküste.

Hin und wieder wird die Herrschaft des Passats gebrochen. Heiße, trockene Luft aus der Sahara dringt bis Gran Canaria vor und lässt das Thermometer klettern. Führt diese Luftströmung besonders viel feinen Staub mit sich, spricht man im Wetterbericht vom *calima:* Die Sonne verschwindet unter einer grauen ›Käseglocke‹, ein gelblich-grauer Staub überzieht alles, dringt ins Hotelzimmer und kann zu Atembeschwerden führen.

In den letzten Jahren kam es gehäuft zu eher untypischen Schlechtwetterlagen aus südlicher Richtung. Von November bis April regnete es zeitweise auch an der Costa Canaria so heftig, dass die sonst trockenen *barrancos* zu reißenden Flüssen wurden und es zu Überschwemmungen kam.

Internetadressen
www.inm.es: Auf der Startseite des Spanischen Meteorologischen Instituts findet man das aktuelle Satellitenbild. Nach Anklicken kann man in der Menüleiste unter dem Stichwort ›Área: Canarias‹ die Wolkenbildung über den Kanarischen Inseln erkennen.
www.iac.es/weather/latest/can.jpg: Ständig aktualisiertes Wetter-Satellitenbild des Kanarischen Astrophysischen Instituts.

Wasser – kostbar und knapp

Das imposante Gebäude der Wasserbörse von Arucas symbolisiert die Bedeutung der kostbaren nassen Ware für Gran Canaria. Hier richten sich die Preise unter dem ehernen Gesetz von Angebot und Nachfrage ausnahmsweise mal auch nach dem Wetter. Trockenperioden, von den sonnenhungrigen Touristen begrüßt, bedeuten für die Bauern Dürre und oft kostspieligen Zukauf für ihre durstenden Felder.

Vom verknappten Angebot oder steigender Nachfrage profitieren die Herren des Wassers, in deren Besitz Talsperren und Quellen sind: Sie fordern höhere Preise für die ›Wasserstunde‹. Der kluge Bauer baut vor und kauft das kostbare Nass im Voraus. Das kommt ihn nämlich billiger. Wenn es dann ausreichend regnet, hat er Pech gehabt. Oder er verkauft es an einen Meistbietenden weiter. Die Kleinbauern gehen nicht ›an die Börse‹, sie handeln ihre Wasseranteile in den Dorfkneipen aus.

Wasserknappheit

Wie alle Kanarischen Inseln leidet Gran Canaria an chronischer Wasserknappheit. Mit rund 370 Litern pro Quadratmeter fällt nur wenig mehr Regen im Jahresdurchschnitt als in den Wüstenrandgebieten der Erde. Etwas Abhilfe schaffen die wasserspeichernden Kiefernwälder, deren lange Nadeln die Nässe aus den Wolken kämmen.

Um das ›Blut der Erde‹ zu sammeln und zu verteilen, haben viele Generationen im Laufe der Jahrhunderte unzählige Auffangbecken gemauert. Diese *estanques* werden von den Landleuten auch ›Mütter des Wassers‹ (*madre del agua*) genannt.

Stauseen und Brunnen

Zu den wasserführenden Schichten tief im Berginnern wurden Tunnel getrieben, von denen der längste auf Gran Canaria 4 km misst. Um eine gleichmäßige Versorgung während des Jahres zu gewährleisten, hat man eine Fülle von Stauseen (*presas/embalses*) angelegt. So geschickt sind sie der Umgebung angepasst, dass sie fast natürlich wirken und der Landschaft zusätzlichen Reiz verleihen. Die größten Stauseen liegen auf der durstigen Inselsüdhälfte: Presa Cueva de las Niñas, Presa de Soria, Presa de Chira.

Kanäle, gegen die Verdunstung meist übermauert, führen oft in schwindelerregender Höhe entlang der steilen Flanken der *barrancos* das Bergwasser talwärts zu Sammelbehältern. Über kleinere Zuleitungen dürfen die Bauern nach einem vorher fixierten Zeitschema stundenweise und nur an

Seltenes Schauspiel nach einem Winterregen

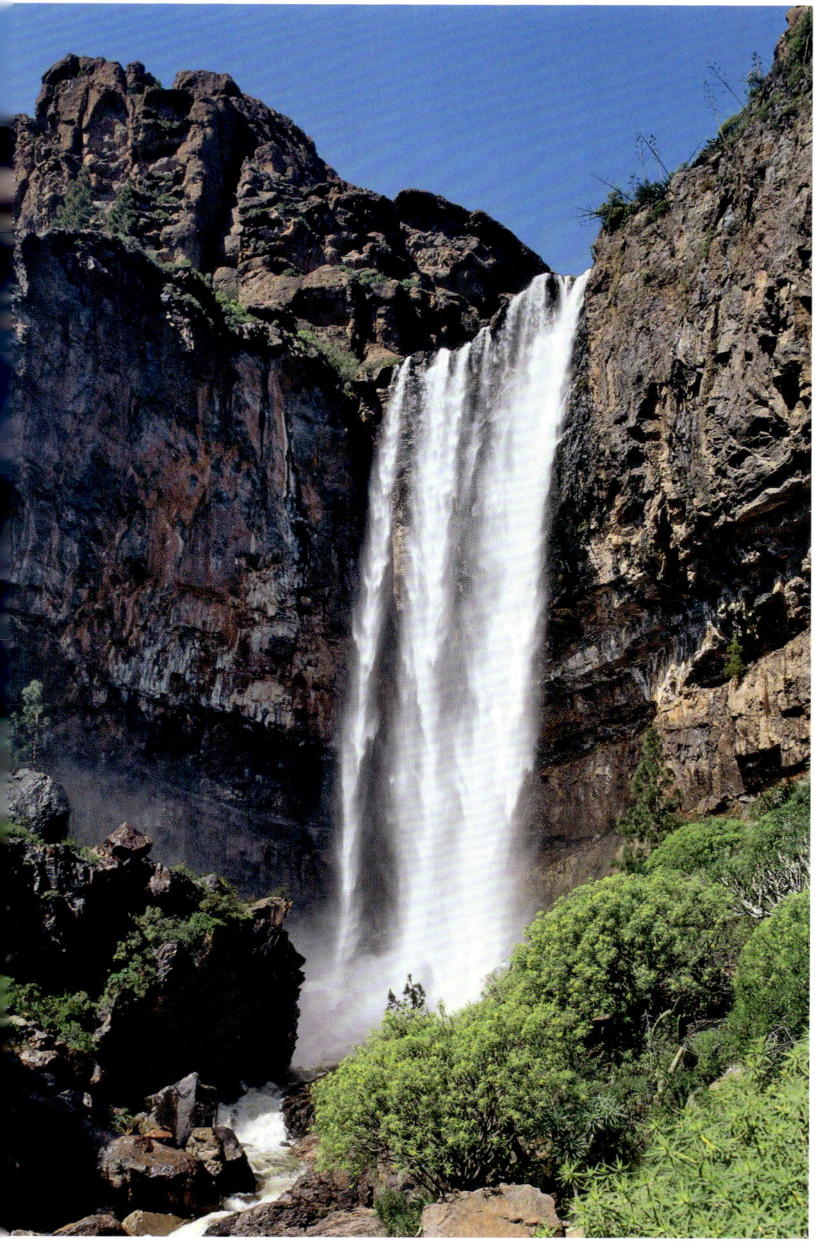

bestimmten Tagen Wasser entnehmen. Bei diesem *dula* genannten System wird oft noch nach altem Maß, *azada de agua,* wörtlich ›einer Hacke Wasser‹, gemessen.

Raubbau am Wasser

Um dem Wasserbedarf in der Landwirtschaft Genüge zu tun, hat man über 200 Brunnen gegraben, von denen einige in höheren Lagen inzwischen 200 m tief sind. Da der Grundwasserspiegel in erschreckendem Maß fällt, wird immer tiefer gebohrt, inzwischen bis unter den Meeresspiegel. Besonders in Küstennähe fördern die Brunnen nur noch salziges Wasser, das zusätzlich gereinigt werden muss.

Rettung aus dem Meer

In den vergangenen Jahrzehnten wurde in der Öffentlichkeit immer wieder diskutiert, wie der chronische Wassermangel behoben werden kann. So gab es einmal von Bürgerinitiativen den Vorschlag, das kostbare Nass auf Tankschiffen heranzuschaffen – aufgegriffen wurde die Idee nicht. Dann sprachen sich Wissenschaftler dafür aus, künstlichen Regen zu erzeugen, indem Wolken mit Chemikalien besprüht würden – auch dieser Plan wurde nie umgesetzt.

›Nur eine Möglichkeit gibt es, mehr Wasser nach Gran Canaria zu bringen: es muss aus dem Meer geholt werden‹ – so lautet die einhellige Meinung der Ingenieure, die die Kanaren inzwischen zum Pionier der Meerwasserentsalzung machten.

Meerwasserentsalzung

Jahrzehntelang hat man Meerwasser energie-, also kostenintensiv verdampft und anschließend kondensiert. Heute wendet man das effektivere Umkehr-Osmose-Verfahren an: Mit großem Druck (70 bar) wird das vorgereinigte Meerwasser durch mehrere Schichten einer Membran gepresst, die wie ein Filter wirkt: Sie lässt nur Wassermoleküle durch, die größeren Salzteilchen, d.h. das Natriumchlorid, hält sie zurück. Für optimalen Betrieb müssen die Membrane speziell auf das jeweilige Wasser und dessen Salzgehalt geeicht sein (auf den Kanaren 38,5 g Salz pro Liter).

Antonio Medina, Präsident der Internationalen Vereinigung für Wasserentsalzung, ist zuversichtlich: »Im Vergleich zu 1970, als in Las Palmas die erste Wasserentsalzungsanlage gebaut wurde, stehen wir heute sehr viel besser da. Wir benötigen für die Produktion von Süßwasser nur noch 15–20 % der Kosten von damals.« In Zukunft soll noch mehr Geld eingespart werden, indem man die für die Entsalzung nötige Energie selbst herstellt – Windkraft macht's möglich.

> **Daten und Fakten**
> In Las Palmas werden 80 000 m^3 Wasser pro Tag, in Maspalomas 30 000 m^3 pro Tag produziert, jeder Inselbewohner verbraucht durchschnittlich 100–120 l pro Tag.
> **Tipp für Urlauber:** Wer in einem Apartment wohnt und seinen Tee selbst aufgießt, sollte es den Einheimischen gleichtun und nicht Wasser aus der Leitung nehmen, sondern Mineralwasser aus einer der Quellen Gran Canarias – es schmeckt deutlich besser!

Meeresforschung – gesponsert von der EU

Von der Autobahn aus sieht man Industrieanlagen und Retortensiedlungen. Unmittelbar am Meer schaut es besser aus, der Blick aufs Wasser lässt die Betonwüste vergessen. Eine 4 km lange Promenade führt von La Garita bis Melenara, verbindet mehrere Orte und Buchten. An dieser Küste, genauer: in Taliarte, befindet sich das Kanarische Institut der Meereswissenschaften.

Schildkröten und Seepferdchen

In einem Becken schwimmen Schildkröten, die verletzt im Schleppnetz gelandet waren – ein unerwünschter Beifang, mit dem die Fischer in der Regel keine großen Umstände machen. Meist werfen sie die Schildkröten zurück ins Meer, wo sie dann kaum noch eine Überlebenschance haben. Hin und wieder aber bringen sie verletzte Schildkröten, aber auch Baby-Wale und Delfine nach Taliarte. Dort werden die Tiere gepflegt und anschließend wieder ins Meer entlassen. Auch die im Institut gezüchteten Seepferdchen – Teil des Programms zur ›Wiederbelebung geschützter Arten‹ – kommen von hier in die freie Wildbahn.

Im Meereswissenschaftlichen Institut bescheidet man sich nicht damit, Schildkröten aufzupäppeln und Seepferdchen zu züchten. Wissenschaftler untersuchen die Ökologie der Küste und machen sich für die einheimische Fischereiwirtschaft nützlich. In 240

Aquarien prüfen sie, welche Meerestiere tauglich sind für die künstliche Aufzucht im Atlantik.

Aqua-Kulturen

Rücksichtslose, auf den schnellen Profit ausgerichtete Fischerei, die sich weder um Laich- noch sonstige Schonzeiten kümmert, hat dazu geführt, dass der Bestand vieler Fische stark zurückgegangen ist. Darum weicht man zunehmend auf Aqua-Kultur aus: Ein Meeresbereich wird eingezäunt, damit im natürlichen Becken Fische gezüchtet und genährt werden können. Beliebt sind Arten, die einen sicheren Absatzmarkt haben, v. a. Doraden und Seebarsche, experimentiert wird mit Austernlarven, Miesmuscheln, Hummern und Garnelen.

Im Prinzip handelt es sich bei den Fischfarmen jedoch um eine typische Massentierhaltung mit allen bekannten Nachteilen: Oft sind die Tiere genetisch manipuliert und werden durch Hormone zur Eiproduktion animiert. Sie werden medikamentös ›dauerversorgt‹ und erhalten als Nahrung Fischmehl. Wo sich Aqua-Kulturen ballen, gerät mit den Fisch-Fäkalien überproportional viel Stickstoff und Phosphat ins Wasser, was den Algenwuchs fördert. Gefährlich ist auch das Entweichen von Zuchtfischen, die sich mit wilden Arten kreuzen, so dass sich das Erbgut verändert.

Auf den Kanaren wird auf ökologisch korrekte Aqua-Kultur gesetzt, mit deren Hilfe qualitativ bessere Ware erzeugt werden kann. So sollen kanarische Meeresfarmen eine geringe Besatzdichte haben und die Fische – ohne Einsatz von Antibiotika – mit gesunder Nahrung versorgt werden. Für den Aufbau biologischer Aqua-Kulturen vergibt die EU großzügige Beihilfen. Bereits in Betrieb ist eine Meeresfarm bei Meloneras im Inselsüden.

Ozeanische Plattform

Für die Zukunft werden noch ehrgeizigere Pläne geschmiedet: Weit vor der Küste Taliartes, am Rand des unterseeischen Inselfundaments, entsteht für 22 Mio. Euro die Ozeanische Plattform der Kanaren (Plataforma Oceánica de Canarias, Plocan). Das Meeres-Observatorium mit Messgeräten, die bis zum 3000 m tiefen Atlantikgrund hinabreichen, gilt als Zukunftsinvestition: Spanien, das über Tausende von Küstenkilometern verfügt, will beim Wettkampf um Meeresressourcen die Nase vorn haben.

So werden Algen erforscht, die für die Entwicklung neuer Pharma-Mittel nützlich sein könnten. Auch unterseeische Energiequellen will man anzapfen. Die gewaltigen Strömungen, die zwischen Ebbe und Flut entstehen, sollen in ein ›Gezeitenkraftwerk‹ eingespeist werden, das Strom erzeugt. Unterschiede zwischen den Wassertemperaturen und den Salzkonzentrationen im Meer werden gleichfalls auf ihr Energiepotenzial hin untersucht.

Infoadresse
Instituto Canario de Ciencias Marinas, Taliarte, Carretera de Taliarte s/n, Tel. 928 13 29 00, www.iccm.rcanaria.es; Besuch nur nach telefonischer Voranmeldung, Erläuterungen leider bisher nur auf Spanisch.
Daten und Fakten: Im Bruttosozialprodukt der Kanaren hat Aqua-Kultur fast schon den Stellenwert der Banane erreicht.

Vom Zucker zur Banane – eine Abfolge von Monokulturen

Nach der Eroberung der Insel versuchten die Spanier aus ihrem neuen Besitz Profit zu schlagen. Da sie hier weder Gold noch Silber fanden wie später in Amerika, mussten sie Luxusgüter erschaffen, deren Preis den langen Transportweg über den Atlantik rechtfertigte.

Zucker, Wein und Läuse

Unmittelbar nachdem die spanische Krone das Land an die Anführer der Conquista verteilt hatte, begannen diese mit dem Anbau von Zuckerrohr. Damals galt Zucker als ›weißes Gold‹, das hohe Rendite versprach. So viel wurde davon exportiert, dass man in Europa von den ›Zuckerinseln‹ sprach; Ortsnamen wie Ingenio (= Zuckerfabrik) und Trapiche (= Zuckersiederei) erinnern an die Bedeutung des ersten Exportprodukts. Doch schon nach kurzer Zeit führte die Konkurrenz aus den karibischen Kolonien zum Niedergang des Zuckergeschäfts.

Vom später einsetzenden Weinanbau profitierte Gran Canaria nicht so sehr wie Teneriffa, wo es geeignetere Böden für die Reben gab. Bald erwuchs auch hier eine harte Konkurrenz in den Weinen aus Madeira. Erst im 19. Jh. holte Gran Canaria wieder auf. Der rote Farbstoff der Koschenille-Laus, die auf Kakteen gezüchtet wurde, brachte um die Mitte des 19. Jh. einen vorübergehenden Aufschwung. Die Erfindung der preiswerteren Anilinfarben machte dann allerdings auch hier schnell wieder alle Hoffnung zunichte.

Bananen und Tomaten

Eine nachhaltigere Genesung gelang durch Bananen ab Ende des 19. Jh. Mit dem Hafen von Las Palmas begann die Insel, Teneriffa zu überholen – nicht ohne die eigennützige Hilfe von Ausländern. Wie schon beim Wein dominierten die Engländer auch den Handel mit Bananen, verloren aber das Interesse, als die Ware in Zentralamerika günstiger produziert wurde. Der von Einheimischen übernommene Anbau überlebte nur, weil die Regierung eine Abnahmegarantie gab – daran hat sich bis heute nichts geändert: Von der Europäischen Union hoch subventioniert, gehen 95 % der Ernte auf die Iberische Halbinsel. Da die Zuwendungen für die Zukunft nicht sicher sind, die Kosten für Wasser und Pflege aber noch, rüstet manch ein Bauer bereits um.

Ähnliches gilt für die Tomate, das bisher zweitwichtigste Agrarprodukt der Insel. Die großen Anbauflächen in La Aldea de San Nicolás täuschen über die wahren Verhältnisse hinweg – auch die Produktion der Tomaten ist seit mehreren Jahren rückläufig. Kein Wunder, dass man es zunehmend mit Alternativen versucht, mit Strelitzien und Protea sowie Papayas, Avocados und Mangos.

EU-geförderte Entwicklung

Heute ist der Tourismus Wirtschaftsmotor der Insel. Wer kann, investiert oder sucht in dieser Branche, die 80 % des Bruttosozialprodukts erwirtschaftet, eine Beschäftigung. Damit sich nicht auch der Tourismus als neue Monokultur etabliert, wird zunehmend diversifiziert – die Europäische Union hilft dabei. Von ihren Fördergeldern

> **Fakten zur Fischerei**
> Die Europäische Union zahlt Senegal 86 Mio. € pro Jahr für die Gewährung von Fangrechten in seinen Gewässern. Der geschätzte Erlös des hier gefangenen Fischs auf den Großmärkten Europas beträgt 1,5 Mrd. €!
>
> Die spanische Fischerei-Industrie beschäftigt insgesamt nur 22 000 Menschen, bekommt aber 2 Mrd. € Subventionen pro Jahr, rund die Hälfte aller Beihilfen für die gesamte EU-Branche. Einer der wichtigsten Fisch-Lobbyisten in Europa kommt aus Las Palmas – er vertritt 370 Trawler.

haben die Kanaren bereits enorm profitiert – kaum ein Wirtschaftszweig blieb davon ausgespart.

So erhielten die Kanaren in der Zeit zwischen 1986 und 2006 satte 10 Mrd. Euro aus EU-Strukturfonds. Subventioniert wurden Straßen, Elektro-Werke und Kläranlagen, Flughäfen, Busbahnhöfe und Krankenhäuser.

Mit EU-Hilfe wurde der Hafen von Las Palmas beständig erweitert und ist heute der viertgrößte Spaniens (nach Algeciras, Valencia und Barcelona). Seine günstige Lage zwischen Europa, Afrika und Amerika sorgt dafür, dass hier pro Jahr ca. 100 000 Schiffe anlegen, Waren löschen, neue aufnehmen und sich mit Treibstoff für die Weiterfahrt eindecken.

Auch für viele Fischereiflotten ist Las Palmas der führende Anlaufhafen. Seit die EU mit Marokko, Mauretanien und Senegal vereinbart hat, deren fischreiche Gewässer ausbeuten zu können, sind dort 850 europäische Trawler unterwegs, viele davon spanischer Herkunft. Die größten können bis zu 400

Tonnen Fisch pro Tag aus dem Wasser holen, die auf ›schwimmende Fabriken‹ umgeladen und noch auf hoher See bzw. in Las Palmas zu verkaufsfertiger und damit wertvollerer Ware weiterverarbeitet werden.

In Sonderwirtschaftszonen, die es in der EU eigentlich gar nicht geben dürfte, weil in ihnen Zoll- und Steuerabgaben – den Wettbewerb verzerrend – auf ein Minimum reduziert sind, werden ›Zukunftsindustrien‹ gefördert. Dazu zählen Neue Energien, Bio- und Informationstechnologie sowie Telekommunikation. Innerhalb weniger Jahre avancierte die Sonderwirtschaftszone von Arinaga zum größten Industriegebiet der Kanaren; eine weitere befindet sich im Hafen von Las Palmas.

Heute entspricht das durchschnittliche Pro-Kopf-Einkommen der Kanarier dem EU-Durchschnitt, weshalb kaum Aussicht besteht, von dort weitere Fördergelder zu erhalten. Freilich gibt es noch den spanischen Staat, der den Kanaren bedeutend mehr zahlt, als er vom Archipel in Form von Steuern zurückerhält. Dass sich noch heute viele Kanarier als ›spanische Kolonie‹ und ›armes Opfer‹ begreifen, scheint wirklich unbegründet.

Traditionelle Fischerboote in Puerto Mogán

Olivenöl aus Gran Canaria

Nirgends auf der Welt wachsen mehr Olivenbäume als in Spanien – viel Sonne und ein milder Winter machen's möglich. Hunderte von Sorten stehen zur Wahl, im Supermarkt stapeln sich Dosen mit kleinen und großen Früchten, mit und ohne Kern und in unterschiedlichster Marinade. Gleich daneben steht das Olivenöl in Flaschen und Fünfliterkanistern.

Auf Gran Canaria wurden die Früchte lange Zeit nur für den Eigenverbrauch geerntet. ›Warum nicht mehr daraus machen?‹ So dachten Vertreter der lokalen Entwicklungsagentur und beantragten EU-subventionierte Ölmühlen. Was als Pilotprojekt begann, erwies sich als voller Erfolg: Seit die Mühlen in Betrieb sind, liefern die Bauern immer größere Ernten ab. Kein Wunder, denn für die Verwandlung ihrer Oliven in Öl müssen sie nichts Bares hinlegen, sie ›bezahlen‹ die Inselregierung mit 20 % des Ertrags. Damit der Anbau angekurbelt wird, erhalten sie kostenlos Olivenbäumchen der aus Sevilla stammenden Sorte Verdial.

Von den drei Olivenmühlen *(almazara)* liegt die in der Palmenoase von Ingenio de Santa Lucía am schönsten. Hier werden die Früchte gereinigt, dann samt Kern von einer Maschine zermalmt. Anschließend wird die breiige Masse aufgefangen und weiter ausgedrückt. Das Öl der ersten, kalten Pressung ist von bester Qualität und heißt Virgen Extra (Jungfernöl). Fachleute attestieren ihm erstklassige Qualität und preisen seinen ausgewogenen Geschmack und sein intensives, fruchtiges Aroma, das an frische Tomatenstauden erinnert, mit Anklängen an Mandeln. Das kanarische ›Jungfernöl‹ findet man in den Museen der Gemeinden Santa Lucía und Agüimes sowie in ausgesuchten Läden, verpackt in dekorativen Fläschchen. Es entspricht der EU-Norm der ersten, allerbesten Güteklasse – schonend gewonnen, ohne Fremdstoffe und chemische Substanzen.

Daten und Fakten
Spanien ist größter Produzent von Oliven (ca. 30 % der Weltproduktion) und hat 22 registrierte Anbaugebiete, die meisten in Andalusien. Der Pro-Kopf-Verbrauch liegt in Spanien bei 10 l Olivenöl pro Jahr, in Deutschland bei 0,2 l. Um 1 l Öl zu erhalten, müssen 5 kg Oliven gepresst werden.

Tourismus – stagnierende Zahlen auf hohem Niveau

Man schrieb das Jahr 1961. Der Graf war entschlossen zu handeln. Von seinem Gut in Juan Grande im Süden von Gran Canaria herrschte er zwar über einen riesigen Landbesitz bis weit über den Leuchtturm und die Dünen von Maspalomas hinaus, doch alles war ziemlich öd und leer.

Die wenigen Tomatenfelder waren kaum rentabel. Ihre Pflege war aufwendig und der Transport der empfindlichen Ware auf schlechter Wegstrecke zum Hafen von Las Palmas verlustreich. Für ungenutzte Ländereien drohte überdies die Enteignung. Der Graf beschloss, die Halbwüste zu vergolden.

Don Alejandro, achter Graf De la Vega Grande de Guadalupe, wusste, dass seit einigen Jahren viele Touristen aus dem oft wolkenverhangenen Las Palmas zum einsamen Sandstrand vor den Dünen pilgerten, oft romantisch auf den Rücken von Maultieren. Der Name des Strandes passte zu den Sonnenhungrigen: Playa del Inglés. Ob Engländer oder andere Nordlichter, die Grancanarios nannten sie kurz *ingleses*.

Don Alejandro wusste auch: Die Hotels von Las Palmas wurden mit dem Ansturm der Touristen nicht mehr fertig, seit sie in Großraumchartern auf dem neuen Flughafen Gando landeten. Was lag also näher, als Ferienanlagen an den Dünen zu bauen und den mageren Profit auf kargem Boden durch einen Tourismus mit ›Sonnengarantie‹ zu vertausendfachen?

Boom und Krise

Don Alejandro startete sein Projekt ›Costa Canaria‹ mit einem Architektenwettbewerb, den ein französisches Team gewann. 1964 entstanden die ersten Bungalowanlagen in San Agustín. Hätte man den Traum des Grafen verwirklicht, wäre wohl die Hälfte der geplanten Anlage Grünfläche geworden. Doch das schnelle Geld lockte und der Boom machte alle auf Ästhetik ausgerichteten Wünsche zunichte.

Die Bauauflagen auf den verkauften Parzellen wurden selten eingehalten. Hoher Profit aus immer weiter steigenden Touristenzahlen zog viele in- wie ausländische Profithaie und Spekulanten an. Der Wildwuchs begann: Quantität statt Qualität, billig hingeklotzte Bettenburgen statt Stil und Grünanlagen, Bauchaos in schöner Eintracht mit nachlässigen Behörden, deren Vertreter gern die Hand aufhielten. Kurzsichtige und wenig zimperliche Bürgermeister der Gemeinden Tirajana und Mogán saßen am Genehmigungshebel. Eine Gesamtplanung existierte nicht mehr.

Kamen 1955 noch 20 000 Urlauber, so waren es 1988 schon über 2 Mio. Jubel und Zukunftsoptimismus kannten keine Grenzen – eine naive Euphorie mit Scheuklappen, denn kurz darauf

> **Daten und Fakten**
> 2007 kamen knapp 10 Mio. Touristen auf die Kanaren, davon 3,1 Mio. nach Gran Canaria und 3,5 Mio. nach Teneriffa.

folgte die große Ernüchterung: Die Besucherzahlen brachen dramatisch ein, Massenentlassungen und Hotelschließungen waren die Folge. Eine realistischere Einschätzung der Lage begann sich durchzusetzen, gravierende Fehler wurden angeprangert. So glaubte man erkannt zu haben, dass Überkapazitäten durch ungebremstes Bauen es den Reiseveranstaltern leicht machten, die Preise zu drücken.

Qualitätstourismus: Masse und Klasse

Doch die Kriege auf dem Balkan Anfang der 1990er und danach die Angst vor Attentaten in muslimischen Ländern haben den Kanaren einen Bärendienst erwiesen. Nicht umsonst verkaufen sie sich als ›sicheres Reiseziel‹, als Mitglied der EU mit dem Euro als Landeswährung. Die Befürworter eines Baustopps haben sich nicht durchsetzen können, stattdessen lautet die Devise: ›Weiterbauen – nur schöner als bisher!‹ So entstanden neue luxuriöse Resorts wie Meloneras und Amadores, mehrere Golfplätze und künstliche Strände.

Was vorherzusehen war, geschah: Während die neuen Ferienanlagen stets gut gefüllt sind, bleiben aufgrund von Überkapazität die älteren in Orten wie Playa del Inglés und San Agustín leer. Doch Inselpräsident José Miguel Pérez gibt sich optimistisch: »Wir haben viel Erfahrung und Geschichte«, erklärt er, »wir befinden uns in Europa und haben ein Klima, das es auf dem Festland nicht gibt.« Statt die Preise zu senken, so meint er, sei es nötig, die alten Anlagen zu liften. Die TUI-Repräsentanz antwortete umgehend: »Ja, wir brauchen mehr Qualität und mehr Service, aber dies zu geringeren Kosten.«

Maspalomas mit seiner Dünenlandschaft ist auch bei jungen Reisenden beliebt ...

Altkanarier – die ›wilden‹ Ureinwohner

Das wissenschaftliche Hick-Hack um die Herkunft der Urbewohner Gran Canarias scheint beendet: Archäologische Funde und Kulturvergleiche haben den Beleg erbracht, dass sie ab 500 v. Chr. aus Nordwestafrika übersetzten. Sie werden Altkanarier genannt, da die Bezeichnung ›Guanchen‹ streng genommen nur für die früheren Bewohner Teneriffas gilt.

Trotz ihres relativ jungen Alters weiß man wenig Konkretes über ihre Kultur. Für die Eroberer waren sie ›Wilde‹, deren Sprache, Religion und Sitten ausgelöscht wurden, um Platz zu machen für die neue spanische Ordnung. Als im 19. Jh. das wissenschaftliche Interesse an ihnen erwachte, waren viele Spuren schon beseitigt – nur durch archäologische Puzzlearbeit konnte man einige Rätsel lösen.

Archaischer Alltag

Der Altkanarier hämmerte, schabte oder schnitt mit Steinwerkzeugen aus Basalt und Obsidian – dies tat er nicht, weil er ›primitiv‹ oder in der ›Steinzeit befangen‹ war, sondern weil es auf der Insel keine Metallvorkommen gibt. Auch die Knochen und Hörner der Ziege, dem hauptsächlichen Fleisch-, Milch- und Fellieferanten, dienten als Werkzeuge. An einem Stock befestigte Ziegenhörner wurden zum Ziehen der Ackerfurchen genutzt. Die Ernte wurde teilweise in Höhlensilos wie dem Cenobio de Valerón gelagert. Das Getreide verarbeitete man nicht zu Brot, sondern geröstet und mit Milch und Honig versetzt zu dem noch heute verwendeten Gofio. Als Bekleidung dienten Ziegenfelle, auch Lendenschurze aus geflochtenen Palmblättern und Binsen. Hoch entwickelt war die Töpferei mit großem Formenreichtum und aufwendiger Ornamentierung.

Klassenordnung – von der Geburt bis zum Tod

Als die Konquistadoren die Insel betraten, fanden sie zwei Herrschaftszentren vor, die jeweils von Fürsten, den *guanartemes,* regiert wurden: im Süden Telde, im Norden Gáldar. Der jeweilige *guanarteme* entstammte dem mächtigsten Clan und herrschte zusammen mit einem Adelsrat, dem *tagoror,* dem auch der *faycán* angehörte, eine Art Hohepriester mit weit reichenden Befugnissen. Der Adel suchte sich von der Masse abzugrenzen, nicht nur durch das Tragen bestimmter Kleidung, sondern auch durch lange Haartracht. Kein Adliger durfte mit Fleischzubereitung zu tun haben oder außerhalb der adligen Familien heiraten.

Es ist durchaus glaubwürdig, dass sich die Klassengliederung auch in der Form der Bestattung fortsetzte. Nach dem Waschen und Trocknen wurden die Leichen höher gestellter Personen besonders sorgfältig mumifiziert. Man entnahm die Eingeweide und ersetzte sie durch ein spezielles Gemisch, dem auch Kiefernrinde und Bimsstein beigegeben waren. Die Mumie wurde dann in Lederhüllen eingenäht und anschließend in eine Binsenmatte gehüllt. Neben der auf allen Inseln gebräuchlichen Höhlenbestattung kennt nur Gran Canaria auch die Tumulusbe-

Der taditionelle Stockkampf der Altkanarier

stattung. Auf einem flachen Hügel errichtete man kegelförmige Zellen aus Bruchstein und bestattete darin die Mumien in Mulden oder Särgen aus Steinplatten. Besonders aufwändige Tumuli wie die von Arteara und La Guancha bei Gáldar wurden wohl für die Häuptlingssippe errichtet.

Götterglaube

Schon die sorgfältige Mumifizierung und Beisetzung der Verstorbenen mag darauf hindeuten, dass man den ›Seelen der Ahnen‹ einen Einfluss auf das Leben der Hinterbliebenen zusprach. Funde von Tonfiguren mit überbetont weiblicher Fülle und stark herausgestellten Geschlechtsmerkmalen legen die Existenz eines Fruchtbarkeitskults nahe, vielleicht sogar die Anbetung einer Muttergöttin.

Fundstätten und Infos
Auf Gran Canaria gibt es viele Fundstätten, doch wenige lohnen einen Besuch. Zu den wichtigsten gehören die Cueva Pintada in Gáldar (S. 214), Cenobio de Valerón (S. 219), das Museo de Sitio in Guayadeque (S. 124), der Parque Arqueológico Necrópolis in Arteara (S. 141) und das Centro de Interpretación am Roque Bentayga (S. 253). Den besten Einblick in das Leben der Ureinwohner erhält man im Museo Canario in Las Palmas (S. 84).
Infos im Internet:
www.institutum-canarium.org.
Die Website der ›Gesellschaft zur Interdisziplinären Erforschung der Kanarischen Inseln‹ zeigt altkanarische Felsbilder.

Tönerne Tierfigürchen waren wohl Schutzgeister einzelner Stämme oder Sippen und erfüllten die Funktion eines Totems oder stellten auch Dämonen dar. Wo man dem Himmel am nächsten war, entstanden Kultplätze, z. B. am Roque Bentayga, am Roque Nublo und in Cuatro Puertas. Sie haben in ihrer Mitte Vertiefungen und Rillen, die Flüssigkeitsopfern dienten.

Wenig blieb erhalten

Die altkanarische Sprache geriet in Vergessenheit, doch Ortsbezeichnungen haben die Zeiten überdauert, u. a. Agaete, Guayadeque, Tamadaba. Gleiches gilt für die Namen legendärer Persönlichkeiten, deren Lebensgeschichten mündlich überliefert sind. Gern nennt man heute Neugeborene Iballa, Guayarmina, Bentejuí oder Tensesor.

Endstation Sehnsucht: Flüchtlinge mit Kurs auf die Kanaren

José María Abreu, Kapitän des spanischen Trawlers ›Tiburón III‹, berichtet: »Als wir das Boot erblickten, schien es leer zu sein. Man sah keine Menschenseele.«

Wir näherten uns und fanden ein Inferno: Ein Mann hob eine Hand, er lebte – umringt von sieben Leichen. Er konnte sich kaum bewegen und das Boot war voll Wasser. Die Kadaver waren aufgebläht, von der Sonne verbrannt, deformiert. Wir hoben den Überlebenden auf unser Schiff, säuberten ihn und gaben ihm zu essen. Er war wohl 25 bis 30 Jahre alt und wog kaum mehr als 40 kg.«

Der Kapitän erzählt, dass der Mann, der kaum sprechen konnte, mit Bleistift alles Wichtige aufgezeichnet habe. Demnach war er 20 Tage zuvor mit 57 Mann im mauretanischen Nuadibú gestartet, um auf die Kanaren zu fahren, jenes ›gelobte‹, 1000 km entfernte Land, in dem es weder Hunger noch Armut gibt. Einen langen Umweg habe er gemacht, um die Küstenpolizei zu umgehen, und dabei den Kurs verloren. Bald war der Proviant aufgebraucht und die ersten Männer starben. Er sagte, die Körper hätten sie über Bord geworfen, doch auch dazu habe bald keiner mehr die Kraft gehabt. Auch teilte er den Rettern vom spanischen Trawler mit, dass er der Bootsführer gewesen sei. In seiner Hose fanden diese 790 € und eine lange Liste mit Namen, wahrscheinlich die seiner Mitreisenden. Wie sich herausstellte, war auch sein Name dabei: Lilly Fall aus Senegal, der einzige Überlebende einer verzweifelten Reise ins Ungewisse.

›Hoffnung des Meeres‹

Stunden später traf das kanarische Rettungsschiff ›Esperanza del Mar‹ (Hoffnung des Meeres) ein. Es brachte den Mann nicht ins nächste Krankenhaus, sondern auf der längeren Strecke zurück nach Senegal, wo Lilly Falls Reise begonnen hatte. Dass er sich als Bootsführer ausgab und eine Namenliste mit sich trug, deutete die kanarische Küstenpolizei als Indiz dafür, dass Lilly Fall Drahtzieher der Reise war, ein ›Schlepper‹: Im Senegal droht ihm nun der Prozess wegen Menschenhandel mit Todesfolge in 56 Fällen – darauf steht lebenslange Haft.

Dies ist nur eine von vielen Tragödien, die sich in kanarischen Gewässern abspielen. Afrikaner verhungern, weil ihre Boote nicht mehr gegenüber der kanarischen Küste, sondern aufgrund immer rigiderer Kontrollen weiter südlich starten müssen. Sie sterben, wenn sich die kanarische Küstenpatrouille nähert: Oft passiert es, dass sie vor Schreck aufspringen und die Nussschale, in der sie eingepfercht sitzen, zum Kentern bringen. Da sie erschöpft sind und oft nicht schwimmen können, gehen sie unter ›wie Steine‹ (O-Ton

Polizist). Ähnliches geschieht, wenn der Bootsführer vor der Küste den Befehl zum Aussteigen gibt: Das Ufer vor Augen, schaffen es viele entkräftete Flüchtlinge nicht, anzukommen.

Reaktionen der EU

Die oberste Devise: Flüchtlinge sollen Gewässer der Europäischen Union erst gar nicht erreichen, damit sie keinen Asylantrag stellen können. Damit macht sich die EU die Anschauung zu eigen, der Anspruch auf Asyl gälte auf hoher See nicht – als wären dort die Genfer Flüchtlings- und die Europäische Menschenrechtskonvention ausgesetzt. Deshalb hat man den Etat für Frontex, die ›Europäische Agentur für den Schutz der Außengrenzen‹, ständig erhöht: Von den Kanaren starten inzwischen High-Tech-Patrouillenschiffe, die Flüchtlingsboote auf hoher See stoppen und zur Umkehr zwingen.

Parallel dazu erfolgt die EU-Entwicklungshilfe. Diese besteht darin, Schiffe nach Mauretanien zu liefern und einheimische Polizei-Spezialeinheiten auszubilden, die Frontex die Arbeit abnehmen. Und sollte es den Flüchtlingen gelingen, doch einmal die Kanaren zu erreichen, greifen ›Rücknahmeabkommen‹ mit Marokko und Mauretanien: Die Flüchtlinge werden ins nächste Flugzeug gesetzt und in ihre Länder zurückverfrachtet.

Derweil wurde in Las Palmas die Casa de África, das ›Afrika-Haus‹, eröffnet. Es versteht sich als ›Plattform für spanisch-afrikanische Kooperation‹ und zeigt in einem Prachtbau Filme und Ausstellungen, die dazu beitragen sollen, Afrikas ›negatives Image zu verbessern‹. Vom spanischen Außenministerium und dem ›Europäischen Entwicklungsfonds für Afrika‹ finanziert,

Daten und Fakten
Aufgrund verschärfter Kontrollen in Marokko und Mauretanien geht die Zahl der aufgegriffenen Flüchtlinge seit 2007 zurück, doch ist nach Aussagen von Amnesty International die Zahl der Afrikaner, die bei Fluchtunternehmen ums Leben kamen, weiter gestiegen. Der Weg ist länger, den sie nun zurücklegen müssen: Sie starten ihre Reise 2000 km südlich der Kanaren im Senegal. In Spanien werden 9 von 10 illegalen Flüchtlingen abgeschoben.

gibt sie auch ›logistische, wirtschaftliche und politische Unterstützung bei Projekten in Afrika‹. Im Klartext: Sie schafft von der EU subventionierte Arbeitsplätze für Kanarier und hilft vorwiegend kanarischen Unternehmen, in Afrika Geschäfte zu machen. Auch so kann Entwicklungshilfe aussehen.

Gerettet – und dann?

Curanderos und Santeros – kanarische Hexerei

Juan ist ein erfahrener Curandero. Über 15 Jahre ist er im Geschäft, jene Zeit nicht mitgerechnet, als er seinem Vater zur Hand ging. Seine ›Qualifikation‹: traditionelle Kräuterheilkunde, seherische Fähigkeiten und eine gute Portion Psychologie.

»Ich war ein normaler Jugendlicher, verbrachte mehr Zeit am Strand als in der Schule und schlug mir die Nächte um die Ohren.« Doch dann, erzählt er, habe er einen Traum gehabt: »Ein böser Geist wollte mich aus meinem Körper vertreiben. Zwar gelang es mir, ihn zur Strecke zu bringen, doch der Kampf war so entsetzlich, dass ich noch drei Tage danach vor Angst schlotterte.« Eine befreundete Nonne, die er um Rat bat, deutete den Traum als Berufung: Er solle in sich gehen und fortan Gutes tun. »Gesagt, getan«, so Manolo, »gern trat ich in die Fußstapfen meines Vaters.« Heute behandelt er vier bis fünf Patienten pro Tag.

Gott und die Geister

Juans spirituelle Welt speist sich aus vielen Quellen. Er glaubt an Gott über allen Dingen, »aber auch an die Heiligen und die Toten, an die Geister des Lichts und der Düsternis, an den Teufel, besser gesagt: an mehrere davon«. In Kuba hat er von *santeros* gelernt; nur von den *paleros,* die »mit den Toten arbeiten«, will er nichts wissen – schwarze Magie sei seine Sache nicht.

Juan hat alle Hände voll zu tun, denn die Kräuter, die er für seine Heilmittel benötigt, kann er auf dem Markt nicht kaufen. »Farnzweige muss ich in der Johannisnacht pflücken, aber erst im Morgengrauen.« Er benutzt Blätter von Eukalyptus-, Johannisbrot- und Lorbeerbäumen, sucht nach wildem Rosmarin und Basilikum. »Wichtig ist der Zeitpunkt, zu dem ich pflücke: Soll ein Geist angelockt werden, müssen die Blätter taufrisch sein. Soll er vertrieben werden, muss ich sie zum Sonnenuntergang holen.«

Außer Kräutern verwendet Juan die Milch von Ziegen, ist allerdings auch hier wählerisch: Es muss die Milch einer schwarzen Ziege sein, die zum ersten Mal geboren hat. In Härtefällen benutzt er auch Wasser und Erde: »Wenn ein Gerichtsurteil meinen Patienten krank gemacht hat, nehme ich ein Säckchen Erde aus dem Garten des Justizpalasts. Bei chronischen Melancholikern hilft manchmal Meereswasser, aber nur die weiß schäumende Gischt, die entsteht, wenn sich die Welle am Riff bricht.«

Zauber gegen Liebeskummer

Die meisten seiner Patienten haben Liebeskummer. Bewährte Gegenmittel sind Lorbeer, Farn und Rosmarin. Schmunzelnd erinnert Juan an eine alte kanarische Volksweisheit: »Wer am Rosmarinstrauch vorübergeht, ohne ein Zweiglein zu pflücken, büßt ein Stück Liebesfähigkeit ein« *(El que pase al lado del romero y no coge un poco de el, pierde un poco el querer).*

Bekannt für seine *curanderos* bzw. *curanderas,* männlichen und weiblichen ›Heiler‹, ist der Osten der Insel. Das mag daran liegen, dass hier nach der Conquista Altkanarier überlebten, die auf den Zuckerrohrplantagen arbeiten mussten. Sie wurden (zwangs-)getauft, doch heißt das nicht, dass sie ihrem heidnischen Glauben abgeschworen hätten. Trotz der Inquisition, die seit 1505 auch auf den Kanaren darüber wachte, dass niemand vom ›wahren‹ Glauben abwich, erhielten sich die alten religiösen Vorstellungen parallel zum christlichen Bekenntnis.

Hexerei im Museum

Hexerei wird auch in zwei Museen der Insel ausführlich dargestellt. So erfährt man Interessantes über die Zaubermittel, Rituale und Glaubensvorstellungen der *curanderos* im **Museo de Historia** von Agüimes (s. S. 122).

Ergänzend zeigt ein Video im **Centro de Plantas Medicinales** (Zentrum für Heilpflanzen; S. 253) im Bergdorf Tejeda, wie eine Heilung im 21. Jh. vor sich geht: Vor Sonnenaufgang wird der Patient zu einem Drachenbaum geführt und setzt seinen Fuß auf den Stamm, wonach der Heiler mit einem Messer den Umkreis des Fußes in die Rinde ritzt. Heilt die Baumwunde schnell zu, wird auch der Kranke bald genesen.

Ein Tipp: Wer heute eine Heilung braucht und nicht gleich zum *curandero* will, kann sein Glück bei Miguel auf dem Zentralmarkt von Las Palmas versuchen (Mercado Central, 1. Stock)!

Lesetipp
Im Roman ›Die Spiritistinnen von Telde‹ (Centro de la Cultura Popular Canaria, Las Palmas, 1996) schreibt Luis León Barreto: »Von El Goro bis Juan Grande ist jene seltsame Rasse der Hexen zuhause, die sich von drei Elementen nährt: dem Salz aus der Tiefe des Meeres, dem weißen Weihrauch und dem teuflischen Schwefel.«

Klassiker und Krimi-Autor – Literaten aus Las Palmas

Der eine ein Klassiker der spanischen Literatur des späten 19. Jh. und ein Vertreter des realistischen Romans. Der andere ein Zeitgenosse, der sich dem Genre des Kriminalromans verschrieben hat. Beiden gemeinsam ist ihre Herkunft aus Las Palmas.

Benito Pérez Galdós

Der in Las Palmas geborene Benito Pérez Galdós (1843–1920) zählt zu den großen spanischen Schriftstellern. Man

Infos im Internet
www.casamuseoperezgaldos.com
Geburtshaus & Literaturmuseum:
Calle Cano 2–6, Triana, Las Palmas
(s. S. 90)

preist ihn mit einem großen Museum und hat auch das wichtigste Theater der Stadt nach ihm benannt. Obgleich er seine Heimatstadt unmittelbar nach seinem 20. Geburtstag verlassen hatte und nie wieder nach Las Palmas zurückkehrte.

Das Studium der Rechtswissenschaften, das ihm die Familie wärmstens ans Herz gelegt hatte, betrieb er lustlos. Lieber tauchte er in das pulsierende Leben der Hauptstadt Madrid ein. Als er 1865 die Niederschlagung eines Studentenaufstands miterlebte, begann er sich für soziale Fragen zu interessieren. Er bereiste Europa und beteiligte sich als Kämpfer für Freiheit und Toleranz an den politischen Auseinandersetzungen. Das Jura-Studium hat er nie beendet, stattdessen machte er sich als Journalist und bald auch als Literat einen Namen. Seine »Episodios Nacionales« (1873–1912), stolze 46 Bände, beschäftigen sich mit der Geschichte Spaniens im 19. Jh., einer Nation, die erstarrt in religiösem Fatalismus und der unwiederbringlichen Herrlichkeit eines vergangenen Kolonialreichs.

In psychologisierenden Werken wie »Doña Perfecta« wandte er sich gegen moralische Enge und religiöse Unterdrückung durch Klerus und Adel. Seine Feder stand nie still, es entstanden 32 Großromane. Sein bekanntestes Werk, »Fortunata y Jacinto« hat man mit Tolstois »Krieg und Frieden« verglichen; die Romane »Nazarín« und »Tristan« wurden von Luis Buñuel verfilmt. Heute gilt Pérez Galdós als Begründer des modernen spanischen Romans.

José Luis Correa

»Das Leben in Las Palmas gefiel ihm nicht, weil ihm die Stadt wie ein dreckiger, überfüllter Bienenstock vorkam.« So heißt es – wenig schmeichelhaft – über Gran Canarias Hauptstadt im Kriminalroman »Drei Wochen im November«. Doch ob dies auch die Meinung seines Autors, des Literaturprofessors José Luis Correa ist? Von ihm sagt man, er sei so sehr in ›seine‹ Stadt verliebt, dass er sie zum Schauplatz all seiner Werke und auf auf diese Weise berühmt machen wolle.

Held seiner Bücher ist Privatdetektiv Ricardo Blanco, ein Mittvierziger, der sich hartgesotten gibt, aber für weibliche Reize und Schmeichelein empfänglich ist. Gern kokettiert er mit der Vergeblichkeit und wirft sich doch immer wieder willig ins Spiel. Er schildert Szenen aus Krimi-Streifen mit Sam Spade und Humphrey Bogart, weiß aber, so der selbstironische Kommentar, dass er seinen Idolen das Wasser nicht reichen kann. Tatsächlich gehen ihm Kälte und Abgebrühtheit komplett ab: Er kann sämtlichen Personen und Situationen Positives abgewinnen, ringt sich nicht zu klaren Entscheidungen durch. Er verachtet die kanarische High Society und bewundert sie zugleich. Mit seiner Herkunft im Arbeitermilieu hat er gebrochen und holt sich doch am liebsten Rat beim Großvater, einem Fischer aus La Isleta. Zuwider sind ihm die Justiz und der Polizeiapparat. Er will sich nicht am Feldzug der Strafjäger beteiligen, sondern nur die ›Mechanik‹ des Verbrechens verstehen. Das Potential zum Mörder, das weiß Blanco nur zu gut, hat im Grunde auch er.

Krimis von José Luis Correa
Drei Wochen im November: Unionsverlag, Zürich 2006. Die Ermittlungen Ricardo Blancos, der von einer Frau mit Nachforschungen über den angeblichen Selbstmord ihres Verlobten beauftragt ist, konzentrieren sich auf ein paar bunte, gut situierte Vögel aus Las Palmas.
Tod im April: Unionsverlag, Zürich 2007. Ein Serienmörder treibt in Las Palmas sein Unwesen – und was besonders irritiert: er kleidet seine Opfer in Damenwäsche!

Unterwegs auf Gran Canaria

Puerto Mogán – ein reizvoll gebliebener Küstenort

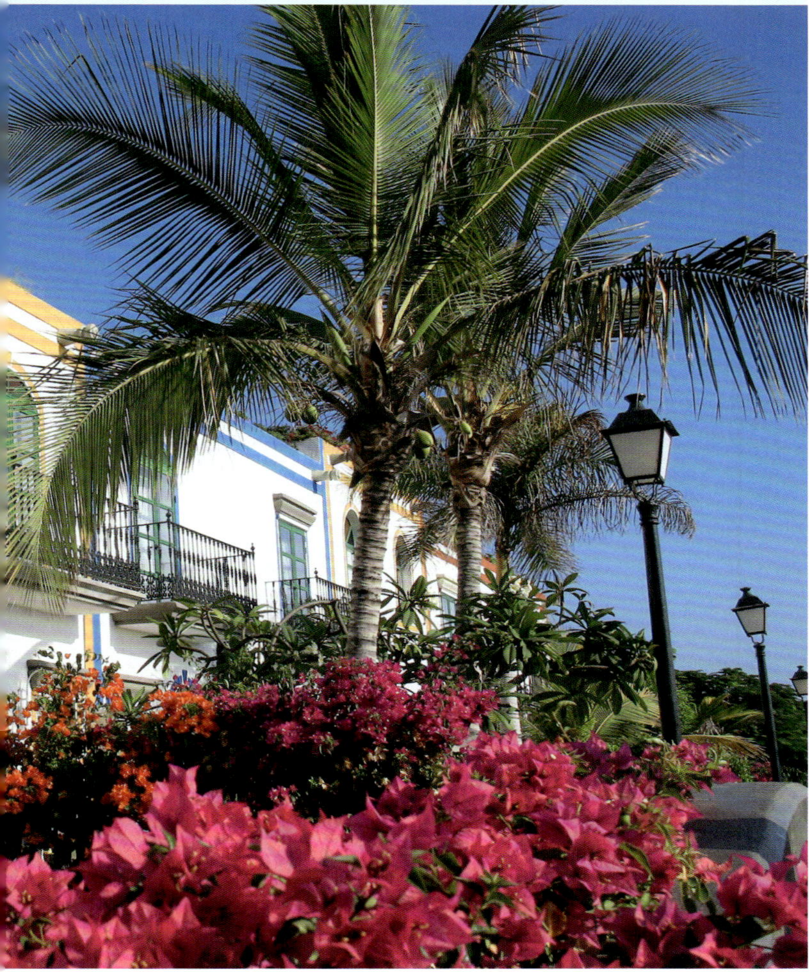

Das Beste auf einen Blick

Die Inselmetropole Las Palmas

Highlight !

Las Palmas: Die Hauptstadt hat zwei Gesichter: Einerseits die Altstadt mit ihren romantischen Plätzen und Palästen, andererseits das multikulturelle Catalina-Viertel mit Hafenflair, Bilderbuchstrand und einer mehrere Kilometer langen Promenade. S. 82

Auf Entdeckungstour

Kolumbushaus/Casa de Colón: Weltgeschichte zum Anfassen – in einem feudalen Palast unternimmt man eine Zeitreise in jene Epoche, in der sich die Welt für die Europäer verdoppelte. Von Las Palmas brach Kolumbus (span. Cristóbal Colón) in den unbekannten Atlantik auf und entdeckte dabei Amerika. S. 86

Belle Epoque und junge Kunst: Beim Spaziergang rund um die Plaza Cairasco wird man vom kulturellen Aufbruch im späten 19. und frühen 20. Jh. beflügelt. Hier erlebt man die Stadt von ihrer schönsten Seite. S. 92

Kultur & Sehenswertes

Historisches Viertel: Außer den klassischen Sehenswürdigkeiten wie Kathedrale und ›Kolumbushaus‹ lohnen die ambitionierten Zentren für moderne Kunst einen Besuch. S. 89

Teatro Pérez Galdós / Auditorio: Der Fest- und Kulturkalender ist prall gefüllt, Konzerte von Klassik über Jazz bis Weltmusik hört man u. a. im Teatro Pérez Galdós und im Auditorium am Meer. S. 91 u. 106

Aktiv & Kreativ

Baden: Am 4 km langen Canteras-Strand schützt ein Naturriff vor der Atlantikbrandung. S. 103

Wellenreiten: Wo das Riff unterbrochen ist und die Wogen anrollen, kommen Surfer auf ihre Kosten. S. 106

Tauchen: Das Riff ist ein gutes Schnorchelrevier; wer tiefer hinab will, besucht eine Tauchschule. S. 110

Genießen & Atmosphäre

Triana: beschwingte Terrassencafés rings um die Plaza Cairasco und die Plaza de las Ranas. S. 90, 97

Parque Doramas: feudales Ambiente auf der Terrasse des Hotels Santa Catalina. S. 99

Catalina-Park / Canteras: Im Catalina-Café und an der Strandpromenade mischen sich Canarios und Touristen. S. 100

Hotel Reina Isabel: Von der Gartenterrasse überblickt man die Promenade in relaxtem Ambiente. S. 104

Abends & Nachts

Am Wochenende wird die Nacht zum Tag: Ab 23 Uhr trifft man sich in den Bars der **Calle Pelota**; nahebei öffnet der legendäre **Musik-Pub Cuasquías**. Jüngere Leute strömen zur **Plaza de la Música** und in die Discos des **Catalina-Viertels**. S. 97 u. 110

Las Palmas ! ▶ G 1–2

Eine Kapitale mitten im Meer: Las Palmas ist das urbane Zentrum des Archipels, 500 Jahre alt, aber quicklebendig. Über 10 km zieht sich die Stadt längs der Küste im äußersten Nordosten der Insel. Kommt man von Süden, passiert man nacheinander die Altstadtviertel Vegueta und Triana, dann die Ciudad Jardín (›Gartenstadt‹) mit Jachthafen und schließlich das Hafenviertel Santa Catalina. Las Palmas hat – nach Rios Copacabana – den längsten und schönsten Stadtstrand am Atlantik.

Infobox

Internet
www.promocionlaspalmas.com
www.laspalmas24.com
www.miplayadelascanteras.com

Infopavillons
Info-Stellen gibt es am Parque San Telmo, im Catalina-Park, am Canteras-Strand und in der Av. Mesa y López.

Verkehr
Parkhäuser sind über die ganze Stadt verstreut, aber teuer! Vorerst kostenlos kann man das Auto in der Tiefgarage des Einkaufszentrums Las Arenas am Auditorium abstellen.
Anfahrt mit Bus: Um die Stadt stressfrei zu erleben, reist man per Bus an (s. Busfahrplan S. 282). Der zentrale Busbahnhof *(estación de guaguas)* befindet sich am Parque San Telmo (Triana), ein weiterer Terminal *(intercambiador)* 5 km nördlich am Parque de Santa Catalina; von hier werden aber nur die wichtigsten Linien bedient (u. a. Flughafen, Costa Canaria).

Doch damit nicht genug – auch kulturell hat die Stadt eine Menge zu bieten: erstklassige Museen und Kunstzentren, mehrere Theater- und Konzertsäle. Ob Musik- und Opernfestival, Karneval, Sommer-Jazz oder WOMAD – das ganze Jahr ist durch Feste aufgelockert. Dazu kommen Flanierstraßen und Einkaufstempel sowie eine imposante Gastro- und Nachtszene. Und da Las Palmas seit 1990 eine große Universität hat, sorgen viele junge Leute für Frische im Straßenbild. Rund 400 000 Menschen leben in Las Palmas, das nicht nur die Hauptstadt Gran Canarias, sondern auch der Ostprovinz ist und sich mit Santa Cruz de Tenerife den Hauptstadtstatus der Kanaren teilt.

Die Altstadt

In der Vegueta, der ›alten‹ Altstadt, fühlt man sich an südamerikanische Städte erinnert: Gassen und Plätze sind mit grobem Kieselstein gepflastert und von herrschaftlichen Häusern gesäumt. Steht ein Portal offen, fällt der Blick in einen kleinen Paradiesgarten. Seit der Conquista leben in der Vegueta Adelige, hohe Kleriker und weltliche Würdenträger. Alle Anwälte, die auf sich halten, haben hier ihre Kanzlei.

Während es tagsüber recht geschäftig zugeht, werden nach Geschäftsschluss die Bürgersteige hochgeklappt – wären nicht die Autos, fühlte man sich ins 15. Jh. versetzt. Damals, genauer: 1478, wurde die ›Königliche Stadt der Palmen‹ gegründet – ein Erfolgsmodell, das die spanischen Eroberer wenig später in die Neue Welt exportierten.

Altstadt

Die Triana, von der Vegueta durch den heute asphaltierten Barranco de Guiniguada getrennt, ist die ›jüngere‹ Altstadt. Sie wurde im 16. Jh. von andalusischen Siedlern gegründet und nach einem Viertel ihrer Heimatstadt Sevilla benannt. Stets war sie das Revier der Kaufleute und Handwerker. Darum sieht man hier statt feudaler Paläste viele Bürgerhäuser im spanischen Jugendstil, statt stiller Gassen quirlige Einkaufsstraßen. In der Triana gibt es bis heute zahlreiche kleine Läden und Boutiquen, man kann Kultur tanken und kanarische Lebensart schnuppern.

La Vegueta

Plaza de Santo Domingo

Ein schöner Startpunkt für die Besichtigungstour ist die Plaza de Santo Domingo im Süden der Altstadt. Ihr Name geht auf die Dominikanermönche zurück, die hier ab 1524 ein Kloster besaßen. Da der Orden traditionell mit der Ketzerverfolgung beauftragt war, wurden auf dem Platz die Scheiterhaufen der Inquisition errichtet. Vom Kloster ist die im 17. Jh. errichtete Kirche **Santo Domingo** 1 erhalten: Unter einem blau bemalten Sternenhimmel

Las Palmas, Metropole und Boomtown der Kanarischen Inseln

erstrahlen goldene Altäre; ausdrucksvolle Heiligenfiguren stammen vom Barockbildhauer Luján Pérez, dem man auf der Insel öfters begegnet. In der Kirche befindet sich auch die Begräbnisstätte der Grafen de la Vega Grande, auf deren Latifundien im Inselsüden die jetzigen Touristenhochburgen entstanden.

Museo Canario 2
Calle Dr. Verneau 2/Ecke Dr. Chil 25,
www.elmuseocanario.com,
Mo–Fr 10–20, Sa–So 10–14 Uhr,
Eintritt 3/1,20 €
Das beste archäologische Museum der Kanaren vermittelt einen Eindruck von der untergegangenen Kultur der Altkanarier. Zu den interessantesten Exponaten gehören Fruchtbarkeitsidole, Topfkeramiken sowie eine Nachbildung der ›Bemalten Höhle‹ in Gáldar. Spektakuläre Ausstellungsstücke sind die gut erhaltenen Mumien. Die Nachbildung einer Begräbnisstätte gibt Einblick in altkanarische Todesriten, Hunderte von Schädeln und Skeletten vervollständigen die makabre Sammlung.

Plaza de Espíritu Santo
Folgt man der Calle Dr. Chil ein Stück nordwärts, trifft man auf die kleine Plaza Espíritu Santo mit Brunnen und hohem Drachenbaum. Die **Ermita del Espíritu Santo** 3 (Mo–Fr 10–13, 18–21 Uhr) diente einst den Sklaven als Gotteshaus; die hier aufbewahrte Christusfigur wird in der Karwoche in einer nächtlichen Prozession durch die Straßen getragen. Schräg gegenüber kann man einen ehemaligen Adelspalast von innen sehen. In seinen prachtvollen Sälen zeigt die Galerie der **Fundación Mapfre Guanarteme** zeitgenössische Kunst.

Plaza de Santa Ana
Die von Palmen gesäumte Plaza de Santa Ana ist der herrschaftliche Mittelpunkt der Vegueta, hier zeigen

Las Palmas: Altstadt

Sehenswert
1. Kirche Santo Domingo
2. Museo Canario
3. Ermita del Espíritu Santo
4. Casa Consistorial
5. Casa Regental
6. Palacio Episcopal
7. Kathedrale Santa Ana
8. Casa de Colón
9. Centro Atlántico de Arte Moderno CAAM
10. Kapelle San Antonio Abad
11. Mercado de Las Palmas
12. Gabinete Literario
13. Kulturzentrum CICCA
14. Kirche San Francisco
15. Museo Pérez Galdós
16. Teatro Pérez Galdós
17. Kapelle San Telmo
18. Jugendstil-Kiosk

Übernachten
1. Parque
2. Madrid

Essen & Trinken
1. Casa Montesdeoca
2. La Galería
3. Hipócrates
4. El Herreño

Einkaufen
1. Fedac
2. Librería del Cabildo

Abends & Nachts
1. Teatro Cuyás
2. Cuasquías
3. La Veguetita

geistliche und weltliche Macht Flagge. Am nördlichen Kopfende des Platzes erhebt sich das alte Rathaus, die **Casa Consistorial** 4, nach einem Brand 1842 neoklassizistisch wieder aufgebaut. Das Gebäude, das seit vielen Jahren renoviert wird, soll eines Tages als Stadtmuseum öffnen.

Gleich neben dem Rathaus beeindruckt das alte Renaissance-Portal der **Casa Regental** 5. Hier residierten einst die Generalkapitäne, militärische und politische Statthalter der spanischen Krone in einer Person. Die dargestellten Löwen und Burgen symbolisieren die Macht der Könige von León y Castilla.

Fassade und Portal des **Palacio Episcopal** 6, des Bischofspalasts, schräg gegenüber der Kirche, von dessen Balkon der höchste Geistliche der Insel an hohen Festen seinen Segen spendet, geben einen Eindruck vom Baustil des 16. Jh. Die nahebei postierten Hundestatuen erinnern an eine Legende, die noch heute gern als Wahrheit verkauft wird: Der römische Historiker Plinius hatte behauptet, der Name der Insel (Canaria) leite sich ab vom lateinischen *canis* (= Hund). Tatsache ist aber, dass es vor der Conquista gar keine Hunde auf der Insel gab – der Name verdankt sich in Wirklichkeit dem Berberstamm der ›Canarii‹, der ab dem 5. Jh. v. Chr. die Kanarischen Inseln besiedelte.

Kathedrale Santa Ana 7
Freier Zutritt durch das Hauptportal, Mo–Fr 9–14, 16–18, Sa 9–14 Uhr, sonst kostenpflichtiger Zugang über das Diözesanmuseum;
Fahrstuhl zum Turm Mo–Fr 9.15–18, Sa 9.15–15 Uhr, 1,50 €
Den Platz Santa Ana beherrscht die neoklassizistische Doppelturmfassade der gleichnamigen Kathedrale. Nach der Schutzpatronin der spanischen Konquistadoren benannt, wurde sie gleich nach der Eroberung der Insel begonnen. 100 Jahre später brannte sie

Auf Entdeckungstour

Casa de Colón – Besuch im Kolumbushaus

Ein herrliches Kolonialhaus von innen sehen und erfahren, welche Rolle die Kanaren bei der Entdeckung einer ›Neuen Welt‹ spielten!

Cityplan: S. 84, 8

Infos: www.casadecolon.com

Planung: Geöffnet ist das Haus Mo–Fr 9–19, Sa–So 9–15 Uhr, Eintritt ist frei. Ca. 1–2 Std. sollte man sich für die Besichtigung nehmen.

Nach Kolumbus' Atlantikfahrt war nichts mehr wie zuvor: Ein neuer Kontinent war entdeckt, und die Menschen mussten sich an den Gedanken gewöhnen, dass die Erde keine flache Scheibe, sondern eine Kugel ist. Im ›Haus des Kolumbus‹ werden die Expeditionen anschaulich vorgestellt – allein der Prachtbau mit seinen Innenhöfen lohnt den Besuch!

Vorposten der bekannten Welt

»Wohl wissend, dass Ihr Euch über den großen Sieg freuen werdet«, so Kolumbus an die spanischen Könige, ›schreibe ich Euch diesen Brief. Daraus werdet Ihr ersehen können, dass ich mit der Flotte, die Sie mir gegeben haben, in dreiunddreißig Tagen von den Kanarischen Inseln nach Indien gelangte, wo ich sehr viele Inseln fand ... und mit entfaltetem königlichen Banner für Ihre Hoheit Besitz ergriff.«

Als Kolumbus diesen Brief 1492 schrieb, war Las Palmas der letzte Vorposten der bekannten Welt. Von hier war der Seefahrer in die unerforschten Weiten des Atlantiks aufgebrochen.

Residenz der Inselgouverneure

In der **Casa de Colón**, die den Namen des Kolumbus (span. Colón) trägt und heute als Museum fungiert, residierte damals der Inselgouverneur. Zwar ist kaum etwas original erhalten, doch spiegelt das Haus perfekt den Geist der Epoche: In die Portale sind exotische Ornamente eingemeißelt, die Holzbalkone sind so hoch angesetzt, dass sie zugleich als Piratenausguck dienen konnten.

Hinter fast fensterlosen Fassaden verbergen sich stille, grüne Innenhöfe mit Galerien. Hier spielte sich der koloniale Alltag ab, fern der Außenwelt und vor ihren zudringlichen Blicken geschützt.

Die Reise des Kolumbus

Am 6. September stach Kolumbus von Las Palmas mit drei Karavellen in See. Ein originalgetreuer Nachbau seiner Kajüte auf der Niña zeigt, wie gemütlich es der Seefahrer hatte. Sie ist vom Boden bis zur Decke holzverkleidet; auf dem Schreibtisch stehen Kompass und Sextant.

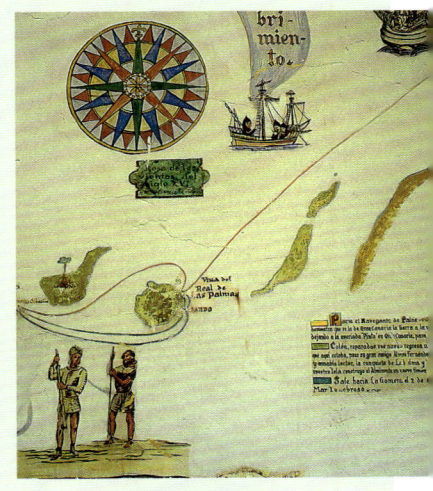

Seekarte aus dem Kolumbushaus

Nicht so gut hatten es die übrigen Männer an Bord. Nachdem sie über vier Wochen über den Atlantik gesegelt waren, ohne Land gesehen zu haben, drohten sie mit Meuterei. Kolumbus log, dass sich die Balken bogen, und machte ihnen weis, sie hätten erst eine kurze Strecke zurückgelegt.

Doch insgeheim war er entsetzt, dass sich seine Berechnungen als falsch erwiesen. Denn er hatte so lange an dem Projekt getüftelt und schon so viele Rückschläge einstecken müssen. Der portugiesische König hatte seinen Plan verworfen, nur zögernd waren die spanischen Monarchen auf seinen Kurs eingeschwenkt.

Einzig einer Entscheidung des Papstes hatte er es letztlich zu verdanken, dass sich Isabella und Ferdinand doch noch für ihn zu interessieren begannen. Das Kirchenoberhaupt hatte die Kanaren Spanien zugesprochen, aber das Meer südlich davon der rivalisierenden Seemacht Portugal. Was blieb den Monarchen da anderes übrig, als sich im noch ›herrenlosen‹ Meer westlich des Archipels umzuschauen? Kolumbus' Plan war so einfach wie genial: Segelte man von den Kanaren westwärts, so müsse man zwangsläufig Indien erreichen, das Land unermesslicher Reichtümer, derer die leere Kronkasse so dringend bedurfte …

In Amerika
Was Kolumbus nicht wissen konnte: Zwischen Afrika und Asien lag mitten im Atlantik ein für die Europäer unbekannter Kontinent, der später den Namen Amerika erhielt. Am 12. Oktober sichtete er Land und stieß auf Inseln, die er ›Las Nuevas Islas de las Canarias Indianas‹ (die neuen Kanarischen Inseln Indiens) nannte und ihre mit Goldschmuck behängten Bewohner ›Indios‹ – ein Irrtum, der sprachlich bis in unsere Zeit überdauert hat.

Bereits wenig später wusste man, dass Kolumbus nicht Indien erreicht hatte, sondern die Inseln der Bahamas. Was danach folgte, ist bekannt: Die ›Wilden‹ wurden unterworfen, die ›Heiden‹ missioniert und ihre Reichtümer ins Herz eines spanischen Imperiums verfrachtet, das bald so groß war, dass ›in ihm die Sonne nie unterging‹. In der dämmrigen Krypta der Casa de Colón wird man daran erinnert, welche präkolumbianischen Kulturen Amerikas mit dem Kommen der Europäer dem Untergang geweiht waren.

160 Originalstücke der Mayas und Oaxacas, Azteken und Zapoteken zeigen, wie hoch entwickelt ihre Kunst war. Im Keller entdeckt man auch den hauseigenen Kerker, ein Ein-Mann-Verlies, in dem Diebe, Ketzer und andere auffällig gewordene Personen in Beugehaft einsaßen.

Sprungbrett in die Neue Welt
Viele Expeditionen nutzten die Kanarischen Inseln als Zwischenstopp auf der 30-tägigen Passage in die ›Neue Welt‹. Im Museum werden sie vorgestellt: Kolumbus kam 1493, 1498 und noch einmal 1502, ihm folgten u. a. Ovando, Magellan und Mendoza, Pizarro und Cortés. Abenteuerlustige Neu-Kanarier wollten bei der Erschließung amerikanischer Reichtümer nicht abseits stehen und heuerten auf den Expeditionsschiffen an. Bis weit ins 20. Jh. riss der Strom kanarischer Emigranten nach Ibero-Amerika nicht ab. Allerdings reisten sie schon bald nicht als Abenteurer auf der Suche nach Gold, sondern als Wirtschaftsflüchtlinge aus blanker Not.

Zwei farbenprächtige Papageien aus Guatemala locken Besucher mit ihrem Geschrei in einen zweiten Innenhof. Über ein Treppenhaus mit kunstvoller Mudéjar-Decke gelangt man in den ersten Stock, wo illustriert wird, dass Las Palmas Modell stand bei der Gründung manch einer amerikanischen Kolonialstadt. Miniaturlandschaften illustrieren die historische Entwicklung von Las Palmas, ein Hingucker ist ihre originalgetreue plastische Darstellung anno 1685.

Gemälde und Skulpturen aus dem 15. bis 19. Jh., darunter kostbare Leihgaben aus dem Madrider Prado, zeigen, wie eng auch die künstlerischen Verflechtungen zwischen Alter und Neuer Welt waren.

Altstadt

im Zuge eines Piratenangriffs aus, erst Ende des 18. Jh. hatte die Stadt wieder genügend Mittel zur Aufnahme der Bauarbeiten, die sich bis ins 19. Jh. erstreckten. Der fünfschiffige, im Vergleich zu den großen Kathedralen Spaniens eher bescheidene Innenraum beeindruckt vor allem durch seine Architektur: Zehn Hauptsäulen tragen ein gotisches Rippengewölbe, das sich an der Decke palmenartig auffächert und so dem Stadtnamen Tribut zollt. Imposant ist auch die Vierung vor dem Hauptaltar, überwölbt von einer Kuppel. Zur Zeit ihrer Entstehung war eine so große Kuppel derart revolutionär, dass die Bauarbeiter argwöhnisch verlangten, der Architekt solle während der Arbeiten unter ihr sitzen. Von Luján Pérez stammen die reichen Schnitzdekorationen der beiden Kanzeln im vorderen Hauptschiff; den vergoldeten Aufsatz des Hauptaltars schufen im 16. Jh. Künstler auf dem spanischen Festland.

In den Seitenkapellen sind berühmte Persönlichkeiten der Insel beigesetzt: Der Dichter Bartolomé Cairasco de Figueroa, der Historiker José Viera y Clavijo und der Begründer des Hafens von Las Palmas, Fernando León y Castillo. Einen recht ungewöhnlichen Platz für die Ewigkeit hat Bischof Codina gefunden: Seine durch Mumifizierung gut erhaltene Leiche ist in einem Glassarg zu besichtigen. Einen weiten Blick über die Altstadt eröffnet der Kirchturm.

Zugang zur Kathedrale erhält man auch über das **Museo Diocesano** rechts an der Kirche. In den Sälen um den romantischen ›Orangenhof‹ wird religiöse Kunst aus dem 16. bis 18. Jh. gezeigt: kostbare Gewänder geistlicher Würdenträger, Kultgegenstände und geschnitzte Heiligenfiguren. Im ersten Stock, vor dem Kapitelsaal mit seinem auf den Inseln einzigartigen Keramikfußboden, hängen in einem Gang die Porträts einflussreicher Bischöfe (Calle Espíritu Santo 20, Mo–Fr 10.30–16.30, Sa 10–13, Eintritt 3 € inkl. Zugang zur Kathedrale).

Hinter der Kathedrale

Die verkehrsberuhigten Gassen und Plätze hinter der Kathedrale haben sich einen besonderen Zauber bewahrt. Hier trifft man auf die **Casa de Colón** [8], das Kolumbushaus mit seinen prachtvollen Portalen und holzgeschnitzten Balkonen (s. S. 86).

Centro Atlántico de Arte Moderno CAAM [9]

Calle Los Balcones 9–11, www.caam.net, Di–Sa 10–21, So 10–14 Uhr, Eintritt frei

Freunde moderner Kunst besuchen das nahe Centro Atlántico de Arte Moderno CAAM, das in einer Reihe mit Spaniens großen Kunstzentren steht. Entsprechend der trikontinentalen Lage der Kanaren will es die Kunsteinflüsse zwischen Europa, Amerika und Afrika beleuchten. Originalgetreu erhalten blieb seine Fassade aus dem 18. Jh., während das Innere zeitgemäß als lichtdurchfluteter, mehrstöckiger Kubus mit umlaufenden Galerien gestaltet ist. Im Adelspalast nebenan werden Ausstellungen zur Architektur gezeigt. Zwei weitere zum CAAM gehörige Galerien entdeckt man in der Calle Colón 8 und auf der Plaza San Antonio Abad.

Kapelle San Antonio Abad [10]

An der Ermita de San Antonio Abad verkündet eine Tafel, Kolumbus habe hier für das Gelingen seiner Atlantikfahrt gebetet – verbürgt ist es nicht. Ein Geheimgang soll die Kapelle mit dem angrenzenden Gebäude des heutigen Restaurants Montesdeoca verbinden. Sein Erbauer, ein Jude, der vor

Las Palmas

der Verfolgung auf dem spanischen Festland nach Las Palmas geflüchtet war, wollte unerkannt in die christliche Kapelle entkommen, wenn wieder Gefahr drohte.

Mercado de Las Palmas 11
Mo–Sa 8–15 Uhr
Die benachbarten Flaniergassen, **Calle Mendizábal** und **Calle Pelota,** haben sich mit ihren teils rustikalen, teils modernen Lokalen und Terrassencafés zur angesagten Ausgehmeile entwickelt. Hier befindet sich auch die älteste Markthalle der Stadt, der **Mercado de Las Palmas.** Wer Wert auf frische Ware legt, kauft hier Obst und Gemüse, Fleisch und Fisch, Wurst und Käse, oft kunstvoll und platzsparend auf den dicht stehenden Ständen aufgetürmt. Eine Besonderheit der Markthalle sind die in die Außenmauer eingelassenen kleinen Imbiss- und Getränkebuden.

Triana

Die vierspurige Schnellstraße Carretera del Centro, 1960 auf einem zugeschütteten Barranco angelegt, schiebt sich wie ein Keil zwischen die Viertel Vegueta und Triana. Eines Tages soll die Trasse unterirdisch verlegt werden, damit die beiden historischen Stadtteile zusammenwachsen können.

Plaza de Cairasco und Alameda de Colón
An der Plaza de Cairasco, schräg gegenüber vom Hotel Madrid, steht das Gebäude des **Gabinete Literario** 12, das dem Besitz- und Bildungsbürgertum ab Ende des 19. Jh. als Treffpunkt diente (s. S. 93). Nur durch die Straße getrennt, weitet sie sich zu einem zweiten Platz, der **Alameda de Colón.** An deren Westseite öffnet in einem alten Bürgerpalast das **Kulturzentrum CICCA** 13 mit Galerien und einem Veranstaltungssaal.

Kirche San Francisco 14
Vorbei an einem Kolumbus-Denkmal, das an die Fahrten des Amerikaentdeckers erinnert, erreicht man die kleine Kirche San Francisco. Ihre Marienfigur der ›Jungfrau der Einsamkeit‹ (Virgen de la Soledad) wird von frommen Seelen verehrt: Sie soll die Gesichtszüge der Königin Isabel I. haben, Gründerin und Patronin des Franziskanerklosters, von dem nur die Kirche erhalten blieb. Eine Inschrift an der Außenseite der Kirchenmauer erinnert an jene erste

Altstadt

Epoche der Globalisierung, als Zuckerrohr von Madeira über Gran Canaria ins karibische Santo Domingo gelangte, wo es bald so billig produziert wurde, dass der kanarische Zuckeranbau zugrunde ging.

Museo Pérez Galdós 15

*www.casamuseoperezgaldos.com,
Di–Fr 10–14, 16–20, Sa–So 10–14 Uhr,
Eintritt frei, Führungen zu jeder
vollen Stunde*

Das Museum pflegt die Erinnerung an den berühmten, hier geborenen spanischen Romancier Pérez Galdós (s. S. 76) und versteht sich zugleich als Zentrum für spanische und kanarische Literatur. Seine Wiege, die selbst entworfenen Möbel und der Schreibtisch, an dem er den größten Teil seines Lebens verbrachte, illustrieren die Wohnkultur im 19. Jh. Modern inszeniert sind dagegen die Ausstellungen in den hellen Sälen nebenan, in denen von Pérez Galdós beeinflusste Literaten vorgestellt werden.

Teatro Pérez Galdós 16

*Tel. 902 40 55 04,
www.teatroperezgaldos.com*

Den Namen des Dichters trägt auch das Teatro Pérez Galdós, das Anfang des

Wuchtige Fassade aus schwarzem Lavastein – die Kathedrale Santa Ana

Auf Entdeckungstour

Belle Époque und junge Kunst

Lebendige Plätze im spanischen Jugendstil: Beim Spaziergang rund um die Plaza Cairasco im Altstadtviertel Triana erlebt man Las Palmas von seiner schönsten Seite – und viel junge Kunst obendrein!

Zeit: 2–3 Std. mit Galeriebesichtigung

Orientierung: s. Cityplan S. 84
Gabinete Literario **12**, mit Ausstellungen und Kunstgalerie
Kulturzentrum CICCA **13**, mit Galerie
Hotel Madrid **2**

Planung: Die Galerien sind 14–17 Uhr und So geschl.

Ein Haus zum Schwelgen

Schlanke Palmen recken ihre Kronen in die Höhe, alle Blicke richten sich auf den Palast an der Nordseite der Plaza de Cairasco. Das **Gabinete Literario** ist ein Paradebeispiel des spanischen Jugendstils. Mit den vielen Fenstern, Türmen und Ornamenten wirkt es wunderbar leicht, über den blank geputzten Platz steuert man auf den Eingang zu. Man sieht sie förmlich vor sich, die Herren im weißen Leinenanzug und die Damen im Spitzenkleid, wie sie zum rauschenden Fest eintreffen.

Vor 100 Jahren waren es vorwiegend britische Kaufleute, Ärzte und Anwälte, die sich hier vergnügten – heute gibt sich an diesem Ort die kanarische Oberschicht ein Stelldichein. Doch die altehrwürdigen Damen und Herren, die unter den Arkaden sitzen, scheinen zu ahnen, dass die Zeit, da dies einzig und allein ›ihr‹ Club war, zu Ende geht. Seit die Inselregierung das Gabinete Literario übernommen hat, werden neue Kulturinitiativen gestartet. Mit Avantgarde-Kunst, Dokumentarfilmen und elektronischer Musik wird die alte Klientel verschreckt und eine neue gewonnen.

Es lohnt sich, einen Blick in die glasüberdachte Halle zu werfen, in der eine Freitreppe schwungvoll zu den oberen Galerien hinaufführt. Im ersten Stock öffnen sich Glastüren zum Goldenen Salon *(salón dorado),* einem Ballsaal mit Brokatvorhängen und Stuck, das Deckengemälde singt ein Loblied auf die Welt der Schönen Künste. Im Roten Salon *(salón rojo)* sind die Porträts einstiger Berühmtheiten aufgereiht, darunter auch der erste ›Präsident‹ des Hauses, der britische Konsul Richard Houghton. Ausstellungen finden meist im Saal links hinter der Freitreppe statt. Dort steigt man auch in den musealen Mahagoni-Fahrstuhl, der in den dritten Stock rattert, wo in zwei Sälen weitere Kunst gezeigt wird. Danach hat man vielleicht Lust, im hauseigenen Restaurant **La Galería** zu speisen – mittags gibt es ein erschwingliches Menü.

Terrasse mit Aussicht

Eine gute Alternative ist das gegenüberliegende Terrassenlokal des **Hotels Madrid**, das keine Konzession an den Zeitgeist macht und damit sehr erfolgreich ist. Unter Palmen bietet es kanarische Hausmannskost mit Blick auf den Palast. Wie das Gabinete ist es ein altehrwürdiger Bau. Historische Fotos zeigen all jene Berühmtheiten, die hier im Laufe der letzten hundert Jahre Quartier bezogen haben. Darunter befindet sich ein Bild von Generalísimo Franco, der hier just die Nacht vom 17. auf die 18. Juli verbrachte, die Nacht des Putsches gegen Spaniens demokratische Regierung. Sie leitete den die folgende Diktatur ein.

An der Südseite des Platzes hat die Caja de Canarias ihren Sitz, eine Sparkasse – so die Satzung – ›ohne Profitinteresse‹, deren Gewinne in die Gesellschaft zurückfließen sollen. Sie hat einen alten Stadtpalast aufpoliert und darin das **Kulturzentrum CICCA** eingerichtet. Im Unter- und Obergeschoss wird moderne Kunst gezeigt, und im Theatersaal passiert fast jeden Abend etwas Interessantes.

Plaza de Mendoza

Nur einen Katzensprung entfernt liegt die Plaza de Mendoza, auch bekannt als Plaza de las Ranas, ›Platz der Frösche‹. Seinen Reiz verdankt er dem Springbrunnen und den Jugendstil-Pavillons. Zwischen einer altehrwürdigen Bibliothek und dem Kino Monopol öffnen Terrassencafés, die tagsüber wie abends beliebte Treffpunkte sind.

Las Palmas

Einkaufsbummel auf der ›Triana‹, Las Palmas' stimmungsvoller Flaniermeile

20. Jh., damals noch unmittelbar am Meer, errichtet wurde. Pérez Galdós war von der Lage des Gebäudes wenig begeistert und drückte seine Kritik durch eine Zeichnung aus, auf der Fische durch das Theaterfoyer schwimmen. Heute würde er wohl anders urteilen: Das Theater wurde von Higini Arau umgestaltet, der sich als Architekt des Londoner Covent Garden und der neuen Mailänder Scala einen Namen gemacht hat. Ein Saal des von Néstor Martín Fernández de la Torre (s. S. 98) ausgemalten Traditionshauses ist dem Komponisten Camille Saint-Saëns gewidmet. Der Franzose besuchte die Insel mehrmals während der Wintermonate und komponierte hier Teile seiner Oper »Samson und Dalila«.

Calle Mayor de Triana

Zentrum des Viertels ist die Fußgängerstraße Calle Mayor de Triana, kurz Triana genannt. Die Einkaufszeile mit großer Tradition hat sich viele Jugendstilfassaden aus der bürgerlichen Blütezeit um 1900 bewahrt. In ihren gleichfalls verkehrsberuhigten Seitengassen und – besonders schön – in der Parallelstraße Calle Cano laden Edelboutiquen und urige Lokale zum Abtauchen ein.

Altstadt

Übernachten

In der Altstadt sind Unterkünfte rar, mehr Auswahl gibt es im Viertel Catalina-Canteras (s. S. 107).

Praktisch – **Parque 1**: Calle Eduardo Muelle de las Palmas 2, Tel. 928 36 80 00, Fax 928 36 88 56, www.hparque.com, DZ ab 90 €. Zentrales Dreisternehaus am Parque San Telmo, neben Busbahnhof und Fußgängerzone Triana. Funktionale Zimmer, Richtung Park mit Ausblick ins Grüne, aber sehr laut. Wer ruhig schlafen will, quartiert sich Richtung Nebenstraße ein. Mit Sauna und aussichtsreichem Frühstücksraum im 6. Stock.

Traditionsreich – **Madrid 2**: Plaza de Cairasco 4, Tel. 928 36 06 64, Fax 928 38 21 76, DZ ab 50 €. Die 18 Zimmer sind einfach, etwas hellhörig und haben nicht alle ein eigenes Bad. Dafür wohnt man am schönsten Platz der Altstadt mit Blick auf die Prachtfassade des Gabinte Literario, mitten im Zentrum des kulturellen Lebens. Im Terrassencafé kann man entspannen und deftig-kanarisch essen (Menü um 10 €); drinnen ist alles noch so wie 1936, als hier General Franco abstieg, bevor er zum Bürgerkrieg aufrief.

Parque San Telmo

Am Ende der Fußgängerzone stößt man auf den geräumigen **Parque San Telmo** mit einem Musikpavillon und der kleinen, dem Patron der Fischer und Seeleute geweihten **Kapelle San Telmo 17**.

In der gegenüberliegenden Ecke des Parks steht ein farbenfroher **Jugendstil-Kiosk 18** mit einem Terrassencafé. An der Ostseite des Platzes steigt man zum unterirdischen Zentralbusbahnhof *(estación de guaguas)* hinab, und nahe der Avenida Marítima erhebt sich die moderne Staatsbibliothek (Biblioteca del Estado).

Essen & Trinken

In der Altstadt hat sich die verkehrsberuhigte Calle Pelota (Vegueta) zur ›Fressgasse‹ entwickelt – ein nettes Lokal reiht sich ans nächste. Nahebei finden sich folgende Klassiker:

Romantisch – **Casa Montesdeoca 1**: Calle Montes de Oca 10, Tel. 928 33 34 66, www.casamontesdeoca.es, So geschl., Preise um 25 €. Man speist im grünen Innenhof eines alten Herrenhauses, erholt sich schnell vom anstrengenden Rundgang und möchte nach dem Essen noch stundenlang sit-

Las Palmas

Mein Tipp

Spaziergang durch Arenales
Das nördlich an die Triana anschließende Viertel wird nur selten in Reisebüchern beschrieben. Es entstand in der zweiten Hälfte des 19. Jh., als neuer Wohnraum außerhalb der Stadtmauer benötigt wurde. Der Name (*arena* = Sand) deutet an, dass dieses Gebiet damals aus Dünen bestand. In den letzten Jahren wurden erste Plätze und Jugendstilstraßen (besonders schön: die Calle Perojo) restauriert. In diesem Viertel haben die Regierung und die Marinekommandantur ihren Sitz, aber auch die höheren Schulen und die geisteswissenschaftliche Fakultät der Universität.

Viel Geld floss in die 2007 gegründete **Casa de África** – das Pendant zur ›Casa de América‹ in Madrid und zur ›Casa de Asia‹ in Barcelona. In eleganten Ausstellungssälen, die sich rings um einen Innenhof gruppieren, werden hochkarätige Foto- und Kunstausstellungen zum ›Schwarzen Kontinent‹ gezeigt (Calle Alfonso XIII 5, www.casafrica.es, Mo–Fr 9–14 und 17–20, Sa 10–14 Uhr, Eintritt frei).

zen bleiben. Señor Sarmiento, der zwölf Jahre in Deutschland gelebt hat, bietet feine kanarisch-spanische und internationale Küche aus frischen Zutaten, serviert von distinguierten Kellnern. Manchmal erklingt abends live klassische Musik.
Tolle Lage – **La Galería** 2 : Plaza Cairasco (Gabinete Literario), Tel. 928 43 38 04, Preise um 25 €, Menü 12 €. Herrlich sitzt man auf der ›Galerie‹ unter den Arkaden eines Jugendstil-Prachtbaus. Mediterran inspirierte Kost, z. B. mit Parmesan überbackene Auberginen und Salat mit gebratenem Camembert.
Bio & vegetarisch – **Hipócrates** 3 : Calle Colón 4, Tel. 928 31 11 71, Mo geschl., Preise um 20 €, Menü 10 €. Gegenüber dem Eingang zum Kolumbushaus: einfache, fast nackte Einrichtung, aber gewissenhaft zubereitete vegetarische Gerichte.
Legendär – **El Herreño** 4 : Calle Mendizábal 5, Tel. 928 31 05 13, Preise um 15 €, Menü ab 8 €. An der großen U-förmigen Theke treffen sich seit Jahrzehnten Kanarier zum Tapas-Essen, auf ein bodenständiges Menü oder ein Glas El-Hierro-Wein *(vino herreño)*. Man schaut den flinken Kellnern zu oder knüpft Kontakt mit dem Nachbarn an der Bar – hier ist alles locker und unkompliziert. Mehr als ein Dutzend Tapas sind appetitanregend in der Vitrine ausgestellt.

Einkaufen

Im Triana-Viertel mit der Fußgängermeile der Calle Major de Triana und ihren verkehrsberuhigten Seitenstraßen findet man originelle Boutiquen und Läden internationaler Ketten wie **Zara** und **Stradivarius.**
Kunsthandwerk – **Fedac** 1 , Calle Domingo Navarro 7; der Laden untersteht der Inselregierung und bietet authentisches, wenn auch recht teures kanarisches Kunsthandwerk an.
Bücher – **Librería del Cabildo** 2 , Calle Cano 24; ein Buchladen, der ebenfalls der Regierung untersteht und ausschließlich Titel zu den Kanarischen Inseln führt.
Markt – Die älteste und urigste Markthalle ist der ehrwürdige **Mercado de Las Palmas** 11 im Viertel La Vegueta (Mo–Sa 8–14 Uhr).

Altstadt

Flohmarkt – Der **Rastrillo** findet auf dem ›Dach‹ des Busbahnhofs am Parque San Telmo statt (So 9–14 Uhr).

Abends & Nachts

Konzert und Theater beginnen gegen 20 Uhr, zu dieser Zeit füllen sich auch die Bars an der Plaza Mendoza (auch bekannt als ›Plaza de las Ranas‹). Das kanarische Nachtleben (rund um die Straße Pelota) beginnt allerdings erst gegen 23 Uhr. Wichtig für alle, die im Viertel Santa Catalina wohnen: Nachtbusse verkehren nur stündlich!

Konzerte – **Teatro Pérez Galdós** 16: Plaza de Stagno 1/Calle Lentini 1, Tel. 928 43 38 05, Ticketverkauf Tel. 902 40 55 04, www.teatroperezgaldos.com, Kasse Mo–Fr 10.30–14, 17.30–20.30, Sa 11–14 Uhr. Konzerte, Ballett und Oper in prächtigem Rahmen.

Theater – **Teatro Cuyás** 1: Calle Viera y Clavijo s/n, Tel. 928 43 21 81, www.teatrocuyas.com. Viel Theater, auch Ballett und Musical.

Jazz – **Cuasquias** 2: Calle San Pedro 2 (Centro Monopol), Tel. 928 33 38 40, www.cuasquias.com. Mehrmals wöchentlich ab 23 Uhr Livemusik, v. a. Jazz. Hier haben schon Compay Segundo, Charlie Moreno und Andreas Prittwitz gespielt, öfters hört man den kanarischen Meister-Timplisten El Colorao. Seit 1987 schwungvoll geführt

Romantisches Plätzchen am Abend: in der Altstadt von Las Palmas

Las Palmas

von Toñín, der wie der Hauptheld der Marx Brothers aussieht. Ab 19 Uhr zum Tapas-Essen geöffnet, Konzerte meist ab 23 Uhr.

Salsa – **La Veguetita** 3**:** Calle Remedios 10 (nahe Centro Monopol). Auf zwei Stockwerken stärkt man sich mit Caipirinha und Daiquirí. Gespielt wird Tango & Salsa, elektronische Musik, Rock & Pop.

Infos

Touristeninformation
An der Plaza de las Ranas (am Centro Monopol) und am Parque San Telmo gibt es kleine Info-Pavillons.

Verkehr
Stadtbus: Altstadt und Strandviertel sind durch die gelben Busse 1, 2, 12 und 13 verbunden. Wichtige Haltestellen für 1, 12 und 13 sind Catalina-Park und Parque San Telmo; Linie 2 verkehrt zwischen Catalina-Park und Alameda de Colón. Die 10er-Karte für den Stadtbus *(bono)* erhält man im Pavillon im Catalina-Park sowie in zahlreichen Kiosken und Tante-Emma-Läden.

Ciudad Jardín

Die ›Gartenstadt‹ entstand als Villengegend zwischen Altstadt und Hafen auf Initiative britischer Kaufleute Ende des 19. Jh. Bis heute ist sie bevorzugte Wohngegend betuchter Grancanarios. Sehenswert sind das ›Kanarische Dorf‹, das Nestor-Museum, das Hotel Santa Catalina und der Doramas-Park.

Pueblo Canario
Das Pueblo Canario, nach Vorlagen des Malers Néstor de la Torre (1887–1938) von dessen Bruder Miguel ab 1939 erbaut, ist dem einheimischen Baustil nachempfunden. Wer die detaillierte Nachbildung eines typisch kanarischen Dorfes erwartet, wird allerdings enttäuscht. Was man zu sehen bekommt, ist eher eine Fantasy-Version kanarischer Architektur, eine beliebte Kulisse für Hochzeitspaare, die sich hier am Freitagnachmittag das Jawort geben und für Folklore-Ensembles, die jeden Sonntag um 11.30 Uhr auftreten – und das nun schon seit mehr als 50 Jahren! Mittelpunkt des ›Dorfes‹ ist ein kopfsteingepflasterter Platz, den eine Kapelle, eine Bodega, kleine Läden und das Museo Néstor säumen. Alles schön gestaltet mit Naturstein, Holz und weißen Fassaden.

Museo Néstor
Museo Néstor, Pueblo Canario, Di–Sa 10–20, So 10.30–14.30 Uhr, www.museonestor.com, 2 €; im Bodegón Canario gibt es gute kanarische Küche
Eine weitere Spielart des schönen Scheins erlebt man im villenartigen Museo Néstor. Der Künstler, der zunächst Porträts der kanarischen Haute Volée malte, wandte sich bald der Darstellung erotisch aufgeladener Träume zu. Da in diesen Männer – oftmals als Paar – die Hauptrolle spielen, wurde Néstor von Schwulen als ›ihr‹ Maler entdeckt. Im Museum beeindruckt ein runder, von einer Kuppel überwölbter Raum, in dem Néstor auf acht Plafonds eine ›atlantische Ode‹ malte. Unter einem kosmischen Sternenhimmel vereint sind die vier Jahreszeiten und die vier Elemente, die vier Tageszeiten (Sonnenaufgang, Mittag, Sonnenuntergang, Nacht) und die vier Stunden des Meeres (Ebbe, Flut, Sturm und Stille). Menschliche Körper schweben im und auf dem Wasser, wirken verzückt, entrückt und nicht ganz von dieser Welt. In den übrigen Sälen sieht man weitere ineinander verschlun-

Ciudad Jardín

gene Leiber, dralle Kinder, die von Fischen gejagt werden – dies alles in fulminanten Farben, dynamisch und bizarr. Da Néstor das ganze Leben in Kunst verwandeln wollte, schuf er auch Entwürfe für Bauwerke und Bühnenbilder, für Inneneinrichtungen und Kostüme – sie alle sind hier ausgestellt.

Hotel Santa Catalina

Nach Néstors Entwürfen errichtete Bruder Miguel nebenan das Hotel Santa Catalina, ein Prunkpalast mit Arkaden, langen Holzbalkonen, Erkern und Türmchen. Es ist ein Grand Hotel alten Stils – gern steigt hier das spanische Königspaar ab. Das Gästebuch enthält Namen vieler Prominenter, darunter Gregory Peck, der in kanarischen Gewässern einen Weißen Wal jagte – zu sehen im Filmklassiker ›Moby Dick‹. Auch Nicht-Hotelgäste können es sich im Santa Catalina etwa auf der großen Terrasse bei einem Kaffee oder in der plüschigen Bar gut gehen lassen.

Parque Doramas

Eingebettet ist das Hotel in einen großen Park, der nach einem der letzten altkanarischen Herrscher benannt ist. Doramas zog den Freitod einem Leben in spanischer Sklaverei vor. Sein Sprung in den Tod ist auf einem Springbrunnen dargestellt. Um ihn herum wachsen Drachenbäume, Palmen, Lorbeer-

Feudales Ambiente im Hotel Santa Catalina

Las Palmas

und Wolfsmilchgewächse. Hinter dem Hotel setzt sich die üppige Pracht um Wasserspiele angereichert fort. Abends sind sie effektvoll beleuchtet. Eine zur Straße Pio XII emporführende Freitreppe wurde zu einer Freilichtbühne gestaltet. Auch hier öffnet ein Café.

Jachthafen

Dem Park zum Meer vorgelagert ist der Jachthafen von Las Palmas, der mit jedem Jahr größer wird. Hunderte schnittiger Jachten wohlhabender Kanarier liegen an den Stegen, dazu kommen die Segelboote all jener, für die die Insel ein Zwischenstopp auf dem Weg in die Karibik ist. Anfang November, wenn in Las Palmas die Atlantic Rallye for Cruisers, eine der weltweit wichtigsten Segelregatten, startet, verdoppelt sich das Bootsaufgebot. Zwischen den Jachten macht es Spaß zu flanieren, anschließend kann man sich in einem der Cafés des Einkaufszentrums Sotavento stärken.

Übernachten

High Society – **Santa Catalina:** Calle León y Castillo 227, Tel. 928 24 30 40, Fax 928 24 27 64, www.hotelsantacatalina.com, DZ ab 128 €. Traditionsreiches Fünfsternehaus mit gediegennostalgischem Ambiente, Park und Spa. Man hat es von hier allerdings recht weit zum Strand und zur Altstadt, nah ist nur der Jachthafen. Auf dem Terrassen-Café sitzt man schön unter Arkaden und Baldachinen, auch kleine Gerichte kann man bestellen.

Abends & Nachts

Man trifft sich im **Sotavento,** dem Einkaufs- und Vergnügungszentrum am Jachthafen. Cocktailbars und Clubs bleiben am Wochenende bis zum Morgengrauen geöffnet.

Santa Catalina und Canteras-Strand

›Puerto‹ nennen die Kanarier die Viertel nördlich des Boulevards Mesa y López. Hier liegt nicht nur der Hafen, der die Stadt groß gemacht hat, sondern auch der Strand, der den Vergleich mit der Copacabana in Rio de Janeiro nicht zu scheuen braucht. Das Publikum ist internationaler als in der Altstadt, außer Touristen aus Mittel- und Nordeuropa sieht man Marokkaner in langen Gewändern sowie Chinesen und Inder, Schwarzafrikaner und Südamerikaner, Matrosen aus Russland, Korea und Japan. Sie mischen sich mit den Finanz- und Kaufleuten im Nadelstreifenanzug, die gleichfalls im ›Puerto‹ ihr Revier haben.

Auch zum Shoppen kommt man gern ins Viertel, außer dem Boulevard Mesa y López mit dem Kaufhaus El Corte Inglés gibt es noch weitere attraktive Einkaufszentren. Der Kontrast zwischen Spiel am Strand und knallhartem Geschäft sowie das bunte Völkergemisch machen den besonderen Reiz dieser Gegend aus. Da nimmt man in Kauf, dass die schachbrettartig angelegten Straßen von funktionalen, nicht unbedingt schönen Häusern gesäumt sind.

Parque de Santa Catalina

Herzstück des Stadtteils ist der weite **Parque de Santa Catalina.** Man sitzt unter Palmen in Bars und Cafés, liest Zeitung und lässt die Menschen an sich vorbeiziehen. Schuhputzer bieten ihre Dienste an, hin und wieder lässt sich ein fliegender Händler blicken. Unter einem Segeldach sind Schach- und Do-

Santa Catalina und Canteras-Strand

minospieler postiert, denen die Stadt Stühle und Spiele stellt. Diese in Spanien einmalige Einrichtung nutzen vor allem pensionierte Herren, die den ganzen Tag in geselliger Runde verbringen.

Die Ostseite des Platzes verwandelt sich mehrmals im Jahr in eine große Bühne: Hier finden lautstark der Karneval, Jazzkonzerte und das Weltmusik-Festival WOMAD statt – nicht immer zur Freude der Anwohner. Die beiden bunten Gebäude hinter der ›Bühne‹, die nach den ehemals britischen Kontor- und Lagerhallen ›Elder & Miller‹ heißen, haben unterschiedliche Funktionen: Das rechte (Miller) dient als Riesengalerie und Aufführungsraum, das linke (Elder) als Wissenschaftsmuseum.

Museo Elder 1
Parque Santa Catalina,
www.museoelder.org,
Di–So 10–20 Uhr, Eintritt 5 / 3,50 €.
Das Museo Elder arbeitet nach der Konzeption ›Anfassen erwünscht‹ und will durch aktive, spielerische Teilnahme Lernprozesse in Gang setzen. Besucher lassen künstliche Riesenherzen pulsieren, simulieren im Cockpit eine Landung, lassen einen japanischen Roboter Befehle ausführen und beobachten, wie in einem Brutkasten Küken schlüpfen. Auf mehreren Stockwerken trifft man auf historische Eisenbahnen, Dampfmaschinen und Sonnenuhren.

Hinter dem Museum, wo sich der Blick auf den Hafen öffnet, weitet sich der Catalina-Park zu einem kreisrunden Platz. In seinem hohlen Untergrund, von einem riesigen Segeldach überspannt, befindet sich der **Busbahnhof** (Intercambiador). An der dahinter liegenden Catalina-Mole legen Kreuzfahrtschiffe an, darunter Riesen wie die Queen Mary II und die Queen Victoria. Den besten Blick auf die Schiffe und den Hafen hat man von den Cafés in den oberen Stockwerken des poppig gestalteten Einkaufszentrums El Muelle.

Kunstzentrum La Regenta 2
Di–Fr 11–13 und 18–21 Uhr,
Sa 11–13 Uhr, Eintritt frei
Kunstfreunde werden nahe dem Catalina-Park im Zentrum **La Regenta** fündig. Es befindet sich in einer ehemaligen Tabakmanufaktur, ist gleißend hell gestaltet und präsentiert auf dreigeschossigen Galerien Gegenwartskunst.

Sala de Arte Cajacanarias 3
So–Mo geschl., Eintritt frei
Gleich um die Ecke zeigt die kleine Sala de Arte Cajacanarias Klassiker der Avantgarde sowie kanarische Nachwuchskünstler.

Abstecher in die Hafenregion
Markant ist die Landenge, die an ihrer schmalsten Stelle gerade mal 200 m breit ist und den Hafen- vom Strandbereich trennt. Früher wurde sie bei starker Flut überspült, so dass sich die vorgelagerte Halbinsel **La Isleta** in eine ›kleine Insel‹ verwandelte. Durch Aufschüttungen wurde die Landbrücke aber derart verbreitert und befestigt, dass Neuland für Wohngebäude und Hafeneinrichtungen geschaffen wurde. Hier entstand Ende des 19. Jh. nach Entwürfen der Firma Eiffel, die auch den Eiffelturm in Paris baute, der **Mercado del Puerto** 4, eine Markthalle mit eiserner Dachkonstruktion (Mo–Sa 8–14 Uhr).

Castillo de la Luz 5
Juan Rejón s/n
Ein Stück weiter östlich liegt das Castillo de la Luz in einem umzäunten Rosengarten. Die Festung wurde bald

nach der Conquista erbaut – damals noch weit entfernt von der Stadt. Zwar hat sie das Ankern von Piratenschiffen in der Bucht verhindert, nicht jedoch massive Angriffe wie den des holländischen Admirals Van der Does. Mit übermächtiger Soldateska plünderte er 1599 die Stadt und legte sie weitgehend in Schutt und Asche. Für das Castillo gibt es Zukunftspläne: Nach der Restaurierung soll hier eines Tages ein Kulturzentrum öffnen.

La Isleta

Auf der Halbinsel lebte stets die ärmere, eng mit dem Hafen verbundene Bevölkerung, viele Inder und Chinesen haben Läden in den Straßen Juan Rejón und La Naval. In den kommenden Jahren könnte sich hier freilich einiges ändern. Die Stadtverwaltung hat den Plan, Teile der Isleta, deren Hinterland militärischer Sperrbezirk ist, bis zum Jahr 2020 in ein schräg-schickes Wohnquartier zu verwandeln.

Der Hafen

Industriell geprägt ist der Hafen, der mit vollem Namen Puerto de Nuestra Señora de la Luz (Hafen der hl. Jungfrau des Lichts) heißt. Im 19. Jh. entstanden, ist er mit fast 2 Mio. umgeschlagenen Container pro Jahr der viertgrößte Hafen Spaniens und eine große atlantische ›Tankstelle‹. Jährlich fließen hier mehr als 3 Mio. Tonnen Treibstoff durch kilometerlange Pipelines zu den Schiffen – 100 000 legen alljährlich an. Auch eine große internationale Fischereiflotte ist dort sta-

Las Palmas: Santa Catalina

Sehenswert
1. Museo Elder
2. Kunstzentrum La Regenta
3. Sala de Arte Cajacanarias
4. Mercado del Puerto
5. Castillo de la Luz

Übernachten
1. Hotel Reina Isabel
2. Hotel Dunas Canteras Salud
3. Apt. Colón Playa
4. Apt. Brisamar Canteras
5. Apt. Juan Pérez
6. Apt. Luz Playa
7. Pensión Plaza
8. Apartmentvermittlung Clarissa

Essen & Trinken
1. La Marinera
2. El Amigo Camilo
3. El Cerdo que Ríe
4. Al Maccaroni
5. Hongkong
6. Café La Suisse
7. Casa Suecia
8. Café Santa Catalina

Einkaufen
1. Kaufhaus El Corte Inglés
2. Mercado Central
3. El Muelle
4. Las Arenas
5. Panadería Alemana

Aktiv & Kreativ
1. Canarias Surf School
2. 7 Mares Las Canteras
3. Las Palmeras Golf
4. Gran Canaria School of Languages

Abends & Nachts
1. Auditorio Alfredo Kraus
2. Guarida
3. Bodegón Pachichi
4. La Bodega Extremeña
5. Mojo-Club
6. Wilson

tioniert. Wer sich einen Eindruck verschaffen will, geht von der Bus-Endhaltestelle an der Plaza Manuel Becerra zur Muelle de la Luz.

Canteras-Promenade

Vom Parque de Santa Catalina gelangt man in nur wenigen Minuten zur **Playa de las Canteras** mit ihrer kilometerlangen, von Cafés und Restaurants gesäumten Strandpromenade. Wer in erster Strandlinie wohnt, darf sich glücklich schätzen – die Immobilienpreise zählen zu den höchsten Spaniens. Zwar sieht auch hier die Bebauung nicht gerade umwerfend aus, doch der Blick über den hellen Sand aufs leuchtende Meer ist unschlagbar. Bei klarer Sicht erkennt man am Horizont die Nachbarinsel Teneriffa mit dem 4000 m hohen Teide. Als sein kleineres Spiegelbild ragt links von ihm der Kegel des Pico de Gáldar auf.

Das dem Strand vorgelagerte, bei Ebbe begehbare Naturriff **La Barra** schützt vor den Atlantikbrechern und verwandelt die Bucht in eine riesige Badewanne, in der man rund ums Jahr schwimmen kann. Der Strand ist picobello sauber und wird täglich gereinigt. Von früh bis spät werfen Baywatcher ein wachendes Auge aufs Wasser und hissen die rote Fahne, wenn das Meer doch einmal wild wird.

Wenn Las Palmas ein Zentrum hat, dann ist es der fast rund um die Uhr belebte Canteras-Bereich. Am frühen Morgen kommen die Jogger und Strandläufer, dann die ersten Schwimmer und (nördlich der Playa Chica) die

Lieblingsort

Wintergarten im Hotel Reina Isabel

In diesem Strandlokal der etwas edleren Art kann man, leicht erhöht und durch Glas abgetrennt, das Treiben auf der Promenade in aller Ruhe beobachten. Für ein relaxtes Ambiente sorgen die weich gepolsterten Korbstühle und der Blick auf Palmen und Meer. Aufgespannte Segeltücher schützen vor sengender Sonne. Hier hat man Lust, bei einer Tasse Kaffee ein schönes Buch oder die neueste Zeitung zu lesen, hervorragend ist übrigens auch das Frühstücksbüfett. Auch wer hier nicht übernachtet, ist dazu willkommen!

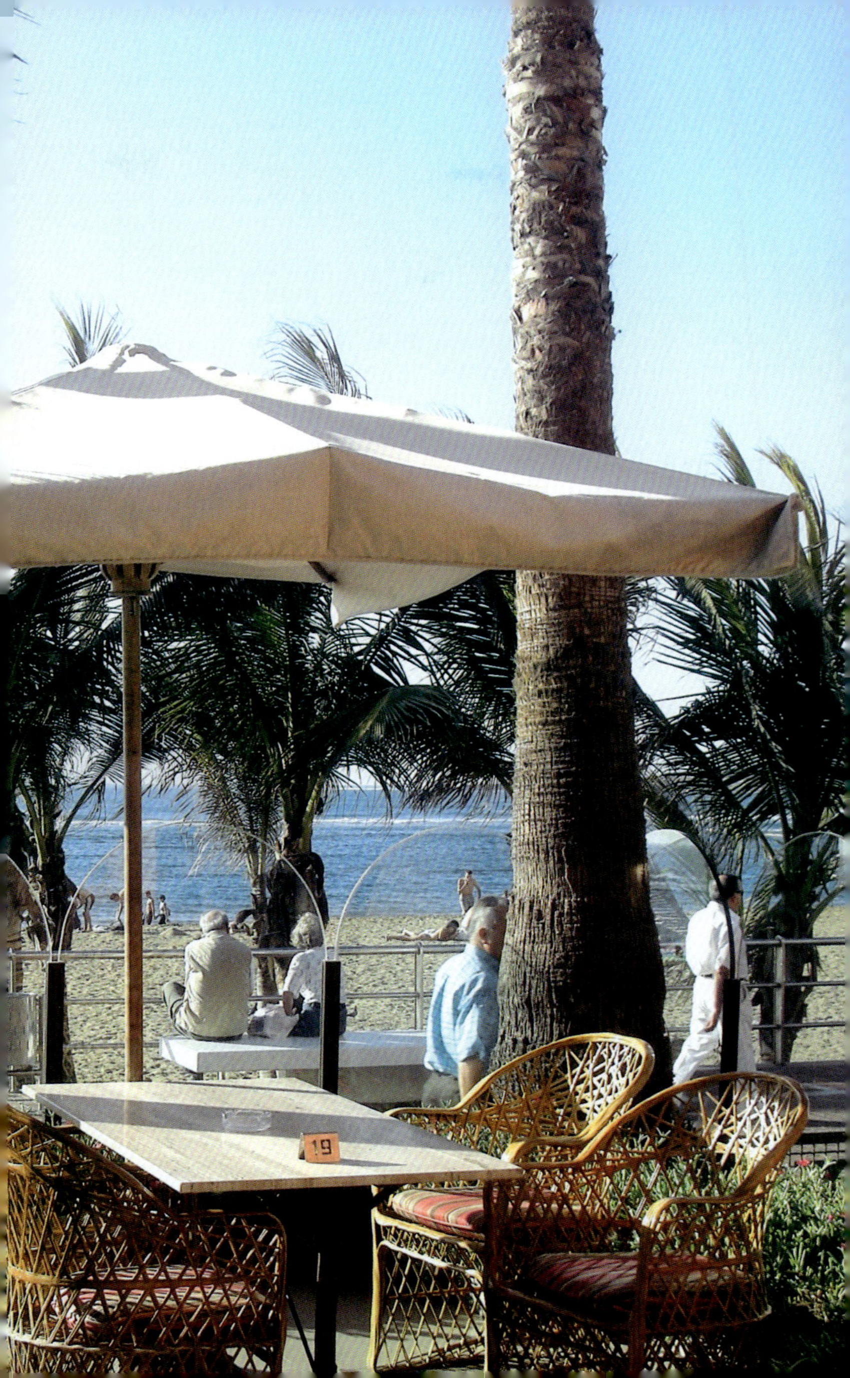
19

Las Palmas

Fischfütterer. Im Laufe des Tages ergießen sich ganze Schiffsbesatzungen über die Promenade, oft auch Reisende, die mit einem Kreuzfahrtschiff eingetroffen sind. Am Wochenende bevölkern kanarische Familien den Strand. Im Sommer lassen sich spätabends auch Grüppchen bunt gewandeter marokkanischer Frauen im Sand nieder. Sie unterhalten sich prächtig, während ihre Kinder umhertoben. Dank Flutlicht herrscht auf der Promenade bis weit nach Mitternacht reger Flanierbetrieb.

La Puntilla

Das Nordende des 4 km langen Strandes markiert La Puntilla, das ›kleine Kap‹ mit einem unterirdischen Parkhaus. Unmittelbar davor, wo der Strand endet, werden noch alte Traditionen gepflegt: Kleine Boote sind aufgebockt, mit denen die Fischer hinausfahren, nachdem sie sich zuvor den Segen ihrer Schutzheiligen eingeholt haben – ihre Figur haben sie in eine Felswand gemauert. Auch manch ein Jogger, der den Strand abgelaufen ist, bekreuzigt sich bei der Jungfrau, bevor er die nächste Strecke in Angriff nimmt.

Nördlich von La Puntilla liegen durch kein Riff geschützte Felsbuchten, in die das Meer wild seine Wellen wirft. Ein paar Restaurants öffnen hoch über der Gischt.

Der Blick fällt hinüber zur hellen, naturbelassenen Sandbucht **El Confital**. Sie liegt im Schutz der Klippen von La Isleta. Es ist kaum zu glauben, dass sich hier bis zur Jahrtausendwende ein grosses Slum-Viertel befand! Nachdem alle Barracken abgerissen sind, ist diese windgeschützte, fast immer sonnige Bucht natürlich heiß begehrt: Noch ist nicht entschieden, ob sie Naturschutzgebiet oder teure Wohngegend wird.

Playa Chica

Eine weitere Landmarke ist Playa Chica, der ›kleine Strand‹ auf halber Höhe der Canteras-Promenade. Hier ist der Strand weit ausgebuchtet, bei starker Ebbe bildet sich angrenzend eine bizarre Rifflandschaft. Etwas weiter südlich, wo **Peña Vieja**, der ›alte Fels‹, aus den Fluten ragt, empfiehlt sich ein Blick landeinwärts in die Calle Kant: Auf einem Grundstück, auf dem eine Kunstschule abgerissen wurde, schufen die Anlieger in Windeseile einen großen Garten. So wollten sie verhindern, dass auch dieses Stück Erde urbanisiert wird. Sie hatten Erfolg: Mittlerweile heißt die Parzelle **Parque Apolinario** und blüht so fleißig, dass sie zur ›grünen Lunge‹ des Viertels geworden ist.

Ganz im Süden des Strandes, wo das Riff unterbrochen ist und große Wellenstaffeln anrollen, liegt Cicer, das Revier der Surfer. An dem hier dunklen Strand trifft sich die freakige Jugend von Las Palmas, auch Ball darf gespielt werden.

Auditorio Alfredo Kraus [1]

Am Südende von Strand und Promenade (El Rincón) steht das Auditorium, das mit seinen wuchtigen Natursteinmauern an eine Meeresfestung erinnert. Auch drinnen soll man nie vergessen, dass man sich am Atlantik befindet: Den Hintergrund der Bühne bildet ein riesiges Panoramafenster, das Ausblick auf die Wellenstaffeln eröffnet. Und wenn man in der Konzertpause die Terrasse betritt, fühlt man sich wie an der Reling eines Ozeanriesen. Im Auditorium finden das Internationale Musik- und das Filmfestival statt, dazu übers Jahr verstreut hochkarätige Konzerte von Jazz bis Klassik.

Vor dem Auditorium erhebt sich die fast 9 m hohe Bronzefigur des in Las Palmas geborenen Tenors Alfredo

Santa Catalina und Canteras-Strand

Kraus; hinter ihm liegt die **Plaza de la Música** mit Bars, Cafés und Restaurants, die vor allem in den Abendstunden gut besucht sind. Gegenüber steht das Einkaufszentrum **Las Arenas** mit seinen kleinen, pyramidenförmigen Dächern.

Übernachten

Am schönsten wohnt man am Canteras-Strand – und einige Adressen sind sogar noch erschwinglich!

Bezahlbarer Luxus – **Reina Isabel** 1: Calle Alfredo L. Jones 40, Tel. 928 26 01 00, Fax 928 27 20 47, www.bullhotels.com, DZ ab 90 €. Ein Viersterne-Strand- und Stadthotel, in dem man zur Ruhe kommt. Nur durch die Promenade vom Meer getrennt, weitläufig und elegant, mit vielen internationalen Stammgästen. Die etwas klotzige 1970er-Jahre-Architektur fällt kaum ins Gewicht, da sie durch ein mediterran inspiriertes, verspieltes Design aufgelockert wird. Hervorragendes Frühstücksbüfett, das man auch draußen einnehmen kann, ein beheizter Pool im 6. Stock, Sauna, Fitnessraum, Tanz- und Pianobar, Lese- und Spielzimmer, Salon mit Gratis-Internet. Vom Restaurant **La Parrilla** im 7. Stock hat man einen weiten Blick über die gesamte Bucht.

Ideal für Behinderte – **Dunas Canteras Salud** 2: Las Canteras 78, Tel. 928 22 24 06, www.hotelesdunas.com, DZ ab 88 €. Viersternehotel im Südabschnitt des Strandes, zehn Gehminuten vom Auditorium. 98 freundlich-funktionale Zimmer mit extrabreiten, rollstuhlgerechten Türen, unterfahrbarer Dusche und leicht erreichbarer, großer Meeresterrasse. Alle Hotelbereiche sind über Rampen erreichbar, im Aufzug werden die Stockwerke (blindengerecht) angekündigt. Frühstücksbüfett mit viel Frischkost, im Untergeschoss eine Wellness-Abteilung.

Sympathisch – **Colón Playa** 3: Calle Alfredo L. Jones 45, Tel. 928 26 59 54, Apt. ab 48 €. Etwas komfortabler als die übrigen Apartmenthäuser am Strand. Man sollte aber unbedingt zum Meer hin reservieren und die laute Seitenstraße meiden.

Freundlich – **Brisamar Canteras** 4: Las Canteras 49, Tel. 928 26 94 00, Fax 928 26 94 04, www.brisamarcanteras.com, Apt. ab 48 €. Terrassenförmig gebautes Haus an der Promenade mit 43 hellen Apartments.

Familiär – **Juan Pérez** 5: Calle Prudencio 10, Tel./Fax 928 46 64 75, Apt. ab 45 €. Beliebt seit den Pioniertagen des Tourismus und noch immer von der gleichen Familie geführt. Das Haus liegt in der windgeschützten Ecke der Promenade. Je höher man sich in einem der 22 einfachen Apartments einquartiert, desto ruhiger schläft man – am besten im 8. Stock.

Einfach, aber gut – **Luz Playa** 6: Calle Sagasta 66, Tel. 928 26 75 50, Fax 928 26 75 54, www.luzplaya.com, DZ ab 40 €. Gute Lage an der Promenade: wo der Strand besonders breit ist! Die meisten der 32 Studios haben Balkon und Meerblick. Die Gäste teilen sich Dachterrasse und Gratis-Internet.

Für Sparsame – **Pension Plaza** 7: Calle Luis Morote 16, Tel. 928 26 52 12, DZ ab 30 €. Pension an der Nordseite des Catalina-Parks mit 46 Zimmern. Die zur Straße sind laut, jene zum Innenhof leise, aber dunkel und ohne Ausblick. Am besten ist das Zimmer auf dem Dach *(ático)* mit großer Terrasse.

Nicht nur für Überwinterer – **Apartmentvermittlung Clarissa** 8: Calle Portugal 61/Calle Pelayo 6, Tel. 928 27 47 53 oder 928 22 85 95, Mob. 609 10 52 73, Apt. ab 30 €. Die Holländerin Clarissa hat quasi das Monopol auf die Vermietung von Privatapartments am

Las Palmas

Strand – vom einfachen Studio bis zur Luxus-Suite. Die genaue Unterkunft wird Gästen allerdings oft erst kurz vor der Ankunft mitgeteilt.

Essen & Trinken

Vom Gourmettempel bis zur einfachen Bodega findet man eine Vielzahl guter Lokale, dank des Multikulti-Charakters sind fast alle Küchen der Welt vertreten – selbst russische, marokkanische, libanesische und persische Restaurants gibt es!

Fast nur Fisch – **La Marinera** 1 : La Puntilla, Tel. 928 46 88 02, Preise um 30 €, Menü 20 €. Elegantes Großlokal auf der Spitze des Kaps La Puntilla im nördlichen Strandabschnitt. Man sitzt ganz nah an den Wellen und schaut den Surfern zu, die sich tollkühn in die Brandung werfen. Zum Meeresambiente passt die frische Fischküche: vorneweg marinierter Tunfisch, danach gegrillter Vieja (Papageienfisch) mit gutem kanarischem Wein. Der Service ist perfekt. Am Wochenende ab 14 Uhr brechend voll.

Über tosenden Wellen – **El Amigo Camilo** 2 : La Puntilla/Calle Caleta 1, Mo geschl., Preise um 25 €. Aus einer ehemaligen Fischerpinte oben im nördlichen Strandabschnitt ist ein beliebtes Lokal geworden. Man sitzt auf Plastikstühlen hoch auf einer Klippe und isst Fisch, der zwar ohne besondere Raffinesse zubereitet, aber frisch ist – am besten sucht man ihn sich in der Küche aus und erkundigt sich auch gleich nach dem Preis! Da der Wirt ohne Speisekarte auskommt, ›kalkuliert‹ er nach Sympathie.

Nichts für Vegetarier – **El Cerdo que Ríe** 3 : Las Canteras 31, Tel. 928 27 17 31, Di–Mi ab 17, Do–Mo ab 13.30 Uhr, Preise um 25 €. Seit über 30 Jahren bietet Herr Hansen aus Dänemark im ›lachenden Schwein‹ Klassiker der Fleisch- und Fischküche, dazu Fondues und viel Flambiertes. Die guten Soßen werden vor dem Auge des Gastes frisch zubereitet. Man sitzt im gemütlichen, mit unzähligen Schweinchen dekorierten Innenraum oder auf der Strandpromenade. Kein Schwein, sondern ein ›glücklicher Hahn‹ ziert das Lokal ein paar Häuser weiter, das demselben Besitzer gehört (**Gallo Feliz,** Las Canteras 35). Auch hier sind die Gäste so zufrieden, dass sie während ihres Urlaubs immer wieder herkommen!

Klassischer Italiener – **Al Maccaroni** 4 : Las Canteras 12-A/Salvador Cuyás s/n, Tel. 928 27 15 80, Preise um 20 €, Menü 11 €. Auf der Promenadenterrasse genießt man Pizza vom Holzkohlegrill und hausgemachte Pasta.

Superpreiswert – **Hongkong** 5 : Las Canteras 7, tgl. ab 12 Uhr, Büfett plus Getränk ca. 8 €. Viele Büfett-Chinesen haben Las Palmas erobert, mir persönlich schmeckt es bei Hongkong am besten. Nicht nur, weil man schön auf der Promenade sitzen kann, sondern auch, weil viel Frisches geboten wird: Muscheln und Garnelen, Mini-Paprika *(pimientos de Padrón),* dazu Hühnchen-Spieße mit Erdnusssoße und Ente mit kandierten Walnüssen sowie zum Abschluss Lychee-Früchte.

Schweizer Stil – **Café La Suisse** 6 : Calle Prudencio Morales 11 (La Puntilla), Tel. 928 46 32 55, tgl. 9–22 Uhr. Terrassencafé am Nordende der Promenade, dynamisch gemanagt von der Schweizerin Verena Violeti. Die köstlichen hausgemachten Torten und Kuchen kann man sich in der Vitrine aussuchen. Gern greift man auch zu den Frühstücksgedecken, zu Sandwiches und Salat. Dazu genießt man den Blick auf die aufgebockten Boote.

Nicht nur zum Frühstücken – **Casa Suecia** 7 : Calle Tomás Miller 70, tgl. ab 9 Uhr, komplettes Frühstück 7 €. Seit den

Santa Catalina und Canteras-Strand

1960er-Jahren blieb das Interieur im ›schwedischen Café‹ unverändert – mit seinem dunklen Mahagoni wirkt es fast museal. Viele Besucher stärken sich mit einem umfangreichen Frühstück *(desayuno completo)* und genießen Lachs-, Krebs- und Sardellen-Sandwiches, hausgemachten Kuchen oder frisch gepresste Obstsäfte. Alles ist appetitlich in der Vitrine ausgestellt, an der man auch für das Essen bezahlt. Wer übrigens seinen Kaffee ausgetrunken hat, kann sich einen ›Nachschlag‹ holen! Sehr freundliches Ambiente und kein Verzehrzwang – man kann so lange sitzen, wie man Lust hat.
Gesellig – **Café Santa Catalina** 8: Parque Santa Catalina, tgl. ab 9 Uhr. Das halbrunde Terrassencafé ist von morgens bis abends gut besucht: Hier sieht man viel und wird auch gesehen.

Einkaufen

Shopping – Die wichtigste Einkaufsmeile ist der Boulevard Mesa y López mit dem Kaufhaus **El Corte Inglés** 1 (mit Parkhaus) beiderseits der Straße: Hervorragend sortiert, aber teuer ist die Lebensmittelabteilung, sehenswert die riesige Fischtheke (Av. Mesa y López 20, Mo–Sa 10–22 Uhr, mit Parkhaus).
Markt – Ein paar Schritte entfernt lohnt Mo–Sa 8–14 Uhr der **Mercado Central** 2 einen Besuch: In der größten Markthalle der Stadt entdeckt man auf zwei Stockwerken – dekorativ aufgetürmt – alles, was man zum Essen braucht. Die Preise sind im Obergeschoss niedriger (Calle Galicia 14).
Einkaufszentren – Im **Centro Comercial El Muelle** 3 am Catalina-Park und im Zentrum **Las Arenas** 4 am Auditorium findet man den bekannten Mix aus Franchise-Läden, Mega-Kinos sowie Cafés, Bistros und Restaurants.

Bäckerei – Da Spanier Brot- und Backwaren nicht unbedingt nach mitteleuropäischem Geschmack zubereiten, kauft man solche am besten in der **Panadería Alemana Artesanal** 5 am Nordende des Strandes – der Apfelkuchen schmeckt vorzüglich (Ferreras 3, Mo–Sa 8–20 Uhr)!

Mein Tipp

Mit Panoramablick
Von den Terrassencafés im dritten und vierten Stock des Einkaufszentrums El Muelle (z. B. Plantación de Origen) hat man einen tollen Blick auf ankernde Kreuzfahrtschiffe, Luxusjachten und spanische Marineboote. Man sieht, wie einlaufende Frachter von der Küstenpatrouille eskortiert werden und Containerriesen schwerfällig ins offene Meer wanken. Wer es noch luftiger mag, geht hinüber zum Rundturm des AC-Hotels und fährt ins Restaurant im 24. Stock oder läuft über Treppen noch ein Stockwerk höher zur Pool-Terrasse: Die ganze Stadt liegt dort dem Betrachter zu Füßen!

Aktiv & Kreativ

Baden – Auf der Höhe des Hotels Reina Isabel sind ufernah keine Felsen im Wasser, dort badet man am besten. Im Südabschnitt des Strandes, wo das Riff unterbrochen ist, sind Brandung und Strömung stark.
Wellenreiten – **Canarias Surf School** 1, Calle Secretario Padilla 129, www.cancanariasurfschool.com, Tel. 928 27 68 65. Die lokale Waver-Szene trifft sich am Südende der Promenade –

Las Palmas

tagsüber zum Wellenreiten, abends zum Après-Surf vor dem Auditorium.

Tauchen – **7 Mares Las Canteras** 2, Calle Tenerife 12, Tel. 928 46 00 35, www.7mares.es. PADI-Schule mit Kursen aller Reifegrade, auch Ausflüge zur submarinen ›Kathedrale‹ und zum Schiffsfriedhof mit 300 Kuttern, die sich in künstliche Riffs verwandelt haben.

Golf – **Las Palmeras Golf** 3, Avda. Doctor Alfonso Chiscano Díaz, s/n, Tel. 928 33 33 33, http://laspalmerasgolf.com. 18-Loch-Golfplatz neben dem Zentralkrankenhaus, eingezwängt zwischen Stadtautobahn und Urbanisationen.

Spanisch lernen – **Gran Canaria School of Languages** 4, Calle Grau Bassas 17, Tel. 928 26 79 71, www.grancanaria school.com. Die strandnahe Sprachschule bietet Intensivkurse, auf Wunsch auch Unterkunft.

Abends & Nachts

Auditorium – **Auditorio Alfredo Kraus** 1: Av. Príncipe de Asturias s/n, Tel. 928 47 25 70, www.auditorio-alfredokraus.com, Kasse Mo–Fr 10–14 und 16.30–20.30, Sa 10–14 Uhr, Tel. 902 40 55 04, via Internet www.generaltickets.com/lacajadecanarias. Konzerthaus am Meer mit hochkarätigen Klassik- und Jazzkonzerten.

Rock & Jazz – **Guarida** 2: Las Canteras 77, Mo–Fr ab 17.30, Sa–So ab 13 Uhr. Am Strand erklingt Rockiges und Jazziges, an manchen Abenden ›live‹.

Tapas-Bar – **Bodegón Pachichi** 3: Calle Los Martínez de Escobar 51, So–Mo geschl. Eine Kneipe aus Uralt-Zeiten. Schinkenkeulen baumeln von der Decke, Tapas wandern in großen Portionen über die rustikale Bar; der Wein kommt aus dem Fass, das Bier vorzugsweise aus Literflaschen. Erhöhter Geräuschpegel ab 23 Uhr.

Aus Extremadura – **La Bodega Extremeña** 4: Calle Franchy Roca 74, So geschl. Drei Schritte vom Strand öffnet diese kleine, rustikale Bar. Señor Ángel serviert Spezialitäten aus seiner Heimat Extremadura: erstklassigen Schinken und dazu guten Rotwein.

Angesagt – **Mojo-Club** 5: Plaza de la Música, El Rincón, So geschl. Auf dem großen Platz hinter dem Auditorium ist am Wochenende ab Mitternacht die Hölle los. Im Mojo-Club, dem bekanntesten der hier angesiedelten Treffs, heizen DJs dem meist jugendlichen Publikum bis zum Morgengrauen kräftig ein.

Weitere Discos – **Wilson** 6: Calle Franchy Roca 20, So geschl. Seit Jahren beliebte Disco in der Bankenstraße, bei

Santa Catalina und Canteras-Strand

den Teenies als Senioren-Club verpönt. Gemischter geht es nebenan im Salsa-Tempel **Pequeña Habana** zu, im **Paraninfo** triumphieren Electro-Funk und Rock-Metal.

Infos

Touristeninformation
Info-Pavillons öffnen am Catalina-Park, am nördlichen Canteras-Strand und am Boulevard Mesa y López.

Termine & Feste
Festival de Música de Canarias: Januar–Februar, s. S. 33
Carnaval: Februar, s. S. 33
Festival Internacional de Cine: März. Filmfestival mit vielen neuen Produktionen und interessanten Retrospektiven (www.festivalcinelaspalmas.com).
Festival de la Ópera: März/April, s. S. 34
Festival de Jazz: Juli, s. S. 34
WOMAD: November, s. S. 34
Atlantic Rallye for Cruisers: November. Hunderte von Segelprofis aus aller Welt starten am vorletzten Sonntag von Las Palmas zur 2700 Seemeilen entfernten Karibikinsel Santa Lucia.

Verkehr
Las Palmas zweiter, ebenfalls unterirdischer Busbahnhof *(intercambiador)* befindet sich neben dem Catalina-Park; von hier werden nur die wichtigsten Linien bedient (u. a. Flughafen, Costa Canaria).

Urige Tapas-Bar in der Altstadt von Las Palmas

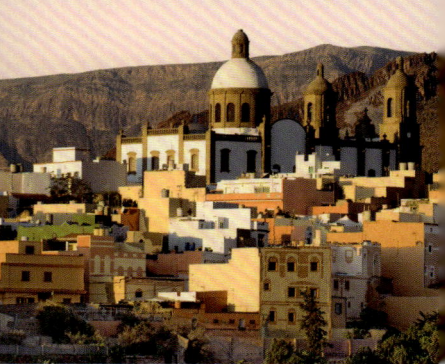

Das Beste auf einen Blick

Der Osten

Highlight !

Bischofsstadt Agüimes: Lange Zeit galt sie als Aschenputtel, doch nachdem die Altstadt von Grund auf restauriert wurde, trat ihre Schönheit zutage: Gewundene Gassen, gesäumt von pastellfarbenen Häusern erinnern an eine marokkanische Medina. S. 121

Auf Entdeckungstour

Besuch in Bodegas: Seit einigen Jahren haben die kanarischen Tropfen enorm an Qualität gewonnen, kosten kann man sie in urigen Lokalen und Weinstuben. S. 118

Höhlenwohnungen im Barranco de Guayadeque: Wer die karge Ostküste entlangfährt, hält es nicht für möglich, dass sich landeinwärts eine grüne Schlucht verbirgt. Sie ist nicht nur landschaftlich reizvoll, sondern hält eine Überraschung bereit: Hier leben fast alle Menschen in Höhlen! S. 124

Kultur & Sehenswertes

Telde: In der zweitgrößten Inselstadt erkundet man alte Gassen, Klöster und Kirchen in den historischen Vierteln San Francisco und San Juan. S. 114

Archäologische Stätten: Wer sich für altkanarische Kultur interessiert, besucht die Höhlenfestung Cuatro Puertas zwischen Telde und Ingenio. S. 121

Aktiv & Kreativ

Wandern und Golfen in Bandama: Am Fuß eines Vulkankegels liegt ein Krater, in den man hinabwandern kann. Zwischen Vulkanen liegt hier Spaniens ältester Golfplatz. S. 117

Wandern in Guayadeque: Das Obertal bezaubert mit zerklüftetem Fels und viel Grün. S. 124

Surfen in Pozo Izquierdo: Top-Spot für Windsurfer. S. 128

Genießen & Atmosphäre

Casa de los Camellos in Agüimes: Im Oroval, in einem historischen Haus in der Altstadt von Agüimes, wird am Herd die ›neue kanarische Küche‹ erfunden. S. 123

Höhlenlokal in Guayadeque: Labyrinthartige Gänge führen hinab in dieses urige Lokal, in dem man bei Schummerlicht deftige kanarische Kost verputzt. S. 126

Arinaga: Ein ungewöhnlicher Ort für ein Mahl mit frischem Fisch, Muscheln oder Hummer – in einer mit Pflanzen geschmückten Vulkansteingrotte, mit Blick aufs Meer. S. 127

Abends & Nachts

Teatro Víctor Jara in Vecindario: Berühmt für seine Konzerte der Weltmusik, eingeladen werden Stars wie Cesaria Evora oder Silvio Rodríguez. S. 128

Alte Städte und Höhlen

Den Osten Gran Canarias haben die meisten Urlauber bereits beim Landeanflug gesehen und dabei ihren ersten ›Inselkoller‹ erlebt: In der Ferne verschwimmen karge Hänge im Dunst, davor liegt eine breite, ausgedörrte Küstenplattform. Nicht nur der Flughafen befindet sich hier, sondern fast alles, was für die Versorgung der Insel wichtig ist. Längs der Autobahn GC-1, die Las Palmas im Norden mit den Touristenhochburgen des Südens verbindet, reihen sich Großmärkte jedweder Art, Windparks und Industriereviere sowie Tomatenplantagen unter grauen Plastikplanen. Trostloser kann man sich das Entrée zu einer Ferieninsel kaum vorstellen!

Doch nicht alles im Osten ist trist. Es lohnt sich, auf die alte Landstraße GC-100 zu wechseln, die parallel zur Autobahn durch die mittleren Höhenlagen führt. Dort ist die Landschaft von herbem Reiz. Wolfsmilchgewächse und Kakteen säumen kleinere Schluchten, die die Straße in vielen Kurven erschließt. En passant lernt man Städte wie Telde und Agüimes kennen, die sich in ihrem historischen Kern den Zauber vergangener Zeiten bewahrt haben. Von Telde kommt man durch Täler voller schöner Ausblicke nach Valsequillo, La Atalaya und Bandama. Von Agüimes gelangt man in den naturgeschützten Barranco de Guayadeque, eine 20 km lange immergrüne Schlucht mit originellen Höhlenbehausungen. An der Küste leistet sich ausgerechnet der Industrieort Arinaga die attraktivste Promenade, gut Fisch essen kann man auch in Castillo del Romeral. Unterkünfte sind im Osten rar, einzig Agüimes wartet mit hübschen Altstadthotels und einer Reihe Landhäuser auf. Einfache Unterkünfte für Surfcracks gibt es in Pozo Izquierdo.

Telde ▶ G 4

Die zweitgrößte Stadt der Insel hat einen schönen Altstadtbereich. Zum ›historisch-künstlerischen Zentrum‹ (Centro Histórico-Artístico) gehören die Viertel San Juan und San Francisco, beide im Westen der Stadt. Ausgangspunkt der Erkundung ist die **Plaza de San Juan** mit Indischen Lorbeerbäumen, stilgerecht restaurierten Häusern und der Pfarrkirche San Juan Bautista.

Pfarrkirche San Juan Bautista
Geöffnet meist 9.30–12.30 und 17–20 Uhr
Aus der frühen Bauphase der Kirche ist das Hauptportal aus dem 16. Jh. erhalten. Vom barock geschnitzten Altaraufsatz fast erdrückt, zeigt ein Retabel sechs Szenen aus dem Leben Marias, von der Geburt des Christuskindes bis zur Anbetung der Heiligen Drei Königen. Aufgrund der realistischen Details aus dem mittelalterlich-flämischen Alltag kann es einer Brüsseler Werkstatt zugeordnet werden. Einer der Eroberer, der Stiftsherr der Kirche, soll es aus dem Erlös des nach Flandern gehenden

Infos

Touristenbüros
gibt es in Telde und Agüimes.

Unterwegs mit dem Bus
Wichtig für die Verbindungen im Osten sind vor allem die Linien 11, 35, 80 und 90. Busfahrplan s. S. 282.

Schöne Altstadthäuser im Zentrum von Telde

Zuckerexports gestiftet haben. Ebenso einmalig wie dieses Retabel ist die lebensgroße Christusfigur des Hochaltars, der ›Cristo de Telde‹, die nur 7 kg wiegt. Das für die Prozessionen vorteilhafte Leichtgewicht, geschaffen von Tarasco-Indios aus Mexiko, konnte durch eine besondere Technik erzielt werden: Nur Kopf, Hände und Füße sind aus Holz geschnitzt, Körper und Gliedmaßen dagegen bestehen aus einer Mischung aus Maiskolbenmark und Kautschuk.

Barrio de San Francisco

Von der Plaza de San Juan gelangt man durch die Gasse Inés in ein kleines Tal und dann rechts hinauf zur **Plaza de San Francisco,** einem sehr ursprünglichen Altstadtwinkel im über 400 Jahre alten Stadtteil Barrio de San Francisco. Die Handwerker, die hier wohnten, teilten sich anfangs das Viertel mit jüdischen Krämern und moslemischen Mauren, die im 16. Jh. von der Inquisition vertrieben wurden. Franziskanermönche bauten im 17. Jh. **Kloster und Kapelle San Francisco,** geistliches und kulturelles Zentrum des Bettelordens, da in diesem Viertel die ärmere Bevölkerung lebte, während das reichere Bürgertum das Viertel San Juan bevorzugte. Wenn man über die gewundenen, kopfsteingepflasterten Gassen spaziert, führt man sich leicht in jene Zeiten zurückversetzt …

Der Osten

Museo León y Castillo

*Calle León y Castillo 43,
www.fernandoleonycastillo.com,
Mo–Fr 9–20, Sa–So 10–13 Uhr,
Eintritt frei*

Über die Gassen Huerta und Tres Casas gelangt man auf die Straße León y Castillo, die nach den beiden Brüdern Fernando (1842–1918) und Juan (1834–1912) benannt ist. In ihrem ehemaligen Wohnhaus wurde das **Museo León y Castillo** eingerichtet. Als Minister in Madrid ermöglichte und projektierte Fernando den Hafen von Las Palmas am Ende des 19. Jh.; sein Bruder Juan führte als Ingenieur die Pläne aus. Neben Andenken an die Brüder werden Pläne und Bilder von Las Palmas und dem Hafen gezeigt, sehenswert sind die beiden Innnenhöfe und die original erhaltene Küche.

Übernachten

Landhäuser – Rustikale Fincas wie die ›Casa de la Salud‹ oberhalb der Stadt können über Turismo-Rural-Agenturen (s. S. 25) angemietet werden.

Essen & Trinken

Für den kleinen Hunger – Im Umkreis der Plaza de San Juan öffnen kleine **Tapas-Bars** – nichts Besonderes, aber für zwischendurch reicht's.

Infos & Termine

Touristeninformation
Calle León y Castillo 2 (San Juan), Tel. 928 01 33 31, Mo–Fr 8–15 Uhr.

Termine
Fiesta de San Juan Bautista: 24. Juni. Fest zu Ehren des Schutzpatrons auf ›seiner‹ Plaza im gleichnamigen Ortsteil: großer Umzug mit Folklore, Festwagen, Theater und Schauwettkämpfen.
Traída del Agua: Zweite Augustwoche. Riesengaudi bei der ›Überbringung des Wassers‹ im Ortsteil Lomo Magullo, bei der die Festbesucher eifrig besprizt werden.
Fiesta de San Gregorio: Zweite Novemberhälfte. Im Viertel San Gregorio wird des Wunderheiligen mit einem Viehumzug gedacht. Im Rahmen des 14-tägigen Programms gibt es Sport-, Pop- und Folklore-Veranstaltungen.

Verkehr

Schnellbusse verbinden Telde mit Maspalomas (Linie 90) und Las Palmas (Linie 80). Mit Bus 24 kommt man von Telde nach Santa Brígida, mit Bus 13 via Valsequillo nach Vega de San Mateo. Bus 35 verbindet Telde mit Cuatro Puertas, Ingenio und Agüimes. Vom **Busbahnhof** *(estación de guaguas)* erreicht man in 15 Gehminuten die Plaza de San Juan.

La Atalaya ▶ F 4

An der GC-80, die von Telde landeinwärts nach Santa Brígida führt, liegt La Atalaya (›der Aussichtsturm‹). Der Ort war früher wie Hoya de Pineda (bei Gáldar) und Los Lugarejos (bei Artenara) für seine Töpferei bekannt. Allerdings sind nur noch wenige Werkstätten in Betrieb, in denen nach alter Tradition produziert wird – von Hand, ohne Töpferscheibe, und im offenen Feuer gebrannt. Nachdem die letzten Meister des Handwerks, Panchito und Antonita la Rubia, verstorben sind, droht das Ende der Töpferei. Immerhin entstand mit Unterstützung der Gemeinde im alten Teil von Atalaya ein Töpferzentrum (Centro Locero). Hier

La Atalaya, Pico de Bandama, Valsequillo

kann man Handwerkern bei der Arbeit zusehen und ein kleines Museum besuchen (Museo de Sitio Casa Alfar Panchito, Camino de la Picota 11, meist Mo–Fr 10–14 Uhr).

Pico de Bandama ▶ G 3

Ein Bilderbuchvulkan mit vielfältigen Eindrücken: Aus einer sattgrünen Landschaft erhebt sich der markante Kegel des Bandama, an seinem Fuß liegt ein großer, kreisrunder Krater. Manch ein Ball fällt in seinen Schlund, denn gleich daneben liegt Spaniens ältester Golfplatz – gegründet 1891 von Engländern. Während am Rand der Rasenteppiche pastellfarbene Villen stehen, kriechen von den Flanken des Vulkans Weinreben in die umliegenden Mulden und Täler.

Eine schmale Straße windet sich spiralförmig um den 3000 Jahre jungen Kegel hinauf zum 570 m hohen Gipfel Pico de Bandama, wo sich ein Rundblick auf den zersiedelten Osten und Norden der Insel bietet. Ein ungewöhnliches Panorama eröffnet sich auch am Fuß des Berges: Spaziert man durch die Hausgruppe **Casas de Bandama**, kommt man zu einem Aussichtsbalkon über dem Kraterschlund (Caldera de Bandama). Über die steilen, im Winter grünen Flanken schaut man 200 m in die – teilweise noch bewirtschaftete – Tiefe! Auch ein Gehöft ist zu sehen, in dem bis vor kurzem ein Bauer als Eremit lebte.

Jedem, der Zeit und gute Kondition hat, ist der Abstieg auf befestigtem Weg zu empfehlen: Wo auf der Welt hat man schon die Möglichkeit, in einem Krater spazieren zu gehen? Der Abstieg dauert 30 Minuten, die Umrundung des Kratergrunds 45 Minuten und der mühsame Aufstieg über Lavagrus 45 Minuten.

Übernachten

Sportlich – **Golf Bandama:** Carretera de Bandama s/n, Tel. 928 35 15 38, Fax 928 35 08 73, www.bandamagolf.com, DZ ab 90 €. Das Dreisternehotel zwischen Krater und Golfplatz bietet 34 freundliche Zimmer mit Sat-TV und Ausblick ins Grüne, Kaminsalon, Bar und ein gutes Restaurant. Der britischen Tradition zuliebe wird Afternoon Tea serviert; die Gäste sind fast ausschließlich Golfspieler. Mit Pool, Sauna und Solarium, zwei Tennisplätzen und einem Reitstall nahebei.

Aktiv & Kreativ

Golf – **Real Club de Golf:** Carretera de Bandama s/n, Tel. 928 35 01 04, www.realclubdegolfdelaspalmas.com. 1891 von Briten angelegter und damit ältester Golfplatz Spaniens. Die sattgrünen Rasenflächen der ›königlichen‹ 18-Loch-Anlage sind abwechslungsreich begrünt, eingerahmt von Palmen und Drachenbäumen. Da hier viele Bewohner von Las Palmas spielen, ist die Greenfee für Auswärtige sehr hoch.

Infos

Verkehr: Mit Linie 311 kommt man nach Santa Brígida und Las Palmas. Busfahrplan s. S. 282.

Valsequillo ▶ F 4

Die GC-41 führt von Telde durch ein Tal voller Obst- und Gemüsebäume nach Valsequillo, das vor allem Ende Januar, zur Zeit der Mandelblüte, einen Besuch lohnt. Das Mandelblütenfest von Valsequillo findet jeweils eine Woche vor oder nach dem Fest von Tejeda

Auf Entdeckungstour

Bodegas im Inselosten

Mit dem Weinbau auf fruchtbarer Vulkanerde wird zwischen Vega de San Mateo und Tafira an ruhmreiche kanarische Traditionen angeknüpft.

Zeit: Ideal als Halbtagesausflug.

Start: Vega de San Mateo ▶ E/F 4

Planung: Casa del Vino, Tel. 928 64 42 45, Di–So 10–15 Uhr; Bodeguita del Monte, Tel. 928 430 51, tgl. außer Mo 12–23 Uhr; Museo del Vino/Finca El Mocanal, Mo–Fr 10–18, Sa 10–12 Uhr, 2 €; Bodegón Vandama, Tel. 928 35 27 54, www.bodegonvandama.com, Mi–Sa 13–24, So 13–17.30 Uhr.

Im 16. Jh. war kanarischer Wein in Europa berühmt, Shakespeare pries ihn als »wunderbar eindringlichen Wein, der das Blut parfümiert, noch eh' man fragen kann, was das denn sei«. Im Anbaugebiet zwischen Santa Brígida und Bandama will man an vergangenen Ruhm anknüpfen …

Weinbau auf dem Vulkan
Mit seinem hellen Haar und den blauen Augen könnte Diego Cambreleng glatt als Mitteleuropäer durchgehen. »Meine Großmutter ist schuld«, sagt er, »sie war Schweizerin«. Als sie auf die Kanaren kam, war das Weingut schon lange in Familienbesitz. Bis heute gehört es, wie jedes Flaschenetikett verkündet, den ›Erben von José Mesa y López‹, eines auf der Insel sehr bekannten Politikers. Das Weingut erstreckt sich von den Flanken eines Vulkans bis in seine Täler hinab – viele Hektar Land mit Rebstöcken in Lavagrus. »Aus der Rebe Listán Negro erhält man einen mild-weichen Wein«, erklärt Diego, »doch wächst sie auf Asche, entwickelt sie einen starken mineralischen Geschmack«. Diegos Wein verkauft sich gut, am Jahresende bleibt keine Flasche übrig. Doch die Lust am Experiment spornt ihn zu neuen Kreationen an: »Ich will Listán Negro mit Negramoll mischen, damit der Wein ein florales Aroma erhält«.

Aufstieg, Fall und Renaissance
Diegos Bodega nennt sich **Vandama,** der Vulkankegel und der Krater an seinem Fuß heißen in verballhornter Version ›Bandama‹. Mit dem ursprünglichen Namen wird ein Pionier des grancanarischen Weinanbaus geehrt. Es war der Flame Daniel Van Damme, der kurz nach der Conquista auf die Insel kam und im Krater Reben pflanzte. Was keiner für möglich hielt, trat ein:

Der Anbau auf Lava erwies sich als voller Erfolg und ebnete dem kanarischen Wein den Weg zu den Tischen von Europas High Society. Mit dem Zusammenbruch des britischen Absatzmarktes büßte er jedoch im 17. Jh. seine Bedeutung ein, der Befall mit Mehltau gab ihm schließlich den Rest. Fortan wurde Wein nur noch für den Hausgebrauch angebaut. Erst als die EU in den 1990er-Jahren Gelder bereitstellte, begannen sich die einheimischen Winzer zu regen. Sie kauften neue Technologie, rostfreie Metallfässer, automatisierte Pressen und Filter.

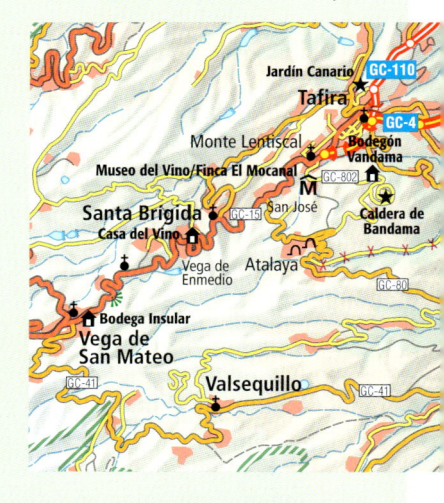

In Vega de San Mateo entstand eine **Bodega Insular** (GC-15, Km 13,1), die alle Kleinwinzer vereint; in Santa Brígida öffnet eine Casa del Vino, ein ›Wein-Degustationshaus‹. In kurzer Zeit erlebte der grancanarische Wein einen so großen Qualitätssprung, dass er die ›geschützte Herkunftsbezeichnung‹ *(denominación de origen,* D.O.) erhielt. Das traditionelle Anbaugebiet im Nordosten trägt die D.O. ›Monte Lentiscal‹; alle übrigen Inselweine wer-

119

den unter der Appellation ›Gran Canaria‹ zusammengefasst.

Weine verkosten
Den besten Überblick über Gran Canarias Weine erhält man in der **Casa del Vino** in Santa Brígida (TF-15, Km 3,9). Im rostroten Herrenhaus aus dem 18. Jh. kann man alle ›geschützten‹ Inselweine kosten und natürlich auch kaufen – vom frischen ›Wein des Jahres‹ bis zu dem im Eichenfass gelagerten Malvasier.

Folgt man der von Eukalyptus gesäumten GC-15 in Richtung Norden, vorbei an altehrwürdigen Villen, kommt man nach Monte Lentiscal. Gegenüber der Hotelfachschule Santa Brígida öffnet die kleine **Bodeguita del Monte** (GC-15, Km 0,3). Als Tisch dienen Weinfässer, als Stuhl schlichte Hocker – schnell ist ein Glas Rotwein hingestellt und dazu eine Käse- oder Schinken-Tapa.

Biegt man am Kreisel 300 m weiter rechts in die GC-802 Richtung Bandama ein, kommt man nach einem knappen Kilometer zum **Museo del Vino/Finca El Mocanal** (GC-802, Km 0,9). Eine Allee aus Johannisbrotbäumen führt – an Gehegen mit Eseln, Dromedaren und Straußenvögeln vorbei – zum alten Weingut, wo nach heftigem Klingeln Señor Gabriel Millán erscheint. Seit 1912, nunmehr in vierter Generation, stellt seine Familie Weine der Marke ›Viña Mocanal‹ her, die in der Flasche oder aus dem Fass verkauft werden. Gegen Gebühr zeigt Señor Gabriel die alte Holzpresse und auch den Weinkeller, wo unter dem wachsamen Auge der Madonna Tropfen im Eichenfass reifen.

Höhepunkt der Tour ist der Besuch im **Bodegón Vandama** (GC-802, Km 2,4) von Diego Cambreleng: Vom Garten blickt man über Weinfelder auf den Vulkan, im Haus sitzt man in Sichtweite der alten Presse. Zum roten Hauswein ›Vandama‹ passt das Fleisch vom Holzkohlengrill, auch die saisonal variierenden Menüs sind auf ihn zugeschnitten. Etwas Platz lassen sollte man für das Dessert: *picón de Bandama* besteht aus zerkrümeltem Baiser, Karamell und Kuchenteig und sieht aus wie ›Lavagrus‹, doch schmeckt es ausgesprochen fein!

Große Auswahl an Wein – alle stammen aus Gran Canaria!

statt und bietet die Möglichkeiten, lokalen Mandelkuchen, aber auch den begehrten Blütenkäse *(queso de flor)* zu kosten.

Cuatro Puertas ▸ G 5

Auf halbem Wege zwischen Telde und Ingenio (GC-100 nahe Km 13) führt eine Stichstraße durch eine Häuserzeile bis auf die mittlere Höhe eines Bergs. Unter seiner Spitze liegt eine große Höhle mit vier sauber gearbeiteten Eingängen, den Cuatro Puertas. Ihre Deutung als Versammlungs- und Kultort leuchtet ein, besonders im Zusammenhang mit den weiteren altkanarischen Überresten auf dem Berg, die man sich nicht entgehen lassen sollte.

Auf der Bergspitze über der Höhle ist in eine Plattform ein Halbkreis eingemeißelt, mit runder Vertiefung und schlangenartiger Rille. Möglicherweise wurden hier Flüssigkeitsopfer zelebriert. Nach einer weniger schlüssigen Deutung handelt es sich um eine Art Sonnenuhr zur Bestimmung der günstigsten Jahreszeit für die Aussaat. Die gesamte Anlage wird als heiliger Berg *(almogaren)* interpretiert.

Ingenio ▸ G 5/6

Im 16. Jh. stand hier die größte Zuckerfabrik (span. *ingenio*) der Insel. Der Ort, schrieb ein Chronist, war durchweht vom Geruch von ›Alkohol, Honig und Fermenten‹. Das Zuckerrohr wurde mechanisch ausgepresst und der Saft mit den Wassern des damals noch ganzjährig fließenden Bachs gesiedet. Nun plant die Gemeinde, ihr touristisches Renommée durch den Bau eines ›Zucker- und Wassermuseums‹ (Museo del Agua y del Azúcar) aufzubessern. Es entsteht im alten Stadtkern im Umkreis der **Plaza de Candelaria**. Das Rathaus und eine Kirche mit maurisch anmutendem Kuppelturm, dekorative Wasserspiele und eine Skulptur traditioneller Wäscherinnen vervollständigen das Bild.

Museo de Piedras y Artesanía
GC-100, Mo–Sa 10–18 Uhr,
Eintritt frei

Schon jetzt ist Ingenio bekannt durch seine Hohlsaumstickerei *(calados).* Für Touristen ausgestellt und zum Verkauf angeboten wird sie im Museo de Piedras y Artesanía im Ortsteil Las Mejías (Richtung Telde). An einer 3 x 2 m großen Tischdecke arbeiten drei Frauen oft bis zu drei Monaten. Die integrierte Stickereiwerkstatt bietet Einzelstücke zum Verkauf, den Frauen kann man beim Sticken über die Schulter schauen. Die Sammlung von Steinen *(piedras)* fristet ein ungeordnetes Dasein in Glasschränken. Interessanter ist die mit Statuen vollgestopfte Kapelle, erreichbar über einen Innenhof.

Agüimes ! ▸ G 6

Bis ins 19. Jh. war die Gemeindestadt Sitz eines Bistums mit einem riesigen Grundbesitz, den der erste Bischof für seine finanzielle Unterstützung der Eroberung erhalten hatte. Die Unabhängigkeit des Bistums war so groß, dass viele Schuldner hierher flüchteten, um der Gerichtsbarkeit von Las Palmas zu entgehen. Den Zauber vergangener Jahrhunderte bewahrt der historische, herausgeputzte Ortskern mit seinen engen, kopfsteingepflasterten Gassen und den in Rot- und Ockertönen getünchten, höchstens zweistöckigen Häusern. An jeder Ecke steht eine Skulptur, die eine Geschichte erzählt – von einer altkanarischen Prinzessin,

Der Osten

die auf den Namen Catalina zwangsgetauft wurde, einer armen Greisin, die Kindern Süßes schenkte, einem Liebespaar und einem Kamel …

Iglesia de San Sebastián
Plaza del Rosario, meist 9.30–12.30 und 17–19 Uhr, Mo geschlossen
Auf der Plaza del Rosario, dem Mittelpunkt der Altstadt, steht die mächtige Pfarrkirche, die 1796 begonnen und erst 150 Jahre später im neoklassizistischen Stil vollendet wurde. Zu ihren Schätzen gehören einige ausdrucksvolle Heiligenfiguren von Luján Pérez sowie die mexikanische Rosenkranzmadonna im Hauptaltar, die dem Platz ihren Namen gab. Ein paar Schritte weiter lohnt ein Blick in den romantischen Innenhof des ›Kamelhauses‹, das heute als Hotel öffnet.

Museo de Historia
Calle Juan Alvarado y Saz 42, Di 9–13 und 16–18 Uhr, Eintritt 2,50 €
Über die Calle El Progreso gelangt man via Touristeninformation zur Plaza de los Moros, dem ›Maurenplatz‹. Hier

Im Abendlicht: die Bischofsstadt Agüimes

Agüimes

öffnet im ehemaligen Bischofspalast das Historische Museum, das in acht attraktiv gestalteten Sälen einen Gang durch die Geschichte ermöglicht. Von der Conquista wandert man in die Gegenwart, wobei Alltagsszenen einen Einblick in frühere Mentalitäten ermöglichen. Ausführlich wird die Hexerei *(brujería)* dargestellt, die bis heute im Inselosten eine wichtige Rolle spielt.

Tierparks

Parque de los Cocodrilos, GC-104 Km 5,5, Tel. 928 78 47 25, tgl. außer Sa 10–17 Uhr, Eintritt 9,90 €; Schmetterlingsfarm Monarca, GC-104 Km 4, Tel. 928 76 84 89, www.schmetterlingsfarm.com, tgl. außer Mi 10–15.30 Uhr, Eintritt 8 €

Beide Tierparks sind über die an der Kreuzung ›Cruce de Arinaga‹ abzweigende GC-104 erreichbar: Bei Km 5,5 liegt der Krokodilpark mit rund 200 Riesenreptilien, einer müden Tigerfamilie, außerdem Dromedaren, Antilopen, Zebras und Affen; mehrmals täglich findet eine Papageienshow statt. Bei Km 4 können in einer Schmetterlingsfarm unzählige Falter in Plastikplanen-Treibhäusern bewundert werden.

Übernachten

Romantisch – **Casa de los Camellos:** Calle Progreso 12, Tel. 928 78 50 03, Fax 928 78 50 53, www.hecansa.com, DZ pauschal ab 68 €. Im ›Haus der Kamele‹ nahe der Kirche wurden einst die Tiere gehalten, die auf den Feldern eingesetzt wurden – an sie erinnert eine fast lebensgroße Bronzeskulptur eines dieser ›Wüstenschiffe‹. Viele Details dieses liebevoll restaurierten Gehöfts aus dem 19. Jh. erinnern an eine Karawanserei, in der Reisende Ruhe finden: die Ocker- und Gelbtöne, der grüne Innenhof und die zwölf gehoben-rustikal eingerichteten Zimmer. Betrieben wird die Casa de los Camellos von der insularen Hotelfachschule, der auch die Dependance ›Villa de Agüimes‹ im ehemaligen Rathaus (Calle Sol 3) untersteht.

Landhäuser – Historische, in Pastellfarben gehaltene Altstadthäuser können über die Touristeninformation (s. u.) wie auch über Agenturen des Turismo Rural (S. 25) gebucht werden.

Essen & Trinken

Innovativ – **Señorío de Agüimes:** Calle Juan Ramón Jiménez 1, Tel. 928 78 97 66, So–Mo geschl., Preise um 30 €. Señor Matías ist ein Freund des Authentischen. Er serviert nur, was er auf den Inseln findet – und dies jeden Tag neu und frisch. Das mag Fleisch vom schwarzen Schwein aus Agüimes *(cochino negro)* oder von einer einheimischen, felllosen Lammart *(cordero polibuey)* sein, vielleicht auch Maiskuchen mit Palmhonig oder Fisch mit Trockenfrüchten. Rustikales Ambiente in einem ehemaligen Gehöft, große Auswahl kanarischer Weine. Das Lokal befindet sich (von Cruce de Arinaga kommend) am Ortseingang neben der Gemeinde-Bodega und Olivenmühle ›Señorío de Agüimes‹.

Zeitgemäß kanarisch – **El Oroval:** Casa de los Camellos, Calle Progreso 12, Tel. 928 78 50 03, Preise um 25 €, Menü 14 €. Das Restaurant im ›Haus der Kamele‹ mag etwas dunkel sein, doch die Küche wird immer gelobt. Viel wird experimentiert, auf dass eine ›neue kanarische Küche‹ entsteht. Mal gibt es marinierte Geflügelleber *(higado de aves adobado)* und süßes Spanferkel *(cochino dulce),* mal gebratenen Zie-

Auf Entdeckungstour

Höhlenwohnungen im Barranco de Guayadeque

Ein faszinierendes Tal, in dem sich alles in Höhlen abspielt: ob Kapelle oder Museum, Wohnhaus oder Lokal – alle sind in rötlichen Fels geschlagen.

Zeit: 2–3 Std. (ohne Wandertour)

Start: Agüimes

Planung: Museo de Sitio Guayadeque, Di–Sa 9–17, So 10–18 Uhr, Eintritt 2,50/1,50 €.
Höhlenlokal Tagoror, Montaña de las Tierras, Tel. 928 17 20 13, www.restaurante-tagoror.com, tgl. ab 11 Uhr, Preise um 20 €.

Wer es nicht weiß, kommt nicht drauf: Im Hinterland der beiden Städtchen Agüimes und Ingenio schlängelt sich eine grandiose Schlucht 20 km weit ins Gebirge. Die Ureinwohner nannten sie ›Schlucht des fließenden Wassers‹ – und noch immer speisen Quellen ihr Bett, das sich das ganze Jahr über grün zeigt. Ganz anders präsentieren sich die bis zu 400 m senkrecht aufragenden Seitenwände: karg und verwittert, von Höhlen ›zerfressen‹ wie ein Schweizer Käse.

Höhlenmuseum

Höhlen sind ein fester Bestandteil der kanarischen Landschaft: An den Seiten der Schluchten liegen oft dicke Tuffsteinschichten frei, die durch Ascheauswürfe der Vulkane entstanden sind und sich im Laufe der Zeit zwischen den Lavaschichten verdichtet haben. Da das Gestein leicht zu bearbeiten ist, haben die Inselbewohner Tausende von Höhlen gegraben; daneben hat die vulkanische Vergangenheit viele natürliche Felshöhlungen hinterlassen, entstanden durch ungleichmäßige Erhärtung des Lavaflusses. Allein auf Gran Canaria gibt es über 1000 geografische Namen, die das spanische Wort für ›Höhle‹ *(cueva)* aufgreifen: Cuevas Caídas, Cueva del Rey, Cueva de Mediodía …

Eine erste Höhle kann man im **Museo de Sitio Guayadeque** erkunden. Gezeigt wird, was die Vulkanhöhlen für die Altkanarier bedeuteten: Sie boten ihnen nicht nur Schutz vor Wind und Wetter, sondern waren auch ihre letzte Ruhestätte – die im Museum ausgestellte Mumie ist nur eine von vielen, die im Barranco gefunden wurden; die übrigen füllen die Vitrinen des Museo Canario in Las Palmas. Den Eroberern erschien ein solches Höhlenleben primitiv; so rümpfte der Chronist Torriani die Nase über »die Wohnstätten unter der Erde«, wenngleich er anerkennen musste, dass sie »von ewiger Dauer« seien. Nach der Conquista fanden die ärmeren Leute in den Höhlen billigen Wohnraum. Heute werden diese als originelle Unterkunft wiederentdeckt: Viele Kanarier, die in der Stadt in Betonblocks leben, sehnen sich nach dem Leben in der Natur. Zumindest am Wochenende möchten sie ›natürlich‹ leben, wohlig eingebettet in Fels.

Dorf der ›Rötlichen Höhlen‹

Je höher die Straße führt, desto üppiger wird das Grün – Feigenkakteen, Lavendel und Ginster blühen am Wegesrand. 6 km hinter dem Museum tauchen die **Cuveas Bermejas** auf, ›rötliche Höhlen‹, übereinander gestapelt in der Steilwand der Schlucht. Vom Hauptraum, meist der Wohnküche, führen Openair-Stiegen in die oberen Schlafgemächer – kommt ein neues Familienmitglied hinzu, wird mit Presslufthammer eine weitere Höhle in den Fels geschlagen. Bis 1990 mussten

Der Weg in den Barranco de Guayadeque

die Bewohner auf den Stromanschluss warten, noch heute ist die Installation von Wasser schwierig. Trotzdem möchte kaum einer der 172 Höhlenbewohner mit einem ›normalen‹ Hausbewohner tauschen. Doña Sebastiana, die im Tal über 100 Jahre verbrachte, kann sich kein anderes Leben vorstellen: »Die Höhle ist immer wohltemperiert: so herrlich kühl im Sommer und so warm im Winter«.

Einblick in eine Höhle bietet die Kapelle, deren gesamtes Inventar in den Fels geschlagen ist: Altar, Kanzel und Beichtstuhl sind wie Skulpturen modelliert, nur die heiß verehrte Madonna ist aus Holz geschnitzt. Neben der Kapelle öffnet eine urige Höhlenbar, in der sich die Dörfler zur Käse-Tapa ein Gläschen Wein genehmigen. Alternativ gibt es gleich um die Ecke ein Höhlenlokal.

Noch 4 km schlängelt sich die Asphaltstraße ins Gebirge, vorbei an felsigen Zacken und Zinnen. Sie endet am Berg **Montaña de las Tierras,** einer geköpften Pyramide, in deren Sockel das **Restaurant Tagoror** (altkanarisch: Versammlungsplatz) geschlagen wurde. Labyrinthartige Gänge führen tief in die Unterwelt, weiten sich zu wabenartigen Nischen, wo man auf Holzbänken Platz nimmt und sich die deftige Küche schmecken lässt.

Zu Fuß in die Schlucht

Wer gut zu Fuß ist, wandert in den naturgeschützten Oberlauf der Schlucht: Die Piste führt in 1,2 km zu einer Viehtränke und quert nach weiteren 600 m das Talbett. Nach wiederum 400 m verlässt man die Piste auf einem links abzweigenden Weg, der sich wenig später an einem Olivenbaum gabelt. Man hält sich rechts, kreuzt zweimal den Barranco-Grund und stößt wieder auf eine Piste. Links aufwärts – vorbei an einer Hausgruppe – kommt man zum Krater **Caldera de los Marteles,** der bei einer Eruption vor 300 000 Jahren entstand und sein Auswurfmaterial weit in den Barranco de Guayadeque schleuderte (hin und zurück knapp 4 Std.).

genkäse *(queso asado)* und mit Feigen gratinierten Fisch *(caballa con gratín de higos)* – dies alles an einem edel gedeckten Tisch.
Für den kleinen Hunger – **La Tartería:** Plaza del Rosario 21, Mo–Fr ab 9, So ab 10 Uhr. In diesem netten Café am Kirchplatz kann man sich mit hausgemachtem Kuchen, Quiche Lorraine und diversen Tortillas süß und pikant stärken.

Infos & Termine

Touristeninformation
Plaza de San Antón 1, Tel. 928 12 41 83, Fax 928 78 59 88, Di–Fr 9–15, Sa–So 9–14 Uhr (im Sommer kürzer).

Termine
Fiesta del Rosario: Anfang Oktober. Zu Ehren der Rosenkranzmadonna gibt es eine *traída del gofio y del agua,* bei der aus nahe gelegenen Mühlen Speisen aus Gofio und Wasser in einem Musikzug ins Stadtzentrum gebracht werden. Außerdem: Blumenschlacht, Erntedankzug, Kunsthandwerksschau und Käseverkauf.

Verkehr
Der **Busbahnhof** *(estación de guaguas)* befindet sich am Rand der Altstadt, einige Gehminuten vom Kirchplatz entfernt. Direktbusse fahren nach Ingenio und Telde (Linie 35) sowie nach Las Palmas (Linie 11/21).

Arinaga ▶ H 7

Dank der Sonderwirtschaftszone (s. Thema S. 65) boomt die Industrie – und das macht die Gegend nicht gerade attraktiv. Wer sich dennoch auf der GC-100 zum Ende der Ortschaft Arinaga durchschlägt und dort der Ausschilderung Richtung Mole *(muelle)* folgt, stößt auf eine schmucke **Promenade** mit mehreren Lokalen. Ein besonders schönes entdeckt man an ihrem Nordostende, eingebettet in einen Vulkanhügel. Angeschlossen sind museale **Kalköfen** *(hornos del cal),* in denen die traditionelle Kalkgewinnung erläutert wird. Von einer Aussichtsterrasse schaut man auf die Küste, sieht den nördlich aufragenden Leuchtturm und die Salinen, die gleichfalls museal aufbereitet werden sollen.

Mein Tipp

In den Kalköfen von Arinaga
In einer tief ausgehöhlten, mit Grünpflanzen geschmückten Vulkansteingrotte schaut man durch Panoramafenster aufs Meer. Spezialität des Hauses sind Meeresfrüchte, die aus dem Aquarium frisch auf den Teller kommen: Muscheln mit Mojo, pikante, zart auf der Zunge zergehende Tintenfischscheiben, Fisch aus dem Ofen und Hummer vom Grill (Hornos del Cal, Av. Playa de Arinaga, Tel. 928 73 80 71, tgl. 12–24 Uhr, Fisch ab 16 €).

Vecindario ▶ G 7

Noch vor wenigen Jahrzehnten war es ein kleines Dorf, heute ist es eine ausufernde Stadt. Sie gehört zur Gemeinde Santa Lucía, mehr als 70 % der im Tourismus der Costa Canaria Beschäftigten wohnen hier. Dabei hat sich Vecindario zu einem großen Einkaufszentrum entwickelt. Längs der kilometerlangen schnurgeraden Haupt-

Der Osten

Surfer in Pozo Izquierdo

straße reihen sich Geschäfte, in den Vororten öffnen Großmärkte. Wichtige Teile der Gemeindeverwaltung wurden bereits nach Vecindario ausgelagert.

Unter allen Gemeinden Spaniens gibt Santa Lucía den größten Anteil ihres Etats für Dritte-Welt-Aktivitäten aus. Davon profitiert das **Teatro Víctor Jara** (Calle Victor Jara s/n, Tel. 928 75 58 87), in dem seit 1990 – meist in der zweiten Aprilhälfte – das Festival ESPAL stattfindet: Künstler aus Afrika und Lateinamerika kommen zum ›Festival der drei Kulturen‹ und stellen mit europäischen Freunden neue Musik- und Theaterproduktionen vor. Gäste waren in den letzten Jahren Cesaria Évora, Paco Ibáñez, Luis Pastor und Silvio Rodríguez.

Pozo Izquierdo ▶ G 7

»Es gibt nur wenig Plätze in Spanien, die so radikal, hässlich und windsicher sind, und trotzdem so viel Flair haben wie Pozo auf Gran Canaria.« So urteilte die Zeitschrift Surf über den gänzlich untouristischen Ort. Durch unansehnliches Plantagengelände kommt man zum Dorf, das in der internationalen Surfgemeinde hoch im Kurs steht. An der Küste weht vor allem im Sommer ein kräftiger Passat, so dass man hier wunderbar übers

Pozo Izquierdo, Juan Grande, Castillo del Romeral

Wasser jagen kann. So gut ist der Spot, dass hier auch die Ausscheidungswettkämpfe des World Cups stattfinden. In Pozo Izquierdo ist alles auf Surfer ausgerichtet – ein Windsurfzentrum mit Herberge, Läden und Bars sowie einfachen Unterkünften.

Folgt man der Piste – am **Centro Internacional de Windsurfing** vorbei – südwärts, kommt man zu den Salinen der **Punta de Tenefé,** in denen noch immer Salz geerntet wird.

Übernachten

Sportlich – **Centro Internacional de Windsurfing:** Playa Pozo Izquierdo s/n, Tel. 928 12 14 00, Fax 928 12 10 21, www.pozo-ciw.com, ab 18 € p. P. Ans Surfzentrum angeschlossene Herberge am Meer, geeignet für Einzelpersonen und Gruppen. Es gibt jeweils 8 Betten in 8 Sälen, gute sanitäre Einrichtungen, ein Fischrestaurant sowie ein großes Schwimmbad. Angeboten werden Surf- und Schnuppertauchkurse, im Surf-Shop kann man Ausrüstung kaufen bzw. leihen.

Essen & Trinken

Blick auf Windakrobaten – **El Viento:** Av. Punta Tenefe 2, Tel. 928 12 10 52, Preise um 18 €. Das Klippenlokal mit seinen Panoramafenstern ist der beliebteste Treff vor Ort. Stundenlang möchte man hier den Surfern, die auf dem Wasser dahinfliegen, zuschauen. Das klare Design aus Beton, Glas und Holz unterstützt den Blick, im Hintergrund ertönt Chillout-Musik. Wie es sich für Surfer gehört, steht viel Gesundes auf der Speisekarte: Pizza Freestyle mit Rucola oder Gemüse-Carpaccio. Wer einen Vorgeschmack auf den Ausblick bekommen will, wählt die Webcam auf der Homepage www.cutre.com.

Infos

Die Ausscheidungswettkämpfe für den **World Cup** finden meist im Juli statt, den genauen Termin erfährt man unter: www.cutre.com.

Juan Grande ▶F 8

Das unscheinbare Dorf an der GC-500 ist Stammsitz der Grafenfamilie Castillo de la Vega Grande de Guadalupe, die dem Ort den Namen gab und auf deren riesigen Ländereien über Maspalomas hinaus die Costa Canaria entstand (s. S. 67). Ihr Anwesen liegt östlich der Straße: An der kleinen Kapelle und dem Platz mit den angrenzenden rot gedeckten Häusern um einen kleinen, von Palmen überragten Vorhof fühlt man sich in vergangene Jahrhunderte zurückversetzt. Die Kapelle öffnet leider nur noch zu besonderen religiösen Anlässen.

Castillo del Romeral ▶G 8

Der Name des küstenwärts gelegenen Fischerorts soll auf den Bau eines festungsartigen Hauses zurückgehen, das Ende des 17. Jh. zum Schutz der damaligen Salzgewinnung errichtet wurde. Vom Ortsnamen verleitet, drucken viele Karten das Symbol einer Festung, die hier nie existierte. Die Fischergemeinde ist bis heute sehr aktiv, ihren Fang genießt man in einem der einfachen Lokale – ohne Aussicht, doch die Ware ist frisch.

Das Beste auf einen Blick

Der Süden: Costa Canaria

Highlight !

Dünen von Maspalomas: Eine der spektakulärsten Landschaften der Kanaren und das am meisten fotografierte Inselmotiv. Vor dem Hintergrund des Meeres ragen bis zu 40 m hohe Wanderdünen auf, im Schatten eines Palmenhains liegt eine Lagune. S. 147

Auf Entdeckungstour

Durch die Mini-Sahara: Die Dünen stehen unter Naturschutz und können wahrscheinlich schon bald wieder auf markierten Wegen erkundet werden. Die schönste Tour führt an der Küste entlang, dann quer durch die ›Wüste‹. Das Ziel ist eine Lagune, an deren Ufer sich Rieseneidechsen sonnen. S. 150

Kultur & Sehenswertes

Mirador de las Dunas: Der Aussichtsbalkon beim Hotel Riu Palace bietet eine fantastische Aussicht über die Dünen von Maspalomas. S. 142, 150

Faro de Maspalomas: Beim alten Leuchtturm beginnt eine 2 km lange Promenade vorbei an den Hotelpalästen von Meloneras. S. 155

Palacio de Congresos: Im Kongresszentrum von Meloneras sind Klassikkonzerte geplant. S. 155

Aktiv & Kreativ

Wassersport: Tretbootfahren, Banana-Riding, Parasailing, Jetski: In Playa del Inglés geht alles. Windsurfer fahren nach Bahía Feliz. S. 134

Mountainbiking: Radverleih und Touren bieten **Freemotion** und **Happy Biking** in Playa del Inglés. S. 144

Genießen & Atmosphäre

Lokale in San Fernando: Im Ortsteil der Einheimischen in Playa del Inglés entdeckt man ein paar gute Restaurants. S. 141

Paseo de las Meloneras: Stilvoll-gepflegt sitzt man in den Cafés an der Promenade. S. 156

Abends & Nachts

Yumbo, Cita, Kasbah: Das Mekka der Nacht ist Playa del Inglés – jede Menge Bars mit Livemusik, Discos und Clubs. Im Yumbo trifft sich die internationale Schwulen-Szene. S. 145, 146

Casino & Show: Eine virtuose Tanzrevue präsentiert das **Casino Tamarindos** in San Agustín. S. 137

Livemusik: Alle größeren Hotels bieten Livemusik – auch Nicht-Hotelgäste sind willkommen!

Die schönsten Strände

Unvorstellbar scheint es, dass der gesamte Süden noch vor wenigen Jahrzehnten nichts als Brachland war. Die ewig brennende Sonne sorgte dafür, dass auf dem ausgedörrten Boden nur eine wüstenähnliche Pflanzenwelt gedieh. Doch dann kamen die Touristen, die sich nichts sehnlicher wünschten als Sonne, Strand und Meer. Und plötzlich verwandelte sich das, was des Südens Mangel war, in seinen größten Trumpf.

Infos

Citypläne
San Agustín und Playa del Inglés: s. S. 138
Maspalomas und Meloneras: s. S. 148

Internet
www.maspalomas.com
www.maspalomas-tonight.com

Unterwegs mit Auto und Bus
Alle Orte der Costa Canaria werden durch die Carretera General (GC-500) verbunden. Über eine Autobahn, die Autopista Sur (GC-1), erreicht man in 20–30 Min. den Flughafen und in einer Stunde die Hauptstadt Las Palmas; westwärts kommt man auf der Autobahn vorerst bis Playa Amadores.

Mit den Bussen der Gesellschaft GLOBAL erreicht man Las Palmas mit Linie 01, 30, 50 und 91, den Südwesten (Puerto Rico / Puerto de Mogán) mit Linie 01, 32 und 91 (letztere nur bis Playa del Cura). Schnellbus 66 fährt zum Flughafen, Bus 36 und 90 nach Telde. Ins Landesinnere kommt man mit Bus 18 via Fataga, San Bartolomé und Tejeda nach Cruz de Tejeda und Vega de San Mateo. Busfahrplan s. S. 282.

Der touristischen Erschließung im großen Stil stand nichts im Weg, denn das gesamte Land gehörte einer einzigen Person, dem Grafen Conde de la Vega Grande. Er verkaufte es an Investoren, die hier eine riesige Ferienlandschaft aufbauen ließen. Der spanische Staat unterstützte das Projekt, finanzierte mit Steuergeldern einen modernen Flughafen, Schnellstraßen, Meerwasserentsalzungsanlagen, Golfplätze und Gärten. Heute erstrecken sich Urbanisationen für 130 000 Gäste entlang des 8 km langen Dünenstrands, greifen landeinwärts und wachsen an der Küste weiter.

Welche Art Urlaub man erlebt, hängt davon ab, welchen Ort man gebucht hat. **San Agustín**, das älteste und ruhigste Resort, spricht eine überwiegend ältere Klientel an, während **Playa del Inglés** ein deutlich jüngeres Publikum mit einem umfangreichen Angebot an Action, Fun und Nightlife bei der Stange hält. **Maspalomas,** das Filetstück der Costa Canaria, liegt unmittelbar an den Dünen und an einer Lagune; seine ›tausendjährige‹ Palmenoase verteilt sich auf die Gärten mehrerer Hotels.

Das jüngste Resort ist **Meloneras** mit schlossartigen Vier- und Fünfsterneanlagen sowie einer attraktiven Promenade, die bis zum Jachthafen von **Pasito Blanco** am Ende der Bucht erweitert werden soll. Weiter landeinwärts liegen die grüne Bungalowsiedlung **Campo de Golf** und – durch die GC-500 abgetrennt – das ähnlich konzipierte Viertel **Sonnenland**.

Zur Costa Canaria gehört auch das 12 km entfernte **Salobre** im öden Niemandsland fernab der Küste: Die Nobel-Urbanisation entstand rings um den gleichnamigen Golfplatz.

San Agustín

Endlose Strände – Costa Canaria

San Agustín ▶ E 8

Die Keimzelle der Costa Canaria entstand zu Beginn der 1960er-Jahre mit Bungalowanlagen und Hotels für gehobene Ansprüche. Mittlerweile in die Jahre gekommen, werden sie schrittweise renoviert. Ein Facelifting ist dem ganzen Ort zu wünschen: Die GC-500 zerschneidet ihn in voller Länge, so dass Bewohner der ›oberen‹ Hangviertel via Hochbrücke 10 Min. zum Strand laufen müssen. Einen Ortskern sucht man vergeblich, das ›urbane Leben‹ spielt sich in einem wenig attraktiven Einkaufszentrum ab.

Romantischer ist die **Strandpromenade,** die – besonders in den Abendstunden – zu einem Panoramapfad wird, der sich durch Felsen schlängelt und Sandstrecken durchquert. Auf ihm kann man bis Playa del Inglés laufen. Außer der kleinen **Playa de las Burras** gibt es die gleichfalls dunkelsandige **Playa de San Agustín** von rund 1 km Länge, die mit der Blauen Umweltflagge der EU für die gute Qualität von Wasser, Strand und Service ausgezeichnet wurde.

Nordostwärts schließen sich die Strände Playa de Morro Besudo, Playa del Águila und Tarajalillo an, die von der Playa de San Agustín über steile

Der Süden: Costa Canaria

und verwinkelte Treppen erreichbar sind. Über felsige Strecken kann man weiter wandern bis Bahía Feliz. Die Strandbereiche werden zunehmend enger und sind teilweise steinig. Während die See am Strand von San Agustín noch relativ ruhig und gut zum Baden ist, nimmt die Brandung nach Nordosten hin zu – ein ideales Gebiet für Windsurfer!

Übernachten

Für Betuchte – **Costa Canaria** 1: Calle Las Retamas 1, Tel. 928 76 02 00, Fax 928 76 14 26, www.costa-canaria.com, DZ pauschal ab 134 € mit Halbpension. Das Viersternehaus strahlt Ruhe und Behaglichkeit aus. Freundliche Lobby, ein großer, sich zum Meer öffnender Palmengarten, 246 Zimmer mit Marmorbad und Balkon. Sauna, Tennisplatz, 9-Loch-Putting-Green, Radverleih.

Fein und gediegen – **Tamarindos** 2: Calle Las Retamas 3, Tel. 928 77 40 90, Fax 928 77 40 91, www.meliatamarindos.solmelia.com, DZ pauschal ab 112 €. Großes, durch kanarische Architekturelemente aufgelockertes Fünfsternehotel, nur durch den Pool-Garten vom Strand getrennt. 311 in frischem Blau gehaltene Komfortzimmer, die meisten mit Meerblick und Balkon. Das Frühstücksbüfett kann auf der Terrasse eingenommen werden, auch ein Teil des Spas befindet sich im Freien (Hydromassage, Massage-Salon). Dank Flutlicht kann man auch abends Tennis und Squash spielen. Außerdem: Sauna, Therapie-Angebot, traditionsreiches Casino mit Show-Restaurant.

Strand vor der Tür – **Don Gregory** 3: Calle Las Tabaibas 11, Tel. 928 76 26 58, Fax 928 76 99 96, www.hotelesdunas.com, DZ pauschal ab 88 €. Weniger Grün als bei der Konkurrenz, dafür hängen die Balkone der 244 Zimmer fast über dem Meer. Nettes Café hoch über den Wellen, dazu ein eher kleiner Pool-Garten und Tennisplatz; gelobt wird die Küche des Viersternehotels.

Mit großem Spa – **Gloria Palace** 4: Calle Las Margaritas s/n, Tel. 928 12 85 00, Fax 928 76 79 29, www.hotelgloriapalace.com, DZ pauschal ab 72 €. Hoch gelegenes Kurhotel mit 448 Zimmern und Suiten, alle mit Meerblick, großem Pool-Garten und wunderbarem Thalasso-Zentrum (s. Tipp). Vorzüglich ist das Abendbüfett, etwas lang der Weg über die Brücke zum Strand. Dieser Nachteil wird wettgemacht durch einen stündlich verkehrenden Gratisbus nach Meloneras.

Essen & Trinken

Gut für einen Café oder einen kühlen Drink zwischendurch sind die Lokale an der Strandpromenade, so im San Agustín Beach Club und im Café des Hotels Don Gregory.

Adventure Cuisine – **Bamira** 1: Calle Los Pinos 11, Playa del Águila, Tel. 928 76 76 66, www.bamira.com, Mi geschl., Preise um 25 €. Hier ist nichts langweilig: Die Räume sind bunt und artistisch gestylt, die Stimmung ist gut und die Küche von ›Abenteuerreisen durch die ganze Welt‹ inspiriert – so die österreichischen Besitzer Anna und Herbert Eder, die sich mit ihrer schrägen Mischung aus exotisch und bodenständig-österreichisch einen Namen gemacht haben. Das Lokal findet man in Playa del Águila, der nördlich angrenzenden Bucht, und es ist mit dem Auto in fünf Minuten erreichbar.

Traditionell – **El Puente** 2: Calle Las Dalias 3, Mob. 679 77 10 36, www.restauranteelpuente.com, Di–So ab 17.30

San Agustín

Mein Tipp

Wellness pur
Wenn es ein Kurhotel auf den Kanaren gibt, das diesen Namen verdient, dann das **Gloria Palace** in San Agustín. Hier setzt man auf Thalasso-Badekuren, d. h. auf die regenerierende Wirkung der in Meerwasser und Algen gelösten Mineralien. Unter originell aufgespannten Walmdächern befindet sich ein 6800 m² großes, auf 40 °C erwärmtes Meerwasserbecken, das mit zwei ›Armen‹ in die Felslandschaft ausgreift. Dank effektvoll eingestellter Hydromassage-Düsen lässt man sich von Kopf bis Fuß massieren – mindestens zwei Stunden braucht man, um alle Stationen ›abzuarbeiten‹. Anschließend kann man in kleinere, unterschiedlich temperierte Meerwasser-Pools wechseln.

Angeschlossen ist ein Therapie-Zentrum, in dem man sich Gesichts- und Körperbehandlungen unterziehen kann. Unter ärztlicher Leitung werden Anti-Stress, -Rheuma und -Tabak-Wochen sowie klassische Kuren mit Fango, Massage und Inhalation, auf Wunsch kombiniert mit Diätprogramm, angeboten. **Talasoterapia Canarias** [1]: San Agustín, tgl. 10–21 Uhr, 18 € inkl. Bademantel, Slipper, Handtuch, Getränken.

Uhr, Preise um 20 €. Ein Klassiker an der Costa Canaria, seit 1974 geöffnet. Von einigen Tischen hat man Meerblick, der Service ist gut, mit flambiertem Fleisch und der Fischplatte kann man nichts falsch machen.
Autogramme erwünscht – **Loopy's Tavern** [3]: Las Retamas 7, Tel. 928 76 28 92, Preise um 18 €. Rustikale Taverne, aus Baumstämmen gezimmert und tapeziert mit unzähligen Postkarten, die zufriedene Gäste in vielen Jahren geschickt haben. Beliebt sind Pizza und Fleischgerichte, v. a. das Rinderfilet *a la pimienta,* ›in Pfeffersoße‹.

Einkaufen

Alles Nützliche – Im **Centro Comercial San Agustín** [1] findet man außer Bars und Restaurants auch Supermarkt und Sport-Shop, Drogerie und Apotheke (www.ccsanagustin.com).

Aktiv & Kreativ

Tauchen – **Diving Center Náutico** [2]: Interclub Atlantic, Calle Jazmines 2, Tel. 928 77 81 68, Fax 928 77 87 74. Die Tauchschule im Interclub Atlantic steht auch Nicht-Hotelgästen offen. Schnuppertauchen im Pool, Kurse, Verleih von Ausrüstung und mehrmals wöchentlich Bootstrips ab Arguineguín zu den besten Tauch-Spots.
Kitesurfen – **Beach Leisure Escuela de Kitesurf** [3]: C.C. San Agustín, L. 20, Tel./Fax 928 77 28 72, www.beachleisure.net. Gutes Revier für Einsteiger ist die Playa de las Burras, Kurse und Verleih von Ausrüstung.
Surfen – Nur in den nördlichen, dem Passat zugewandten Buchten findet man gute Windbedingungen, dort haben sich auch Surfschulen etabliert. In Bahía Feliz: **Club Mistral** [4], Carretera Sur Km 44, Tel./Fax 928 15 71 58, www.club-mistral.com; in Playa del

135

Der Süden: Costa Canaria

An der Promenade von Playa del Inglés

Águila: **Dunkerbeck Side Shore** 5, Plaza Hibiscus, Tel. 928 76 29 58, Fax 928 76 29 78, www.sideshore-es.com.
Panoramaflüge – **Aeroclub** 6: Carretera GC-500 Km 46,5, El Berriel/Bahía Feliz, Tel. 928 15 70 00. Ein kleiner Sportflughafen befindet sich knapp nördlich von San Agustín. Dort kann man zu Panoramaflügen im Hubschrauber oder in der Propellermaschine starten – auch Fallschirm-Tandemsprünge sind im Angebot.
Go-Kart – **Gran Karting** 7: GC-500 Km 46 (Bus 01 und 36), Tel. 928 15 71 90, www.grankarting.com, tgl. 10–21 Uhr, Preis 15 €. Die 1,6 km lange Piste liegt nördlich San Agustín an der GC-500 (Abfahrt Tarajalillo). Auf einer Extrastrecke dürfen Kinder und Jugendliche ans Steuer.
Wildwest-Show – **Sioux City** 8: Cañón del Águila, GC-500 Km 48, Tel. 928 76 25 73, Di–So 10–16 Uhr, Eintritt 17 €. Nachgebaute Wildweststadt in der ›Schlucht des Adlers‹ (Abfahrt: Playa del Águila, 2 km landeinwärts) mit allem, was dazugehört: akrobatische Reiteinlagen, Schießereien, Spannung und Staub. Etwa 90 Min. dauert die Show; einmal in der Woche, meist freitags, gibt es gegen Aufpreis ein abendliches Barbecue.

Playa del Inglés

Theatereinlagen, Opernarien und Akrobatik – auf Wunsch mit feinem Dinner.

Infos

Touristeninformation: El Portón/Calle Las Retamas 2, Tel. 928 76 92 62, Fax 928 77 81 51, Mo–Fr 9–16, Sa 9–13 Uhr (nur jeden 2. Sa).

Playa del Inglés ▸ E 8/9

Touristen-Mekka der Insel mit unzähligen Hotels und Apartmentanlagen, viel Action und Nightlife. Es ist gleichermaßen beliebt bei Familien wie Singles und obendrein ein Hotspot der internationalen Schwulenszene. Das Pfund, mit dem die Stadt wuchern kann, ist ihre Küste: Auf ihrem keilförmigen Sockel breiten sich die schönsten Dünen der Kanaren aus, ihnen vorgelagert ist ein kilometerlanger und breiter, mit der Blauen EU-Flagge ausgezeichneter Strand.

Man braucht eine gewisse Zeit, um sich im Gewirr der Straßen zurechtzufinden. Die nord-südliche Verkehrsader **Avenida de Tirajana** verbindet Playa del Inglés mit dem nördlichen Stadtteil **San Fernando,** in dem viele Einheimische leben. Die **Avenida Alféreces Provisionales** führt ostwärts hinunter zum Strand von Playa del Inglés und westwärts nach Maspalomas.

Küstenpromenade

Eine Promenade auf Klippenhöhe, der **Paseo de Costa Canaria,** trennt die Hotelviertel vom Strand. Dieser gut ausgebaute Küstenweg bietet die beste Möglichkeit, den Strand in aller Ruhe von oben zu erkunden – im mittleren Bereich kann man über steile Treppen zu ihm hinabsteigen.

Abends & Nachts

In San Agustín werden abends die Bürgersteige hochgeklappt. Die meisten Urlauber bleiben im Hotel, wo fast jeden Abend Shows oder Livemusik geboten werden.

Zum Zocken – **Casino Tamarindos** 1: Hotel Meliá Tamarindos, Tel. 928 76 27 24, www.casinotamarindos.es, tgl. ab 20, im Sommer ab 21 Uhr. Wer über 18 Jahre alt ist, seinen Ausweis dabei hat und standesgemäß gekleidet ist, darf hier sein Geld verspielen. **Dinner Shows:** Tel. 928 77 40 90, Di–Sa ab 22 Uhr, zweistündige Revue mit Tanz- und

EL LOMO
Goya
Dalí
Gaudí
Velázquez
Camino Cecinal de Fataga
Fataga El Lomo
46
Secundio Delgado
SAN FERNANDO
Pino Vega
Betancuria
Avenida Alejandro del Castillo
Av. de Gáldar
Antonio Ortiz Araña
José Hidalgo Carreño
Mesa de la Abejerilla
Autopista Sur
Montserrat Caballé
José Carreras
Alfredo Kraus
Plácido Domingo
Tenteniguada
Tinoca
San Nicolás
Tolentino
Artenara
Guía
Brígida
Sta.
San Mateo
Avenida de Tunte
BELLAVISTA
C.C. Bellavista
Partera Leonorita
Av. de Gáldar
Alfredo Kraus
GC-1
El Canario Bajo
Avenida de Tejeda
Plaza Tejeda
Av. de Tirajana
Teresa Berganza
C.C. Ronda
C.C. San Fernando
Arrecife
Lanzarote
GC-500
Alcalde Marcial Franco
Alcalde Enrique Jorge
C.C. Nilo
C.C. Eurocenter
Cruce de San Fernando
Casa Condal
Carretera General
EL VERÍL
Avenida de Gran Canaria
C.C. Gran Chaparral
C.C. Jardín del Sol
Avenida de Gran Canaria
Plaza Ansite
C.C. Corona Roja
Plaza del Sol
Escorial
Holandia
Noruega
Timple
Avenida de Sargentos Provisionales
C.C. Pirámide
C.C. Águila Roja
Las Estrellas
Plaza Hierro
Avenida de
Plaza Telde
Egipto
Av. de Tenerife
Plaza de Maspalomas
C.C. El Veril
Avenida de Italia
C.C. Marieta
C.C. Tropical
Alfereces Provisionales
C.C. Yumbo
C.C. Prisma
C.C. Kasbah
Playa del Corralillo
El Cochino
Plaza Gomera
Plaza Arucas
Centro Insular de Turismo
Avenida de España
Av. Menceyes
Av. de Alfereces Provisionales
C.C. Plaza de Maspalomas
Málaga
C.C. Metro
Maritim Playa
Plaza Miramar
Av. de Madrid
Paseo Costa Canaria
PLAYA DEL INGLÉS
Canada
Barcelona
Irlanda
Grecia
Av. de Estados Unidos
Plaza del Pino
Helsinki
C.C. Atlantic Beach Club
Plaza La Palma
Plaza Teror
Avenida de Bonn
Grecia
C.C. La Sandía
Avenida de E.E.U.U.
Inglaterra
Avenida de Tirajana
Avenida de Alemania
C.C. Anexo I
Londres
Inglaterra
Suiza
La Luna
Costa Canaria
Avenida de Suecia
Lisboa
C.C. Santa Ana
Paseo
C.C. Cita
Bremen
Milán
C.C. Anexo II
Playa del Inglés
Plaza Lanzarote
Plaza Agaete
Av. de Francia
Oporto
Granada
Dinamarca
Gran Canaria
Finlandia
Avenida de Alemania
Mirador Dunas Santa Mónica
Plaza Fuerteventura
Paseo Costa Canaria
Océano Atlántico
Centro Interpretación Reserva Natural Dunas de Maspalomas
Reserva Natural Especial Dunas de Maspalomas
Dunas de Maspalomas
0
250
500 m

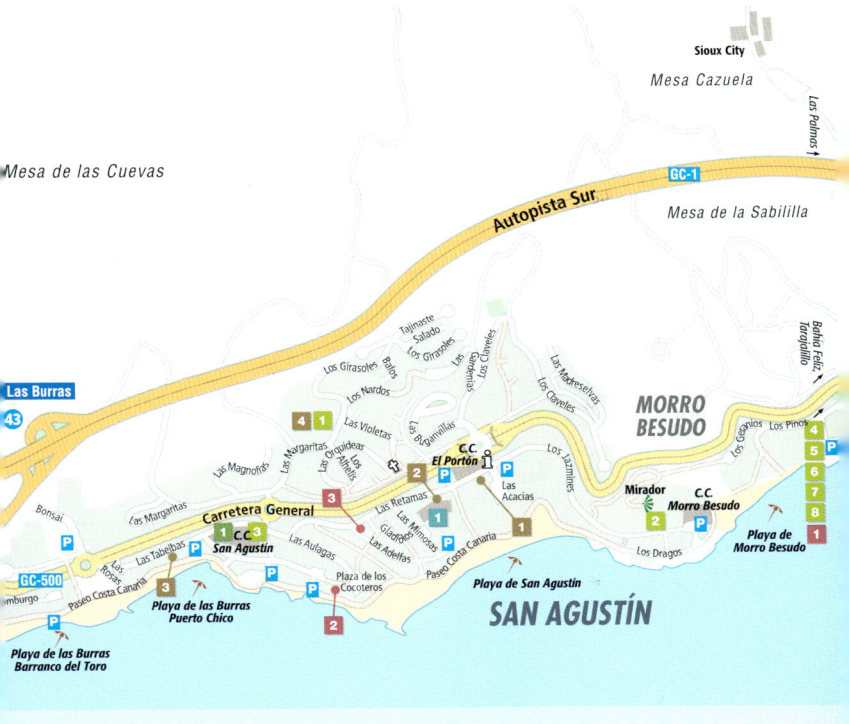

San Augustín & Playa del Inglés

Übernachten
1. Costa Canaria
2. Tamarindos
3. Don Gregory
4. Gloria Palace
5. Riu Palace
6. Dunas Vital Suites
7. Santa Mónica
8. Casas Pepe
9. Nogalera
10. Buenaventura

Essen & Trinken
1. Bamira
2. El Puente
3. Loopy's Tavern
4. Rías Bajas
5. Mesón San Fernando
6. Bali
7. La Casa Vieja
8. Las Camelias

Einkaufen
1. C.C. San Agustín
2. C.C. Yumbo
3. C.C. Cita
4. Fedac
5. Mercadillo

Aktiv & Kreativ
1. Talasoterapia Canarias
2. Diving Center Náutico
3. Beach Leisure Escuela de Kitesurf
4. Club Mistral
5. Dunkerbeck Side Shore
6. Aeroclub
7. Gran Karting
8. Sioux City
9. Water Sport Center
10. Divingcenter Sun Sub
11. Free Motion
12. Happy Biking
13. Evangelisches Tourismuspfarramt (Wanderungen)
14. Centercourt
15. Skydive
16. Sun Fun

Abends & Nachts
1. Casino Tamarindos
2. Fabric
3. Chic & Cream
4. Pacha
5. Heaven
6. Hard Rock Café
7. Oficina Cultural

Der Süden: Costa Canaria

Kamel-Safari im Barranco de Fataga

Einen grandiosen Blick auf die Dünenlandschaft hat man von der Aussichtsterrasse unterhalb des Hotels Riu Palace an der Südspitze des Ortes. Hier befindet sich auch ein bescheidenes **Besucherzentrum** für die Dünen (Centro de Visitantes de las Dunas, Mo–Fr 9–14 Uhr, s. Entdeckungstour S. 150).

Anexo I und II

Im Nordteil des Strandes von Playa del Inglés, wo die Avenida Aléreces Provisionales den Strand erreicht, hat sich entlang einer breiten Strandpromenade ein Wildwuchs an Souvenirläden, Cafés und Restaurants etabliert. Wenig fantasievoll **Anexo I** (Nordteil) und **Anexo II** (Südteil) genannt, vermittelt dieser Strand-Bereich ein Rimini- und Remmidemmi-Feeling, das zum angestrebten ›Qualitätstourismus‹ wenig passt. Im Rahmen des großen Umbaus von Playa del Inglés, der den Ferienort in die erste Liga der kanarischen Touristen-Resorts hieven soll, werden Anexo I und II in naher Zukunft abgerissen und der Strandbereich völlig neu gestaltet.

Der Promenade vorgelagert befindet sich vorerst noch ein großes **Was-**

Playa del Inglés

sersportzentrum, in dem von Tretboot bis Jet-Ski eine breite Fun-Palette angeboten wird; auch Beach-Volleyball kann man hier spielen.

Wer zum Strandlauf aufbricht, erreicht nach 5 km – vorbei an einer FKK-Playa *(zona naturista)* und einem vorwiegend von Schwulen besuchten Abschnitt – die Touristenorte Maspalomas und Meloneras.

San Fernando

Nördlich der Schnellstraße GC-500 ist die Ferienwelt abrupt zu Ende. Hier leben die Angestellten der Tourismuseinrichtungen, außer Kanariern auch zugewanderte Festlandspanier und Ausländer, Portiers und Putzfrauen, Kellner und Köche. Zwar ist das Viertel architektonisch wenig attraktiv, doch findet man hier ein paar gute Restaurants, eine Markthalle *(mercado)* sowie das Kulturzentrum *(casa de cultura).*

Ausflug in den Barranco de Fataga ▶ E 7/8

Man durchfährt den nördlichen Ortsteil San Fernando und folgt dem dezent postierten Hinweisschild ›Fataga‹. Über kahle Berghänge mit kakteenartigen Kandelaber- und Wolfsmilchgewächsen führt die GC-60 nach wenigen Minuten zu einer Aussichtsplattform am 480 m hohen Yegua-Pass. 1 km vorher bietet das Freilichtmuseum **Mundo Aborígen** Einblick in die ›Welt der Ureinwohner‹. Die Rekonstruktion eines altkanarischen Dorfes mit Steinhäusern, Versammlungs- und Opferplatz ist von 100 lebensgroßen Figuren bevölkert (GC-60 Km 42,7, Tel. 928 17 22 95, tgl. 9–18 Uhr, Eintritt 10/5 €).

Auf der anschließenden Kurvenstrecke ist Vorsicht geboten, an unübersichtlichen Stellen ist es angebracht zu hupen. Beim Weiler **Arteara** beginnt man zu verstehen, warum der Barranco den Beinamen ›Tal der Palmen‹ trägt. Die bei Km 37,3 links abzweigende GC-601 führt längs eines dichten Palmenhains und endet wenig später am **Parque Arqueológico Necrópolis.** Ein kleines, meist geschlossenes Besucherzentrum bildet den Eingang zu einem weitläufigen Gräberfeld, einer der größten Tumuli-Friedhöfe Spaniens. Auf dem rötlichen Geröllhang wurden 809 Grabstellen vom 5. Jh. v. Chr. bis zum 17. Jh. n. Chr. freigelegt, die entdeckten Mumien befinden sich heute im Museo Canario in Las Palmas. Auf markierten Wegen kann man den ›Archäologischen Park‹ erkunden und auf Schautafeln Interessantes über altkanarische Bestattungsriten erfahren. Das ›Königsgrab‹ ist so postiert, dass es jeweils zur Tagundnachtgleiche (21. März / 23. Sept.) von den ersten Morgenstrahlen erfasst wird, so dass es wie von innen illuminiert erscheint.

Folgt man der GC-60 1,4 km nordwärts, kommt man zum **Barranda Camel Safari Park,** wo man zum organisierten Gruppenausritt auf einem Dromedar starten kann. Vor oder nach einer ›Kamelsafari‹ kann man auf einer Terrasse im Palmenhain deftig speisen oder auch frisch gepresste Fruchtsäfte genießen (La Barranda, GC-60 Km 36,7, Tel. 928 79 86 80, tgl. ab 9 Uhr). Nach weiteren knapp 4 km kommt man ins malerische Bergdorf **Fataga** (s. S. 271).

Übernachten

Je näher man an Strand und Dünen wohnt, desto besser! Landeinwärts, wo die Unterkünfte oft dicht gedrängt an nicht immer leisen Straßen stehen, ist Meerblick außer in Hochbauten Fehlanzeige, auf einen großen Poolgarten muss man in der Regel ebenfalls verzichten. Schwierig ist die Un-

Der Süden: Costa Canaria

terkunftssuche, wenn man nicht bei Reiseveranstaltern bucht. Denn diesem haben die Hoteliers große Betten-Kontingente abgetreten, sodass für Individualgäste nur Restplätze bleiben. Über 300 Hotels und Apartmentanlagen gibt es in Playa del Inglés, ausgewählt werden hier einige in erster Strandlage bzw. mit Spezialangebot.

Markante Lage – **Riu Palace** 5 : Plaza de Fuerteventura 1, Tel. 928 76 95 00, Fax 928 76 98 00, www.riu.com, DZ pauschal ab 124 €. Das Viersternehaus, das mit viel Marmor und Edelholz, Kristalllüstern und Wolkengardinen als Grand Hotel alten Stils daherkommt, liegt unmittelbar an den Dünen. Ihnen sind fast alle Räume zugewandt, der Touristenstadt wird der Rücken gekehrt. Von fast allen der 368 Zimmer schaut man über die gelbe Pracht aufs Meer, natürlich auch vom großen Pool-Garten und von den Restaurant-Terrassen. Sektfrühstück mit Show-Cooking, feines Dinnermenü mit Dresscode. Das Hotel verfügt über ein kleines Wellnesscenter mit Sauna, Openair-Jacuzzi sowie Dampfbad und Massage gegen Gebühr.

Spa-orientiert – **Dunas Vital Suites** 6 : Av. de Gran Canaria 80, Tel. 928 76 05 55, Fax 928 73 19 30, www.hotelesdunas.com, DZ pauschal ab 120 €. Mit 76 Suiten ist das Haus vergleichsweise klein. Es liegt – mit Fernblick aufs Meer – über den Rasenteppichen des Campo de Golf und erinnert ein wenig an eine Villenanlage. Man wohnt in geräumigen, komfortablen Suiten, die sich rings um den Außenpool gruppieren. Zum Haus gehört zudem ein großes, attraktives Thalasso-Bad, das man oft für sich allein hat. Gut ist das Saunaprogramm: einbalsamieren mit Honig im türkischen Dampfbad, abrubbeln mit Salz in der finnischen Sauna, ayurvedische Massage, Farben- und Aromasauna.

Nah am Strand – **Santa Mónica** 7 : Paseo Costa Canaria 116, Tel. 928 77 40 20, Fax 928 768 753, Ap. pauschal ab 86 €. Die Architektur des Aparthotels nutzt geschickt die Strandklippen, und man erkennt von der höher gelegenen Promenade nicht, dass es sich um ein mehrstöckiges Haus handelt. Die 179 Apartments sind freundlich-funktional, aber zum Flur hin oft laut. Der Poolgarten ist relativ klein, was freilich nicht stört, denn die meisten Gäste treibt es eh an den Strand. Angebote für Kinder sind rar, Tennis und Billard nur gegen Gebühr. Kreditkarten werden nicht akzeptiert.

Einfach, gut gelegen – **Casas Pepe** 8 : Av. de Bonn 1, Tel. 928 76 28 18, www.casas-pepe.com, Ap. pauschal ab 78 €. Apartmentanlage aus den Pioniertagen des Tourismus, als maximal dreistöckig gebaut werden durfte und die Unterkünfte noch überschaubar waren: 53 Apartments verteilen sich auf drei Häuser, vom Balkon schaut man über den Poolgarten aufs Meer. Die Einrichtung mag etwas altbacken wirken, doch es fehlen weder Sat-TV, DVD-Player, Safe und Heizung noch Toaster, Kaffeemaschine und Mikrowelle. Am Internet-Terminal kann man kostenlos seine Post abrufen. Die Promenade befindet sich direkt vor der Haustür, über Stufen geht es zum Strand hinab.

Freundlich – **Nogalera** 9 : Calle La Luna 7, buchbar über Reiseveranstalter, Ap. pauschal ab 70 €. Kleines und gleichfalls älteres, dreistöckiges Haus mit lediglich 30 Apartments, die Einrichtung wurde letztens modernisiert. Die Balkons sind groß und bieten viel Intimität. Den Bademantel kann man getrost zuhause lassen – man bekommt ihn an der Rezeption, die freilich nur stundenweise geöffnet ist, gegen Kaution. Zum nächsten Einkaufszentrum läuft man fünf Minuten, den Strand erreicht

Playa del Inglés

man nach etwas mehr als 100 m über Treppenstufen.
Sportlich – **Buenaventura** 10: Plaza de Ansite 1, Tel. 928 76 16 50, Fax 928 76 83 48, www.lopesanhotels.com, DZ pauschal ab 66 €. Von der Straße wirkt das 724-Betten-Hotel abweisend wie ein Bunker, drinnen geht es betont locker und bunt zu. Langeweile soll nicht aufkommen: Mehrsprachige Animateure halten das überwiegend junge Publikum fast rund um die Uhr bei Laune, tagsüber mit Action und Sport, nachts mit Show und Party bis zum Abwinken. Angeschlossen sind eine Tennis- und eine Tauchschule sowie ein Fitness-Studio (alles gegen Extra-Gebühr), dazu je drei Pools mit Jacuzzi, drei Quarzsandtennisplätze, Basket-, Beach- und Volleyballplatz.

Essen & Trinken

In den Einkaufszentren Yumbo, Cita und Kasbah findet man Bars, Cafés, Imbisse und Lokale, u. a. auch ›Futterkrippen‹ mit original deutschem Bier und Bundesliga live. Einheimische sieht man hier so gut wie nie, sie gehen lieber in die Einkaufszentren in ›ihrem‹ Viertel San Fernando, z. B. ins Centro Comercial Bellavista.
Für Gourmets – **Rías Bajas** 4: Edificio Playa del Sol, Av. de Tirajana/Ecke Av. de Estados Unidos, Tel. 928 76 40 33, Preise um 35 €. Seit über 20 Jahren bietet Onofre Caimari – nun zusammen mit Sohn Antonio – feine Meeresküche, inspiriert aus Galizien und Kantabrien: Austern, Hummer, diverse Muschelarten, Fisch im Salzmantel und für die Fleischesser ein Lamm-Carré. Genossen wird sie in einem hell-eleganten Ambiente.
Gesprächsfreudiger Wirt – **Mesón San Fernando** 5: Calle Marcial Franco, Bloque 4, Tel. 928 7609 80, Preise um 20 €. Der sympathische Señor Ángel und sein Koch Martín, beide aus der kastilischen Stadt Ávila, führen das Lokal mit viel Schwung – und dies seit 1979! In rustikalem Ambiente genießt man hausmarinierte Sardinen und andere leckere Tapas oder auch den in einer Vitrine ausgestellten Fisch. Im Aquarium schwimmen Hummer, Austern, Schwert-, Venus- und Dreiecksmuscheln, die ›fangfrisch‹ auf den Tisch kommen. Auf Vorbestellung gibt es Spanferkel (cochinillo asado), eine Spezialität aus der Heimat der Besitzer.
Im Land des Lächelns – **Bali** 6: Av. de Tirajana 23 (Ap. Tinache), Tel. 928 76 32 61, www.restaurantebali.com, Mo geschl., Preise um 18 €. Von außen macht das Lokal an der Straßenkreuzung Bonn/Tirajana wenig her, doch drinnen ist es stilvoll, dezent-asiatisch eingerichtet. Seit 1978 bietet ein Indonesien geborene Besitzer Klassiker seiner Heimat. Wer Slow Food mag, bestellt die ›Reistafel Bali‹ mit 21 Gerichten von süßsauer bis scharf (inkl. Ente, Lamm, Schwein, Rind, Langusten, Fisch und Gemüse). Gegessen wird an einem Rundtisch, dessen Mitte sich drehen lässt. Auf dass die Leckerbissen niemandem entgehen!
Nach Omas Rezept – **La Casa Vieja** 7: GC-60 Km 47,9, Tel. 928 76 90 10, www.grillrestaurantelacasavieja.com, Preise um 16 €. Ein ›altes Haus‹ *(casa vieja)* knapp außerhalb von San Fernando an der Straße nach Fataga. In rustikal-urigem Ambiente serviert Martín Franco traditionelle kanarische Küche, wobei er gern auf alte Familienrezepte zurückgreift: Vorneweg Kresse-Eintopf *(potaje de berros)* und Kichererbsen-Ragout *(ropa vieja)*, danach frischer Fisch vom Mandelholzgrill, Kaninchen *(conejo)* in Nusssoße und süß gewürzte Blutwurst *(morcilla a la brasa –* schmeckt viel besser, als man vermutet!). Als Dessert sollte man Mango-

143

Der Süden: Costa Canaria

Sorbet probieren. Nach dem Abendessen kann man schräg gegenüber in der Musikkneipe einkehren, die gleichfalls der Familie gehört.
Superpreiswert – **Las Camelias** 8 : Av. de Tirajana 15, Tel. 928 76 02 36, www.buffetlascamelias.com, Büfett 10 €, Kinder die Hälfte. Hier hat der Hunger keine Chance: Selbstbedienung am Büfett zum Sattessen. Riesenauswahl an kanarischen Klassikern und Salaten, auch Paella und Gegrilltes. Getränke kosten extra.

Einkaufen

Alles was man braucht, Supermärkte und Souvenirshops, deutschsprachige Presse, Schmuck, Tabak und Kosmetik, findet man in mehreren großen Einkaufszentren. Sie sind durchgängig 24 Std. lang geöffnet und bieten zugleich auch Bars und Dance-Clubs. Cita, Yumbo und Kasbah sind die bekanntesten. Im Centro Comercial Yumbo findet manauch **Visanta,** den bestsortierten und besonders günstigen Elektroladen.
Souvenirs – Authentisches kanarisches Kunsthandwerk verkauft der halbstaatliche Laden **Fedac** 2 im Gebäude der Touristeninfo.
Markt – Viele Einheimische trifft man auf dem **Wochenmarkt** 3 (Mercadillo) im Ortsteil San Fernando, wo neben Obst- und Gemüse- auch Essensstände öffnen (Mi u. Sa 9–14 Uhr).

Aktiv & Kreativ

Baden – Heller, feinkörniger Sandstrand erstreckt sich über 6 km von Playa del Inglés bis Maspalomas. Er fällt flach ins Meer ab, so dass man problemlos in die Fluten steigen kann. Freie Flächen wechseln mit Staffeln von Liegestühlen und Sonnenschirmen, ein Bereich ist für FKK reserviert. Begehrt sind die halbrunden Steinwälle im Sand, die zum Schutz vor Flugsand errichtet wurden. Am Anexo II befinden sich Duschen und Umkleidekabinen, Schließ- und Schrankfächer. Flaggen zeigen an, ob man baden darf – bei ›Rot‹ ist das Meer gefährlich. Zu weit hinaus schwimmen sollte man prinzipiell nicht, da die Strömung stark ist. Der Strand ist natürlich auch ein gutes **Jogging-Revier** – vor allem bei Ebbe, wenn der Sand feucht und fest ist und man guten Halt findet.
Wassersport – **Water Sport Center** 9 : Anexo II, Tel. 928 76 66 83. Man kann Tretboote und Surfboards ausleihen, die Wellen auf Wasser- und Jetskiern sowie in Banana-Boats durchpflügen. Beim Parasailing wird man – an einem Fallschirm hängend – von einem Motorboot in bis zu 100 m Höhe übers Meer gezogen.
Tauchen – **Divingcenter Sun Sub** 10 : Plaza de Ansite 1, Tel. 928 77 81 65, www.sunsub.com. Renommierte Tauchschule mit Sitz im Hotel Buenaventura; außer Kursen auch Land-, Boots- und Nachttauchgänge.
Radfahren – **Free Motion** 11, Av. Alféreces Provisionales s/n, Hotel Sandy Beach, Tel. 928 77 74 79, www.free-motion.net: Gut organisierte Rad- und Mountainbiketouren in allen Ecken der Insel, auch Quadtouren, außerdem im Programm: Wandern, Outdoor Camps und Powerkiting.
Radverleih auch bei **Happy Biking** 12, Hotel Ifa Continental, Playa del Inglés, Av. de Italia 3, Tel. 928 76 68 32, www.happy-biking.com.
Wandern – **Evangelisches Tourismuspfarramt** 13: Calle Roma 4-B (Walter und Susanne Baßler), Tel. 928 77 65 02, www.kirche-gran-canaria.de: Seit vielen Jahren werden auf Selbstkostenbasis Wanderungen angeboten – ein

Glaubensbekenntnis wird nicht verlangt! Da die Touren beliebt sind, empfiehlt es sich zu reservieren. Mit dem Templo-Bus (mehr als zehn Haltestellen zwischen Maspalomas und San Agustín!) geht es dienstags zu einer leichteren, donnerstags zu einer anspruchsvolleren Tour in die Berge hinauf.

Tennis – **Centercourt** 14: Plaza de Ansite 1 (Hotel Buenaventura), Tel. 928 76 16 50. In der Tennisschule werden Kurse für Anfänger und Fortgeschrittene angeboten.

Fallschirmspringen – **Skydive** 15: Mob. 675 57 32 45, www.skydivegrancanaria.es. Der Infostand befindet sich am südlichen Ende von Anexo II, der Flieger, von dem aus der Fallschirmtandemsprung erfolgt, startet auf dem Sportflughafen nördlich San Agustín.

Motorradverleih – **Sun Fun** 16: Av. de Gran Canaria 30 (C.C. Gran Chaparral), Tel./Fax 928 76 38 29, www.sunfun-motorrad.com. Zweiradvermietung, gut gewartete Motorräder und Roller.

Abends & Nachts

Discos & Clubs: Playa del Inglés ist Gran Canarias Partymeile, auch werktags ist jede Menge los. In Stimmung bringt man sich in den Terrassencafés von Meloneras (S. 159), bevor man die Dancefloors im Umkreis der **Shopping-Cen-**

Heiße Nächte in Playa del Inglés

Der Süden: Costa Canaria

Mein Tipp

Kultur tanken
Vielleicht haben Sie nach ein paar Tagen am Strand Lust auf Kultur, wollen vielleicht ein hochkarätiges Klassikkonzert, eine Tanz- oder Theateraufführung erleben? Zwar ist im Süden Kultur vorerst noch Mangelware, doch dafür bietet die Hauptstadt Las Palmas um so mehr. Eine gute Übersicht über alle anstehenden Events finden Sie in der deutschen Wochenzeitschrift ›infocanarias‹. Möchten Sie sich die Mühe sparen, ein Ticket telefonisch vorzubestellen, nimmt Ihnen ein von deutschen Residenten gegründetes Kulturbüro die Arbeit ab und kümmert sich obendrein um den Transport.
Kulturbüro / Oficina Cultural 7, Av. de Tirajana 10 (am Cita-Kreisel), Playa del Inglés, Tel. 928 77 82 45, www.ocgc.info, Mo–Fr 10–13 Uhr.

ter **Yumbo**, **Kasbah** und **Plaza** ansteuert.
Angesagte Clubs – Bekannte Namen sind das **Fabric** 2 im Kasbah (Techno), www.fabricgrancanaria.com, das **Chic & Cream** 3 im Apartmenthaus Marítim Playa (House), www.chicmaspalomas.com, oder ein Ableger des legendären Ibiza-Clubs **Pacha** 4 (Av. de Sargentos Provisionales 10).
Schwule Szene – Das Shopping Centre Yumbo mit der Gay-Disco **Heaven** 5 ist eine Hochburg der Schwulen. Mehr als 40 Bars, Darkrooms und Clubs ›men only‹ sind hier konzentriert, während sich Lesben mit einer einzigen Adresse (First Lady) begnügen müssen.
Rock & Tex-Mex – **Hard Rock Café** 6: Av. Alféreces Provisionales 27, Tel. 928 76 78 14, www.hardrock.com/grancanaria, tgl. 10–3 Uhr. Eine Dependance der legendären amerikanischen Kette, stilecht mit pinkfarbenem Cadillac auf der Terrasse, Rock-Devotionalien, Tex-Mex-Küche im Salon und guten Cocktails an der langen Bar. Livemusik, meist Rock jeden Abend von Do bis Sa.

Infos und Termine

Infobüro
Av. España/Av. Estados Unidos (Westrand Yumbo-Center), Tel. 928 77 15 50, Fax 928 76 78 48, Mo–Fr 9–20, Sa 9–13 Uhr; eine weitere Info-Stelle gibt es nahe dem Strand am Anexo II.

Termine
Carnaval: März, im Anschluss an die Festivitäten in Las Palmas, allerdings weniger prächtig als dort.
Santísima Trinidad: Mitte Mai. Im Vorort El Tablero findet zu Ehren der Patronin ein Erntedankzug statt, manchmal gibt's eine Riesenpaella.
Fiestas de San Fernando: Letztes Maiwochenende. Bei einer Prozession (meist am letzten Samstag des Monats) wird die Statue des hl. Fernando auf der Plaza von San Fernando aufgestellt. Im Rahmen des Fests gibt es den Gran Asadero de Sardinas, einen Riesengrill von 1000 Sardinen, dazu Gofio und Runzelkartoffeln.
Día de San Juan: 23./24. Juni. In der kürzesten Nacht des Jahres gehen viele Einheimische ans Meer, tauchen drei Mal ein und wünschen sich etwas. Manche legen zur Bekräftigung drei Rosen ins Wasser, begeleitet werden sie von lauten Hexen- und Geisterumzügen. Um das Böse zu bannen, werden Scheiterhaufen entzündet und Feuerwerke veranstaltet.
Masdanza: Oktober/November. Zum traditionsreichen Tanzfestival werden

Maspalomas

Ensembles aus der ganzen Welt eingeladen, www.masdanza.com.
Encuentros de Cine: November, mit internationaler Filmschau im Kulturzentrum von San Fernando (Playa del Inglés).

Verkehr
Bei der Touristeninformation erfährt man, wo man aktuell am günstigsten in die Busse (s. S. 282) einsteigen kann.

Maspalomas ▶D 9

Vor dem westlichen Steilabhang der Südspitze Gran Canarias liegt Maspalomas, das mit Leuchtturm, Dünen und Golfplatz sowie den von viel Grün eingefassten Bungalowanlagen einen entspannten, großzügigen Eindruck vermittelt.

Oasis de Maspalomas
Der Begriff ›Oase‹ trifft nur noch auf die schönen Gärten der Luxushotels an der Mündung des Barranco de Maspalomas zu. Hier stehen majestätische Palmen, viele mehr als hundert Jahre alt. Umgeben sind sie von einer üppigen subtropischen Vegetation, die den Wunsch der Urlauber nach Exotik befriedigt. Die Existenz der Palmen verdankt sich dem kleinen Mündungssee **Charca de Maspalomas,** der auch eine reiche Vogelwelt entstehen ließ. Der Name Maspalomas deutet darauf hin, dass hier ehemals viele Tauben *(palomas)* nisteten. Am sonnigen Seeufer fühlen sich Rieseneidechsen wohl, runzelige Drachen aus Saurierzeiten, die bis zu 50 cm groß werden und gern Kaktusfrüchte essen.

Dunas de Maspalomas !
An den Charca grenzt die Dünenlandschaft, die Sahara-Feeling vermittelt – eine Bilderbuchlandschaft aus flirrendem Sand, durch die Kamelkarawanen mit Touristen ziehen (s. auch S. 150).

Die Promenade
Es überrascht, dass sich Maspalomas keine Edelmeile leistet. Die in zweiter Strandlinie verlaufende Promenade, der ›Boulevard Faro‹, ist von Fast-Food-Restaurants und Souvenirshops gesäumt, deren Besitzer nicht davor zurückschrecken, Passanten mit lästig-nervigen Schleppern anzulocken. Geruhsamer geht es in erster Strandlinie mit Meerblick zu, vor allem am Paseo de Meloneras (s. S. 155).

Campo de Golf & Campo Internacional
Nördlich der Dünen befindet sich der große 18-Loch-Golfplatz von Maspalomas mit großzügigen, flach gebauten Anlagen. Das Zentrum der angrenzenden Bungalowsiedlung Campo Internacional, deren Straßen die Namen internationaler Reiseveranstalter tragen, ist das kreisförmige Einkaufszentrum Faro 2.

Übernachten

Für Honeymooner – **Grand Hotel Residencia** 1: Av. del Oasis 32, Tel. 928 72 31 00, Fax 928 72 31 08, www.seaside-hotels.de, DZ pauschal ab 400 €. Ein paar Schritte vom Charca-See und der Palmenoase entfernt präsentiert sich das kleine Hotel als Luxus-Karawanserei. Großzügige Salons im Kolonialstil mit Bibliothek und Bridge-Raum; 94 Zimmer mit handbemalten Holzdecken und nostalgischem Mobiliar. Sie sind rings um den geschwungenen Pool angeordnet und bieten Ausblick auf die Berge. Dienstbeflissene Angestellte sorgen für das Wohl der Gäste, Entspannung bietet das Spa mit Thermalpool, Saunen und türkischen Bä-

Maspalomas & Meloneras

Sehenswert
1. Faro de Maspalomas

Übernachten
1. Grand Hotel Residencia
2. Palm Beach
3. Riu Grand Palace Maspalomas Oasis
4. Ifa Faro
5. Jardín Dorado
6. Villa del Conde
7. Costa Meloneras
8. H10 Playa Meloneras Palace
9. Riu Palace Meloneras

Essen & Trinken
1. El Senador
2. Ifa Faro
3. Las Rías
4. Fontana de Trevi
5. Café de Paris

Einkaufen
1. Varadero
2. Meloneras Playa
3. Oasis Beach

Aktiv & Kreativ
1. Aqualand
2. Holiday World
3. Karting Maspalomas
4. Campo de Golf Maspalomas
5. Tennis Center Maspalomas
6. Camello Safari
7. Pretty Horse
8. Gran Spa Corrallium Costa Meloneras
9. Meloneras Golf

Abends & Nachts
1. Costa Gabana
2. Gran Casino Costa Meloneras
3. Palacio de Congresos

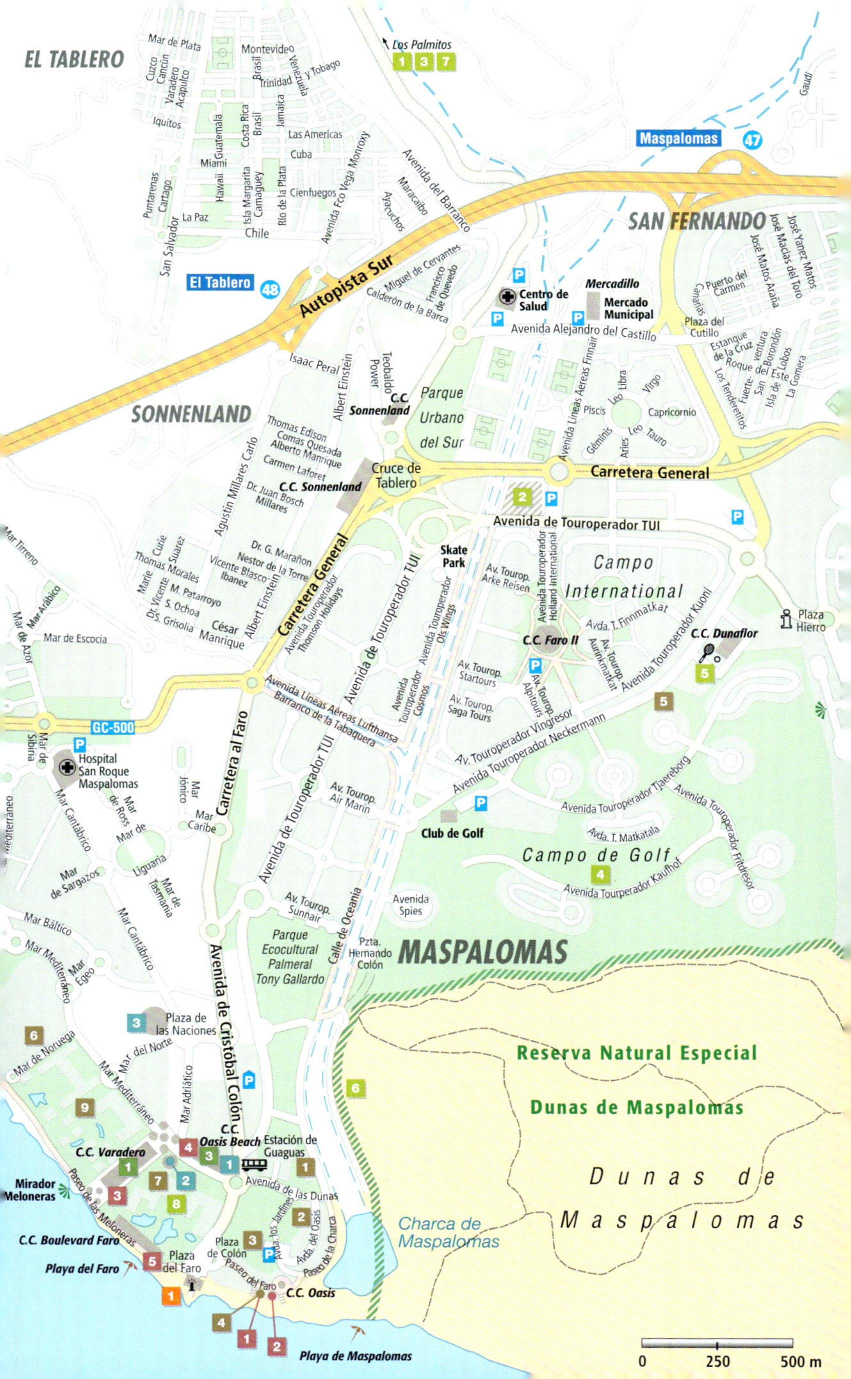
EL TABLERO
Mar de Plata
Montevideo
Cuzco
Cancún
Varadero
Acapulco
Brasil
Venezuela
Trinidad y Tobago
Iquitos
Guatemala
Costa Rica
Brasil
Jamaica
Las Americas
Cuba
Miami
Hawaii
Isla Margarita
Camaguey
Rio de la Plata
Cienfuegos
Avenida Fco Vega Monroy
Puntarenas
Cartago
La Paz
Chile
San Salvador
Los Palmitos
1 3 7
Gaudi
Maspalomas 47
Avenida del Barranco
Maracaibo
Ayacuchos
Autopista Sur
El Tablero 48
Miguel de Cervantes
Francisco de Quevedo
Calderón de la Barca
SAN FERNANDO
José Yanez Matos
José Macías del Toro
José Matos Araña
Puerto del Carmen
Canarias
Centro de Salud
Mercadillo
Mercado Municipal
Plaza del Cutillo
Avenida Alejandro del Castillo
Estanque de la Cruz
Fuerteventura
San Borondón
Roque del Este
Isla de Lobos
La Gomera
Los Tenderetitos
Isaac Peral
Albert Einstein
Teobaldo Power
C.C. Sonnenland
Parque Urbano del Sur
Avenida Líneas Aereas Finnair
Libra
Virgo
Leo
Piscis
Capricornio
Géminis
Aries
Leo
Tauro
SONNENLAND
Thomas Edison
Comas Quesada
Alberto Manrique
Carmen Laforet
Cruce de Tablero
Carretera General
C.C. Sonnenland
Agustín Millares Carlo
Dr. Juan Bosch Millares
2
Avenida de Touroperador TUI
Mar Tirreno
Marie Curie
Thomas Morales
Suarez
Dr. G. Marañon
Nestor de la Torre
Vicente Blasco Ibanez
Dr. Vicente M. Patarroyo
S. Ochoa
Dr. S. Grisolia
César Manrique
Albert Einstein
Carretera General
Avenida Touroperador Thomson Holidays
Avenida de Touroperador TUI
Skate Park
Avenida Touroperador Ols Wings
Av. Tourop. Arke Reisen
Avenida Touroperador Holland International
Campo International
Avda. T. Finnmatkat
Avenida Touroperador Kuoni
Plaza Hierro
Mar Arábico
Mar de Azor
Mar de Escocia
C.C. Faro II
Av. Tourop. Aurinkmatkat
C.C. Dunaflor
5
Av. Tourop. Startours
Av. Tourop. Alpitours
Avenida Touroperador Cosmos
Av. Tourop. Saga Tours
5
Avenida Líneas Aéreas Lufthansa
Barranco de la Tabaquera
GC-500
Mar de Sibiria
Hospital San Roque Maspalomas
Av. Touroperador Vingresor
Avenida Touroperador Neckermann
Carretera al Faro
Mar Jónico
Mar de Ross
Mar Caribe
Avenida de Touroperador TUI
Av. Tourop. Air Marin
Avenida Touroperador Tjaereborg
Avenida Touroperador Fritdresor
Club de Golf
Avda. T. Matkatala
Campo de Golf
4
Avenida Tourperador Kaufhof
Mar Mediterráneo
Mar Cantábrico
Mar de Liguaria
Mar de Sargazos
Mar de Tasmania
Av. Tourop. Sunnair
Avenida Spies
Mar Báltico
Mar Cantábrico
Mar Mediterráneo
Mar Egeo
Avenida de Cristóbal Colón
Parque Ecocultural Palmeral Tony Gallardo
Calle de Oceanía
Pzta. Hernando Colón
MASPALOMAS
3
Plaza de las Naciones
6
Mar de Noruega
Mar del Norte
Reserva Natural Especial
Dunas de Maspalomas
6
Mar Mediterráneo
Mar Adriático
9
C.C. Oasis Beach
4
3
1
Estación de Guaguas
1
C.C. Varadero
1
7
2
Avenida de las Dunas
Mirador Meloneras
3
8
Paseo de las Meloneras
Avda. los Jardines
2
Avda. del Oasis
Paseo de la Charca
Charca de Maspalomas
Dunas de Maspalomas
C.C. Boulevard Faro
Plaza de Colón
3
5
Plaza del Faro
Playa del Faro
Paseo del Faro
C.C. Oasis
1
4
1
2
Playa de Maspalomas
0
250
500 m

Auf Entdeckungstour

Durch die Mini-Sahara

Wandern Sie durch die schönsten Dünen der Kanaren! Am Ende der Tour kommen Sie zu einer Brackwasser-Lagune am Rand eines Palmenhains.

Zeit: Reine Gehzeit 2,5 Std. (8 km); mit Stopps und Besichtigungen 4–5 Std. Am besten am Vormittag oder in der Zeit um den Sonnenuntergang wandern, wenn der Sand nicht so heiß ist.

Start: Leuchtturm Faro de Maspalomas

Planung: Dünen-Besucherzentrum (Centro de Visitantes), Playa del Inglés, unterhalb der Aussichtsterrasse des Hotels Riu Palace, Mo–Fr 9–14 Uhr; nach dem deutschen Erklärungstext fragen! Eine Kopfbedeckung und auch reichlich Sonnencreme sollte man dabei haben!

Vor dem Hintergrund des Meeres türmen sich haushohe Dünen, vom Wind zu Sichelbergen geformt, immer in Bewegung mit geriffelter, flirrender Oberfläche. Bei jedem Schritt versinkt man knöcheltief, wedelt in die Mulden hinab und steigt mühsam auf den nächsten Kamm. Der Sand ist so weiß und weich, dass manch einer glaubt, er sei von der Sahara herübergeweht. Doch tatsächlich besteht er aus Korallen und Muscheltieren, die in Millionen Jahren von der Brandung zu Pulver zerrieben wurden. 25 km^2 groß ist das Dünengebirge, das in einem 8 km langen Strand ins Meer gleitet.

Von einem ganz anderen Wasser werden die Dünen an ihrer Westseite begrenzt. Wo der Barranco de Fataga ins Meer mündet, blieb als Rest einer ehemaligen Sumpflandschaft eine Lagune erhalten, in der sich Süß- und Salzwasser mischen – regelmäßig wird die schmale Nehrung, die den See vom Meer trennt, überflutet. Im Brackwasser der Lagune fühlen sich nicht nur Seebrassen und Meeräschen wohl, auch Wandervögel legen hier auf ihrer Reise gen Süden gern einen Zwischenstopp ein.

Später Naturschutz

Wo Süßwasser ist, lebt die Wüste. Am Rand der Lagune entstand eine große Palmenoase. Im Zuge des Tourismusbooms wurde sie allerdings privatisiert und in Hotelgärten integriert. Erst 1987 wurden die Dünen samt Lagune unter Naturschutz gestellt. Zwischenzeitlich hatte der See als Abwasserkanal gedient und in die ›Wüste‹ war ein Hotelrohbau geklotzt worden, den man später werbewirksam sprengte. »Wir müssen die Dünen besser schützen«, sagt Inselpräsident José Miguel Pérez heute. Mittlerweile ist das Umland verbaut; wo etwas Platz blieb, wurden die Rasenteppiche eines Golfplatzes ausgerollt. Drastische Maßnahmen sollen helfen: Am Ostrand der Dünen wird die Vergnügungsmeile Anexo II abgerissen. Was von der Palmenoase öffentlich zugänglich blieb, soll in einen Botanischen Garten integriert werden.

Rundtour um die Dünen

Viele Wege führen durch die Wüste, die folgende, 8 km lange Tour ist die abwechslungsreichste. Vom **Leuchtturm** an der Inselsüdspitze spaziert man ostwärts, zur Rechten das Meer, zur Linken das Hotel Faro. Nach ca. 100 m hört die Bebauung auf. Jenseits der schmalen Sandbank sieht man die Lagune **La Charca**, über die man später zurückkehren wird. 4 km läuft man an den Dünenausläufern am Meer entlang. Sollte es unterwegs zu heiß werden, erfrischt man sich in den Fluten.

Von der **Punta de Maspalomas,** wo die Küste in Nordrichtung einknickt, geht es noch 15 Minuten weiter am Strand entlang. Dann steigt man über Treppenwege zur Promenade Paseo Costa Canaria hinauf. Diese führt nach links in 10 Min. zu einem **Besucherzentrum,** in dem Schautafeln die Entstehung der Dünen, ihre Flora und Fauna erklären. Bald schon, heißt es, werde man die Dünen nur noch anschauen, nicht mehr durchlaufen können.

Vorerst aber darf man: Von der Aussichtsterrasse unterhalb des Zentrums geht es westwärts in 25 Min. zum Barranco de Fataga. Kreuzt man ihn, stößt man auf den Paseo zur Lagune La Charca, wo man von einer überdachten Aussichtsplattform Seevögel und die am Ufer ruhenden Rieseneidechsen beobachten kann. Für etwas ›Sahara-Feeling‹ sorgt eine Dromedar-Karawane, die Touristen durch die Sandberge trägt.

Der Süden: Costa Canaria

dern. Vorzügliches Frühstücksbüfett und Gourmet-Dinner.
Tolles Design – **Palm Beach** 2: Av. del Oasis s/n, Tel. 928 72 10 32, Fax 928 14 18 08, www.hotel-palm-beach.com, DZ pauschal ab 210 €. Dejá vu der besonderen Art. Nach seiner Renovierung fühlt man sich im Viersternehaus mit seinen 328 Zimmern in die 1970er-Jahre versetzt: Kräftige Farben kombiniert mit Chrom, Glas und Marmor, klare und strenge Linien erfrischen das Auge. Im großen Palmengarten befindet sich eine Poollandschaft mit Süßwasser-, Salzwasser- und Solebecken sowie das asiatisch angehauchte Spa. Hervorragendes Frühstückbüffet und eine reiche Auswahl am Abend.
Mit Palmenoase – **Riu Grand Palace Maspalomas Oasis** 3: Plaza de las Palmeras, Tel. 928 14 14 48, Fax 928 14 11 92, www.riu.com, DZ pauschal ab 148 €. Die sachliche Architektur ist nicht gerade anheimelnd, gleichwohl hat das Haus viele Stammgäste. Sie kommen, weil der Park – Teil der einstigen Oase – der schönste und größte ist, den ein Hotel auf der Insel zu bieten hat. Unter hundertjährigen Palmen schlagen Pfauen ihr Rad, Edelhühner spazieren umher, in dichtem subtropischem Grün darf man sich ›verstecken‹. 342 Komfortzimmer (den besten Blick haben die zum Garten), vier Tennisplätze mit Kunstbelag, beheizter Pool, Sauna und Fitnesscenter.
Markante Lage – **Ifa Faro** 4: Calle Cristóbal Colón 1, Tel. 928 14 22 14, Fax 928 14 19 40; www.lopesanhotels.com, DZ ab 122 €. Kein Hotel an der Costa Canaria steht dichter am Wasser – in den meisten der 128 Zimmer schläft man ein mit dem Rauschen des Meeres. Mit der Renovierung wurde alles Plüschige beseitigt, das Design ist nun klar und elegant. Kleiner, aber attraktiver Pool im Schatten des Leuchtturms und eine tolle Café-Terrasse.

Familien willkommen – **Jardín Dorado** 5: Avenida Tjaereborg, Campo de Golf, Tel. 928 76 79 50, Ap. ab 54 €. In einer kreisrund angelegten Anlage nordöstlich des Campo de Golf, 2 km vom Strand entfernt. Die freundlich eingerichteten Bungalows sind von kleinen Gärten umgeben. Direkt gegenüber der Anlage befindet sich ein Sportzentrum mit Tennis- und Squash-Courts.

Essen und Trinken

Am Wasser gebaut – **El Senador** 1: Paseo El Faro, Tel. 928 14 04 96, tgl. ab 10 Uhr, Preise um 20 €. Hier sitzt man in erster Linie am Meer und lässt die Strandläufer an sich vorbeiziehen. Es gibt Snacks für den kleinen Hunger; wer mehr Appetit mitbringt, greift zu Fisch und zum guten Lamm.
Mit Meerblick – **Ifa Faro** 2: Calle Cristóbal Colón 1, Tel. 928 14 22 14, tgl. ab 10 Uhr. Im Terrassencafé des Hotels ge-

Maspalomas

nießt man zum Meerblick Kaffee & Kuchen – schön ist es hier auch zum Sonnenuntergang.

Aktiv & Kreativ

Baden / Surfen – Nahe dem Leuchtturm beginnt der Strand, der sich 8 km bis Playa del Inglés erstreckt. Weht der Wind aus südlicher oder westlicher Richtung, baut sich vor dem Leuchtturm eine Welle für erfahrene Surfer auf.
Wasserpark – **Aqualand** 1: Ctra. Palmitos Km 3, Tel. 928 14 05 25, www.aqualand.es, Eintritt 23 €, Kinder bis 12 Jahre 16,50 €. Landeinwärts an der Straße zum Palmitos Park: 29 Rutschbahnen, Wellenschwimmbad mit ›Fluss‹, Minigolf.
Freizeitpark – **Holiday World** 2: Av. Touroperador TUI 218, Campo Internacional, Tel. 928 73 04 98, www.holidayworld-maspalomas.com, tgl. ab 9, Funpark ab 17, im Sommer ab 18 Uhr (geöffnet bis 24 Uhr). Minigolf und Bowling-Bahnen, Riesenrad und Laserdrome, Schiffsschaukel und Kinderkarussell, Spielhöllen, Kneipen, Discos u. a.
Gokart – **Karting Maspalomas** 3: Ctra. Palmitos Km 2, Tel. 928 14 85 46, tgl. 10–22 Uhr. An der Straße nach Los Palmitos, Junior- und Spezialkarts für Kinder und motorbetriebene Bumper-Boats.
Golf – **Campo de Golf Maspalomas** 4: Av. Neckermann s/n, Tel. 928 76 25 81, www.maspalomasgolf.net. Ideal für Anfänger: Der fast flache 18-Loch-Platz (Länge 6220 m) liegt unmittelbar vor den Dünen. Mit Driving Range, Übungsrampe und Putting Green.
Tennis – **Tennis Center Maspalomas** 5: Av. Touroperador Tjaereborg 9, Campo Internacional, Tel. 928 76 74 47. Elf Hart- und Kunstrasenplätze sowie drei Squash Courts.
Kamelsafari – **Camello Safari** 6: Charca de Maspalomas, Tel. 928 76 07 81, www.camellosafari.com, tgl. 9–16

Radtouren – das etwas andere Strandvergnügen an der Badeküste im Süden

Der Süden: Costa Canaria

Hotel Villa del Conde, Luxusanlage im Stil eines kanarischen Dorfes

Uhr. Beim Ritt am Rand der Dünen erfährt man, was es mit der Schaukelei auf sich hat – sie verdankt sich dem Passgang des Wüstentiers, das Vorder- und Hinterfuß einer Körperseite gleichzeitig vorsetzt.
Reiten – **Pretty Horse 7**: Ctra. Palmitos, Mob. 649 42 02 64. Im Stall an der Straße nach Los Palmitos können sich erfahrene Reiter für geführte Touren in die Berge anmelden.

Abends & Nachts

Aktuelle Veranstaltungen, Livemusik und Bilder findet man unter www.maspalomas-tonight.com.
Livemusik – Der 2008 eröffnete **Music World Square** im Freizeitpark **Holiday World 2** ist der größte Konzertsaal der Kanaren, Fr und Sa ab 22 Uhr gibt es Live-Musik! Weitere Tipps s. Playa del Inglés und Meloneras.

Infos

Infobüro: Mirador del Golf/Av. Touroperador TUI, Tel. 928 76 95 85, Fax 928 72 12 07, Mo–Fr 9–16 Uhr.
Termine: s. Playa del Inglés, S. 146.
Verkehr: Der kleine Busbahnhof *(estación de guaguas)* befindet sich nahe dem Leuchtturm.

Meloneras ▶ D 9

Der Leuchtturm an der Inselsüdspitze markiert die Grenze zwischen Maspalomas und Meloneras. Noch vor 50 Jahren stand er mutterseelenallein in der wüstenhaften Küstenlandschaft. Heute ist er mit seinen 56 m Höhe nur einer von vielen Türmen, die die Silhouette von Meloneras bilden. Die anderen gehören zu feudalen Hotelpalästen, die um 2000 errichtet wurden und den Eindruck erwecken, sie stünden hier schon seit Ewigkeiten. Die Villa del Conde (s. u.) etwa, die Fantasy-Version eines kanarischen Städtchens, gruppiert sich um eine ›Kirche‹, die als originaltreue Kopie der Kathedrale von Agüimes daherkommt – inklusive Kuppeln und Türmen.

In Meloneras hat man neue touristische Maßstäbe gesetzt: Statt gesichtsloser Bettenburgen sind Schlösser entstanden, statt Minipools weitläufige Badelandschaften inmitten großer Gärten. Der Mangel an Geschichte und historisch gewachsener Kultur wurde durch Rückgriff auf tradierte Architekturformen kaschiert – eine künstliche Kulisse, in der sich Urlauber wohl fühlen. Trotz hoher Preise sind die Hotels von Meloneras stets die ersten, die ausgebucht sind.

Orientierung

Der 1866 erbaute Leuchtturm **Faro de Maspalomas** 1 ist das älteste Bauwerk der Region. Von hier erstreckt sich eine Mole ins Meer, ein schönes Plätzchen zum Sonnen und zum Betrachten der Uferlinie. Auch der **Paseo de las Meloneras** nimmt hier seinen Ausgang. In Form eines breiten Boulevards zieht er sich die Küste entlang, führt vorbei an künstlichen Höhlen mit Wasserfällen und den Kiessandstränden **Playa de las Mujeres** und **Playa de las Meloneras**. Endpunkt wird eines Tages der Jachthafen Pasito Blanco sein.

Die hinteren Straßen, allesamt nach den Meeren der Welt benannt, geben sich weniger feudal. Sie sind von Villen im Reihenhausstil und Einkaufszentren gesäumt, die architektonisch so gar nicht zusammenpassen: Oasis Beach imitiert eine Kasbah-Stadt und wirkt hypermodern, Varadero langweiligfunktional.

Auch das Veranstaltungszentrum **Palacio de Congresos** 3 fügt sich mit seinen runden Formen nicht in die vorherrschende ›feudale Linie‹ ein. Immerhin können die freien Flächen westlich Meloneras nicht zugebaut werden: Sie sind mit den sanft gewellten Rasenteppichen des 18-Loch-Golfplatzes **Campo de Meloneras** bedeckt.

Übernachten

Alle hier vorgestellten Hotels liegen in erster Küstenlinie an der autofreien Meerespromenade.

Kunstwelt mit Patina – **Villa del Conde** 6: Calle Mar Mediterráneo 7, Tel. 928 56 32 00, Fax 928 56 32 22, www.lopesanhotels.com, DZ ab 148 €. In dieser ›gräflichen Stadt‹ *(villa del conde)* ist alles schöner Schein: Die fünfschiffige ›Kathedrale‹, eine originalgetreue Replik der Kirche von Agüimes, ist die Empfangshalle. Die pastellfarbenen Balkonhäuser, die sich rings um großzügige Plazas gruppieren, beherbergen die komfortablen Zimmer. In die künstlichen Klippen wurde ein ›See‹ mit Thalasso-Zentrum geschlagen. Alles in dieser Fünfsterneanlage erweckt den Eindruck, es sei historisch gewachsen!

Riesengroß – **Costa Meloneras** 7: Calle Mar Mediterráneo 1, Tel. 928 12 81 00, Fax 928 12 81 22, www.lopesanhotels.com, DZ ab ab 132 €. Das Luxushotel wirkt mit seiner pompösen Einfahrt, den Türmen und Arkaden wie ein Schloss. Im großen Garten befindet

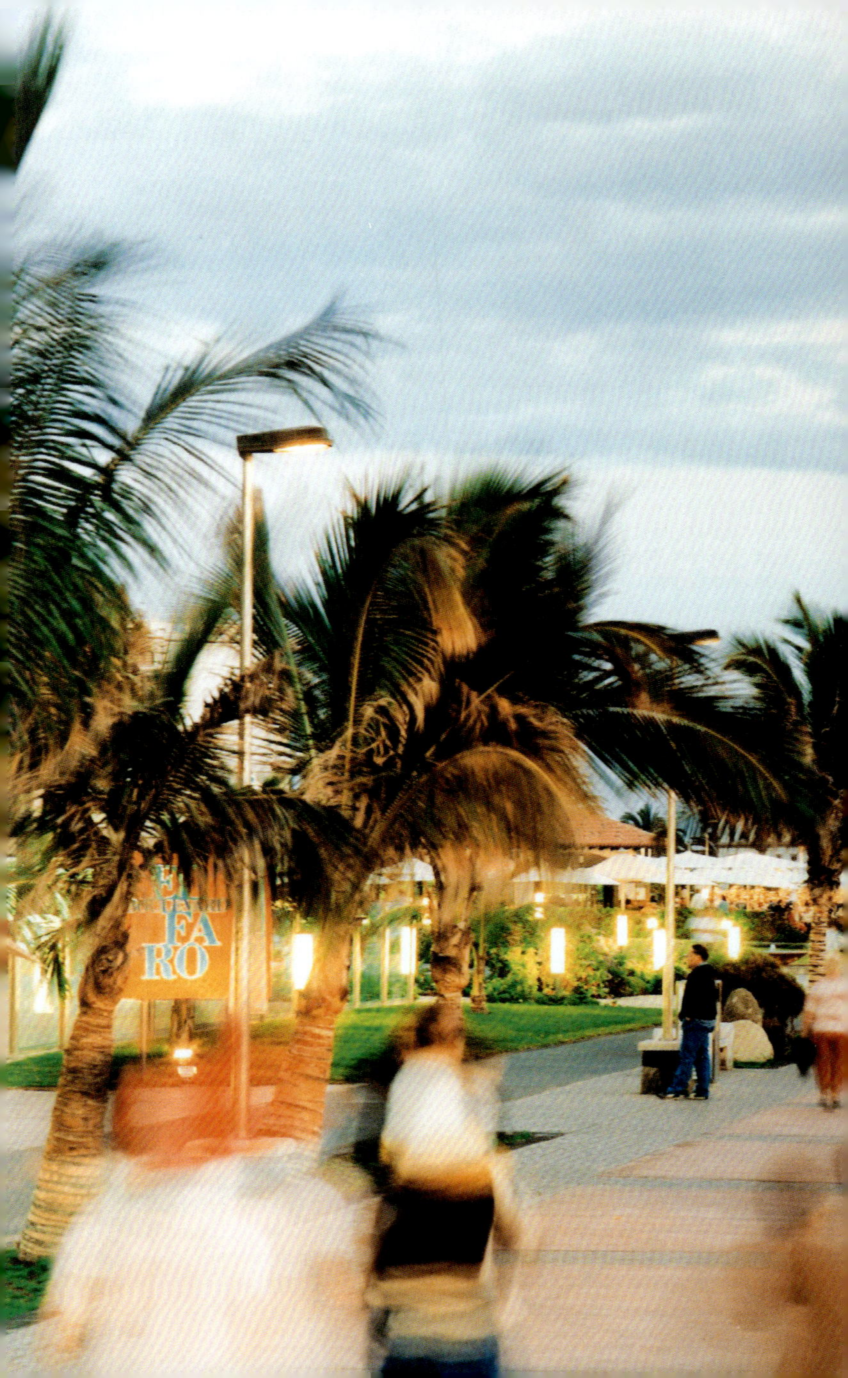
EL
FA
RÓ

Lieblingsort

Sunset Boulevard Meloneras
Wenn es im Süden einen schönen Ort zum Bummeln gibt, so ist es dieser. Auf der weit aufs Meer führenden Mole lässt man sich nieder und beobachtet Surfer, die sich kühn in die Wellen stürzen, während weiter draußen ein Fischerboot die Küste entlang tuckert. Besonders stimmungsvoll ist es am späten Nachmittag: Vom Leuchtturm spaziert man der untergehenden Sonne entgegen, vorbei an leuchtenden Hotelpalästen mit ihren Türmen und Kuppeln. Terrassencafés locken mit kühlen Cocktails, die Brandung macht die Musik – was will man mehr?

Der Süden: Costa Canaria

sich ein raffiniert angelegter, mittlerweile oft kopierter Pool. Sein Wasser scheint mit dem Blau des Meeres zu verschmelzen, über eine künstliche Felswand fällt es kaskadenartig zur Promenade hinab. Weniger aufregend sind die 1136 (!) Zimmer (unbedingt Meerseite buchen!). Die Größe des Hotels bringt es mit sich, dass man weite Wege zurücklegen muss. Obwohl es sechs Restaurants gibt, kommt oft Gedränge auf. Mit großem Spa (nicht inkl.) und einer Tennisschule.

Futuristisch – **H10 Playa Meloneras Palace** 8 : Calle Mar Caspio 5, Tel. 928 12 82 82, www.h10.es, DZ ab 132 €. Statt auf Historie wird hier auf Moderne gesetzt: geschwungene Dächer, klare, minimalistisch inspirierte Formen und viel Weite sorgen für ein entspanntes Wohngefühl. 376 Zimmer, Thalasso-Zentrum, vier Pools und ein Tennishartplatz.

Service wird groß geschrieben – **Riu Palace Meloneras** 9 : Calle Mar Mediterráneo s/n, Tel. 928 14 31 82, Fax 928 14

Shopping Center Varadero in Meloneras

25 44, www.riu.com, DZ ab 126 €. Mit seiner strahlend weißen ›Palastfassade‹ und den schlossartigen Türmchen sieht es dem Riu Palace in Playa del Inglés zum Verwechseln ähnlich, wirkt aber insgesamt weniger exklusiv. Außer den 305 Zimmern im Haupthaus gibt es 144 Suiten, die an der Promenade liegen. Mit großem Poolgarten, Restaurants, zwei Kunstrasentennisplätzen, Beauty- und Massagesalon. Nebenan liegt das Clubhotel Riu Gran Canaria mit weiteren 639 Einheiten.

Essen & Trinken

Am schönsten sitzt man an der Promenade, wo sich attraktiv gestylte Cafés, Eisdielen und Lokale aneinander reihen. Weitere Restaurants gibt es im Centro Comercial Varadero sowie in der einem Souk nachempfundenen Einkaufspassage Oasis Beach in zweiter Strandlinie.

Feine Fischküche – **Las Rías** 3 : C.C. Varadero, Tel. 928 14 00 62, Preise um 30 €. Das Großlokal im Obergeschoss des C.C. Varadero ist ein ›Ableger‹ von Rías Bajas in Playa del Inglés. Am Fisch ist nichts auszusetzen, das Ambiente aber kann – trotz Meerblicks von einigen Tischen – nicht mithalten.

In-Treff – **Fontana de Trevi** 4 : Calle Mar Mediterráneo 2, Tel. 928 14 69 05, Preise um 24 €. In der Passage Oasis Beach, gegenüber vom Eingang zum Hotel Costa Meloneras. Gute italienische Küche in entspanntem Ambiente auf einer verglasten, abends von Heizstrahlern erwärmten Terrasse. Es gibt hausgemachte Pasta und klassische Soßen, fragen Sie nach dem Tagesgericht!

Für den kleinen Hunger – **Café de Paris** 5 : C.C. Boulevard Faro, tgl. ab 10 Uhr. Dank seiner guten Lage am Anfang der Promenade ist der runde Pavillon von morgens bis abends gut besucht. Man stärkt sich mit hausgemachten Torten und Kuchen, Shakes und frisch gepresstem Saft.

Aktiv & Kreativ

Baden – An der 600 m langen **Playa de Meloneras** ist der Sand oft weggespült, besser geht man gleich zum Strand von Maspalomas.

Wellness – **Gran Spa Corrallium Costa Meloneras** 8 : Mar Mediterráneo 1, Tel. 928 12 81 81, tgl. 9–22 Uhr. Das Spa

Der Süden: Costa Canaria

Center bietet auf 3000 m² eine Erlebnis-Landschaft mit Kneipp-Grotten und ›tropischen‹ Wasserfällen, afrikanischer Sauna und türkischem Dampfbad, eisigem Iglu und ›Totem Meer‹ in einer Lavahöhle. Draußen befindet sich ein Thermal-Pool mit Wassermassagedüsen.

Golf – **Meloneras Golf** 9 : Tel. 928 14 53 09, www.lopesanhr.com. Der 18-Loch-Platz liegt in erster Strandlinie zwischen Meloneras und Pasito Blanco. Mit eingestreuten Teichen und Palmenhainen ist er eher anspruchsvoll, auch wettkampfgeeignet. Mit Pitching und Putting Green, Driving Range und mit GPS ausgestatteten Buggies.

Abends & Nachts

Die Bars an der Promenade sind ein guter Ort, um die Nacht einzuläuten. Einheimische trifft man vor allem in den Clubs und Pubs des Einkaufszentrums Oasis Beach (zweite Strandreihe).

Zum Chillen – **Costa Gabana** 1 : C.C. Oasis Beach. Beliebteste Ausgehadresse in Meloneras. Ab Mitternacht steppt hier am Wochenende der Bär, zur Enttäuschung aller Partyfreunde aber ›nur‹ bis 4 Uhr morgens. Elegantentspanntes Chillout-Ambiente, gute Cocktails und Livekonzerte locken ein bunt gemischtes, kanarisch-internationales Publikum.

Zum Zocken – **Casino & Casino Show** 2 : Gran Casino Costa Meloneras, Av. del Mediterráneo 1, Casino Tel. 928 14 39 09, www.grancasinocostameloneras. com, tgl. ab 20 Uhr. Unter einer großen Kuppel sind 17 Spieltische und 100 Slot-Maschinen aufgebaut, artistisch gestaltete Skulpturen zeigen Glücksfeen. Französisches Roulette und ab 21.30 Uhr eine fulminante Tanz-Revue.

Zum Ausgehen – **Palacio de Congresos** 3 : Calle Príncipe de Asturias s/n, z. Z.

geschl. Hier sollen demnächst nicht nur Tagungen, sondern auch Konzerte und andere Kulturveranstaltungen stattfinden.

Infos

Termine/Feste: s. Playa del Inglés, S. 146.
Verkehr: Der kleine Busbahnhof *(estación de guaguas)* befindet sich nahe dem Leuchtturm.

Los Palmitos ▶ D 7

Bis zum Inselbrand im Sommer 2007 war der **Tier- und Pflanzenpark** in der ›Schlucht der kleinen Palmen‹, 12 km nördlich von Maspalomas, die große Attraktion des Südens. Auf dem Grund des von steilen Wänden umschlossenen Barrancos wuchs in üppiger Fülle eine subtropische Vegetation, aufgelockert durch Seen und Bäche. Zu den Höhepunkten zählten ein Kakteen- und Agavengarten, eine Affeninsel, Käfige mit exotischen Vögeln, das Schmetterlings- und Orchideenhaus, die farbenprächtige Unterwasserwelt des Aquariums, das Minibiotop der Piranhas, eine Papageien- und eine Greifvögel-Show. Der Brand hat den Park verwüstet und viele Tiere getötet – nun wird er wieder aufgebaut (Eröffnungstermin unter www.aspro-ocio.es).

Über dem Park thront das **Hotel Los Palmitos,** das gleichfalls Opfer der Flammen wurde. In den 1970er-Jahren von der mehrfachen deutschen Tennismeisterin Helga Masthoff gegründet, gehörte es aufgrund von Lage, Architektur und Service zu den ungewöhnlichsten der Insel. Auch das Hotel wird neu errichtet – und mit ihm zusammen die sechs Quarzsandtennisplätze, der Golf-Übungsplatz und das herrliche, sich zum Tal öffnende Spa. Oberhalb des Hotels, am Paso de los Palmitos, startet eine Wandertour in die herbe Bergwelt des Südens (Hotel Los Palmitos, Barranco de los Palmitos 22, Tel. 928 14 21 00, Fax 928 14 11 14, www.lospalmitos.com, Wiedereröffnung voraussichtlich 2009).

Pasito Blanco ▶ D 9

Folgt man von Maloneras der alten Küstenstraße GC-500, kommt man nach Pasito Blanco, einem ruhigen Residenten-Resort mit villenartigen Häusern und einem Jachthafen. Eine Schranke signalisiert ›Durchfahrt verboten‹, doch braucht man sich darum nicht zu kümmern. Egal wie privat die Küste auch aussehen mag: Laut spanischem Gesetz ist sie öffentlich und frei zugänglich.

Oberhalb von Pasito Blanco sieht man die Parabolspiegel des INTA, des Instituto Nacional de Tecnología Aerospacial. Diese Station diente der NASA in den 1960er-Jahren zur Überwachung des ersten bemannten Apollo-Flugs zum Mond und begleitete auch die nachfolgenden Weltraumprojekte. Viele Nordamerikaner ließen sich in Las Palmas nieder und bildeten eine regelrechte Kolonie. Die jetzige Station ist nur noch ein Rest der damals umfangreichen, nach dem Ende des Mondprojekts abgerissenen Einrichtungen. Heute werden von Pasito Blanco Satelliten überwacht und Signale von in Seenot geratenen Schiffen aufgefangen.

Salobre ▶ D 8

Auf der Karte ist der Ort samt Golfplatz ausgewiesen, doch von der Autobahn sieht man ihn nicht: Die GC-1 bahnt sich ihren Weg durch die typische ausgedörrte Landschaft des Südens, ringsum erblickt man nichts als karge Hügelketten.

Wählt man hinter Km 52 die angezeigte Salobre-Abfahrt, kommt man über eine Serpentinenstraße zu einer Anhöhe, an der sich das Geheimnis lüftet: Rechts blickt man auf ein Clubhaus, links auf einen rustikalen Spar-Laden und geradeaus auf ein weites Tal, dessen grüner Golfrasen inmitten der Dürre bizarr anmutet. Nach Passieren einer Schranke fährt man weiter, vorbei an minimalistisch inspirierten Natursteinhäusern. 4 km hinter der Autobahnabfahrt ist das Hotel Sheraton Salobre erreicht.

Übernachten

Trendy – **Sheraton Salobre Golf & Resort:** Autopista GC-1 Km 52, El Salobre, Tel. 928 94 30 00, Fax 928 94 30 10, www.sheraton.com/grancanaria; Golfplatz, Tel. 928 01 01 03, www.salobregolfresort.com, DZ 150–280 €. Das kantig-kubistische Hotel mag man passionierten Golfspielern empfehlen, die den anspruchsvollen 27-Loch-Platz intensiv nutzen wollen und gern in Design-Bauten leben. Sheraton Salobre verfügt über 313 Zimmer mit Blick auf Golfplatz, Bergwelt oder Meer. Viele Gäste, das zeigt ein Blick auf die Bewertungen im Internet, fühlen sich im Sheraton jedoch nicht so wohl: Die Anfahrt zum Strand ist mühsam und 12 km lang, die Poollandschaft und das Spa sind nicht so überragend, dass man den ganzen Tag bleiben möchte. Hervorragende Arbeit haben die Innenarchitekten geleistet, freilich ist das, was gut aussieht, nicht immer bequem.

Das Beste auf einen Blick

Der Südwesten: Costa Mogán

Highlight !

Puerto de Mogán: Der schönste Hafen der Kanaren ist ein architektonischer Lichtblick. Die dem Ort vorgelagerte Siedlung begeistert mit hübschen Häusern im andalusischen Stil, eingefasst von subtropischer Vegetation. Man läuft durch schattige Gassen, Brücken führen über kleine Kanäle, das Wasser ist kristallklar. S. 175

Auf Entdeckungstour

Bootstrip zu Walen und Delfinen: Im Meer zwischen Gran Canaria und Teneriffa tummeln sich viele Meeressäuger, die sich auch gern an der Wasseroberfläche zeigen. S. 168

Kultur & Sehenswertes

Barranco de Arguineguín: Reizvoll sind die tief eingeschnittenen Schluchten, die von der Küste landeinwärts ziehen. Am schönsten ist die Soria-Schlucht, die an einem palmenbestandenen Stausee endet. S. 166

Aktiv & Kreativ

Bootstouren: Zwischen Arguineguín, Puerto Rico und Puerto de Mogán pendelt ein Linienboot. Außerdem starten in den beiden letztgenannten Häfen Segeltörns und Trips zum Baden in abgelegenen Buchten. Sogar eine Fahrt im U-Boot wird angeboten. S. 170, 181

Segeln lernen: Puerto Rico ist ein Segel- und Surfzentrum. Eine deutschsprachige Segelschule gibt es in Puerto de Mogán. S. 170, 177

Der Küstenweg zur Playa Amadores: Vom Nordende Puerto Ricos führt ein Klippenweg zum ›karibischen‹ Strand der Nachbarbucht. S. 172

Genießen & Atmosphäre

Beach Club Amadores: Nicht nur zum Sonnenuntergang eine gute Adresse. Chillout-Lounge auf einem Kap, ein ›kreatives‹ Restaurant und eine Terrasse mit Bali-Liegen. S. 173

Lokale in Puerto de Mogán: Mit Blick auf schnittige Jachten in glitzerndem Wasser verbringt man im Faro oder im Café de Mogán gern ein paar Stunden. S. 180

Abends & Nachts

Bar Marina in Puerto de Mogán: Der irische Besitzer lädt häufig Musiker zu Live-Auftritten ein. Einmal im Jahr, meist im Dezember, organisiert er ein Jazz-Festival. S. 181

Gran Canarias sonnigste Seite

Der Südwesten hat keine so prachtvollen Strände wie die Region von Maspalomas, dafür aber, da er im Windschatten des Nordostpassats liegt, die meisten Sonnenstunden. Selbst wenn überall sonst auf der Insel Wolken aufziehen, bleibt es hier in der Regel heiter.

Lange Zeit gab es nur die beiden Fischerdörfer Arguineguín und Puerto de Mogán. Die von schmalen Buchten unterbrochene Steilküste schien für touristische Erschließung wenig geeignet. Doch mit dem ungebremsten Tourismusboom kam auch der Südwesten ins Visier der Bau- und Hotelindustrie. Den klimatischen Idealzustand im Südwesten wollte man nicht ungenutzt lassen: Anlagen wurden in die Klippen geschlagen, künstliche Strände aufgeschüttet und Häfen auf Neuland im Meer angelegt. So wurde innerhalb weniger Jahre die Landschaft komplett umgeformt.

Eine fast ununterbrochene Abfolge von Ferienorten reiht sich von Arguineguín bis Puerto de Mogán. Zwar sind sie allesamt nach gleichem Muster gestrickt, dennoch haben sie unterschiedlichen Charakter. Während **Arguineguín** nicht schön, aber doch halbwegs kanarisch ist, sind **Playa del Cura** und **Playa de Taurito** reine All-inclusive-Welten. Künstlich sind auch **Playa Amadores** und **Playa de Tauro,** die aber auf gehobenen Tourismus setzen: Amadores mit ›karibischem‹ Strand, Tauro mit einem Golfplatz. In **Patalavaca** sind Nobelunterkünfte von ausufernden Apartmentanlagen umzingelt. **Puerto Rico,** mittlerweile etwas in die Jahre gekommen, punktet noch immer mit dem größten Angebot an Wassersport und Bootsausflügen. Am schönsten ist **Puerto de Mogán** mit einer Mischung aus altem Fischerdorf und mondänem Hafen.

Infobox

Internet
www.mogan.es
www.playa-amadores.com (mit Webcam)

Unterwegs mit Auto und Bus
Die Autobahn GC-1 ist ausgebaut bis Playa de Amadores. Solange sie nicht bis Puerto de Mogán weitergeführt ist, müssen Autofahrer mit der GC-500 vorliebnehmen.

Mit den Bussen der Gesellschaft GLOBAL erreicht man Las Palmas mit Linie 01 (ab Puerto de Mogán) und 91 (ab Playa del Cura), Bus 32 verbindet Playa del Inglés mit Puerto de Mogán. Von dort geht es weiter ins Bergdorf Mogán (Linie 38/84) und nach La Aldea de San Nicolás (Linie 38). Busfahrplan s. S. 282.

Arguineguín ▶ C 9

Wer von Osten kommt, sieht zunächst eine große Zementfabrik in bester Strandlage an der Bucht Santa Agueda. Der Anblick der Fabrik ist vergessen, sobald man in Arguineguín, das schon zur Gemeinde Mogán gehört, zum Hafen hinunterfährt. Hier bietet sich noch ein recht malerisches Bild, das man an dieser von Ferienanlagen gesäumten Küste nicht erwartet.

Meerseitig durch eine hohe und lange Mole geschützt, liegt der **Fischer- und Sporthafen** mit mehreren

Arguineguín

Das Wassersportzentrum an der Costa Mogán: Puerto Rico

Schwimmdocks und rund 100 Ankerplätzen. Vor der Hafenpromenade herrscht ein reges Treiben. Aufgedockte Boote werden emsig repariert, gepflegt und bunt angestrichen. In den frühen Morgenstunden oder spät am Abend, je nach Saison, wird in der Nähe der großen Mole frisch gefangener Fisch zum Verkauf angeboten oder versteigert.

Geht man ganz um die Bucht mit der hellsandigen Playa de Marañuelas herum, trifft man auf dem erhöhten Felsbereich auf viele Bars und Restaurants. Von diesem **Puesta de Sol** (Sonnenuntergang) genannten Promenadenbereich hat man einen weiten Blick auf den Hafen. Das Meer wirkt hier meist so, wie es der altkanarische Name des Ortes andeutet: ›Stilles Wasser‹.

Arguineguín ist einer der wenigen Orte im Süden mit einem Ortskern, der schon vor dem Touristenboom existierte. Fischfang war stets die Erwerbsgrundlage. Nachdem 1890 zwei Pökelanlagen gebaut wurden, siedelten sich weitere Familien an. Eine zusätzliche Erwerbsquelle bot der Tomatenanbau. Einziger Transportweg war lange das Meer, bis in den 1930er-Jahren eine Küstenpiste gebaut wurde. Die armseligen Bambusrohr- und Bretterhütten wurden erst ab Mitte des 20. Jh. durch feste Steinhäuser ersetzt. Ab den 1960er-Jahren gewann der Tourismus an Bedeutung, der auch Arguineguín heute prägt.

Der Südwesten: Costa Mogán

Barranco de Arguineguín ▶ C 7/8

Den größten Stausee der Insel erreicht man auf der schmalen GC-505 Richtung ›Cercado de Espino/Presa de Soria‹. Auf den ersten Kilometern geht es vorbei an Bananenplantagen und Kiesgruben, die das Zementwerk versorgen. Bei den Weilern El Sao und Los Peñones mit üppigem Blumenschmuck wird das Tal enger und damit interessanter. Hinter Los Peñones zweigt eine Stichstraße nach **Cercado de Espino** ab, einem Dorf mit hübschen Plätzen und Bars. Weiter geradeaus folgt der Weiler La Filipina mit hohem Schilfrohrgestrüpp im Tal und auch an der Wegstrecke. Nachdem man den Ort passiert hat, geht es in steilen Kurven bergauf. Hier beginnt die immer dichter werdende südliche Kiefernzone.

An der Gabelung im Dorf El Barranquillo Andrés hält man sich rechts und gelangt zur **Presa de Soria,** einem von Palmen umstandenen Stausee, der sich nach winterlichen Regenfällen in seiner ganzen Pracht zeigt. Geschieht es, dass er sich im Sommer leert, wird er von den Einheimischen ›Presa de Aire‹ (Luftsee) genannt. Man kann zur Staumauer des Sees wandern oder im Restaurant Casa Fernando eine Rast einlegen. Falls Sie Anisbrot schätzen, besuchen Sie die Dorfbäckerei *(panadería),* wo es im Steinofen gebacken wird!

Hinter der Bäckerei wird die Straße noch romantischer. Sie führt oberhalb verfallener Natursteinhäuser entlang, die am Seeufer in dichtem Palmengrün stehen – die Bewohner mussten sie beim Bau des Stausees aufgeben. Am Nordende des Sees endet die Fahrt. Die Straße geht in eine nur für Jeeps befahrbare Holperpiste über.

Wer nicht auf gleichem Weg zurückfahren will, biegt im Dorf El Barranquillo Andrés rechts ab. Nach 4 km ist die GC-605 erreicht: Rechts geht es auf ihr zum Stausee Cueva de las Niñas und nach Ayacata, links nach Mogán und Puerto de Mogán.

Essen & Trinken

Mit Blick aufs Meer speist man in den Restaurants an der Promenade. Da Kanarier weniger Wert auf eine gute Aussicht legen, laufen auch die Lokale in den Seitenstraßen gut.

Frische Ware – **Cofradía de Pescadores:** Puerto Pesquero s/n, Tel. 928 15 09 63, Mo geschl., Preise um 20 €. Das Hafenlokal der ›Genossenschaft der Fischer‹ platzt am Wochenende aus allen Nähten. Dabei gibt es keinen Meerblick, das Ambiente ist kantinenähnlich und die Preise sind nicht gerade niedrig. Doch Fisch und Meeresfrüchte sind frisch!

Mit Meerblick – **Casa Los Pescaítos:** Calle La Lajilla s/n, Tel. 928 73 69 13, Preise um 20 €. Im kleinen Einkaufszentrum Puesta del Sol (Sonnenuntergang) sitzt man auf einer Terrasse über den Wellen und genießt klassische Fischgerichte.

Multikulti – **Fusíon:** Calle Alonso Quesada 13, Tel. 928 18 56 62, Preise um 20 €. Lounge-Bar und Lokal am Ostende von Arguineguín (nahe dem Marktplatz). Der Engländer David hat asiatische Köche engagiert, die Gerichte ihrer Heimat zubereiten, darunter viel Vegetarisches. Fragen Sie nach den Tagesgerichten!

Unkompliziert – **Wine & Marmalade:** Calle La Lajilla 13, Tel. 928 73 68 42, www.wineandmarmalade.com, tgl. 9– 19 Uhr, Tapa ab 2 €. Das kleine Café in zweiter Strandlinie (gegenüber dem Einkaufszentrum Puesta del Sol) ist rotweiß wie die Kaffeemarke, die hier verkauft wird: Stefano schwört auf

Mein Tipp

Schiffsausflug preiswert
Schiffe der Líneas Salmón und Blue Bird pendeln etwa stündlich von 10–17 Uhr auf der Strecke Arguineguín – Puerto Rico – Puerto de Mogán. Die Fahrt dauert ca. 30 Min., einfache Fahrt nach Puerto Rico 6 €, nach Puerto de Mogán 11 €; wer hin und zurück bucht, erhält einen kleinen Rabatt. Man kann an jedem der angesteuerten Orte aussteigen, um mit einem späteren Boot weiterzufahren. Besonders voll sind die Fähren dienstags, wenn in Arguinegín Markt ist, und freitags, wenn Puerto de Mogán Markttag hat. Die Tickets erhält man an Bord (www.lineassalmon.com).

›Illy‹ aus seiner italienischen Heimatstadt Triest. Außerdem serviert er zu günstigem Preis ›Gourmet-Snacks‹ und gute Weine.

Einkaufen

Flohmarkt – Dienstags, wenn am östlichen Ortsende der Flohmarkt stattfindet, herrscht im Ort Ausnahmezustand. Angeboten werden Kommerz-Kitsch, afrikanische Schnitzarbeiten und kanarisches Kunsthandwerk made in China, auch Obst, Gemüse und ein paar Kulinaria sind mit von der Partie.

Infos

Touristeninformation
Paseo Marítimo (über der Playa), Mo–Fr 10–13 Uhr.

Termine
Fiesta de Nuestra Señora del Carmen: 16. Juli. Das Bildnis der Schutzheiligen der Fischer wird in einer farbenprächtigen Bootsprozession nach Puerto de Mogán gebracht, wo sich nahtlos eine Fiesta anschließt. Am Sonntag eine Woche später wird die Heilige in die Heimat zurückgebracht.

Verkehr
Linienbusse verkehren entlang der Durchgangsstraße. Verbindungen s. S. 282.

Patalavaca ▶ C 8

Während in Arguineguín viele Einheimische leben, ist der westlich angrenzende Ort eine reine Touristenzone. Die Durchgangsstraße verläuft oberhalb der Hotels und Apartmentanlagen, so dass man wenig von ihnen sieht. Die Strände vor den Ferienanlagen sind in der Regel künstlich aufgeschüttet. Der weiße Sand der **Playa de la Verga** in der westlichen Bucht stammt von den Bahamas und ist korallinen Ursprungs. Er vermittelt ein gewisses Karibik-Feeling und heizt sich weniger auf als normaler Sand. Obgleich er von der angrenzenden Timeshare-Anlage finanziert worden ist, ist er öffentlich zugänglich. Das gilt auch für den kleinen, komfortablen Jachthafen.

Übernachten

Für Gutbetuchte – **La Canaria:** GC-500, Patalavaca, Tel. 928 15 04 00, Fax 928 15 10 03, www.hotelesdunas.com, Neueröffnung Ende 2008. Das ehemalige ›Steigenberger‹, ein Fünfsternehaus, lehnt sich meerseitig mit acht Stockwerken an eine Klippe, sodass man es

Auf Entdeckungstour

Bootstrip zu Walen und Delfinen

Wer Wale und Delfine in freier Wildbahn sehen will, hat hier gute Chancen. In kanarischen Gewässern leben so viele Meeressäuger wie an nur wenigen Orten der Welt.

Zeit: Der Bootstrip dauert 2–3 Std.

Start: Puerto Rico ▶ B/C 8

Planung: Es empfiehlt sich, die Fahrt nicht im Voraus zu buchen, sondern am Tag des geplanten Ausflugs zu prüfen, ob das Meer ruhig ist. Bei aufgewühlter See werden empfindliche, zur Seekrankheit neigende Personen den Trip nicht genießen!

Die meisten Touren werden in Puerto Rico (Puerto Base) angeboten und starten zwischen 10 und 10.30 Uhr, z. B. mit der Multiacuatic (Tel. 928 15 37 47, www.multiacuatic.com) und der Spirit of the Sea (Tel. 928 56 22 29, www.dolphin-whale.com).

In kanarischen Gewässern kreuzen 26 verschiedene Delfin- und Walarten, ein Viertel aller existierenden Arten – so viele wie nirgendwo sonst. So kam es vor, dass Badende am Canteras-Strand ihren Augen nicht trauten, als sie plötzlich in Strandnähe eine Gruppe grauer Rundkopfdelfine sahen. Sie reckten ihre Schwanzflosse in die Höhe und ließen Wasserfontänen spritzen, dann tauchten sie wieder ab. Für Vidal Martín, Direktor des Walmuseums auf Lanzarote, ist das nicht ungewöhnlich: »Vor Las Palmas haben wir eine Kolonie von 80 Tieren ausgemacht, deren Aktionsradius sich über die gesamte Nordküste erstreckt. Offensichtlich fühlen sie sich dort so wohl, dass sie die Küste nicht mehr verlassen wollen«.

Nomadenleben

Eigentlich führen Wale ein Nomadenleben. Im Sommer halten sie sich in den fischreichen Gewässern der Arktis auf, wo sie sich ein beachtliches Fettpolster zulegen. Ein Bartwal verputzt täglich etwa 2–3 % seines Körpergewichts, was etwa zwei Tonnen Fisch entspricht. Sobald es im Frühherbst kühl wird, machen sich die Wale auf die Tausende Kilometer lange Reise gen Süden. Dabei passieren sie im Oktober und November regelmäßig die Kanaren, wo man sie gut beobachten kann.

Die Meeressäuger gehören zur Ordnung der Cetaceen. Ihre Spanne reicht vom 1 m langen Kleinen Tümmler bis zum Blauwal, dem mit 30 m Länge und 200 t Gewicht größten Lebewesen der Welt. Sie finden hier nährstoffreiches Wasser; dank wenig ausgeprägter Strömungen und aufpeitschender Winde ist die Jagd nach Beute leichter als anderswo. Dies sind wohl auch die Gründe, weshalb viele Tiere beschließen, sich gar nicht erst auf die lange Pendler-Route einzulassen.

Sanftes Whalewatching

Gesichtet wurden auf den Kanaren schon große Blau-, Finn-, Buckel-, Sei- und Pottwale, dazu Orcas und Tümmler sowie kleinere Zahnwale, die man gemeinhin Delfine nennt. Öfters tauchen die Tiere auf, um Luft zu holen; da sie neugierig sind, lassen sie sich aber auch mal ›einfach so‹ blicken. Die kleineren von ihnen springen über die Wellen und drehen waghalsige Pirouetten, die größeren schlagen das Wasser mit der Fluke, ihrer Schwanzflosse. Manchmal stoßen sie dabei seltsame Laute aus, glucksende, stöhnende und seufzende Töne.

Mehrere Boote erhielten die begehrte Lizenz für ›Sanftes Whalewatching‹. Im Hafen von Puerto Rico (Puerto Base), manchmal auch in Puerto de Mogán gehen sie gezielt auf die Suche nach Walen und Delfinen. Der Bootsführer hat die Aufgabe, sich strikt an die Auflagen des Tierschutzes zu halten: Ist ein Meeressäuger gesichtet, darf sich ihm das Boot maximal bis auf 60 m nähern, der Gebrauch von Lautsprechern ist verboten.

Seit 2008 haben Urlauber Anspruch auf fundierte Infos: Alle Reisebegleiter müssen einen offiziellen ›Walkurs‹ absolviert haben, in dem sie alles Wichtige zum Leben und Verhalten der Meeressäuger lernen. »Schließlich muss ja auch ein Museumsführer über Mindestkenntnisse der ausgestellten Objekte verfügen«, so ein Sprecher der Inselregierung, »Gleiches muss man daher von den Betreuern der Walausflüge auch erwarten können.«

Auch wenn die Suche nicht erfolgreich sein sollte, ist die Fahrt ein Erlebnis: Man lässt sich die frische Brise um die Nase wehen, sieht die Küste vom Wasser aus und erhascht durch den Glasboden des Schiffes Blicke auf die Unterwasserwelt.

Der Südwesten: Costa Mogán

von der Straße kaum sieht. Fast alle der 240 großen, eleganten Zimmer bieten Seeblick. Vor dem Haus liegt die Pool-Landschaft, die sich bis zum brandungsgeschützten Strand erstreckt.

Puerto Rico ▶B/C 8

Der ›reiche Hafen‹ ist eine Touristenstadt aus der Retorte mit über 30 000 Gästebetten. Angesichts der erdrückenden Masse von Apartmentblocks, die sich an den Flanken des Barrancos hochziehen, wirkt der mit Liegestühlen übersäte Strand viel zu klein. Eine hohe Mole schützt ihn vor Wind und Wellen und ermöglicht daher auch Kleinkindern ein ungefährliches Badevergnügen. Der obere Teil des Strandes wird von einer Promenade gesäumt, an der sich Lokale und Läden aneinanderreihen. Der sich an den Strand anschließende Hafenbereich (Puerto de Escala) bietet eine breite Palette an Wassersportmöglichkeiten. Weiter östlich liegen der große Jachthafen und die Anlegestelle für Ausflugsschiffe (Puerto Base). Westwärts gelangt man auf einem in die Klippen geschlagenen Promenadenweg in 15 Min. zur Nachbarbucht **Playa Amadores** (s. S. 172).

Übernachten

Da die meisten Wohnanlagen Puerto Ricos mittlerweile in die Jahre gekommen sind, empfiehlt es sich, die besseren (und nicht unbedingt teureren) Unterkünfte im benachbarten Playa Amadores zu buchen.

Essen & Trinken

Ganz versteckt – **Don Quijote:** Edificio Porto Novo 12, Puerto Base, Puerto Rico, Tel. 928 56 09 01, So und Mo geschl., Preise um 25 €. Das kleine, mit bemalten Keramiktellern ›tapezierte‹ Hafenlokal ist urgemütlich. Die Küche aus Señor Pachecos Heimat Extremadura ist deftig, der Service dank Frau Elsa aus Holland freundlich – ein schöner Abend ist garantiert! Probieren Sie die hausgemachten Pasteten, das Truthahnfilet mit Garnelen und als Dessert das Nougateis!

Klassisch – **La Paloma:** Ap. Puerto Calma, Puerto Base, Tel. 928 56 06 20, www.restaurantlapaloma.com, So–Fr ab 18 Uhr, Preise um 20 €. Gleichfalls im Hafen: spanisch-internationale Küche in gepflegtem Rahmen. Jeden Tag gibt es einen neu zusammengestellten Vorspeisenteller, Cremesuppe, Meeresfrüche und gutes Filet.

Aktiv & Kreativ

In Puerto Rico dreht sich alles ums Wasser. Während im Puerto Escala Surfen, Segeln und Tauchen angeboten werden, starten vom Puerto Base die Schiffsausflüge. Tickets für letztere erhält man am Steg, wo auch Infomaterial verteilt wird.

Badeausflug – Zwischen 10 und 10.30 Uhr startet man – wahlweise mit Windjammer, Katamaran oder Motorkutter – zu mehrstündigen **Bootstouren** längs der Südwestküste. Unterwegs ankert das Schiff in einer Bucht, wo man baden und schnorcheln kann, zuweilen werden Fun-Trips auf einem Banana Boat angeboten.

Wal- und Delfinbeobachtung – s. Entdeckungstour S. 168.

Hochseeangeln – **Blue Marlin:** Tel. 928 56 50 71, www.bluemarlin3.com. Anmeldung erforderlich!

Segeln und Surfen – **Sail & Surf Overschmidt:** Puerto de Escala, Pantalan 1, www.segelschule-grancanaria.de (s. S.

Puerto Rico

177, ›Mein Tipp‹). Die Schule bietet Segel- und Surfkurse, Surfboards sind ausleihbar. Der Jachthafen Puerto Deportivo von Puerto Rico bietet 531 Booten bis max. 11 m Tiefgang Platz. Er befindet sich auf 27° 46" nördl. Breite, 15° 37" westl. Länge.

Tauchen – **Top Diving:** Puerto de Escala, Tel. 928 56 06 09, www.topdiving.net. Außer Kursen auch Tauchgänge rund um die Insel, zu Riffs und Wracks.

Wasserski – **Escuela Esquí Náutico:** Puerto Escala, Pantalan 2, Puerto Rico, Tel. 928 56 16 20.

Wasserpark – **Atlántida:** Prolongación Av. Tomás Roca Bosch, Tel. 902 45 25 25, Eintritt 22,50/16 €. Oberhalb des Einkaufszentrums Puerto Rico mit Pools, Rutschen, Kamikaze-Tunnel sowie Kindergarten.

Tennis – **Centro Deportivo Puerto Rico:** Av. de la Cornisa s/n, Tel. 928 56 01 34. Tennis- und Squashcourts neben der zentralen Bushaltestelle, auch Schlägerverleih und abends Flutlicht. Daneben Bowling und 18-Loch-Minigolf.

Golfen: s. Tauro, S. 174.

Abends & Nachts

Verglichen mit Playa del Inglés ist Puerto Rico kein heißes Nightlife-Pflaster. Am meisten bietet das C.C. Puerto Rico mit mehreren Spielhallen, Bars und Discos.

Playa de Amadores – eine traumhafte Bucht mit glasklarem Wasser

Der Südwesten: Costa Mogán

Infos

Touristeninformation
Av. de Mogán s/n, Tel. 928 15 88 04, Fax 922 56 10 50, Mo–Fr 9.30–14.30 und 17–19, Sa 9.30–14.30 Uhr.

Termine
Fiestas de María Auxiliadora: Zweite Maihälfte. Die Festgemeinde zieht von der Plaza Grande zum Hafen von Puerto Rico.

Verkehr
Die Busstation befindet sich am Park nördlich der Durchgangsstraße. Verbindungen s. S. 164.
Schiffsverkehr: Schiffe der Lineas Salmón und Blue Bird verkehren stündlich 10–17 Uhr auf der Strecke Arguineguín – Puerto Rico – Puerto de Mogán (s. Mein Tipp S. 167).

Playa Amadores ▶ B 8

Da es in dieser Bucht keinen natürlichen Strand gab, wurde kurzerhand ein künstlicher geschaffen. Er ist breit und strahlend hell, über seinem weißen Sand leuchtet das Wasser türkis. Wellenbrecher greifen mit zwei Armen weit ins Meer und sorgen dafür, dass die Bucht fast geschlossen ist und gefahrloses Baden garantiert. Um den in schönem Halbrund aufgeschütteten Strand wurde eine Promenade angelegt, an der sich Lokale aneinander reihen. Ein ›Stockwerk‹ drüber, abgetrennt durch die viel befahrene GC-500, wurden vor und in die Klippen Komforthotels gesetzt. Binnen weniger Jahre sind mehr Anlagen entstanden, als es der Bucht gut tut.

Dennoch wirkt Playa Amadores noch immer weit weniger bedrängend als Puerto Rico. Und wenn man Abwechslung braucht, spaziert man auf der attraktiven, 1,5 km langen Klippenpromenade zum Nachbarort.

Übernachten

Großzügig – **Dunas Amadores:** Calle Ana Lindts s/n, Playa Amadores, Tel. 928 12 86 40, Fax 928 12 86 45, Playa Amadores, www.hotelesdunas.com, DZ ab 110 €. Das schönste Hotel in Amadores. Mit Naturstein in leicht gerundeten Formen erbaut, fügt es sich gut in die dahinter aufragende Felswand. Die Blicke, die es über die Bucht eröffnet, sind so spektakulär, dass sie zum Leitmotiv des Hauses wurden. Überall gibt es Panoramafenster mit Aussicht aufs Meer. Der Pool, der an der Abbruchkante ›hängt‹, scheint mit dem Himmel zu verschwimmen. Die Zimmer sind geräumig, alle mit großem Balkon, Kitchenette und Meerblick. Das Abendbüfett ist vorzüglich, die Köche kommen vom ehemaligen Fünfsternehaus Steigenberger. Im Preis inbegriffen ist die Benutzung des Spa (Massage-Wasserbad, türkische, finnische Sauna, Erlebnisduschen), gegen Gebühr Kosmetik- und Gesundheitsbehandlungen.
Familientauglich – **Riu Vistamar:** Av. de la Cornisa s/n, Playa Amadores, Tel. 928 72 77 00, Fax 928 72 77 01, www.riu.com, DZ ab 94 €. Das große Clubhotel (475 Zimmer) macht seinem Namen alle Ehre, doch ist der Weg zum Strand weit. Als Kompensation wird ein umfangreiches Animationsprogramm für Kinder und Erwachsene geboten, ein Bus fährt die Gäste zum Strand.
Spa-orientiert – **Gloria Palace Amadores:** Av. de la Cornisa s/n, Playa Amadores, Tel. 928 12 85 10, Fax 928 12 85 17, www.hotelgloriapalace.com, DZ ab 80 €. Auch dieses Viersternehotel ist dem Meer zugewandt. Geräumige Zimmer mit Aussichtsbalkon über der

Playa Amadores, Tauro

Bucht; zwei Außenpools, dazu ein großes Thalasso-Zentrum mit Thermal-Hallenbad und zahlreichen Hydromassage-Stationen, finnischen und türkischen Saunen sowie Erlebnisduschen. Im Panoramalift gelangt man zur Meerespromenade, ohne die Straße queren zu müssen.

Essen & Trinken

In-Treff – **Palm Restaurant Café de Mar:** Playa Amadores, Lokal 64, Tel. 928 72 50 86, www.palmrestaurant.es, tgl. ab 9.30 Uhr, Preise um 25 €. Ein Lokal mit zwei Gesichtern: Tagsüber stärkt man sich in lockerem Ambiente mit Tapas und Salat, Bier im eisgekühlten Humpen und Sangría. Abends nimmt man am edel gedeckten, von Kerzenlicht beleuchteten Tisch Platz und wählt zwischen Extravaganzien wie Filet von Bison, Zebra, Büffel oder Hirsch. Wem das alles nicht behagt, findet ›Bodenständiges‹ wie Lamm mit Kiwi-Marmelade.

Aktiv & Kreativ

Wassersport – An der südlichen Mole kann man **Tretboote** mieten, manchmal starten **Banana-Boats** zu einem Ritt über die Wellen. Weitere Angebote s. Puerto Rico.
Minigolf – Die Anlage **Las Caracolas** am Nordende der Bucht (neben Beach Club Amadores) präsentiert sich als skurriler Park mit einer Vielzahl mannshoher, bunter ›Muscheln‹ (span. *caracolas*).

Abends & Nachts

Von den Lokalen an der **Strandpromenade** erlebt man den Sonnenuntergang, im **Beach Club Amadores** finden oft Konzerte statt. Fast alle Hotels bieten **Abend-Shows** mit Tanz, Akrobatik und Revue, an denen auch Nicht-Hotelgäste teilnehmen können.

Mein Tipp

Chillout – im Beach Club Amadores

Die Holzpagode auf der Spitze der ins Meer vorgeschobenen Mole wirkt informell und zugleich elegant – Beige- und Brauntöne sorgen für Entspannung. Leinenpolster im Korbgeflecht sind zu Sitz- und Liegelandschaften aufgebaut, Speisen und Getränke werden auf Holztischen serviert. In der Lounge unter einem aufgespannten Segeldach genießt man Kaffee oder Cocktails, im Restaurant fernöstlich inspirierte Ethno-Küche. Wer total abschalten will, reserviert eine Bali-Liege Richtung Strand, an der er sowohl speisen als auch sich massieren lassen kann. Mit Internetcafé und Kinderspielplatz.
Beach Club Amadores: Playa Amadores, Tel. 928 56 00 56, www.amadoresbeachclub.com, tgl. 9.30–24 Uhr, warmes Essen ab 13 Uhr, Preise um 25 €.

Tauro ▶ B/C 8

Nächste Station auf der Küstenstraße ist der breite Barranco de Tauro. Einst gab es hier einen großen Campingplatz am Meer, in dem sich Aussteiger auf Zeit mit kanarischen Wochenendausflüglern mischten. Heute hat sich der Campingplatz 2 km landeinwärts verschoben, denn die Küste soll von betuchteren Gästen genutzt werden.

Der Südwesten: Costa Mogán

Diese haben sich in die luxuriöse Timeshare-Anlage Anfi Tauro eingekauft, die inmitten eines großen Golfplatzes liegt, der von allen bespielt werden kann. Eine ältere Feriensiedlung wurde optisch geschickt in das Anfi-Projekt einbezogen.

Übernachten

Verborgen in der Schlucht – **Camping Guantánamo:** Tauro, Tel. 928 56 20 98, www.campingguantanamo.com, zwei Personen mit Zelt und Auto ca. 25 €. Vom Namen sollte man sich nicht abschrecken lassen: Der gepflegte Platz liegt 2 km landeinwärts in einer engen Schlucht, in der Eukalyptusbäume und Palmen Schatten spenden. Mit Pool, Laden und Bar.

Aktiv und Kreativ

Golf – **Anfi Tauro Golf:** Valle de Tauro, Tel. 928 12 88 40, www.anfitauro.es. Zwischen kargen Felshängen erstreckt sich eine weitläufige, sanft gewellte Landschaft mit einem 9- und 18-Loch-Platz, die weite Blicke aufs Meer wie auch auf die Berge bietet. Mit eingestreuten Seen, Club-Haus, Restaurant und Golf-Shop.

Playa del Cura ▶ C 8

›Pfarrers Strand‹ ist der traditionelle Name für eine Bucht, in der es nichts Traditionelles gibt. Der Ferienort ist eine Miniaturausgabe von Puerto Rico, nur viel ruhiger, sofern man nicht gerade in der Nähe der Discos im Einkaufszentrum wohnt. An den Flanken der Barranco-Mündung (mit Kiessandstrand) stehen die beiden Gebäude des Hotels Riviera. Aufgrund ihrer Lage

Mein Tipp

Versteckte Buchten
Noch verfügt die Küste in diesem Bereich über einige unbebaute, romantische Felsbuchten, die man von der Durchgangsstraße zu Fuß erreichen kann. Sie sind bei Ausflüglern aus Las Palmas beliebt, die hier auch gern im Zelt übernachten, was eigentlich verboten ist. Doch wenn man außerhalb der Ferien und der Wochenenden herkommt, hat man eine gute Chance, allein zu sein. Die Zufahrten befinden sich an der GC-500 bei Km 40,8 zur Bucht Tiritaña und bei Km 39,5 zur Playa del Medio Almud.

sind sie den anderen Unterkünften vorzuziehen.

Übernachten

Familientauglich – **Riviera & Marina Resorts:** Tel. kostenlos ab Deutschland 0800 186 60 61, www.strandhotel-riviera.de, DZ 80 €. 270 freundlich-funktionale Zimmer und Suiten zumeist mit Meerblick, dazu Süß- und Meerwasser-Pools und ein lautstarkes Animationsprogramm.

Taurito ▶ B 8

Ein schmaler, kaum 300 m langer Kiessandstrand, gesäumt von steilen Bergflanken, die ringsum gnadenlos zugebaut wurden. Wäre da nicht die für alle zugängliche (gebührenpflichtige) Badelandschaft im Talbett, würden die Touristen am Strand liegen wie Sardi-

Playa del Cura, Taurito, Puerto de Mogán

nen in der Dose. Aufgrund der massigen, in die Höhe schießenden Bauweise kommt leicht ein Gefühl von Enge auf. Daran kann auch der gepflegte Gesamteindruck wenig ändern. Urlauber zieht es aus der Kunstwelt hinaus ins benachbarte Puerto de Mogán – allerdings erreicht man es nur mit Bus oder Mietauto.

Übernachten

Riesengroß – **Taurito Princess:** Tel. 928 56 55 10, Fax 928 56 57 08, www.princess-hotels.com, DZ pauschal und all inclusive ab 104 €. Terrassenförmig lehnt sich das Viersternehaus (402 Zimmer, 11 Etagen) an den Nordhang der Bucht. Über eine glasüberdachte Marmorlobby kommt man in die Zimmer, alle mit Meerblick. Wem das Meer nicht ausreicht, der vergnügt sich an Pools, außerdem gibt es eine Tauchschule sowie Tennis- und Squash-Courts.

Puerto de Mogán ! ▶ B 7

Noch in den 1970er-Jahren war das Fischerdorf ein Geheimtipp für Aussteiger – weit entfernt vom Touristenrummel. Kleine Häuser stapelten sich am sonnenbeschienenen Steilhang, erreichbar waren sie nur über schmale,

Abendbummel am Hafen von Puerto de Mogán

Der Südwesten: Costa Mogán

blumenumrankte Gassen. Damals, als es hier noch keine Straße gab, dauerte eine Bootsfahrt nach Las Palmas einen Tag, ein Maultierritt über die Küstenberge beanspruchte doppelt so viel Zeit.

All dies hat sich in der Folge rasch verändert: Kaum war die Küstenstraße gebaut, waren auch schon die Tourismusplaner zur Stelle. Im romantischen, ›sonnensicheren‹ Fischerort sollte etwas ganz Neues entstehen, wohltuend sollte es sich abheben von den Ferienstädten Playa del Inglés und Puerto Rico. Wer hier seinen Urlaub verbrachte, sollte immer wiederkommen wollen.

Rund um den Hafen

So wurde dem alten Fischerdorf um 1984 ein großer Jachthafen vorgelagert, an den sich heute die stilvollste Apartmentanlage der Insel anschließt. Sie wird wegen der sie durchziehenden Kanäle auch ›Klein-Venedig‹ genannt. Die schmiedeeisernen Gitter und Holzbalkone der nur zweistöckigen, in Pastellfarben aufgehübschten Häuser, die Flaniergassen mit üppigem Pflanzen- und Blumenschmuck sorgen für ein Bilderbuch-Ambiente.

Da in einem Urlaubsort ein richtiger Strand nicht fehlen darf, wurde die Playa vergrößert und der dunkle durch hellen Sand ersetzt. Damit er nicht fortgeschwemmt wird, entstand eine lange, halbrunde Mole. Sie sorgt für ein sicheres Bad, verhindert aber, dass das Wasser ausreichend zirkuliert. Flankiert wird der Strand von einer Promenade, an der leider der bewährte Architekturstil des Hafens nicht beibehalten wurde. Es entstanden funktionale, aber immerhin nur zwei- bis dreistöckige Häuser. Während sich im Erdgeschoss ein Lokal ans nächste reiht, werden in den oberen Stockwerken Apartments vermietet.

Landeinwärts

Ein Boulevard, der nach den hier einst trocknenden Fischernetzen **Pasaje de Trasmallo** heißt, führt durchs Talbett zum ›Schloss‹ von Puerto de Mogán. So nennen die Einheimischen das Viersternehotel Cordial, das mit Türmchen, Säulen und Arkaden, mit Naturstein und Palmengrün einer Fantasy-Story entlehnt scheint. Mit seinen Pastellfarben strahlt es mediterrane Leichtigkeit aus und könnte als gelungene Fortsetzung des Hafens gelten, wäre da nicht das gegenüberliegende hässlich-moderne Einkaufszentrum.

Auch hinter dem Schloss geht es alles andere als feudal zu. Funktionale Apartmens im Schachtelstil ziehen sich die Hänge empor. Da muss man den Blick schon beharrlich auf die Westseite der Schlucht lenken, wo sich die Einheimischen im Viertel **Lomo Quiebre** weiße, kubenförmige Häuser in die Felswand schlugen.

Weiter talaufwärts führt die Straße durch eine fruchtbare Landschaft, deren Quellenreichtum schon die Ureinwohner zur Ansiedlung animierte. Heute wird eine breite Palette von Früchten angebaut: Avocados, Auberginen, Papayas, Mangos, Orangen, Zitronen und Bananen. Palmen und Bambus komplettieren das Grün der Landschaft. Einst noch mitsamt Hafen abgeschiedener Geheimtipp der Hippies, lockt heute das klimatisch angenehme Kerbtal ausländische Residenten an.

Übernachten

Auf Romantik getrimmt – **Cordial Mogán Playa:** Bco. de Mogán, Tel. 928 72 41 00, Fax 928 72 41 01, www.cordial canarias.com, DZ pauschal ab 160 € Halbpension. Schlossartiges, in Pastellfarben gehaltenes Viersternehotel im

Puerto de Mogán

Mein Tipp

Im Urlaub segeln lernen
In Puerto de Mogán befindet sich die einzige deutschsprachige Segelschule der Kanaren, in der man international anerkannte Segelscheine machen kann. Für Einsteiger empfiehlt sich der dreitägige Schnupperkurs (150 €). Wer nun Gefallen am Segeln findet, wechselt in den fünftägigen Grundkurs über, wobei die bereits gezahlten Gebühren angerechnet werden. Der Kurs, in dem es vor allem darum geht, den Zusammenhang von Wind und Welle, Segel und Boot zu begreifen, schließt mit einer Prüfung ab: Der erworbene Segel-Grundschein befähigt zum eigenständigen Führen von Jollen (ca. 250 €). Um eine ›richtige‹ Jacht zu manövrieren, belegt man den zehntägigen Intensivkurs, der mit dem ›Sportbootführerschein Binnen, Segel & Motor Binnen‹ endet (ca. 550 €). Ab Grundkurs benötigt man ein ärztliches Attest und muss den Führerschein bzw. ein polizeiliches Führungszeugnis vorzeigen (Sail & Surf Overschmidt, Ap. X-54, Puerto de Mogán, Tel./Fax 928 56 52 92, www.segelschule-grancanaria.de).

Talgrund – über einen Boulevard kommt man in wenigen Minuten zu Hafen und Strand. Man betritt das Hotel durch eine Kuppelhalle, in der sich eine Brücke über eine künstliche Felslandschaft mit Wasserfall spannt. Im subtropisch bepflanzten Garten sind es kleine Bäche und von Sand eingefasste Pools, die den Eindruck einer gewachsenen ›Landschaft‹ vermitteln sollen. Die 487 Zimmer, die sich über neun villenartige Gebäude verteilen, sind nostalgisch eingerichtet und meist zum Garten ausgerichtet. Meiden sollte man die Räume in Richtung des grellen Einkaufszentrums. Mit elegantem Büfett-Restaurant und einem attraktiven Wellness-Zentrum, dessen Pool sich draußen fortsetzt.
Markante Lage – **Puerto de Mogán**: Puerto s/n, Tel. 928 56 50 66, Fax 928 56 54 38, www.hotelpuertodemogan.com, DZ pauschal ab 110 € Halbpension. Das Hotel im Hafen liegt auf einem von zwei Seiten vom Wasser umspülten Kap. Das Frühstück wird auf der Ter-

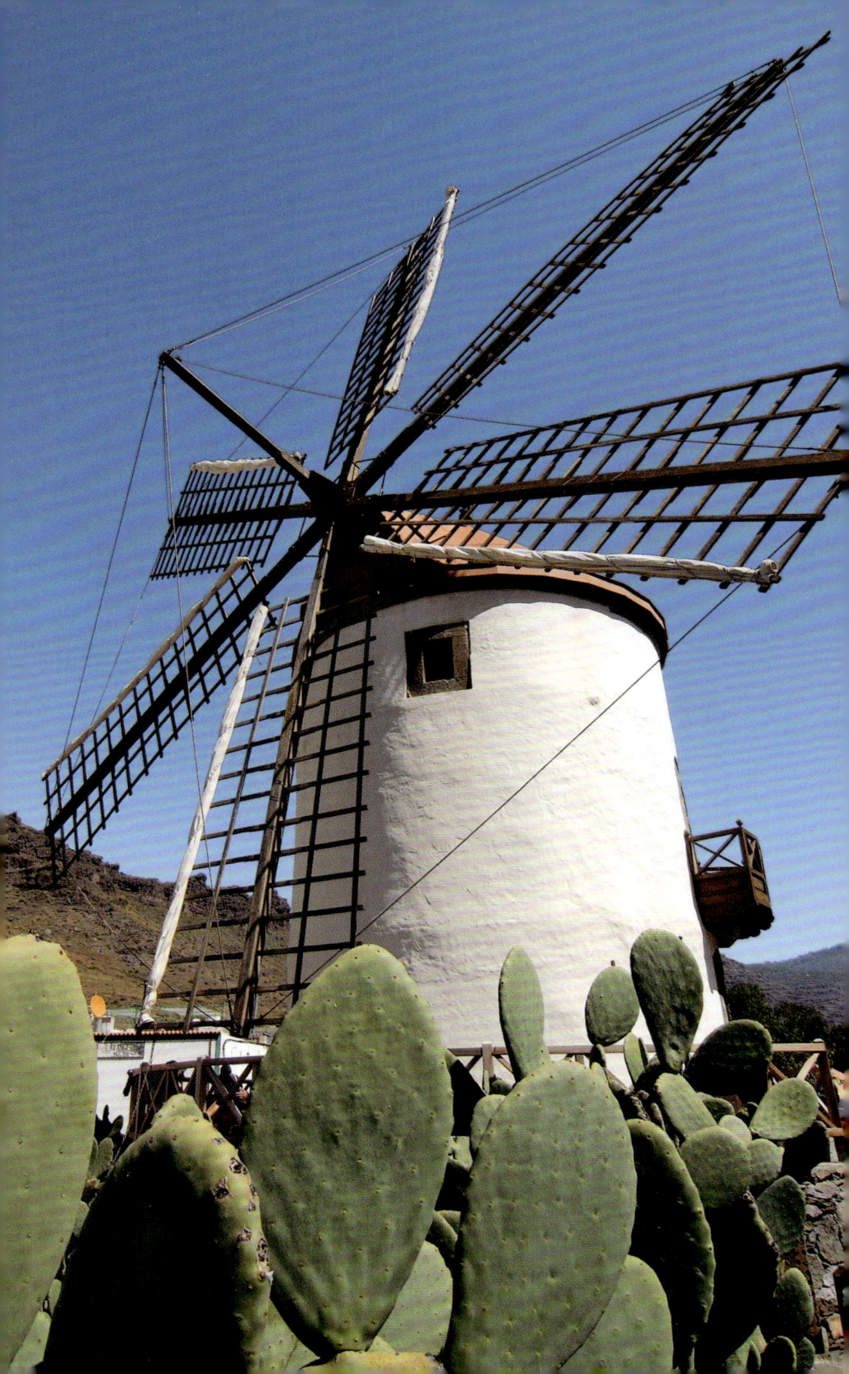

Puerto de Mogán

rasse mit Meeresbrise eingenommen. Dort befindet sich auch der palmenumstandene Pool. Wem dieser zu klein ist, der kann über Leitern sogleich in den Atlantik steigen. Die 56 Zimmer sind freundlich und hell, ein Spa bietet ein Indoor-Thalasso-Becken, Sauna und Massage-Service.

Idyllisch – **La Venecia de Canarias:** Av. El Castillete (Rezeption), Local 328, Tel. 928 56 56 00, Fax 928 56 57 14, www.laveneciadecanarias.net, Ap. 50–100 €. Im Büro in zweiter Strandlinie werden 74 Hafenapartments für 2–6 Personen vermietet, alle mit Küche, Bad, Balkon oder Terrasse. Vermittlung weiterer Apartments über das Info-Büro (s. u.) und über die Bar Marina an der Promenade (Tel. 928 565 095, www.barmarina-mogan.com).

Einfach, aber gut – **El Petromar:** Calle Las Conchas 14 (Altstadt), Tel. 928 56 53 16, www.apartamentoselpetromar.com, Ap. ab 45 €. In einer sonnenbeschienen Gasse des alten Fischerdorfs vermietet Señor Antonio, Besitzer des Restaurants Orillas del Mar, fünf freundliche Apartments. Wenn er gut gelaunt ist, unternimmt er gern auch einen Bootsausflug mit seinen Gästen. Die Dachterrasse mit Blick über den Hafen wird kollektiv genutzt.

Freundlich – **Casa Lila:** Pasaje de las Artes 3 (Altstadt), Tel./Fax 928 56 57 29, Mobil 627 65 73 33, www.apartmentscasalila.com, Ap. 35–45 €. Villa Kunterbunt am sonnigen Südhang – leicht erkennbar an einer großen Sonne im Giebel. Sie liegt in einer ruhigen Straße 250 m vom Strand. Geführt wird sie von Frau Lila, die auch Massagen anbietet. Zur Wahl stehen sieben unterschiedlich ausgestattete Apartments (mit Sat-TV), die über ein oder zwei Schlafzimmer sowie Terrasse verfügen.

Windmühle bei Puerto de Mogán

Auch ein Häuschen in der ›Altstadt‹ wird vermietet. Vor Ort findet man Lila in ihrem ›asiatischen‹ Basar (Pasaje de los Pescadores).

Einfach, praktisch, preiswert – **Pensionen:** Lomo Quiebre, DZ 20–28 €. Im 1 km entfernten ›Vorort‹ Lomo Quiebre, erreichbar über eine attraktive Promenade, betreiben einheimische Familien seit vielen Jahren Pensionen. Die Einrichtung ist stets gleich: Mehrere Zimmer teilen sich Bad und Küche – so kommt man mit anderen Gästen leicht in Kontakt. Von den Gemeinschaftsterrassen hat man weiten Ausblick übers Tal. ›Eva‹ hat ihre Pension direkt an der Straße, ruhiger schläft man bei ihren Konkurrenten.

Eva: Lomo Quiebre 35, Tel. 928 56 52 35, 9 Zimmer, 2 Bäder, 2 Küchen.
Lumi: Lomo Quiebre 21, Tel. 928 56 53 18, 8 Zimmer, 1 Küche, 3 Bäder.
Juan Deniz: Lomo Quiebre 20, Tel. 928 56 55 39, 13 Zimmer, 7 Küchen u. Bäder.

Essen und Trinken

In den aufgeführten Fischlokalen bekommt man stets frische Ware.

Klein und fein – **Caracola:** Puerto, Tel. 928 56 54 86, tgl. ab 19 Uhr, Preise ab 30 €. Seit vielen Jahren servieren Chris und Dieter in ihrer ›Seemuschel‹ Fisch und Meeresfrüchte, raffiniert zubereitet und stets frisch. Stammgäste greifen zum Tun, der als geräucherter Schinken, als Carpaccio und Tartar serviert wird. Beliebt sind auch Schwertfischsteaks, Riesengarnelen und Hummer. Da es nur eine Handvoll Tische gibt, ist der Service persönlich.

Vom TV-Koch – **Qué tal:** Paseo de mis padres 34, Tel. 928 15 14 88, www.restaurante-quetal.com, Preise ab 25 €. Sein kleines Lokal hat der norwegische Starkoch Stena Petterson in einen Gourmettempel verwandelt: An blü-

Der Südwesten: Costa Mogán

tenweiß eingedeckten Tischen genießt man fantasievolle Fusion-Menüs.

Am Strand – **Tu Casa:** Av. de las Artes 18, Tel. 928 56 50 78, Preise um 25 €. ›Dein Haus‹ steht am Strand, ist ein vortouristisches Relikt und bewahrt in den Innenräumen sein Ambiente von anno dazumal. Doch sitzen die meisten Besucher auf der schattigen Meerblickterrasse, wo sie sich Tapas und Salat schmecken lassen; abends ist feine Küche angesagt. Spezialität des italienischen Kochs sind Rinderfilet mit Trüffeln und Fisch al Cartoccio (mit Garnelen gespickt und in Alufolie gebacken), zum Abschluss hausgemachte Parfaits und Tiramisú. Erfolg hat seinen Preis: Aufgrund des großen Zulaufs wirken Elena und Roberto oft gestresst.

Bodenständig – **Cofradía de Pescadores:** Muelle, Tel. 928 56 53 21, Preise um 20 €. In der ›Genossenschaft der Fischer‹ auf der Mole ist das Ambiente nicht umwerfend und der Service auch schon mal ruppig, die Ware aber ist frisch. Nachmittags kann man vom Fensterplatz die Fischversteigerung beobachten.

Tolle Lage – **El Faro:** Muelle, Tel. 928 56 52 85, Preise um 20 €. Auf der Mole, mit Blick auf ein- und auslaufende Schiffe, schmeckt's gleich doppelt gut. Unten sitzt man windgeschützt, auf der Terrasse im Obergeschoss hat man bessere Aussicht. Klassische Palette an Fischgerichten; auch wer nur auf Kaffee & Kuchen oder einen Cocktail vorbeikommt, ist willkommen.

Garantiert frischer Fisch – **Playa de Mogán:** Av. del Castillete 14, Tel. 928 56 51 35, Mi geschl., Preise um 25 €. Man sitzt auf der Straßenterrasse, davor parken Autos. Also muss Pepe gute Qualität bieten, um mithalten zu können. Man bekommt bei ihm frischen Fisch, den man sich in der Vitrine aussuchen kann. Empfehlenswert ist die *parrillada de pescado,* eine üppige Fischplatte für zwei Personen. Zur Verdauung greift man zum geheimnisvollen *café mejicano.*

Der Wirt singt mit – **Orillas del Mar:** Av. del Castillete 10, Tel. 928 56 53 16, www.apartamentoselpetromar.com, Mi geschl., Preise um 20 €. Schon viele Jahre führt Señor Antonio das Lokal, und noch immer greift er abends zur Timple und singt schmachtende Lieder, oft begleitet von Freunden. Mit Tagesfisch *(pescado del día)* kann man nichts falsch machen, dazu bestellt man Runzelkartoffeln mit Koriandersoße *(papas arrugadas con mojo).*

In zweiter Linie – **El Capuchino:** Av. del Castillete Local 336, Tel. 928 56 52 93, Preise um 20 €. Der Name hat nichts mit italienischem Capuccino zu tun, sondern mit *capuchino* (span. Mönch): Dies ist der Spitzname von Señor Nicolás, der vor vielen Jahren, als es im Inselwesten noch keine Straße gab, einen Mönch in die Nachbarbucht ruderte, auf dass dieser dort die Ehewilligen traute. Heute fahren seine Söhne Fermín und Nicolás zur See – nicht um Geistliche zu verschiffen, sondern um ihr Restaurant mit Frischware zu versorgen. Eingebettet in üppiges Grün, stärkt man sich mit Paella und Tagesfisch aus der Vitrine.

Nette Wirtin – **Mozart:** Puerto, Tel. 928 56 53 42, Preise um 15 €, Tagesgericht ab 6 €. Das kleine Lokal liegt in erster Reihe, man schaut auf ankernde Jachten und vorbeiflanierende Besucher. Monika, die österreichische Besitzerin, sorgt für gute Stimmung, während ihr Mann Peter in der Küche Deftiges brutzelt.

Zum Entspannen – **Cafe de Mogán:** Puerto X-128, tgl. ab 9 Uhr. Dank der guten Lage am Hafen und des relaxten Ambientes ist das Café von früh bis spät gut besucht. Köstliche Torten, dazu guter Kaffee und deutschsprachige Tageszeitungen.

Puerto de Mogán

Einkaufen

Wochenmarkt – Am Freitagvormittag verwandelt sich der ganze Ort in einen großen **Markt** – Tausende von Gästen werden aus den Resorts des Südens angekarrt. Es gibt das übliche Sortiment aus Kunsthandwerk, Kleidung und Kitsch, dazu ein paar Kulinaria-Stände, Obst und Gemüse.

Aktiv & Kreativ

Baden – Die sichelförmige Bucht ist für die vielen Gäste zu klein; wer in sauberem Wasser baden will, steigt jenseits der Südmole über Felsen ins Wasser.
Tauchen – **Atlantic Diving:** Hotel Club de Mar, Puerto de Mogán, Tel. 928 53 57 54, Mob. 689 35 20 49, www.hotel puertodemogan.com. Die strömungsarme Bucht von Puerto de Mogán ist gut für Anfänger.
Segeln – s. Mein Tipp S. 177; der Jachthafen Puerto Deportivo von Puerto de Mogán (Tel. 928 56 56 68) liegt auf 27° 49" nördl. Breite, 15° 40" westl. Länge und hat Platz für 225 Boote mit max. 12 m Tiefgang.
Hochseeangeln – In der **Bar Marina** an der Promenade werden die Ausflüge bekannt gegeben.
Submarin – **Yellow Submarine:** Undersea S.L., Local X-389, Puerto, Tel. 928 56 51 08, Fax 928 56 50 48, www.atlan tida-submarine.com, Preis 27,50 €, kostenloser Zubringer ab Costa Canaria. Ein kleines, gelbes U-Boot startet ab 10 Uhr 8 x tgl. zur 40-minütigen U-Boot-Fahrt auf den Grund der Bucht, vorbei an Fischschwärmen und manchmal auch an Tauchern (!), die sich am Wrack der Alexandra tummeln. Tickets besorgt man sich am Steg.
Schiffsausflüge – Boote der **Líneas Salmón** und **Blue Bird** verkehren stdl. von 10–17 Uhr auf der Strecke Puerto de Mogán – Puerto Rico – Arguineguín (s. Mein Tipp S. 167).
Wandern – Die Gemeinde Mogán hat einige Wege markiert, so dass man die dramatische Bergwelt im Hinterland erkunden kann.

Abends & Nachts

Abends geht es eher ruhig zu – man lässt den Tag bei einem Glas Wein oder Bier in den Lokalen am Hafen ausklingen. In der **Bar Marina** gibt es gelegentlich Live-Musik. **Unterhaltungsshows** bietet das Hotel Cordial Mogán Playa.

Infos

Infobüro
Puerto X-124, Tel. 928 56 56 72, Fax 928 56 56 18, www.apartamentosmogan. com. Die private Agentur von Hans Peter und Dirk Paulsen, fast in erster Strandlinie beim Café Mogán, vermittelt Apartments, Autos und Ausflüge.

Termine
Fiesta de Nuestra Señora del Carmen: 16. Juli. Die Schutzheilige der Fischer, der auch eine Skulptur in der Ermita San Fernando im Ortskern gewidmet ist, wird mit einer Bootsprozession von Arguineguín nach Puerto de Mogán geehrt. Während der Festtage findet im Stadion neben dem Busbahnhof ein Ringkampf-Turnier *(lucha canaria)* statt, das die Kanarier in helle Aufregung versetzt (s. auch Arguineguín, S. 167).

Verkehr
Der kleine **Busbahnhof** *(estación de guaguas)* befindet sich im Talgrund ein paar Gehminuten vom Hafen. Verbindungen s. Infobox S. 164. Busfahrplan s. S. 282.

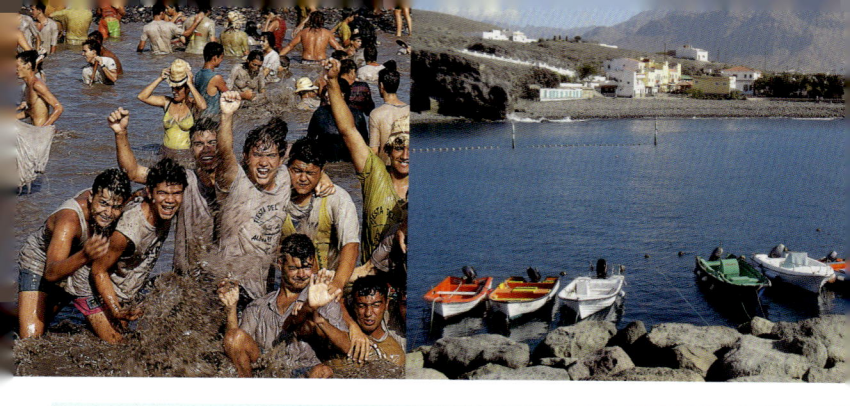

Das Beste auf einen Blick

Der Westen

Highlights!

Barranco de la Aldea: Gran Canarias ›Grand Canyon‹ begeistert mit steilen Felswänden und einsamen Stauseen. Besten Ausblick bietet eine Mühle auf einer Klippe. S. 191

Mirador del Balcón: Eine Traumstraße erschließt die bis zu 1000 m aufragende, wild gezackte Steilküste. S. 194

Valle de Agaete: Das Tal ist fast das ganze Jahr üppig grün. Hier wachsen Orangen, Mangos, Avocados und Papayas sowie Europas einzige Kaffeesträucher. S. 204

Kultur & Sehenswertes

Cactualdea: Im schönen Garten wachsen Tausende von Kakteen aus aller Welt. S. 190

Ermita Virgen de las Nieves: Die Kapelle schmücken Schiffsmodelle und ein flämisches Triptychon. S. 197

Fiestas: In Puerto de la Aldea und Agaete werden die originellsten Inselfeste gefeiert. S. 192, 202

Aktiv & Kreativ

Baden an der Playa de Veneguera: Der 500 m breite Kiesstrand ist über eine Schotterpiste erreichbar. S. 188

Wanderungen mit Ausblick: Von der Degollada de Tasarte läuft man via Veneguera nach Mogán, von Tasártico zur Playa Güigüí. Die schönste Inseltour führt rings um das Tal von Agaete, von Agaete erreicht man auf abenteuerlichem Weg die Playa de Guayedra. S. 185, 196

Genießen & Atmosphäre

Restaurant La Oliva in Playa de Tasarte: Abseits, dafür urig und unmittelbar am Meer. S. 188

Puerto de la Aldea: Sonne, Wind und die rhythmischen Schläge der Wellen genießt man an der Avenida. S. 194

Puerto de las Nieves: Mit Fernsicht auf die gezackte Steilküste schmeckt Fisch doppelt gut. S. 197

Sardina del Norte: Auch hier bekommt man an der Promenade frische Meeresfrüchte, dazu Salat und die traditionellen Runzelkartoffeln. S. 208

Abends & Nachts

El Perola in Agaete: Auf dem Kirchplatz von Agaete öffnet eine Bar, die jedem Zeitgeist trotzt. S. 203

Die wilde Seite der Insel

Nördlich von Mogán endet die künstliche Touristenwelt. Hier gibt es weder Vergnügungsparks noch Hotels mit Animation. Im ›wilden Westen‹ folgen eine Reihe sich zur Küste hinabsenkender Schluchten, während sich landeinwärts die Felsketten wie Mauern einer uneinnehmbaren Festung türmen. Vom Dorf Mogán windet sich die kurvenreiche GC-200 erst durchs Gebirge, dann längs einer spektakulären Steilküste nach Agaete: fast 60 km Einsamkeit auf einer so kleinen Insel wie Gran Canaria! Hin und wieder sieht man am Horizont die Nachbarinsel Teneriffa mit dem majestätisch aufragenden, fast 4000 m hohen Teide.

Die Hänge sind karg, nur wasserspeichernde Sukkulenten können sich behaupten. Zu ihnen gehört u. a. die dornenbesetzte Kandelaberwolfsmilch, die gern in bis zu 2 m hohen säulenartigen Gruppen zusammensteht. Palmen und Bambus komplettieren das Grün der Landschaft. Über holprige Stichstraßen bzw. Pisten sind dunkle Buchten erreichbar. Zur legendären Playa de Güígüi kommt man nur zu Fuß oder per Boot. Die Strände sind naturbelassen und meist menschenleer – hier kann man noch Tage à la Robinson verbringen.

Fast noch abenteuerlicher als die Abfahrten zur Küste sind die Auffahrten ins zentrale Bergland. Von Pie de la Cuesta (GC-200 Km 56) windet sich eine schmale Straße zum Stausee Cueva de las Niñas inmitten des Kiefernwalds, von La Aldea kommt man durch einen großartigen Canyon nach Artenara bzw. El Carrizal.

Hotels und Apartments gibt es in La Aldea, in Puerto de las Nieves und Agaete, Landhäuser in Mogán, Tasarte, im Valle de Agaete sowie ›am Ende der Inselwelt‹ in El Risco. Ein Campingplatz öffnet an der Playa del Asno (Tasártico). Wer wandern will, findet längs der GC-200 einige schöne (teilweise) markierte Wege, so ab Degollada de Tasarte. Agaete ist der Startpunkt attraktiver Touren zum Tamadaba.

Infobox

Internet
www.la-aldea.es
www.aytoagaete.es

Unterwegs mit dem Bus
Entlang der gesamten GC-200 gibt es Busverkehr. Linie 38 bedient die Route von Puerto de Mogán via Mogán nach La Aldea de San Nicolás. Weiter geht es mit Linie 101 längs der Steilküste nach Puerto de las Nieves, Agaete und Gáldar (dort Anschluss nach Las Palmas). Busfahrplan s. S. 282.

Mogán ▶ B 6

Einst Aschenputtel – jetzt Prinzessin: Vom kleinen Bergdorf herrscht der Bürgermeister über die gleichnamige Gemeinde, zu der mehr als 50 000 Urlauberbetten bis hinab nach Arguineguín gehören. Die Korruptionsskandale, in die er verwickelt ist, werden in den großen spanischen Zeitungen verhandelt. Wer durch Mogán kommt, wird freilich davon nichts merken. Der Ort stellt sich als verschlafenes Bergnest dar. Im Schatten eines Lorbeerbaums sitzen ältere Männer, ein paar Tagesausflügler machen Rast in einem

Mogán, Veneguera

der Lokale, um 19 Uhr werden die Bürgersteige hochgeklappt. Mogán ist ein beliebter Ausgangspunkt für Wanderungen, doch leider fehlen ihm Unterkünfte.

Knapp nördlich von Mogán (GC-200 Km 55,9), am ›Fuß des Berges‹ (Pie de la Cuesta), startet die schmale GC-605, die sich in 23 km und schier endlosen Serpentinen durch lichten Kiefernwald zum Bergdorf Ayacata hinaufwindet. Dabei passiert sie den großen Stausee Cueva de las Niñas, an dessen Ufer sich ein Picknickplatz befindet.

Essen & Trinken

Mehrere Lokale an der Durchgangsstraße bieten Ausflüglern bis zum frühen Abend gute und deftige Kost.
Bodenständig – **Acaymo**: Calle Tostador 14, Tel. 928 56 92 63, Mo geschl., Preise um 24 €. Auf Touristengruppen eingestelltes, mit Flaggen behängtes Grill-Restaurant am südlichen Ortsrand.
Nach Omas Rezepturen – **Casa Enrique**: Calle San José 7, Tel. 928 56 95 42, Preise um 16 €, Tagesmenü 8 €. Rustikal-gemütliches Lokal mit großzügigen Portionen kanarischer Klassiker und guten hausgemachten Nachspeisen.

Aktiv & Kreativ

Wandern – Nur mit einem Mietauto erreicht man das Naturschutzgebiet Inagua-Pajonales um den Stausee Cueva de las Niñas. Am ›Pie de la Cuesta‹ (GC-200 Km 55,9) biegt man in die Serpentinenstraße GC-605 ein. Bei Km 13 (vorerst kein Kilometerstein) zweigt eine für Autos gesperrte Forstpiste ab (ausgeschildert ›Inagua/Aula de la Naturaleza 10 km‹), auf der man kilometerlang durch lichten Kiefernwald bummeln kann. Von Km 8,7, hinter dem Stausee Cueva de las Niñas und nahe dem Ziegengehöft Casa de la Data, kommt man rechts in 2 Std. zum Stausee von Soria und links in 3 Std. zum Pass El Aserrador an der Straße Tejeda-Ayacata (GC-60 Km 11,4).

Veneguera ▶ B 6

Ein Zwischenstopp lohnt wegen der schönen Lage. Am Kirchplatz öffnet eine Bar, unterhalb des Dorfes gedeihen dank nie versiegender Quellen subtropische Früchte. Die Orangen, Mangos und Avocados aus Veneguera zählen zu den schmackhaftesten der

Mein Tipp

Aussichtsreicher Fußweg über Berg und Tal
Am Pass Degollada de Tasarte (GC-200 Km 45,7), dort wo die Gemeindegrenze von Mogán beginnt, startet der markierte Weg. In Serpentinen schraubt er sich über den kargen Hang zum Geisterdorf La Cogolla hinab, dessen Ruinenhäuser romantisch verfallen sind. Dann führt er über den Kirchplatz von Veneguera und setzt sich etwas unübersichtlich fort (man frage hier Einheimische nach dem ›Cruz de Mogán‹!). Hat man das Dorf hinter sich gelassen, ist alles wieder klar: In Kehren geht es zu besagtem ›Kreuz von Mogán‹ hinauf. Anschließend senkt sich der Weg in den Talgrund von Mogán, wo man die Dorfstraße erreicht (Dauer: 3,5 Std., Länge: 6,2 km, Schwierigkeitsgrad: leicht, Anfahrt: mit Bus 38 und 86 ab Puerto de Mogán).

Lieblingsort

Piedra del Agua ▶ B 5
›Stein des Wassers‹, so heißt die grün bepflanzte Holzhütte am Fuß senkrecht aufragender Felswände zwischen Veneguera und Tasarte (GC-200, Km 49), wo Juan alias Johannes ein wunderbares Sortiment an Früchten aufgebaut hat: Aus den Papayas, Guaven, Orangen und Mangos werden Säfte gepresst und ›klein‹ oder ›groß‹ serviert. Daneben gibt es auch Suppen und Salate, Schinken- und Käseplatten. Man sitzt am rustikalen Holztisch und kippt zum Abschluss einen Kräuterlikör aus ›Drachenblut‹, dem Harz des legendären Kanarenbaums.

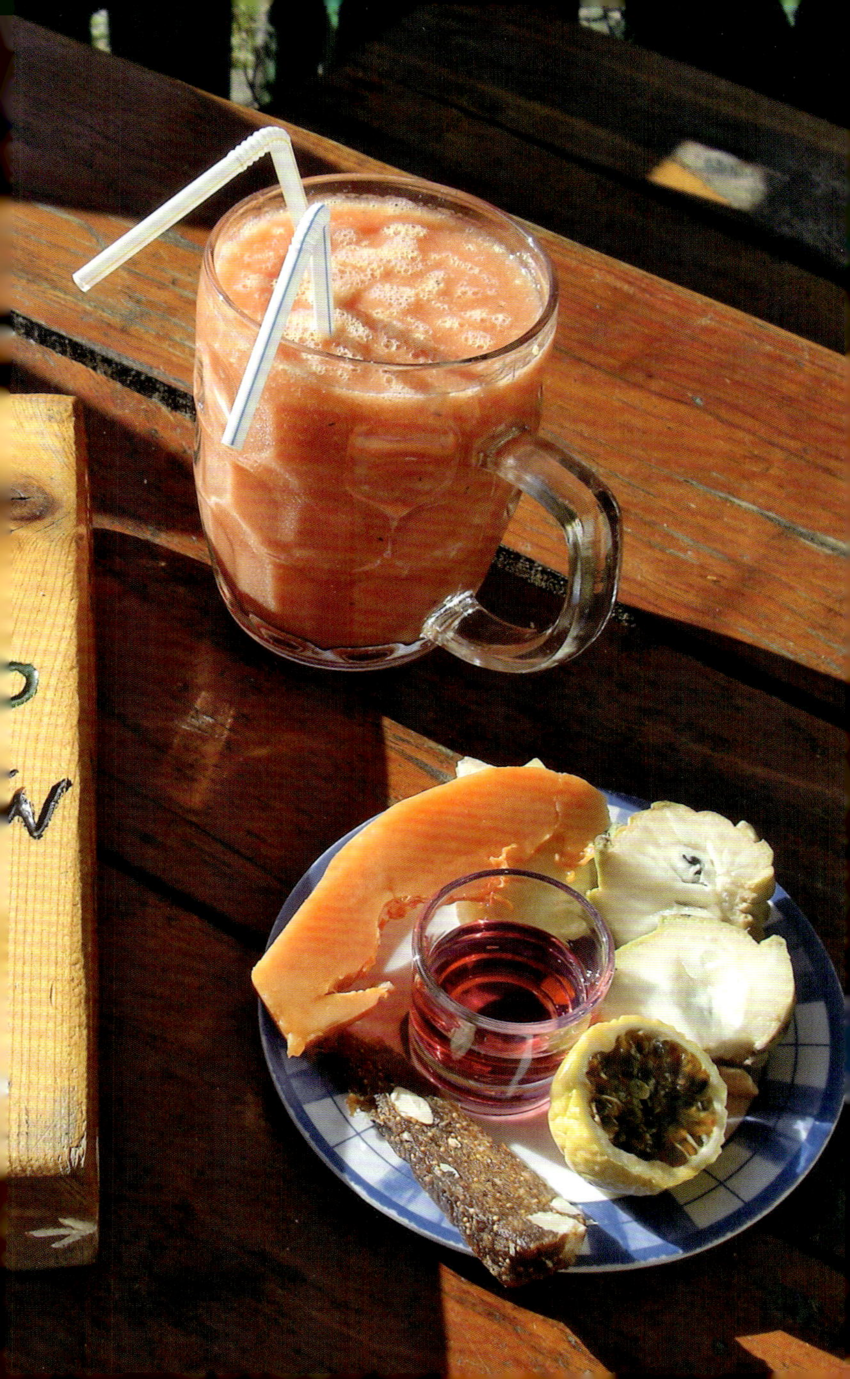

Insel. Eine 8 km lange Holperpiste führt zur **Playa de Veneguera**, an der eine große Ferienanlage geplant war. Umweltschützer haben das Projekt (vorerst) gestoppt. Der breite, teils mit Sand, teils mit Kies bedeckte Strand der Bucht ist die Woche über einsam und eignet sich gut zum Baden.

Zurück auf der GC-200 passiert man bei Km 49 eine wasserfallartig geformte, in Regenbogenfarben schillernde Felswand. Ihr Farbspiel entstand durch Einwirkung späterer Eruptionen auf das schon abgelagerte Tuffgestein. Die Kanarier, die sich durch die Gesteinsbänder an die bunt bemalten, andalusischen Kacheln erinnert fühlten, gaben der Felsformation den Namen **Los Azulejos** (span. Kacheln). Der Name geht auf das arabische Wort *azzelji* zurück, mit dem ›flache Steine‹ bezeichnet wurden. Während der langen Herrschaft der Araber auf der Iberischen Halbinsel (vom 8.–15. Jh.) wurde ihre Kunst der Kachelbemalung – nebst vielen anderen Dingen – von der einheimischen Bevölkerung übernommen.

Gut betrachten kann man die Azulejos von der Saftbar **Piedra del Agua** (s. Lieblingsort S. 186) aus. Die hoch oben über den Azulejos erkennbaren Kiefern gehören zum Naturschutzgebiet **Inagua-Pajonales,** dem größten zusammenhängenden Kiefernwald neben dem von Tamadaba bei Artenara.

Essen & Trinken

Rustikal – **Las Cañadas:** GC-200 Mogán – Veneguera (Bushaltestelle), Tel. 928 17 25 80, www.restaurantelascanadas.com, Mi geschl., Preise um 15 €. Beim großen Brand von 2007 wurde das Berghaus in Mitleidenschaft gezogen, doch soll es bald wieder in alter Gemütlichkeit öffnen. Man sitzt am Holztisch, schaut von der Terrasse ins Tal und lässt sich Fleisch vom Holzkohlengrill, Eintopf, Runzelkartoffeln und Salat schmecken.

Playa de Tasarte ▶ A 6

Bei Km 43,6 besteht die Möglichkeit, auf der GC-205 zur 11 km entfernten Playa de Tasarte hinabzufahren. Hinter dem gleichnamigen Straßendorf etwa auf halber Strecke wird der Asphalt von einer Holperpiste abgelöst. Wer sich ihr anvertraut, erreicht eine steinige, werktags einsame Bucht mit dem Lokal La Oliva.

Essen & Trinken

Am Wasser gebaut – **La Oliva:** Playa de Tasarte, Tel. 928 89 43 58, Di–So 10–18 Uhr, Preise um 22 €. Die frische Ware, die auf winzigen Fischerbooten angeliefert wird, genießt man auf einer Terrasse unmittelbar am Meer. Je nach Saison gibt es Mini-Tintenfisch *(chipirón)* und Calamares, Tun und Wrackbarsch. Hungrige Katzen schauen zu und freuen sich über jeden Brocken.

Mirador de Tasartico ▶ B 5

Der nächste Stopp empfiehlt sich am Mirador de Tasartico, auf Karten auch als Degollada de la Aldea vermerkt (GC-200, Km 42,6). Südwärts schaut man auf die Gebirgsstaffeln rund um Mogán, nordwärts sieht man in der Tiefe das gewaltige Aldea-Tal, eingefasst von einem Halbrund gezackter Bergketten. Über die Senke verteilt glänzen die silbergrauen Planen der Tomatenplantagen.

Playa del Asno

Am Pass kann man sich in einer Saftbar erfrischen und entscheiden, ob man gleich zur Ortschaft La Aldea de San Nicolás hinunterfährt oder einen weiteren, 10 km langen Abstecher an die Küste, zur Playa del Asno einschiebt. Die stark abwärts führende Strecke ist allerdings nur bis zum Weiler Tasartico (6,5 km) asphaltiert. Danach geht es auf Schotterpiste bis zu dem von dunklen Felswänden eingefassten Strand – ein schöner Fleck, um die Angel auszuwerfen oder sich im Wasser zu erfrischen. Aufgrund der starken Unterströmung sollte man nah am Ufer bleiben!

Die Bucht ist bei Kanariern so beliebt, dass hier ein Campingplatz eingerichtet wurde – kein schlechter Ausgangspunkt für die Wanderung zur Playa de Güigüí, die einst zum Pflichtprogramm aller Aussteiger gehörte.

Übernachten

Zelten am Meer – **Zona de Acampada Villamar:** Playa del Asno, Mob. 696 92 41 63, Tel./Fax 928 89 47 15, 2 Pers. mit Zelt zahlen ca. 10 €. Der Campingplatz mit Pool, Duschen, Café befindet sich 300 m vom Strand. Nur am Wochenende und in den Ferien füllt er sich mit kanarischen Ausflüglern. Die Rezeption ist oft nicht besetzt.

La Aldea de San Nicolás ▶ A 4

Das weite Tal wirkt surreal: Die mit Plastikplanen bedeckten Gewächshäuser erscheinen aus der Ferne wie ein riesiges Mosaik – im Abendlicht glänzt es in Silberfarben. La Aldea ist der größte Produzent von Tomaten auf der Insel, für den Export werden auch Gurken, Avocados und Auberginen angebaut. Wasser gibt es reichlich, so-

Mein Tipp

Wanderung zur Playa de Güigüí

Der Weg zum legendären Strand ist anstrengend: Über 5 Std. braucht man hin und zurück, doch die dramatische Landschaft entschädigt für alle Mühe. Winterwanderer freilich sind vom Ziel oft enttäuscht. Der Sand ist dann häufig fortgeschwemmt, erst im Sommer spült ihn das Meer wieder an.

Für den felsigen, schattenlosen Weg ist festes Schuhwerk Voraussetzung, auch braucht man eine Kopfbedeckung, ausreichend Wasser und Proviant. Der Weg beginnt 1 km unterhalb des Dorfes Tasartico rechts der Piste und ist durch Wegweiser markiert. Es geht steil hinauf zum knapp 600 m hohen Pass Degollada de Agua Sabina, dann in Serpentinen und mit weitem Ausblick zur Küste hinab. Die von Klippen umrahmten Zwillingsstrände sind nur bei Ebbe zugänglich: Die Playa de Güigüí Grande, die man zuerst erreicht, ist doppelt so lang wie die Playa de Güigüí Chico und von ihr durch Felsen getrennt. Bitte auf die Flut achten – sonst könnte einem der Rückweg abgeschnitten werden!

Der Westen

lange die Stauseen in den Bergen gefüllt sind.

Die Inschrift im Wappen der Ortschaft »Todos unidos por el trabajo« (Alle vereint für die Arbeit) ist Ausdruck eines langen Kampfes der Bauern und Arbeiter um Grund und Boden. Seit dem 16. Jh. wandten sie sich gegen den hiesigen Großgrundbesitzer. Ihr Sieg im 20. Jh. begründete den relativen Wohlstand des Orts, der auf vielfältiger wirtschaftlicher Eigeninitiative fußt. Bis zum Bau der Küstenstraße in den 1930er-Jahren waren die Bewohner fast vollständig von der Außenwelt abgeschnitten. Der schnellste Verbindungsweg war der übers Meer, wobei die Nachbarinsel Teneriffa besser zu erreichen war als Las Palmas!

Die lange Zeit der Isolation spiegelt sich im ausgeprägten Kollektivgeist der Aldeanos. Da Hilfe von außen nicht zu erwarten war, unterstützten sie sich gegenseitig. Gegenwärtig kämpft das Dorf – gegen die Umweltschützer – um eine 400 Mio. € teure, von der EU finanzierte Tunnel- und Brückenstraße. Mit ihrer Hilfe sollen die Tomatenlaster schneller und sicherer nach Agaete kommen als auf der serpentinenreichen Klippenroute, die bei Regen wegen Steinschlags gesperrt wird.

Umweltschützer halten dagegen, dass durch den Bau das landschaftliche Sahnestück der Insel für immer zerstört werde. Dies obgleich La Aldeas Landwirtschaft, für die die Straße doch konzipiert wurde – ein Auslaufmodell sei: So pestizidverseucht seien die Böden unter den Plastikplanen, dass auf ihnen bald nichts mehr wachsen werde. Auch seien die kanarischen Tomaten schon jetzt der Billigkonkurrenz aus Marokko unterlegen.

Cactualdea
El Hoyo-Tocodomán, www.cactualdea. info, tgl. 10–17.30 Uhr, Eintritt 6 €

Die einzige Sehenswürdigkeit des Dorfes ist der Kaktuspark Cactualdea: In einem großen Steingarten, der 3,5 km südlich des Ortszentrums liegt (Richtung Mogán), sind rund 1200 verschiedene Kakteenarten zu besichtigen. Daneben gibt es zahlreiche Dickblattgewächse: Sie haben sich durch Panzerung an die Gegebenheiten der Natur angepasst – ein Schutz vor Feuchtigkeitsverlust. Auch Palmen und subtropische Zierpflanzen gibt es.

La Aldea de San Nicolás

Barranco de la Aldea ❗ ▶ B 4

Einsamkeit pur, nur grandiose Felsnatur! Östlich von La Aldea führt die GC-210, eine der landschaftlich schönsten Inselstraßen, 30 km hinauf nach **Artenara,** dem höchstgelegenen Inseldorf. Eine schmale Carretera folgt dem tief eingeschnittenen Canyon, in den so viele Schluchten aus dem zentralen Bergland einmünden, dass hier gleich mehrere Stauseen angelegt wurden – geheimnisvoll glitzern sie im Sonnenlicht.

Die **Presa de la Aldea** erreicht man nach etwa 6 km. Nach weiteren 2 km erklimmt die Straße in Haarnadelkurven die gewaltige Staumauer des Stausees **Parralillo,** dessen Arme krakenartig in die Seitenschluchten ausgreifen. Bei Km 22, unmittelbar vor einem Tunnel, besteht die Möglichkeit, auf der

Fischerboote in Puerto de la Aldea

Mein Tipp

Fiesta del Charco – Wasserschlacht
Am 11. September stürzen sich auf das Signal des Bürgermeisters hin viele Aldeanos in voller Kleidung ins Wasser. Eine wilde Plantscherei beginnt, mehr Schlamm als Wasser spritzt auf. Zur Gaudi gehört es, Zögernde hineinzuschubsen oder nass zu machen (s. Bild unten). Einige versuchen mit bloßen Händen, andere mit Netz oder Korb, die wenigen verirrten Fische einzufangen. Denn dafür gibt es einen Preis.

Der Ursprung des Wasserfests liegt im Dunkeln. Vermutet wird, dass die Altkanarier hier zur rituellen Reinigung nackt badeten und große Exemplare der mit der Hand gefangenen Fische als Opfer darbrachten. Auch eine Erklärung für das Bad in voller Kleidung ist überliefert: Bischof Venegas sei einst zu Ohren gekommen, dass Männlein wie Weiblein halb- oder gar splitternackt in den Tümpel stiegen. Dieser teuflischen Sitte gebot er Einhalt, indem er Zuwiderhandlungen mit Gefängnis, Geldbuße und Veröffentlichung der Namen bestrafte.

noch schmaleren, in die Steilwand geschlagenen GC-606 zum einsamen Weiler **El Carrizal** hinaufzufahren. Gleichfalls eine fantastische Route mit Weitblicken zwischen Himmel und Erde!

Bleibt man auf der GC-210, erreicht man bei Km 18,7 eine restaurierte **Mühle**. Von ihrer Aussichtsplattform schaut man auf die wild-herbe Landschaft zurück und beobachtet Falken, die hoch in der Luft ihre Kreise ziehen. Kleine Feldterrassen und Orangenbäume am Straßenrand signalisieren Zivilisation. Im Höhlendorf **Acusa Verde** kann man sich in einer Bar stärken, bevor man die restlichen Kilometer nach Artenara in Angriff nimmt.

Puerto de la Aldea

Übernachten

Viel Komfort – **La Aldea Suites:** Calle Transversal Federico Rodríguez Gil s/n, Tel./Fax 928 89 10 35, www.laaldeasuites.com, DZ ab 80 €. Ein Hotel dieser Art erwartet man nicht im Bauerndorf. Das villenartige Anwesen befindet sich nahe dem Boulevard, ein paar Gehminuten vom Kirchplatz. Die Salons sind in warmen Rostrot- und Erdtönen gehalten, mit viel Holz und Keramik im gehobenen Landhaus-Stil eingerichtet. Gleiches gilt für die 27 Suiten mit einem bzw. zwei Schlafzimmern. Den besten Blick bieten die Räume zum begrünten Pool-Garten.

Herzliches Willkommen – **Los Cascajos:** Los Cascajos 9, Tel. 928 89 11 65, Fax 928 89 09 01, DZ ab 50 €. Señor Segundos kleines Hotel, das gern von Wandergruppen aufgesucht wird, liegt drei Schritte von der Kirche entfernt im Talbett. 20 freundliche Zimmer und 13 Apartments stehen zur Wahl. Das Frühstück wird in einem hellen Café eingenommen, das Tagesmenü im Lokal Segundo an der Kirche.

Einfach und zentral – **Pension Segundo:** Calle Alfonso XIII, Tel. 928 89 09 01, DZ ab 25 €. Fünf mit hellen Holzmöbeln eingerichtete Zimmer und ein Apartment am Kirchplatz.

Freundlich – **Casa Minerva:** Las Marciegas 125, Tel. 928 89 05 50, Ap. ab 30 €. Die einzige halbwegs meernahe Unterkunft. 1 km vor Puerto de la Aldea vermietet Señora Minerva in ihrem Haus an der Kurve zwei einfache Dachapartments, die sich eine Terrasse teilen.

Nicht nur für Wanderer – **Albergue La Hoyilla:** Calle Barranquillo Las Panchas s/n, Tel./Fax 928 89 12 52, 14–20 € p. P. inkl. Frühstück. Zwischen Ortszentrum und Hafen, bei Km 32,7, biegt man in eine Piste ab und erreicht nach 200 m die Unterkunft: Señora Chicha hat die ehemalige Grundschule in eine gut funktionierende Wanderherberge verwandelt (2 EZ, 5 Fünfbettzimmer, 2 14-Bett-Säle).

Landhäuser – Agenturen des Turismo Rural (S. 25) vermitteln auf Wochenbasis restaurierte Gehöfte. Schön ist die Finca El Molino im Tal (Richtung Artenara) mit Garten und aussichtsreichen Terrassen.

Essen und Trinken

Deftige Tapas bekommt man in den Lokalen am Kirchplatz. Zum Fischessen fährt man nach Puerto de la Aldea.

Aktiv & Kreativ

Wandern – La Aldea ist ein guter Ausgangspunkt für Wandertouren. Am 8 km südlich des Orts gelegenen Mirador de Tasartico (Degollada de la Aldea, GC-200, Km 42,6) steigt man auf ins Naturschutzgebiet Inagua-Pajonalas (vorerst nicht ausgeschildert).

Infos

Touristeninformation: Av. Dr. Fleming 57, Molino de la Ladera, Tel. 928 890 378 (2008 geschl.).
Termine / Feste: s. Puerto de la Aldea, S. 192.

Puerto de la Aldea ▶ A 4

Reizvoll ist der kleine Hafen von La Aldea. Über einem langen und grobsteinigen, von Steilfelsen flankierten Strand thront eine ansehnliche, durch Sturmflut aber oft unterbrochene

Der Westen

Uferpromenade. An ihrer Nordseite öffnen Terrassenlokale vor schlichten Fischerhäusern. Bei Ebbe kann man rechts durch einen Tunnel zur kleinen Nachbarbucht gehen, und auch ein Spaziergang über die Mole macht Spaß. Fischerboote schaukeln im Wasser, über Treppen kann man in die Fluten steigen. Schön ist der Blick von hier auf das sich weit öffnende Tal mit den fernen Felsketten.

Südwärts kommt man auf der Promenade zu einem Wäldchen mit rustikalen Steintischen und einer brackigen Lagune. *Mar ciega* (blindes Meer) nennen sie die Aldeanos in Erinnerung an die Ureinwohner, die hier Meeräschen fingen, indem sie sie zuvor mit der Milch der zugeschütteten Kandelaberwolfsmilch blind gemacht hatten. Und sie tun es ihnen nach: Einmal im Jahr, am 11. September, dem letzten Tag der traditionellen Fiesta, ist die Lagune Schauplatz des größten Wasserspektakels der Insel (s. Tipp S. 192).

Essen & Trinken

Rings um die Promenade gibt es mehrere Lokale. Am schönsten sitzt man im **Avenida** mit Blick aufs Meer. Die Qualität der Speisen ist schwankend – die Wirte wissen, dass die meisten Touristen nur einmal einkehren. Mit Salat, Runzelkartoffeln und Gofio kann man nichts falsch machen. Oder bestehen Sie darauf, sich den Fisch vor der Zubereitung zeigen zu lassen. Am Wochenende, wenn auch Einheimische hier essen, ist die Chance frische Ware zu bekommen größer.

Aktiv & Kreativ

Wandern – Wer trittischer und schwindelfrei ist, läuft von einem auffälligen, in die Felswand eingelassenen Häuschen über einen ausgesetzten Klippenpfad in gut 10 Min. zu einer wilden Sandbucht, die er meist nur mit ein paar Anglern teilen muss.

Infos

Termine
Fiesta del Charco: 10./11. September. Am 10. September huldigt man dem Schutzpatron des Dorfes, tags darauf folgt das Schlammfest (s. Tipp S. 192).

Mirador del Balcón ! und El Risco ▶ A/B 4/3

Die Straße von La Aldea de San Nicolás nach Agaete ist Gran Canarias ›Traumstraße‹. Sie wurde in den 1930er-Jahren erbaut, um die Bewohner La Aldeas an ›die Welt‹ anzuschließen, und führt durch den geologisch ältesten Teil der Insel: Fast 14 Mio. Jahre hatten Wasser und Wind Zeit, Zacken und Zinnen ins Vulkangestein zu fräsen. Man sieht den Teide aus dem Blau des Meeres aufragen und mit etwas Glück auch den Fischadler, der hier seine Kreise zieht. Nach Anbruch der Dämmerung hört man das schaurige Geschrei des scheuen Gelbschnabelsturmtauchers – er nistet in schwer zugänglichen Felsspalten.

Mirador del Balcón ▶ A 4
Hinter Puerto de la Aldea führt die Straße bergauf und eröffnet einen Blick aufs Dorf mit seinen plastiküberspannten Tomatenkulturen. Nach 5 km bietet sich vom **Mirador del Balcón** (Km 24,8) ein überwältigender Eindruck von der westlichen Steilküste. Die Aussichtsplattform befindet sich hart am Rande des Abgrunds, und

Mirador del Balcón und El Risco

Am Dorfplatz von El Risco

stünde hier nicht ein Imbissverkäufer, der die fantastische Lage zudringlich für sein Geschäft zu nutzen sucht, wäre der Ort perfekt.

Im Folgeabschnitt krallt sich die Straße kühn in die Steilwand, mehrere hundert Meter weiter unten brandet das Meer an die Küste. Guten Gewissens kann man erst wieder bei Km 19,5 halten, wo eine Piste zur ›Finca de Tirma‹ hinaufführt. Vom Straßenrand blickt man auf einen nur schwer zugänglichen ›jungfräulichen‹ Strand (Playa de la Virgen) und auf einen ›sandigen‹ Strand (Playa de las Arenas).

El Risco ▶ B 3

Danach führt die Straße hinab zum kleinen Weiler **El Risco** (›Der Fels‹, Km 13,7). Die wenigen Bewohner erhalten genügend Wasser aus dem Tamadaba-Massiv, der ›grünen Lunge‹ Gran Canarias.

In der Bar Perdomo an der Durchgangsstraße kommt man vielleicht mit den ›Aussteigern‹ des Orts ins Gespräch, z. B. mit Olga und Carlos, die vorzüglichen Öko-Ziegenmilch-Jogurt herstellen. Unter der Marke ›Arterra‹ wird die Delikatesse in Bioläden vertrieben.

Der Westen

Barranco de Guayedra ▶ C 3

Hinter El Risco verläuft die Straße unter den Steilwänden von Tamadaba entlang und schlängelt sich auf- und absteigend durch kleinere Täler. Die letzte Schlucht vor Agaete, der Barranco de Guayedra, ist mit der Geschichte der Insel verknüpft. Hier erhielt der letzte Herrscher der Ureinwohner, Tenisor Semidán, für seine Kooperation mit den spanischen Eroberern gnädig etliche Hektar kargen Bodens, nachdem man ihn zuvor vom ›Thron‹ gestoßen hatte.

Übernachten

Landhäuser – Agenturen (s. S. 25) vermitteln auf Wochenbasis restaurierte Gehöfte im abgelegenen Dorf El Risco (Casa La Pintora, Las Rosas, El Patio).

Aktiv & Kreativ

Baden – Pisten führen von der GC-200 bei Km 13 zur grobkörnigen Playa del Risco und und bei Km 5 zum Kiessandstrand **Playa de Guayedra** (FKK). Vorsicht – starke Strömungen!

Puerto de las Nieves ▶ C 2

Im ›Schneehafen‹ mit seinen weißen, blau gerahmten Häusern kann man sich wohlfühlen: Der Blick aufs Meer ist zwar durch den Bau der Betonmole für die Teneriffa-Schnellfähre ›zerschnitten‹, doch auch weiterhin sieht man die großartige Klippenküste, die sich wie eine wild gezackte Fieberkurve ins Meer ›ergießt‹.

Links des Fährhafens öffnet sich eine Badebucht, trotz Fähre und Fischerbooten ist das Wasser sauber. Über Kies oder Stufen steigt man in die Fluten hinab. Von der Spitze der alten Mole sieht man die Reste des **Dedo de Dios** (›Finger Gottes‹). Bis 2005 hatte der vorgelagerte Felsen die Form eines erhobenen Zeigefingers – doch Wirbelsturm Delta zerbrach den ›Finger‹, der nun zertrümmert auf dem Meeresgrund liegt.

Mein Tipp

Klippenweg zur Playa de Guayedra
Am Beginn der GC-200, auf halber Strecke zwischen Puerto de las Nieves und Agaete, steht ein Haus mit überdimensionalen Eiern. Rechts von ihm startet ein Weg, der nach 50 m scharf links abknickt und hangaufwärts zur GC-200 führt (Km 2,3; an der Straße steht noch der frühere Kilometerstein 39). Dort hält man sich rechts und folgt der Straße 400 m. Leider muss man Schritte zählen, denn wo sich der Weg – durch Seitenmäuerchen dezent markiert – fortsetzt, ist die Leitplanke nicht unterbrochen. Steil windet er sich in in die Nachbarschlucht, an deren Mündung die Playa de Guayedra liegt – ein teils kiesiger, teils sandiger Strand mit einer überhängenden Felswand und Blick auf die Steilküste (hin und zurück: 3 Std., 6 km).

Puerto de las Nieves

Im Schatten der Mole befindet sich noch ein weiterer kleiner Kiesstrand, auf dessen Holzterrassen man sonnenbaden kann. Angrenzend verläuft eine **Promenade** mit Terrassenlokalen. Sie verlängert sich in den **Paseo de los Poetas** und führt nordwärts die Küste entlang. Vorbei an einer alten Windmühle kommt man zu den ehemaligen Salinen an der Barranco-Mündung, die in attraktive **Naturschwimmbecken** *(piscinas naturales)* verwandelt wurden. Während man ruhig seine Runden dreht und zuweilen bis Teneriffa blickt, brechen sich – teilweise heftig – die Wellen an der vorgelagerten Palisadenmauer.

Von den Naturschwimmbecken steigt man über den Serpentinenweg auf die Klippe El Turmán hinauf. Dort öffnet voraussichtlich 2010 ein neues Hotel.

Ermita Virgen de las Nieves

Einzige klassische Sehenswürdigkeit des Orts ist die Ermita Virgen de las Nieves (Kapelle der Schneejungfrau). Geschmückt ist sie mit Schiffsmodellen, die die Fischer ihrer Schutzpatronin zum Dank für die Errettung aus Seenot darbrachten. Wertvollstes Stück des Kirchleins ist das Triptychon ›Schneejungfau‹ des flämischen Künstlers Joos van Cleve, das eine anmutige, stark verweltlichte Madonna zeigt. Statt eines Heiligenscheins trägt sie einen zarten Schleier, ihr Jesuskind spielt mit einem Vogel. Das Gemälde kam 1533 aus Flandern, wo es gegen eine Partie Zucker eingetauscht worden war.

Übernachten

Spa-orientiert – **Puerto de las Nieves:** Av. Alcalde José de Armas s/n, Tel. 928 88 62 56, Fax 928 88 62 67, www.hotelpuertodelasnieves.es, DZ ab 85 €. Stünde dieses Viersternehotel am Meer und hätte es eine interessantere Architektur, wäre es gewiss immer ausgebucht. Die 30 auf zwei Stockwerke verteilten Zimmer sind mit Edelholz maritim eingerichtet, im Bad fehlt es nicht mal am Bademantel. Das Frühstück wird im eleganten Restaurant Faneque eingenommen, im Untergeschoss öffnet das Spa Las Nieves: mit Thermal-Zirkelbad, Whirlpool, finnischer und türkischer Sauna, Massagen, Fango- und Algenpackungen.

Funktional – **El Cabo:** Calle Antón Cerezo 14–16, Tel. 928 88 75 20, Fax 928 88 75 21, www.hotelelcabo.com, DZ ab 60 €. Für Transitgäste gedacht, die mit der Fähre zwischen Gran Canaria und Teneriffa pendeln. Die 24 Zimmer sind picobello sauber, aber steril. Gleiches gilt für das Frühstückszimmer im Untergeschoss. Mit aussichtsreicher Dachterrasse, Whirlpool und Solarium.

Essen & Trinken

An der Promenade und der Hauptstraße reihen sich **Fischlokale**. Mit einem kühlen Getränk, einem preiswerten Menü (ca. 8 €) oder einer umfangreichen Fischplatte kann man sich stärken. Die Lokale öffnen gegen 12 Uhr, doch bereits mit Anbruch der Dunkelheit, wenn die Tagesausflügler abgezogen sind, werden die Bürgersteige hochgeklappt.

An der Promenade – **El Oliver:** Av. de los Poetas, Tel. 928 88 61 79, Preise um 22 €. Passend zur Gestaltung der Promenade ist hier – vom Stuhl bis zur schattenspendenden Markise – alles in Blau-Weiß gehalten. Señor Antonio und Sohn Olivier servieren gute Meeresfrüchtesuppe, frischen Fisch und hausgemachte Desserts (sehr lecker: *mousse de gofio).* Im Tagesmenü sind Getränke und Steuern nicht enthalten.

Der Westen

Zwischen Berg und Meer – Höhendorf Agaete

Mit windgeschützter Terrasse – **Las Nasas:** Calle Nuestra Señora de las Nieves 7, Tel. 928 89 86 50, Preise um 20 €. Hier fühlt man sich wie in einer Taverne. Das Lokal ist in Blau-Weiß gehalten, an der Wand hängen Schiffsmodelle und Reusen *(nasas)*. Vor allem am Wochenende herrscht Andrang. Urig sitzt es sich auf der Terrasse mit Blick auf den Hafen. Die Ware ist frisch, die Zubereitung einfach, aber gut.

Der Klassiker – **El Dedo de Dios:** Calle Nuestra Señora de las Nieves s/n, Tel. 928 89 80 00, Preise um 18 €. Zwar kann man in der ehemaligen Lagerhalle nicht draußen sitzen, doch schön sind die Fensterplätze mit Blick auf die alte Mole und den abgebrochenen ›Finger Gottes‹. Farne baumen von der Decke, die Wände sind mit Kieselstein besetzt. Manchmal werden Busgruppen im Hinterraum ›abgeladen‹. Empfehlenswert ist vor allem die Fischplatte.

Etwas versteckt – **Cofradía Pescadores:** Explanada Muelle de Agaete, Tel. 928 88 63 18, Preise um 17 €. Das Lokal der Fischergenossenschaft liegt weniger romantisch im Scheitelpunkt zwischen Promenade und neuer Mole, doch tut dieser seiner Beliebtheit keinen Abbruch. Das Tagesmenü ist nicht angeschlagen, aber sehr empfehlenswert.

Aktiv & Kreativ

Wandern – s. Valle de Agaete (S. 208).
Schiffsausflug nach Teneriffa – Olsen-Fähren pendeln mehrmals täglich zwischen Puerto de las Nieves und Santa Cruz auf Teneriffa (s. Verkehrsmittel S. 23). Die Überfahrt dauert 60–90 Min.,

so dass man – wenn man sich mit der Besichtigung von Santa Cruz bescheidet – an einem Tag hin- und zurückkommen kann. Empfehlenswerter ist es, sich vor Ort einen Mietwagen zu nehmen und den Teide-Nationalpark zu erkunden, was freilich eine Zwischenübernachtung nötig macht.

Infos

Touristeninformation: Calle Nuestra Señora de las Nieves 1, Tel. 928 55 43 82, in der Regel Di–Fr 9.30–16 Uhr, Sa 9.30–12 Uhr.
Termine / Feste: s. Agaete.
Verkehr: Stündlich kommt man mit dem Bus via Gáldar nach Las Palmas (Linie 101-103), seltener nach La Aldea de San Nicolás (Linie 101) und nach Los Berrazales im Valle de Agaete (Linie 102). Busfahrplan s. S. 282.

Agaete ▶ C 2

»Wir leben zwischen Berg und Meer« – so sagen die Bewohner. Der hübsche Ort liegt 2 km von der Küste und am Anfang eines grünen Tals, das sich hoch ins Gebirge schneidet. Er ist ein guter Startpunkt für Wanderungen, baden kann man im nahen Puerto de las Nieves. Dank der GC-2 kommt man schnell in die Dörfer des Nordens und nach Las Palmas. Zwar ist Agaete in den letzten Jahren expandiert, doch abseits der Durchgangsstraße ist das Leben noch ruhig und gelassen. Die Häuser im Dorf sind ein- bis zweistöckig, meist kalkweiß gestrichen und oft mit Blumen geschmückt. Treffpunkt von früh bis spät ist der von Indischen Lorbeerbäumen beschattete **Hauptplatz.** An seiner Westseite führen Portale in die neoklassizistische Kuppelkirche, auf der gegenüberliegenden Seite öffnen sich die Türen der musealen Bar El Perola.

Von der Plaza führt eine kieselsteingepflasterte Gasse zum **Huerto de las Flores,** dem ›Blumengarten‹ mit exotischen Pflanzen aus Amerika. Skulpturen und in Stein gemeißelte Verse erinnern an die vielen mit Agaete verbundenen Künstler und Literaten, z. B. Tomás Morales und Alonso Quesada (Calle Huertas, in der Regel Mo–Fr 9–14 Uhr, Eintritt frei).

Der für einen so kleinen Ort erstaunliche Hang zur Kultur beflügelt vielfältige Initiativen: Gleich um die Ecke öffnet eine schmucke **Bibliothek** (Calle Lago) und in einem herrschaftlichen Haus an der Hauptstraße ein **Kulturzentrum** (Calle Concepción 11).

Übernachten

Mit wildem Garten – **El Angosto:** Calle Obispo Pildain 11, Tel./Fax 928 55 41 92, www.elangosto.eu, Ap. ab 40 €. Lärmempfindliche stören sich am nahen Autobahnzubringer. Die Anlage liegt am Hang El Turmán zwischen Dorf und Küste, von den 12 einfach eingerichteten Apartments (2–6 Pers.) blickt man über die zersiedelte Talmündung auf die Küste. Pluspunkt des Hauses ist der herrliche Garten. Die Kubanerin Nereyda, die viele Jahre in Deutschland gelebt hat, verwandelt ihn in ihr kleines Paradies. Zur Anlage gehören ein kleiner Pool und eine Sauna, zum Dorf läuft man 10 Min. längs einer stark befahrenen Straße.
Viele Tipps – **Casa Luna:** Calle Guayarmina 42, Tel. 928 55 44 81, Mob. 677 51 53 31, www.ecoturismocanarias.com/grancanaria/luna, DZ ab 40 €. Mónica und ihr deutscher Mann Helgo haben ihr Haus im Dorf in eine Mini-Pension verwandelt. Für Gemütlichkeit sorgt das zeitgemäß rustikale Ambiente, so

Lieblingsort

Die Felsbucht La Caleta bei Agaete ▶ C 2

Nur bei Ebbe enthüllt sich der Zauber dieser kleinen Bucht. Dann nämlich verwandelt sie sich in eine bizarre Brandungslandschaft. In Tümpeln tummeln sich Fische, die erst bei Flut wieder in die Freiheit entlassen werden. Hier und da entdeckt man eine quallenartige ›Meerkuh‹ und einen scheuen, tellergroßen Krebs. Längs der Küste kann man 15 Min. nordwärts bis zu einer wasserspeienden Höhle weiterwandern – achten Sie bitte auf Ebbe und Flut *(bajamar/ pleamar)*, damit Ihnen nicht der Rückweg abgeschnitten wird!

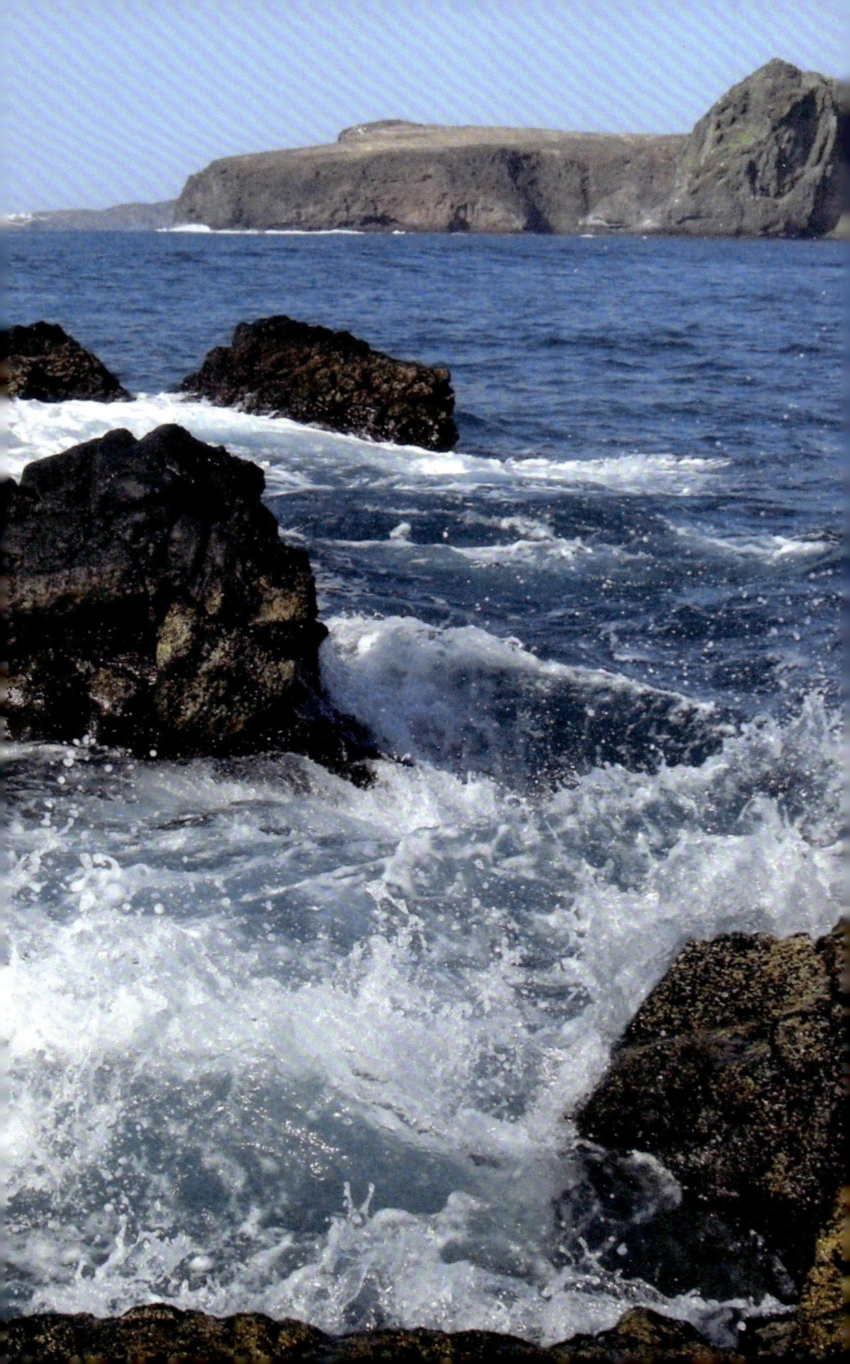

Mein Tipp

Am 4. August in Agaete – Bajada de la Rama
Eine schwitzende Menschenmenge wälzt sich durch die Gassen, tanzt ekstatisch zu Salsa-Rhythmen, schwingt dabei Palm- und Kiefernzweige. Einige schreien »Agua, agua« und erhalten prompt eine Dusche von einem Balkon. Tanzend werden *papahuevos,* überlebensgroße Pappfiguren mitgeführt. Es ist ein Zug der totalen Enthemmung, angeheizt durch Ströme von Alkohol. In der Nacht zuvor waren die meist jugendlichen Teilnehmer auf dem Pilgerweg in den Tamadaba-Wald gestiegen, wo sie die Zweige pflückten. Nun tanzen sie lärmend zum Puerto de las Nieves, wo sie mit den Zweigen laut schreiend das Wasser schlagen. Die Fiesta geht auf religiöse Riten der Ureinwohner zurück. In einer Chronik heißt es, der Hohepriester und die *harimaguadas,* die heiligen Jungfrauen, seien in die Berge gestiegen, wo sie Zweige brachen, um anschließend das Wasser zu peitschen. Die so kraftvoll aufmerksam gemachten Gottheiten sollten endlich den nötigen Regen für die Felder schicken …

im kleinen Innenhof mit seinen Natursteinwänden und im Ess- und Wohnraum, die man mit der Familie teilt. Von den drei Zimmern ist Atlántico am größten, das verfügt über Dachterrasse mit Bergblick. La Rama und Sahara sind dunkel, doch behaglich. Alle Zimmer haben Bad und gute Betten. Kleines bzw. großes Frühstück wird extra berechnet.
Keiner spricht Deutsch – **Casa Coca:** Calle Estanco 1, Tel. 928 89 82 87, Ap. 30 €. Ambiente wie anno dazumal. Eine kopfsteingepflasterte, von Palmen gesäumte Gasse endet an einem Portal, hinter dem ein üppig begrünter Gang erscheint. Kanarienvögel trällern, ein Papagei pfeift, ein Hund und drei Katzen flitzen umher. Señora Coca, nach der das Haus benannt ist, hat sich ein wenig zur Ruhe begeben, nun sind es ihre Kinder María Eugenia und Juan Gregorio, die die vier Apartments in Schwung halten. Urig ist La cueva, eine kleine Höhle mit französischem Schmiedeeisenbett. Da sich die Gäste zwei blumenumrankte Terrassen teilen, lernt man einander schnell kennen, oft speist man gemeinsam im Schatten des Jacaranda-Baums.

Essen & Trinken

In der Umgebung des Kirchplatzes bieten einfache Lokale Snacks und Tapas. Wer ›richtig‹ essen will, geht nach Puerto de las Nieves.
Dorftreff – **Dulcería La Esquina:** Plaza Tenesor 7. Das Mobiliar ist simpel: Vier Bistro-Tische, zwei Theken und an der Wand Plakate von der Fiesta de la Rama. Das Angebot ist überschaubar: Brötchen, die ofenwarm aus der Backstube kommen und großzügig belegt werden, dazu alle wichtigen (spanischen) Tageszeitungen. Fast alle Dorfbewohner legen hier ihre Arbeitspause ein: von Sandra, der Bibliothekarin nebenan, über den Gärtner bis zum Bürgermeister lassen sie sich hier mindestens einmal am Tag blicken.

Einkaufen

Selbstversorger decken sich im großen Spar an der Straße nach Puerto de las Nieves ein, ab einem Kaufbetrag von 30 € wird die Ware gratis ins Apartment gebracht *(reparto a casa)*.

Aktiv & Kreativ

Baden – s. Puerto de las Nieves, S. 196
Wandern – **La Caleta** (s. S. 200) ist vorerst nur zu Fuß erreichbar. Links unterhalb des Friedhofs *(cementerio)* läuft man an der Apartmentanlage El Angosto vorbei zu einem Kreisel hinauf. Dort folgt man der Ausschilderung ›Playa La Caleta‹. 5 Min. geht es über einen windigen Feldweg, dann über Treppen zur Bucht hinab.
Weitere Wanderziele – Playa de Guayedra, s. Puerto de las Nieves (s. S. 196); El Sao-El Hornillo, s. Valle de Agaete (s. S. 206).

Abends & Nachts

Legendär – **El Perola:** Plaza de Tomás Morales, Mo geschl. *El perola*, ›kleiner Eimer‹, wird Pepe genannt, der tatsächlich rund wie ein Eimerchen ist. Er betreibt Agaetes schönste Bar, an der Plaza gegenüber der Kirche. Seit hundert Jahren scheint niemand den Staub von den Wein- und Brandyflaschen gewischt zu haben. Die Holztheke ist ebenso museal wie die Poster längst verflossener Toreros und das Sammelsurium der Vitrinen. Bei Pepe trieffen sich die Dörfler auf ein Glas Wein oder Bier. Viel los ist Fr/Sa ab 23 Uhr.

Infos

Verkehr: Stündlich ein Bus via Gáldar nach Las Palmas (Linie 101–103), seltener nach La Aldea de San Nicolás (Linie 101) und ins Valle de Agaete (Linie 102). Busfahrplan s. S. 282.

Urige Bar: El Perola in Agaete

Der Westen

Valle de Agaete !▶C2

Der wasserreiche Barranco de Agaete, von den Einheimischen kurz El Valle (das Tal) genannt, ist einer der schönsten der Insel. das Tal erstreckt sich über 9 km Länge von der Nordwestküste bis zum 1000 m hohen Tamadaba-Massiv. Hier wachsen Avocados, Papayas und Mangos; Orangen hängen zum Greifen nah an den Bäumen.

Vom Dorfplatz vor der Kirche in Agaete folgt man den Hinweisschildern ›Los Berrazales‹ bzw. ›El Valle‹. Die auf der linken Talseite verlaufende Straße GC-231 gewährt weite Blicke hinunter auf Gärten und Plantagen. Von hier oben kaum erkennbar sind die Kaffeegärten. Im Mai und Juni ist Ernte, wenn die Früchte ihr Grün in ein leuchtendes Rot verwandeln. Zunächst passiert man die **Nekropolis von Maipés,** eine altkanarische Begräbnisstätte, die in einen Archäologischen Park umgewandelt werden soll. 3 km weiter passiert man die Siedlung **La Suerte,** die sich terrassenförmig an einen sonnenbeschienenen Hang lehnt. Am Berghang zur Rechten leuchtet das Landhotel Finca Las Longueras weinrot aus dem Talgrün hervor. Es gehört der Familie Manrique de Lara, einst Großgrundbesitzerin im Tal, auf deren Plantagen viele Dorfbewohner als Tagelöhner arbeiten mussten.

Wenig später passiert man das Lokal **Casa Romántica** (s. S. 208), wo man beim Gang durch den Garten exotische Pflanzen und Tiere sehen kann. Auf der rechten Talseite stapeln sich die Häuser des Weilers **San Pedro** an eine steile Talflanke, über die der Pilgerpfad *(Camino de la romería)* in das undurchdringlich wirkende Gebirgsmassiv des Tamadaba führt.

Nach weiteren 3 km erreicht man **Los Berrazales,** das sich als kanarischer Kurort einen Namen gemacht hat. Wo die Bergflanken enger zusammenschießen und die Luft würzig nach Berg und Kiefernwald ›schmeckt‹, wurde das beste Mineralwasser der Insel gefördert. Heute ist aller Kurortglanz verblichen. Die Mineralwasserabfüllanlage ist verwaist, und das traditionsreiche Hotel Princesa Guyarmina geschlossen – es soll restauriert werden. Eine Ecke weiter, an der Endhaltestelle der Buslinie, passiert man Casa Esperanza, das ›Haus der Hoffnung‹, in dem Alkoholiker von ihrem Laster lassen sollen. Noch 3 km führt die schmaler werdende Straße hinauf und endet an einem Wendeplatz. ›El Gordo‹, der ›dicke Berg‹, riegelt das Tal nach oben hin ab. Er kann nur zu Fuß bezwungen werden. Vom romantischen, meist nur am Wochenende bewohnten Weiler **El Sao** führt ein grandioser Wanderweg hinauf zum Höhlendorf **El Hornillo** (s. S. 206).

Übernachten

In markanter Lage – **Princesa Guayarmina:** Los Berrazales/Valle de Agaete (Wiedereröffnung nicht vor 2009), www.morasolhoteles.es, Tel. 902 12 34 32. Das traditionsreiche Hotel im Stil der Neuen Sachlichkeit liegt 7 km von Agaete im einsamen Oberlauf des Tals mit Blick auf das zerklüftete Tamadaba-Massiv und das Meer. Mit Spa und Pool im Garten, aussichtsreichem Restaurant und großen Terrassen. Ein herrlicher Flecken!
Für Honeymooner – **Las Longueras:** Valle de Agaete/La Suerte, Tel. 928 89 81 45, Fax 928 89 87 52, www.laslongueras.com, DZ 96 €. Die im verspielten New-Orleans-Stil erbaute Sommerfrische gehört der Adelsfamilie Manrique de Lara, die einmal das gesamte Tal von Agaete besaß. Das Haus ist von

Valle de Agaete

Orangen- und Mangobäumen eingefasst, deren Früchte den Frühstückstisch schmücken: eine große Tafel, an der sich die Gäste leicht kennenlernen. In Vitrinen-Schränken steht das alte Familien-Porzellan, durchs Fenster blickt man auf Drachenbäume. Die zehn Zimmer sind gleichfalls mit Antiquitäten eingerichtet und führen teilweise auf eine schattige Terrasse. Viel Platz hat man im Fernseh- und im Lesesalon, vom Poolgarten schaut man auf das Tamadaba-Gebirge. In einer kleinen Tee- und Kaffeeküche kann man sich mit Getränken und Haus-Orangen versorgen. 3 km von Agaete, die letzten 800 m auf Piste, Mietwagen sehr zu empfehlen!

Romantisch – **La Mareta:** Carretera del Valle/La Suerte, Mob. 619 28 71 11, Fax 928 48 09 13, 2 Pers. ab 100 €. Neben Las Longueras (gleiche Zufahrt) wurde ein altes, von weißen Mauern eingefasstes Gehöft in drei komfortable Landunterkünfte verwandelt. Sie sind mit Natursteinboden, Balkendecke und Antiquitäten stilsicher eingerichtet und öffnen sich mit Terrassen zum Garten. Dort befinden sich auch der Mini-Pool und der Grillplatz. Das unterste Haus (2 Pers.) mit großem kombiniertem Schlaf-Wohnraum, Küche, Bad ist etwas dunkler, was im Sommer kein Nachteil ist, weil es dann schön kühl bleibt. Das mittlere Haus (2 Pers., gleiche Raumaufteilung) hat einen überdachten Sitzplatz. Das oberste Haus mit 3 DZ, Wohnküche und Bad eignet sich für bis zu fünf Personen.

Schön bunt – **La Calera** / **La Bouganvilla:** Carretera del Valle/La Suerte, Mob. 606 64 63 08, Tel. 902 15 72 81, www.ecoturismograncanaria.com/calera, 2 Pers. ab 65 €. In einem kleinen Palmenhain an der Talstraße, gegenüber der Einfahrt zur Siedlung La Suerte gelegen. Die restaurierte hundertjährige Finca besteht aus dem größeren Haus La Calera für 2–3 Pers. (70 m^2, Wohnzimmer, Schlafraum, Küche, Bad) so-

Mein Tipp

Europas einziger Kaffee

»Bohne von großer Qualität, geröstet entwickelt sie sich gut, ihr Kaffee schmeckt fruchtig-süß, erinnert ein wenig an Schokolade«, so beschreiben Fachleute den ›Café de Agaete‹. Im Tal gedeiht der Kaffeestrauch auf vulkanischem, mineralienreichem Boden und hat die für sein Wachstum optimale Temperatur zwischen 23 °C am Tag und 17 °C in der Nacht. Nach drei Jahren treibt er seine erste Blüte aus, der acht Monate später eine elliptische, dunkelrote Frucht entspringt. Nach der Trocknung werden ihre zwei grünlichen Samen herausgepult – dies sind die Kaffeebohnen. Beim Rösten verlieren sie Wasser, Zucker und Bitterstoffe, dafür gewinnen sie an Aroma. Um einen noch besseren Geschmack zu erzielen, werden sie zermahlen, wobei die Einstellung wichtig ist: Wird zu grob gemahlen, kann sich das Aroma nicht voll entfalten, ist das Mehl zu fein, werden unerwünschte Bitterstoffe frei. Die Agaete-Bohne der Sorte Coffee Arabica Typica kann man z. B. in der Casa Romántica (s. S. 208) kosten – ein Mini-Museum informiert über die Produktion.

Lieblingsort

Weg von El Sao nach El Hornillo
Wo sich das Agaete-Tal zu einer Schlucht verengt, fühlt man sich der Welt entrückt. Fast senkrecht ragen die Talwände auf, ein kühn in die Flanken geschlagener Königsweg bezwingt die Steilstufe. So abenteuerlich er aussehen mag, ist er doch leicht zu begehen. Breit und in kräfteschonenden Kehren angelegt, führt er zum Kirchplatz von El Hornillo. Dort machen es die Menschen ihren altkanarischen Vorfahren gleich: Sie leben in Höhlen, die wie Vogelnester in den Fels gekerbt sind.

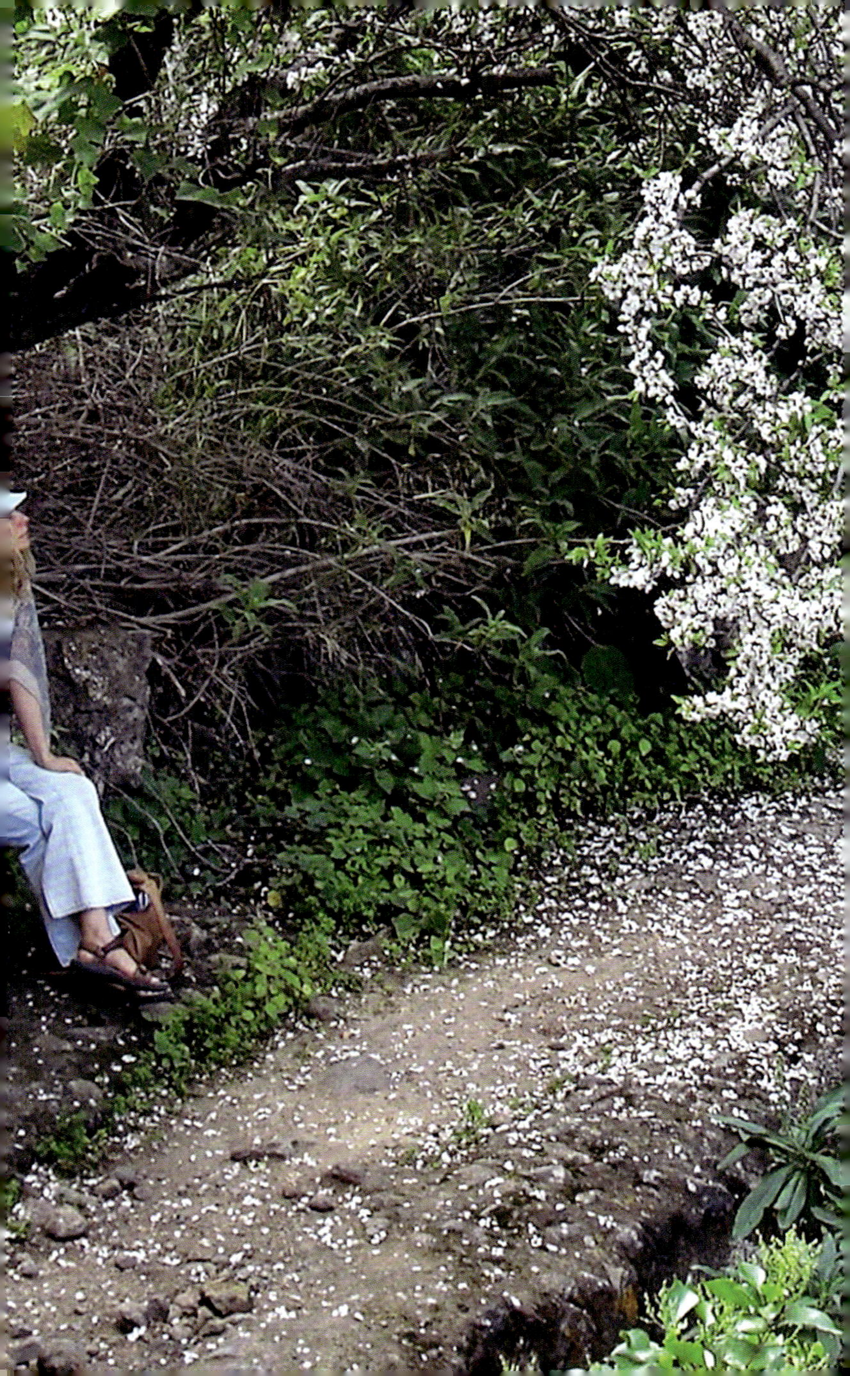

Der Westen

wie der kleineren Casa Bouganvilla für 2 Pers. (38 m², Schlafzimmer, Bad, Openair-Küche auf Terrasse). Leider hat ihr der Nachbar in einiger Entfernung einen Rohbau vor die Nase gesetzt. Von beiden Häusern hört man vorbeifahrende Autos. Alle Zimmer sind mit Bildern zeitgenössischer kanarisch-kubanischer Künstler dekoriert, selbst die Duschbäder präsentieren sich als Mini-Galerie. Die Häuser, erreichbar über einen gemeinsamen Eingang, teilen sich eine große, üppig bepflanzte Terrasse mit Bergblick. Der Besitzer Señor Sancho spricht Deutsch und wohnt nebenan. Nach Agaete sind es 3,5 km.

In deutscher Hand – **Miriam:** Calle Las Palmeras 20, La Suerte, buchbar über Rolf Peter Janssen, Tel./Fax 928 55 41 56 (nach 20 Uhr), Mob. 616 95 88 36, http://inicia.es/de/rpjanssen, Ap. 45 €. In den sonnigen, mehrheitlich von Ausländern bewohnten Siedlung La Suerte vermieten die deutschen, nebenan wohnenden Besitzer ein 60 m² großes Apartment für 2–3 Pers. Es verfügt über Schlafzimmer, Wohnküche und Terrasse mit Bergblick. Poolbenutzung gegen Aufpreis. Entfernung nach Agaete 4 km.

Essen & Trinken

Mit Zoogarten – **Casa Romántica:** Valle de Agaete Km 3,5, Tel. 928 89 80 84, tgl. 10–18 Uhr, Preise um 25 €, Menü 16 €. Zwar wird das Restaurant mittags von Busgruppen ›überfallen‹, doch kann man, sobald sie abgezogen sind, an der rustikalen Bar in aller Ruhe einen Kaffee aus Agaete-Bohnen trinken, vielleicht auch einen frisch gepressten Saft aus Kaktusfrüchten. Lecker dazu der gebratene, mit Nüssen panierte Ziegenkäse in Tomatenmarinade. Gegen eine geringe Eintrittsgebühr besucht man den schön bepflanzten Garten, in dem nebst exotischen Vögeln Ziegen und Kühe gehalten werden. Im kleinen Ethnomuseum wird man in die Kunst der Kaffeeherstellung eingeweiht.

Aktiv & Kreativ

Wandern – Eine imposante siebenstündige Rundwanderung verbindet El Sao, El Hornillo, den Stausee Los Lugarejos, die Tamadaba-Ringstraße, den Picknickplatz, San Pedro sowie El Sao miteinander. Wem die Tour zu anstrengend ist, der begnügt sich mit seinem Filetstück, der Strecke von El Sao nach El Hornillo (hin und zurück 2 Std., s. S. 206). Man fahre mit dem Auto das Tal hinauf und stelle es am Wendeplatz von El Sao (Ende der GC-231) ab. Wer mit dem Bus unterwegs ist, fahre mit der Linie 102 bis zur Endhaltestelle und folge der Asphaltpiste 30 Min. bis zu ihrem Ende.

Infos

Verkehr: s. S. 203.

Sardina del Norte ▶ C 1

Der Name verrät es: In dieses Dorf im äußersten Nordwesten kommt man, um ›Sardinen‹ zu essen. Die Anfahrt durch eine zersiedelte Landschaft ist wenig erbaulich, doch folgt man der Straße hinunter bis zur Hafenmole, bietet sich ein attraktives Panorama. Vor einer rostbraunen Felswand, an der die Häuser geradezu kleben, erstreckt sich ein kleiner heller Sandstrand. Wenn die See es erlaubt, fah-

Sardina del Norte

ren die Männer hinaus, um Fisch einzuholen – ihr Fang landet in einem der Restaurants.

Reisebusse kommen so gut wie nie in diesen Ort. Das freut die wenigen, die sich hierher verirren, um ein Bad in den Fluten zu nehmen und dann in einem der Fischlokale einzukehren. Am schönsten sitzt man an den Straßentischen von ›La Cueva‹ hoch über Strand und Meer. Die raffiniertesten Fischgerichte, darunter eine herrliche Fisch-Paté und ein Hummer-Risotto, erhält man jedoch im ›Fragata‹, wo man dann leider auf den grandiosen Ausblick verzichten muss.

Zum nordwestlichsten Inselkap mit dem Leuchtturm **Faro de Sardina** fährt man Richtung Gáldar und biegt kurz darauf links ab. Ein wenig abenteuerlich ist es noch, in den ausgewaschenen Lavafelsen vor dem Leuchtturm herumzuklettern, die starke Brandung zu genießen und die Krebse in den Felsspalten zu beobachten. Leider ist auch in diesem Bereich am Leuchtturm eine expandierende Apartmentsiedlung entstanden und es ist nicht mehr so einsam wie früher. Aber Klippen, Wind und Brandung kann man hier dennoch auf sich wirken lassen.

Parque Norte

Carretera a Sardina Km 3,4, www.parquenorte.es, Di–So 10–17.30 Uhr, Sa–So ohne Führung, Eintritt 12/6 €.

Auf dem Weg zurück könnte man den Parque Norte besuchen, eine 200 000 m^2 große Bananenplantage, in der man auf der Aussaat bis zur Ernte lernen kann, wie die Pflanze wächst. Außerdem gedeihen hier 80 verschiedene Palmenarten aus aller Welt. In einem Mini-Zoo tummelt sich, was klein und niedlich ist: Zwergesel und -hühner, Ponys, Zicklein, schwarze Vietnam-Schweinchen, Kaninchen sowie Titi-Äffchen. Papageien geben die Hintergrundmusik ab.

Essen & Trinken

Klassisch – **La Fragata:** Av. Alcalde Antonio Rosas s/n, Tel. 928 88 32 96, www.restaurantelafragata.net, Mi geschlossen, Preise um 25 €. Der erste Eindruck ist abschreckend, denn das letzte Lokal an der Straße befindet sich in einem schäbigen Haus. Drinnen aber macht es seinem Namen ›die Fregatte‹ alle Ehre. Zwar hat es keinen großartigen Ausblick, aber die beste Fischküche im Ort. Jean Paul, der sein Handwerk auf Kreuzfahrtschiffen erlernte, hat es mit maritimen Fundsachen dekoriert. In Aquarien schwimmt allerlei Meeresgetier, das ›fangfrisch‹ auf den Tisch kommt, u. a. Krebs, Hummer und Languste. Ein Menüvorschlag für Hungrige: Lachs-Quiche, Weißbarschfilet mit Calvados-Sahne-Soße oder Hummer-Risotto, als Dessert Mangosorbet.

In einer Höhle – **La Cueva:** Av. Alcalde Antonio Rosas 80, Tel. 928 88 02 36, Di geschl., Preise um 15 €. Den frischen Fisch kann man in einem Höhlenraum (span. *cueva*) oder auf der Straßenterrasse direkt über dem Strand genießen. Die Tapas sind üppig: Bestellen zwei Personen zum Salat drei Tapas, z. B. *chipirones* (Mini-Tintenfisch), *calamar en salsa* und *pulpo* (Tintenfisch), werden sie mehr als satt.

Infos

Termine: Fiesta del Carmen am 16. Juli, zu Ehren der Schutzheiligen der Fischer fährt eine bunt bewimpelte Bootsprozession aufs Meer.

Verkehr: Stdl. verkehren Busse zwischen Sardina und Gáldar (Tel. 928 88 01 85, www.guaguasguzman.com).

Das Beste auf einen Blick

Der Norden

Highlight !

Teror: Eine Augenweide ist der Hauptplatz mit einer Wallfahrts-Kathedrale, in der sich das Bildnis der wundertätigen Kiefernmadonna befindet. Viele grüne Winkel, kopfsteingepflasterte Gassen und Häuser mit Holzbalkonen sorgen in Gran Canarias geistlichem Zentrum für Romantik. Probieren Sie auf dem Sonntagsmarkt die lokalen Wustwaren *(chorizo, morcilla dulce de Teror)* sowie die süßen Köstlichkeiten, die die Nonnen in den Klöstern der Stadt herstellen! S. 232

Auf Entdeckungstour

Agaldar und die ›Bemalte Höhle‹: In der Cueva Pintada taucht man in die Welt der Altkanarier ein. S. 214

›Blütenkäse‹ – Kostprobe im Inselnorden: Der Käse, der rund um Santa María de Guía entsteht, hat eine ›geschützte Herkunftsbezeichnung‹ und gilt als eines der originellsten Molkereiprodukte Spaniens. S. 220

Heilige Bäume und betrunkene Ratten – im Jardín Canario: Im größten Botanischen Garten Spaniens sind alle kanarischen Pflanzenraritäten vereint. S. 236

Kultur & Sehenswertes

500-jährige Städte: Sehenswerte historische Ortskerne besitzen Gáldar, Santa María de Guía, Moya, Firgas, Vega de San Mateo und Santa Brígida.

Finca de Osorio: Das Adelsgut mit restauriertem Herrenhaus und großem Park weckt Erinnerungen an vergangene Zeiten. S. 235

Aktiv & Kreativ

Einen Lorbeerwald erkunden: Den Besuch des kleinen Lorbeerwalds nahe Moya kann man gut mit einer kurzen Wanderung verbinden. S. 224

Wanderung im Barranco de Azuaje: Es geht durch eine immergrüne Schlucht, in der eine Quelle sprudelt. S. 227

Bike-Hotel Villa del Monte in Santa Brígida: Vom Vital-Frühstück bis zu Routentipps und Rad-Verleih – wer Gran Canaria auf dem Mountainbike erkunden möchte, ist hier richtig. S. 240

Genießen & Atmosphäre

Rumprobe: Die hundertjährigen Destilerías Arehucas nahe Arucas laden zur Besichtigung der Bodega mit anschließender Rumprobe ein. S. 230.

Sonntagsmarkt in Teror: Beim Bummel über den Markt verlocken örtliches Klostergebäck und Bauernwürste zum Einkauf. S. 233

Landhotels: Von der Fonda Doramas (bei Firgas) genießt man einen Panoramablick, die Hacienda del Buen Suceso (Arucas) und Las Calas (Vega de San Mateo) verbinden Komfort und Romantik. S. 227, 231, 241

Abends & Nachts

Gáldar: Die netten Bars am Kirchplatz sind am Wochenende auch Ziel der Jugendlichen aus Nachbarorten. S. 217

Monte Lentiscal: Nahe der Hotelfachschule trinkt man Inselwein in rustikalen Bodegas. S. 240

Grün und fruchtbar

»Alle Schönheit der Insel ist dem Norden zugewandt«, so schrieben die ersten Chronisten. Verschwenderisch wuchern Exoten am Wegesrand, die Gärten stehen in voller Blütenpracht. Jedes Tal präsentiert sich in einem anderen Grün. Kleine Märchenwälder mit Moosen, Farnen und von Ästen herabhängenden Flechten erhielten sich bei Moya. Mit blassem Eukalyptus gesäumte Straßen führen zu den saftigen Hochalmen von Montaña Alta. Bei Arucas sind die Täler mit Bananen bepflanzt, bei Valleseco mit Orangen- und Zitronenbäumen. Zarte Weinreben bedecken den Vulkanboden östlich Monte Lentiscal.

Der dichte Pflanzenteppich der mittleren Höhenlagen verdankt sich dem Passat. In einer Höhe zwischen 400 und 1100 m kondensiert der Wind zu Wolken und Nebel, die sich an den Nordflanken der Berge stauen und durch Bäume ›gemolken‹ werden. Die sich im Lauf des Vormittags schließende Wolkendecke löst sich meist erst am späten Nachmittag wieder auf. Panza del burro (Eselsbauch) wird sie genannt: Der Ausdruck stammt noch aus jener Zeit, als sich der Bauer zur Siesta in den Schatten unter den Bauch seines Esels legte. Schaute er nach oben, erblickte er ein Grau, das dem der Passatwolke glich.

Wo Wasser ist, da ist Reichtum. Es speist eine Landwirtschaft, die bis zum Aufkommen des Tourismus die Lebensgrundlage der Inselbewohner war. Noch immer werden hier Kartoffel, Kürbis und allerlei Kraut und Rüben angebaut. In kleinen Hainen stehen Mispel-, Maronen- und Feigenbäume. Fast alle historischen Inselstädtchen liegen im Norden. Vom einstigen Wohlstand künden schöne Kirchplätze und Straßenzüge im Zentrum, das leider oft von funktionalen Neubauten der Randbezirke umstellt ist.

Wer sich länger in der fruchtbaren Gegend aufhalten möchte, findet Landhotels in Arucas und Teror, Firgas und Fontanales, Gáldar, Vega de San Mateo und Santa Brígida. In Santa María de Guía kann man sich in einer Jugendherberge einquartieren. Über die ganze Region verstreut sind restaurierte Landhäuser. Nur auf das Bad im Atlantik muss man im Norden weitgehend verzichten: Die Klippenküste ist zu rau und brandungsumtost.

Infobox

Internet
www.mancomunidaddelnorte.org

Unterwegs mit Auto und Bus
Die GC-2 verbindet Gáldar mit Las Palmas, die GC-1 Las Palmas mit der Costa Canaria und dem Südwesten. Kommt man von Süden, kann man Las Palmas umfahren, indem man dem Hinweisschild ›Gáldar‹ folgt (auf der Rückfahrt von Norden achte man auf das Hinweisschild ›Telde – Aeropuerto‹).

Die wichtigsten **Buslinien** sind die 101-103 und die 105; sie verbinden die Orte der Nordküste miteinander: Agaete – Gáldar – mit Santa María de Guía – Las Palmas. Von Las Palmas fahren Busse außerdem in die Bergdörfer des Nordens: nach Moya (Linie 116-117), Arucas (Linie 206), Teror (Linie 216), Santa Brígida (Linie 303-311) und Vega de San Mateo (Linie 303). Busfahrplan s. S. 282.

Spektakuläre Landschaft im Norden Gran Canarias

Gáldar ▶ C/D 1

Wenn man die ausfernden Neubausiedlungen sieht, möchte man am liebsten Gas geben. Doch das Städtchen hat Sehenswertes: Einen verkehrsberuhigten Altstadtkern mit schöner Plaza, der Santiago-Kirche und einer ›Bemalten Höhle‹ der Ureinwohner. Wahrzeichen der Stadt ist der Bergkegel des Pico de Gáldar (434 m). Wegen seiner Ähnlichkeit mit dem Vulkankegel des Teide auf Teneriffa, der bei gutem Wetter zu sehen ist, wird er auch ›Taschen-Teide‹ genannt. Neben Arucas im Osten war das Gebiet um Gáldar die größte Bananenanbauregion der Insel. In jüngster Zeit wurden die zunehmend unrentablen Bananen durch andere exotische Früchte und Blumen ersetzt.

Erste Hauptstadt der Insel

Gáldar war – zusammen mit Telde im Osten – die erste Hauptstadt Gran Canarias. In vorspanischer Zeit stand hier

Auf Entdeckungstour

Agaldar und die Cueva Pintada

Diese bestens erschlossene archäologische Fundstätte in Gáldar vermittelt einen tiefen Einblick in die altkanarische Kultur!

Zeit: ca. 2 Std.

Planung: Museo y Parque Arqueológico Cueva Pintada, Gáldar, Calle Audiencia 2, Tel. 928 89 57 46, www.cueva pintada.com, Di–Sa 9.30–20, So 11–20, letzter Einlass 18.30 Uhr; telefonische Anmeldung obligatorisch, Eintritt 6 €, geführte Besichtigung (auf Deutsch).

Alles, was man über die Ureinwohner von Gran Canaria weiß, ist im Archäologischen Park in Gáldar aufbereitet: Man sieht nicht nur die berühmte ›Bemalte Höhle‹, sondern wird anschaulich in die Alltagskultur der Canarii eingeführt. Dabei erfährt man einiges über die Conquista Gran Canarias, das ›Vorspiel‹ zur Eroberung Amerikas.

Archäologisches ›Juwel‹

Gran Canarias Vorzeige-Kultstätte befindet sich in Gáldar, wo einer der beiden Inselherrscher residierte. Im 6. Jh. gegründet, war die altkanarische Siedlung bis kurz nach der Conquista bewohnt. Danach verfiel sie und wurde vergessen. Erst 1862 wurden Teile von ihr, so die Cueva Pintada, die ›Bemalte Höhle‹, zufällig wiederentdeckt. Weitere 145 Jahre mussten vergehen, bis man sie 2006 für Besucher zugänglich machte. Heute ist sie der Mittelpunkt eines 10 000 m^2 großen Archäologischen Parks. Diesen betritt man durch ein Museum, in dem altkanarische Idolfiguren ausgestellt sind: eine ›Schwangere Frau‹, verzierte Tongefäße und *pintaderas,* Stempel mit geometrischem Muster, die vermutlich zum Tätowieren der Haut dienten.

Nach dem Museumsbesuch wird man auf eine Zeitreise geschickt: In einem 3D-Film erzählt Arminda, Tochter des letzten altkanarischen Herrschers, wie ihr Volk unterworfen, sie selbst zwangsgetauft und dem Eroberer Guzmán zur Frau gegeben wurde. Ein zweiter Panoramafilm berichtet vom Leben der Ureinwohner vor der Ankunft der Europäer.

Das alte Agaldar

Derart eingestimmt, betritt man die Ruinen des realen ›Agaldar‹. Unter einem riesigen Stahldach sind 60 Häuser zu sehen, die bei den Ausgrabungen freigelegt wurden. Vier von ihnen sind originalgetreu rekonstruiert. Im Zentrum der Siedlung befindet sich die aus Tuff geschlagene Cueva Pintada, die man durch eine Glasblase betritt. »Sie war ein zeremonielles Zentrum«, so Iñaki Sáenz, der ehemalige Museumsdirektor, »und noch heute ist sie ein Ort, der die Menschen bewegt.«

Altkanarische Künstler ebneten die Wände des rechteckigen Raums mit Mörtel und Ton. Alsdann malten sie auf die glatte Oberfläche mit lehmigem Weiß, mit Rostrot, Braun und Grau einen Fries aus Rechtecken, Dreiecken und Kreisen. Vieles spricht dafür, dass es Vorentwürfe gegeben hat, denn es entstand eine wohlproportionierte Komposition von großer Schönheit. Ihre Bedeutung ist bisher nicht enträtselt, doch wird vermutet, dass es sich bei dem Fries um einen Mond-Sonnen-Kalender handelt, der zur Bestimmung von Aussaat und Ernte diente. Das Muster hat auffallende Ähnlichkeit mit Höhlenmalereien in Nordwestafrika – ein weiteres Indiz dafür, dass die Altkanarier mit den Berbern verwandt sind.

Nachbemerkung

Archäologen kritisieren, dass sich die Inselregierung nur dort für das altkanarische Erbe interessiert, wo es touristisch vermarktbar ist. Dabei gibt es gerade im Nordwesten mehr als nur die Cueva Pintada und das Höhlenlabyrinth Cenobio de Valerón (s. S. 219). An der Küste stehen bei El Agujero Reste einer altkanarischen Siedlung, die Nekropole von La Guancha ist von einem Eisengitterzaun umstellt. Nun setzen die Archäologen alle Hoffnung auf die Unesco. Wenn das Vermächtnis der Altkanarier zum Weltkulturerbe erklärt würde, könnten auch diese Fundstätten gerettet werden.

Der Norden

der ›Palast‹ einer der beiden altkanarischen *guanartemes,* der Inselherrscher. Der letzte ›Häuptling‹ des Nordwestreichs, Tenisor Semidán, ergab sich 1483 dem Konquistador Juan Rejón aus Einsicht in die Überlegenheit der Eroberer, wurde an den spanischen Hof gebracht und auf den christlichen Namen Fernando Guanarteme getauft. Er erhielt Ländereien und war den Eroberern fortan durch Vermittlung behilflich, weshalb er bei den Ureinwohnern als Verräter galt. Ein Denkmal ist ihm an der Plaza del Faycán in der Altstadt gewidmet – der spanische König Juan Carlos hat es enthüllt. Viele spanische Eroberer gingen Verbindungen mit Töchtern aus altkanarischem Adel ein, so dass einige Familien der Stadt traditionsbewusst ihren Stammbaum bis in jene Zeit zurückführen.

Zu Gáldar gehörte bis 1526 die heutige Nachbarstadt Santa María de Guía. Dort wohnten vor allem Geldadel und Großgrundbesitzer, im Bereich des heutigen Gáldar siedelten die Arbeiter der Plantagen, Sklaven und Handwerker. Im Zwist der beiden Orte entstand für die Bewohner von Gáldar der Schimpfname *cebolleros* (Zwiebelverkäufer). Dafür hießen die Bewohner Guías nicht weniger schmeichelhaft *los leche espesa* (Milchverdicker) in Anspielung auf die Käseproduktion.

Rund um die Plaza

Iglesia de Santiago de los Caballeros
Plaza de Santiago/Calle Fernando Guanarteme 2, Kirche meist Di–So 10.30–13 Uhr, Museum Di–Fr 10–16, Sa–So 10–13 Uhr
Die hoch gelegene Altstadt wird von der neoklassizistischen Gemeindekirche, der **Iglesia de Santiago de los Caballeros,** überragt. Das große Gotteshaus belastete den Geldbeutel der Stadt so sehr, dass sie erst etwa 100 Jahre nach dem Baubeginn 1778 fertig gestellt werden konnte. Sie ist Santiago geweiht, dem Nationalheiligen Spaniens, unter dessen Patronat die Eroberung der Inseln ausgefochten wurde. Als schwertschwingender Heiliger ist er am Altarraum dargestellt. Ältestes religiöses Relikt der Kirche ist die *pila verde,* ein ›grünlicher Taufstein‹, an dem die ersten Ureinwohner getauft wurden. Sie ist neben anderen wertvollen Kirchenschätzen im **Museo de Arte Sacro** im hinteren Kirchenbau aufbewahrt.

Plaza de Santiago
Geht man vom Gotteshaus um die von alten Lorbeerbäumen und Araukarien beschattete Plaza de Santiago, eine der schönsten der Insel, gelangt man zum alten Rathaus, der **Casa Consistorial.** Eingepfercht in den engen Patio steht hier – neben der Touristeninfo – der älteste Drago der Insel. 1718 soll der Drachenbaum gepflanzt worden sein. Ein paar Schritte vom Kirchplatz entfernt befindet sich die Cueva Pintada, die ›Bemalte Höhle‹ – die stoische Figur der Prinzessin Arminda alias Doña Catalina weist den Weg (s. Entdeckungstour S. 214).

Museo Antonio Padrón
Calle Drago 2, www.antoniopadron.com, Mo–Fr 9–14 Uhr
Wer sich für Kunst interessiert, kann das nahe gelegene Museo Antonio Padrón besuchen. Der Maler (1920–68) ließ sich vom bäuerlichen Alltag und der vorspanischen Geschichte inspirieren, die er kubistisch verfremdete. Er malte, wie es im Prospekt heißt, »in Ocker und Rot, den warmen Tönen, die sich im Vulkan befinden«.

Santa María de Guía

Übernachten

Ganz versteckt – **Hacienda de Anzo:** Calle Pablo Díaz 37, Vega de Anzo, Tel. 928 55 16 55, Fax 928 55 12 44, www.haciendadeanzo.com, DZ 78 €. Schönes Hotel in einem unattraktiven Vorort. Das Herrenhaus einer ehemaligen Bananen-Hacienda wurde im Kolonialstil eingerichtet; gern wird es für Festlichkeiten angemietet. Mit Pool, Garten und Höhle.

Essen & Trinken

Klassisch kanarisch – **Alcori:** Calle Capitán Quesada 6, Tel. 928 88 36 74, So geschl., Preise um 18 €, Menü 7 €. Rustikales Lokal nahe dem Kirchplatz mit einer beliebten Straßenterrasse. Spezialität von Señor Bernardo sind Salat Alcori, angereichert mit Lachsstreifen und einer Vinaigrette aus Rosinen und geraspelten Mandeln. Auch die Filetspitzen mit Garnelen und Gemüse schmecken.
Einheimischen-Treff – **Ca'Juancri:** Calle Tagoror 1, Tapas ab 2 €. Schinkenkeulen baumeln über der Theke und Tapas gehen weg wie warme Semmeln. Mit kleiner Terrasse und Blick auf den Kirchplatz.

Einkaufen

Wochenmarkt – Auf dem Donnerstagsmarkt (8–14 Uhr) auf dem Kirchplatz und in den umliegenden Gassen findet man hauptsächlich Kitsch und Kommerz.
Markthalle – Der kleine **Mercado** in der Hauptstraße bietet stets knackig frisches Obst und Gemüse in großer Auswahl sowie den köstlichen Blütenkäse aus der Region (s. Entdeckungstour S. 220).

Abends & Nachts

Jugendtreff – Freitag- und Samstagnacht wird es laut: Aus dem konservativen Guía und dem stillen Agaete flüchten Jugendliche ins ›verruchte‹ Gáldar und zelebrieren die *movida de la noche* (wörtlich: ›Bewegung der Nacht‹). Beliebte Treffpunkte sind die **Pubs am Kirchplatz** und in der Calle de Tagoror.

Infos

Touristeninformation
Plaza de Santiago, Tel. 928 89 58 55, Mo–Fr 10–14 Uhr, www.galdar.es

Termine
Fiesta de Santiago Apóstol: 25. Juli. Am spanischen Feiertag zu Ehren des Nationalpatrons, der zugleich Schutzherr der Pilger ist, defiliert eine große Mittagsprozession durch die Stadt. Abends ist die *batalla de flores* angesagt, eine ›Blumenschlacht‹. An den Tagen vorher und nachher wird das Erntedankfest mit festlichem Umzug, Viehmarkt und Feuerwerk gefeiert.

Verkehr
Busse fahren nach Agaete und Puerto de las Nieves (101-103), La Aldea de San Nicolás (101), Valle de Agaete (102) und Las Palmas (103, 105). Busfahrplan s. S. 282.

Santa María de Guía ▶ D 1/2

Das Städtchen, das mit Gáldar fast verschmolzen ist, hat einen Ortskern mit einer stattlichen Kirche und alten Häusern um die zentrale Plaza. Die Stadt, meist kurz ›Guía‹ genannt, machte sich

Der Norden

als Gemeinde schon sehr früh von Gáldar unabhängig und stand seitdem in Konkurrenz zum Nachbarort. In den Jahren nach der Inseleroberung ließen sich in Guía reiche Familien vor allem genuesischen Ursprungs nieder. Besonders eine von ihnen, die Familie Riverol, unterstützte mit ihrem Geld den spanischen Hof, die Eroberung der Insel und die Entdeckungsfahrten des Kolumbus – der ebenfalls aus Genua stammte.

Iglesia Santa María de Guía
Meist nur zur Messe um 19.30 Uhr geöffnet
Von der Durchgangsstraße folgt man dem Schild ›Casco‹ zur schönen, schattigen Plaza. An ihrem Rand steht die Iglesia Santa María de Guía mit einer eindrucksvollen, barock inspirierten Kirchenfassade. Das Innere birgt zahlreiche Kunstwerke des berühmtesten kanarischen Bildhauers und Sohns der Stadt, José Luján Pérez (1756–1815). Einfühlsam gestaltet sind seine *dolorosas*, die Darstellungen Marias als Schmerzensmutter. Zwei Beispiele findet man in der Seitenkapelle links vom Hauptaltar, an dem gleichfalls eine Figur des Künstlers steht – dort ist es ein Christus.

Stimmgewaltig ist die Kirchenorgel, die auf Anregung von Camille Saint-Saëns gekauft wurde. Der berühmte Komponist besuchte zwischen 1889 und 1909 siebenmal die Insel und residierte in Guía. Hier komponierte er einige seiner Stücke und ließ sich auch nicht nehmen, auf der Orgel zu spielen.

Casa de la Cultura
Calle Canónigo Gordillo 22, meist Mo–Fr 9–13, 17–20 Uhr
Das schmucke Kulturhaus ein paar Schritte weiter ist in einer ehemaligen Kirche untergebracht. Oft werden hier interessante Kunstausstellungen gezeigt.

Übernachten

Superpreiswert – **Albergue Juvenil:** Av. de la Juventud, Santa María de Guía, Tel. 928 55 11 41, www.santamariadeguia.es/turism.htm, Mo–Fr ab 22, Sa–So ab 14 Uhr geschl., 9 € p. P. inkl. Frühstück. Gran Canarias offizielle Jugendherberge befindet sich fünf Gehminuten vom Kirchplatz und bietet Vierbettzimmer mit Bad (die oft mit nur 2 Pers. belegt werden), dazu ein Frühstück, auf Wunsch auch Vollpension. Die Benutzung des großen Freibads nebenan ist im Preis inbegriffen. Bitte den JH-Ausweis nicht vergessen!

Infos

Termine
Fiestas de la Virgen: August. Nahtlose Abfolge von Festen zu Ehren der Jungfrau, hauptsächlich am Wochenende mit Blumenschlacht, Musik, Tanz und Feuerwerk.
Fiesta de las Marías: Drittes Septemberwochenende. Dankfest für die Befreiung von einer Heuschreckenplage anno dazumal. Auf die *bajada de la rama* am Samstag, der ›Herabkunft des Zweiges‹ die man sich in Agaete abgeguckt hat, folgen am Sonntag die Prozession und die *romería*, der Erntedankzug mit Festwagen und Folklore-Gruppen.

Verkehr
Busse fahren nach Agaete und Puerto de las Nieves (101-103), La Aldea de San Nicolás (101), Valle de Agaete (102), Gáldar (101-103 und 105) und Las Palmas (103, 105). Busfahrplan s. S. 282.

Cenobio de Valerón ▶ D 1

Ein spektakulärer Ort: Die GC-291, vor dem Bau der Schnellstraße die einzige Verbindung zwischen Las Palmas und dem Nordwesten, windet sich um fast senkrecht aufragende Schluchtwände und führt – 2 km östlich von Guía – zu einem ›Kloster‹ *(cenobio)* am Rand eines Abgrunds. Nachdem man die Kasse passiert und ein paar Treppen erklommen hat, steht man unmittelbar vor einer weiten Felsöffnung mit 300 wabenartig in den Tuff gehauenen Höhlen. Lange Zeit glaubte man, hier hätten *harimaguadas,* altkanarische Priester-Jungfrauen, in freiwilliger klösterlicher Abgeschiedenheit gelebt – darauf deutet auch der spanische Name hin. Archäologische Forschungen haben aber ergeben, dass es sich hier nicht um ein Kloster, sondern um einen kollektiven Vorratsspeicher handelt, in dem die Ureinwohner Getreide lagerten. Schautafeln in der dezent restaurierten Höhlenanlage erläutern die altkanarischen Bräuche.

Auf dem Berg hoch über den Höhlen sind noch wenige Überreste eines *tagoror,* eines Versammlungs- und Gerichtsplatzes mit steinernen Sitzen, erhalten. Von den Höhlen aus sind sie aber nicht erreichbar. Wer sich für alt-

Hoch über der Felswand: die Höhlen von Cenobio de Valerón

Auf Entdeckungstour

›Blütenkäse‹ – Kostprobe im Inselnorden

Wer auf der Suche nach erstklassigen Lebensmitteln ist, findet mit dem ›Blütenkäse‹ in der Region um Santa María de Guía eines der besten Molkereiprodukte Spaniens!

Planung: Tienda de Arturo, Guía, tgl. 9–22 Uhr; Tienda de Miguel Almeida, Gáldar, Mo–Sa 8–13 Uhr; Venta de Quesos Grimón, GC-202 km 1,5, ganztägig.

Käsefest: Ende April/Anfang Mai.

›Milchverdicker‹ nennt man spöttisch die Bewohner Guías. Die offizielle Anerkennung der vielen Käsehersteller erfolgte erst 2007, als ihr *queso de flor* (Blütenkäse) das staatliche Gütesiegel erhielt. Unter Kennern gilt dieser schon lange als ein herausragendes Molkereiprodukt.

Der beste Käse Spaniens!
»Zum Teufel mit dem Manchego! Unser Käse ist der beste Spaniens!« Jahrzehntelang hat Santiago Gil Romero dafür gekämpft, dass der Blütenkäse das staatliche Gütesiegel erhält. Schließlich hatte er Erfolg. Seitdem der Käse auf Messen präsentiert werden darf, räumt er einen Preis nach dem anderen ab. Freilich ist er nur eines von vielen Molkereiprodukten der Insel. Diese sind so vielfältig wie die Landschaften, auf denen die Tiere weiden: Sie reichen von der Küste bis zur zentralen Bergregion, von der dürren Steppe bis zur grünen Alm. Es gibt Käse aus Schafs-, Ziegen- und Kuhmilch, deren Qualität je nach Jahreszeit variiert; auch das beigefügte Ferment – Tierlab oder Pflanzenextrakt – beeinflusst den Geschmack. Da auf den Kanaren das gefürchtete Maltafieber, eine vom Tier auf den Menschen übertragbare Infektionskrankheit, unbekannt ist, wird Käse meist aus roher, nicht pasteurisierter Milch gewonnen.

Unterwegs mit Hut und Hirtenstab
Noch gibt es sie, Hirten, die 365 Tage im Jahr von Sonnenaufgang bis Sonnenuntergang unterwegs sind. Mit ihrem Wollumhang, dem Hut und Hirtenstab erscheinen sie wie Widergänger einer längst vergangenen Zeit. »Ich bin Sklave meiner Tiere«, sagt Fermín, der die meiste Zeit des Jahres in einer Höhle von Montaña Alta lebt. Im September, wenn der erste Herbstregen die ausgedörrten Hänge in saftiges Grün taucht und das Vieh in die Berge zieht, bindet er seinen Schafen selbst gemachte Glockenkollare um. »Jedes meiner Tiere hört auf einen Namen«, behauptet Fermín und ruft zur Bestätigung: »Morena, komm her!« Prompt eilt die ›Bräunliche‹, ein zotteliges Tier, herbei. Dass er sich mit seinen 100 Tieren nicht vertut, erklärt er mit dem innigen Verhältnis, das er zu ihnen hat: »Ich melke sie jeden Morgen – da weiß man, wen man vor sich hat!«

Blütenkäse aus der Höhle
Die Milch holt seine Frau Dolores mit dem Jeep – sie bereitet auch den Käse zu. Zum Stocken bringt sie die Schafsmilch mit den Blüten einer wilden Artischocke (Cynara cardunculus), denen der Käse seinen Namen ›de flor‹ und den herben Geschmack verdankt. »Ich trockne die Blüten und wenn ich Käse mache, weiche ich etwas davon ein«. Wenn der Käse einen weniger kräftigen Geschmack haben soll, nimmt sie außer Blüten auch Labferment – dann heißt er *queso de media flor,* ›halber Blütenkäse‹. »Ist die Milch geronnen, presse ich sie zusammen, dann bring' ich sie in Form, indem ich um die Masse einen Gürtel aus Palmblättern binde. Der ist viel besser als die Blechformen der Industrie – die Molke kann zwischen den Ritzen besser ablaufen.« Auf die Oberfläche des Laibs drückt sie eine Holzplatte mit eingestanzter Nummer – diese weist den Käse als ihren aus. »Ich stell' ihn auf ein Rohrgeflecht in unsere Höhle und dreh' ihn täglich um, damit er von allen Seiten trocknen kann. Alle zwei Wochen bestreiche ich ihn mit Olivenöl – so bleibt er innen zart.« Nach wenigen Tagen Lagerzeit erhält Dolores einen Frischkäse: *Tierno* heißt ›jung, zart und

weich‹, und so schmeckt er auch. Gern isst man den weißen Leckerbissen mit einer Messerspitze Guavenmarmelade bzw. Honig – jeder nach seinem Gusto. Ein *semicurado* ist ein cremiger Halbgereifter, der 15–60 Tage gelagert hat; ein *curado* bzw. *maduro* hat bis zu einem Jahr auf dem Buckel und schmeckt sehr würzig.

Käsefest und Krämerladen

Die beste Gelegenheit, den ›Blütenkäse‹ kennenzulernen, bietet sich bei der Fiesta del Queso, dem großen Käsefest in der letzten April- bzw. ersten Maiwoche in Guía, wenn auf dem Dorfplatz alle Produzenten ihren Käse präsentieren. In der restlichen Zeit erhält man ihn in Krämerläden wie z. B. dem von Señor Arturo in Guía (Tienda de Arturo, Lomo Guillén, am westl. Ortsausgang Richtung Gáldar). Im Regal stehen Wein- und Rumflaschen in Reih und Glied, in Kisten stapelt sich Gerät zur Käseherstellung. Auf einem mehrere Meter langen Rohrgeflecht, geschützt hinter Glas, lagern große Käselaiber, die Señor Arturo mit seinem kunstvollen Messer anschneidet. Einen Appetithappen sollte man ruhig annehmen, denn der ›Blütenkäse‹ ist nicht billig und wer etwas Geld investieren will, sollte wissen wofür. In der Bar nebenan kann man zur Käse-Tapa auch ein Gläschen Rotwein bestellen – unter kanarischen Männern, bei lautem Gespräch und vor laufendem Fernseher.

Eine große Auswahl findet man auch in der Tienda de Miguel Almeida in der hübschen Markthalle von Gáldar (Mercado Central in der Fußgängerstraße). Auf der Fahrt zum Fischerort Sardina lohnt ein Stopp an der GC-202 bei Km 1,5: Ein Schild verweist auf eine *venta de quesos,* einen Käseverkauf. Klingeln *(tocar el timbre)* kann man bei Familie Grimón zu jeder Tageszeit. Die beste Adresse wird aber bald Montaña Alta hoch in den Bergen sein, wo eine *casa de queso,* ein staatliches ›Käsehaus‹, öffnen soll.

kanarische Versammlungsplätze interessiert, kann besser erhaltene und leichter erreichbare in Cuatro Puertas (S. 121) und am Roque Bentayga (S. 253) sehen (GC-291, www.cenobiodevaleron.com, Di–So 10–17 Uhr, Eintritt 2,50 €; Anfahrt mit Bus nicht möglich).

El Roque ▶ E 1

Wenige Kilometer vor dem großen Verkehrskreisel von El Roque/Moya fährt man über die **Puente de Silva,** mit 125 m eine der höchsten Brücken Spaniens. Der Name geht auf den Portugiesen Diego de Silva zurück, dessen Schiffe noch vor der spanischen Eroberung in diesem Küstenbereich landeten. Er soll von den Ureinwohnern besiegt, dann aber begnadigt worden sein. Die Brücke ist heute mit Stacheldrahtzaun befestigt – eine »Schutzmaßnahme gegen gefährliche Wünsche«, wie in einer Zeitschrift zu lesen war. Der Brücke haftete bereits der traurige Ruf einer ›Selbstmörderbrücke‹ an, viele Menschen hatten sich von hier in den Tod gestürzt.

Wenig später fallen an der Küste bereits die bunt bemalten Häuser von **El Roque** auf – malerisch stapeln sie sich auf einer von der Brandung umspülten Felszunge. Eine Gasse geleitet sicher durch das Labyrinth und endet weit über dem Meer an einem brandungsumtosten Kap. Der spektakuläre Ort ist der ideale Platz für ein Café oder ein kleines Lokal – vielleicht haben Sie Glück und erwischen einen der Tage, da es geöffnet ist. Es gibt kaum einen wilderen Ort für ein Fischmahl!

San Felipe ▶ D 1
Wer Zeit hat, kann die Fahrt über die GC-751 zum lang gestreckten Dorf San Felipe fortsetzen, das gleichfalls für seine Fischlokale bekannt ist. Die Ware ist frisch, allerdings gibt es nie einen vernünftigen Ausblick! Das Restaurant El Paso, an dem man zuerst vorbeikommt, hat nebenan ein Naturschwimmbecken (GC-751, Km 0,3, Tel. 928 62 01 77, Preise um 16 €).

Moya ▶ E 2

Moya, das wegen seiner grünen Umgebung auch ›Villa Verde‹ (grüne Stadt) genannt wird, erstreckt sich entlang dem Steilrand der gleichnamigen Schlucht.

Iglesia La Candelaria
Den Ort dominiert die von Norden aus weithin sichtbare Kirche, die fotogen über dem Abgrund thront. In der Iglesia La Candelaria (auch El Pilar genannt) steht die Statue der ›Lichtbringerin‹ aus Candelaria auf Teneriffa. Einer der damals hier ansässigen Nachkommen eines Eroberers der Nachbarinsel, Hernando de Trujillo, brachte das Standbild von dort mit – die Tinerfeños haben es ihm bis heute nicht verziehen. Die Jungfrau sollte Gran Canarias Schutzheilige werden, unterlag aber schließlich der ›Kiefernjungfrau‹ aus Teror.

Von der Plattform hinter der Kirche bietet sich ein weiter Blick hinunter in den Barranco de Moya – die bessere Ansicht der Kirche hat man allerdings von der gegenüberliegenden Seite der Schlucht.

Museo Tomás Morales
Paseo de Tomás Morales 1,
Mo–Fr 9–20, Sa 10–14 und 17–20,
So 10–14 Uhr, Eintritt frei
Gegenüber dem Gotteshaus steht das schmuck restaurierte Geburtshaus des Dichters Tomás Morales (1884–1921), heute Museum und ein ›Haus der Lyrik‹. Morales verbrachte hier seine

Der Norden

Kindheit und war später Arzt in Agaete. In der Welt der spanischen Dichtung zu Beginn des 20. Jh. machte er sich einen Namen mit der Gedichtsammlung ›Rosen des Herkules‹, in der er den Atlantik besingt.

Los Tilos de Moya ▶ D 2

Nahe Moya existieren noch Reste des Lorbeerwalds, der einst große Teile dieser Höhenstufe bedeckte, aber rücksichtslos abgeholzt wurde. Um die wichtigste Stelle dieses geschützten Restwalds zu erreichen, fährt man vom Zentrum 2 km Richtung Guía und biegt dann links am Schild ›Camino Los Tilos‹ in den Fahrweg ein. Ein kleines Forsthaus informiert über den Lorbeerwald (Centro de Interpretación de la Laurisilva, Mo–Fr 9–13 Uhr). Wo die wenig befahrene Asphaltpiste endet, startet ein breiter Weg, der – zuletzt über Treppen und an Höhlenhäusern vorbei – in gut 1 Std. nach Fontanales führt.

Übernachten

Landhäuser – Über Agenturen des Turismo Rural (S. 25) können Landhäuser auf Wochenbasis angemietet werden.

Essen & Trinken

Hausmannskost – **Mesón Casa Plácido:** Simón Melian 5, Mi geschl., Preise um 15 €. In ihrem kleinen Lokal neben der Kirche servieren die netten Wirtsleute kanarische Hausmannskost.

Moya thront auf einer Felsklippe, überragt von der Candelaria-Kirche

Infos

Touristeninformation: Calle Juan Delgado 6, Tel. 928 61 23 48. Mo–Fr 9–14 Uhr, www.villademoya.com
Verkehr: Vom Busbahnhof *(estación de guaguas)* nahe dem Kirchplatz fahren Bus 116 und 117 nach Las Palmas, Bus 127 nach Fontanales. Busfahrplan s. S. 282.

Fontanales ▶ D 3

Das Bergdorf ist von Apfel- und Kastanienbäumen umgeben, auf Terrassenfeldern wächst Gemüse, das dank des guten Klimas mehrmals jährlich geerntet wird. Einem Schutzpatron der Bauern ist die von Platanen eingefasste Kirche geweiht. Der hl. Bartholomäus wurde immer angerufen, wenn Heuschreckenschwärme aus dem nahen Afrika die Felder abzufressen drohten. Seine Figur steht in der Kirche, geschaffen hat sie Luján Pérez.

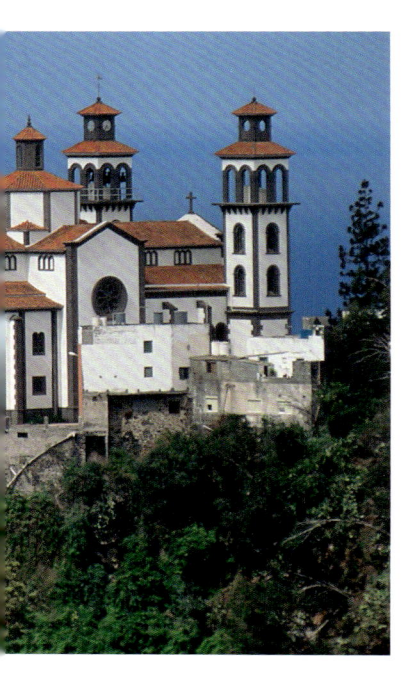

Zwischen Fontanales und dem Weiler Juncalillo schlängelt sich eine wenig befahrene Nebenstraße (GC-702) durch eine Landschaft, die auf der Insel einmalig ist. Berghänge und Hügel sind im Winter und Frühjahr mit grünen Wiesen überzogen, sind Weideplätze der vielen Schafsherden. Üppig gedeihen Farne und Moose, man fühlt sich in eine Almlandschaft versetzt. Dank der Passatwolken, die sich hier v. a. im Winter stauen, ist die Region die niederschlagreichste der Insel. Im Sommer stehen die silbrig-verdorrten Grasflächen in hartem Kontrast zu den immergrünen Kiefernwäldchen. Über Juncalillo erreicht man **Pinos de Gáldar,** einen rustikalen Aussichtsbalkon. Über einen tiefen Vulkankrater hinweg schaut man auf die grünen Fluren des Nordens – bei klarer Sicht bis nach Las Palmas.

Übernachten

Landhäuser – Auf Fontanales spezialisiert ist die Agentur Gran Canaria Rural (S. 25), die Fincas inmitten blühender Gärten anbietet, z. B. 1 km nördlich des Orts die Casa La Nanita mit 3 Wohneinheiten. Auch hier gilt: Im Winter warme Kleidung mitnehmen!

Essen und Trinken

Hausmannskost – **Sibora:** Fontanales 6–8, Tel. 928 62 04 24, Preise um 15 €. In der Bar trifft sich werktags die einheimische Männerwelt, am Wochenende kommen festlich gestimmte Ka-

Der Norden

narier und verputzen im großen Speiseraum deftig-kanarische Kost.

Aktiv & Kreativ

Wandern – In Fontanales starten attraktive Wege. Biegt man am Restaurant Fontanales in die Calle de La Montañeta ein und verlässt sie nach 300 m nach links, gelangt man in eine grüne Gegend. Da die Wege nicht markiert sind, kommt man hier aber kaum ohne Wanderbuch aus!

Infos

Verkehr: Mit Linie 127 kommt man nach Moya. Busfahrplan s. S. 282.

Firgas ►E 2

Wer in einem Restaurant auf Gran Canaria Mineralwasser bestellt, erhält fast immer ›Agua de Firgas‹. Das schmackhafte Wasser stammt aus einer Abfüllanlage in einer Schlucht 5 km südlich des Orts, die aufgrund ihrer

Der Stufenbrunnen am Paseo de Gran Canaria in Firgas

Firgas

Fruchtbarkeit ›Las Madres‹ (die Mütter) heißt. Wer hat, der will nicht geizen: Stolz präsentiert das Gemeindestädtchen seinen Wasserreichtum, der es vor allen anderen Orten auf der Insel auszeichnet. Vor dem schmucken **Kirchplatz** steht ein großer Springbrunnen, an dem der **Paseo de Gran Canaria** startet. Stufenförmig führt er bergauf, gesäumt von andalusischen Kachelbänken und 22 Wappen, die die Inselgemeinden repräsentieren. Sein Clou aber ist die Wasserkaskade in der Mitte, die in weitem Bogen hinunterrauscht.

Am Ende der Promenade beginnt eine zweite: Der **Paseo de Canarias,** gleichfalls stufenartig aufwärts führend, zeigt auf jeder Terrasse eine andere Kanareninsel im Relief, eingefasst von Wappen und Postkartenmotiven.

Von den Promenaden lohnt ein Seitenblick: Die **Casa de Cultura,** ein ehemaliges Hotel, hat einen schönen Innenhof und zeigt in der Galerie wechselnde Ausstellungen. In ihrem Schatten steht eine liebevoll restaurierte **Wassermühle.** Von 1512 bis 1959 war sie in Betrieb, heute beherbergt sie die Touristeninformation.

Wanderung im Barranco de Azuaje

Auch die Umgebung von Firgas steht im Zeichen von Wasser. In der schmalen, ganzjährig grünen Schlucht, in der eine Quelle sprudelt, haben sich Relikte der Lorbeerwaldvegetation erhalten. Wer Zeit hat, findet hier einen wunderbaren Ort für ein Picknick. Zwei Zugänge stehen zur Wahl: Von der **GC-350** zweigt bei Km 1,8 eine Erdpiste in den Barranco ab und passiert zunächst Fuente Santa, eine ›heilige Quelle‹, in der sich Kanarier mit eisenreichem Wasser eindecken (unregelmäßig geöffnet). Schräg gegenüber stehen die romantischen Ruinen des Balneario de Azuaje, eines Kurhotels, das als ›Besucherzentrum‹ wieder aufgebaut werden soll. Hinter dem Hotel wird der Weg immer dschungelhafter und führt an Tümpeln vorbei, in denen man gern seine Füße kühlt.

Der zweite Zugang erfolgt über die **GC-30:** 1,5 km hinter dem Ort (nicht ausgeschildert!) biegt man rechts in eine steile Asphaltpiste ab, verlässt diese aber sogleich (Schild: Trapichillo, Parkbucht) auf einer Erdpiste und diese nach 100 m auf einem rechts abzweigenden Weg. Längs einer Mauer führt er hinab, mündet nach 150 m in eine Betonpiste (Trafoturm), die man nach 200 m nach links verlässt. Ein Schild verkündet den Beginn des Naturschutzgebiets Azuaje, in das ein romantischer Weg hinabführt.

Übernachten

Aussichtsreich – **Fonda & Albergue Doramas:** Montaña de Firgas, Tel. 928 43 76 71, Fax 928 43 77 52, www.fondadoramas.com, DZ ab 60 €. Folgt man der GC-30 1,3 km südwärts und biegt dann in die GC-306 ein (Schild!), kommt man nach 1 km zu einem Aussichtsberg. Über grüne Fluren schaut man weit über den Norden. Auf dem Gipfel entstand ein halb rustikales, halb modernes **Landhotel,** das entfernt an eine Burg erinnert. Die 10 Zimmer sind freundlich (Sat-TV, Heizung, Klimaanlage) und bieten Aussicht über grüne, leider zersiedelte Hänge, aber keinen Balkon. Gefrühstückt wird im gleichfalls aussichtsreichen Restaurant. Gegenüber vom Hotel befindet sich die **Herberge** mit 12 kleinen Vierbettzimmern. Attraktiver sind der Frühstücksraum und der Gemüsegarten mit angrenzendem Mini-Pool und Solarium.

Der Norden

Landhäuser – Agenturen des Turismo Rural (s. S. 25) vermitteln Fincas auf Wochenbasis.

Infos

Touristeninformation in Firgas: Calle El Molino 12, GC-30 Km 0,1, Tel. 928 61 67 47, www.firgas.es
Verkehr: Vom Busbahnhof *(estación de guaguas)* im Ortszentrum fahren 2–4 x tgl. Busse nach Las Palmas (201-102).

Arucas ▶ E/F 2

Die heute drittgrößte Stadt auf Gran Canaria ist nicht nur wegen ihrer ›Kathedrale‹, des schönen Stadtparks und der Rumfabrik attraktiv, sondern auch wegen ihres kegelförmigen Stadtbergs mit Restaurant und Panoramablick.

Aufgrund ihres Wasserreichtums war sie stets ein landwirtschaftliches Zentrum. Erst entstanden Zuckerrohrplantagen, dann wurden Opuntienkakteen gezüchtet, Wirtspflanzen der Koschenille-Läuse: Diese gaben, getrocknet und zerrieben, ein Purpur ab, das zum Färben verwendet wird. Heute wird es nur noch dort gebraucht, wo statt künstlicher natürliche Farbe gefragt ist, z. B. im Lippenstift und im Campari-Cocktail. Seit dem 19. Jh. baut man in Arucas Bananen an, die heute allerdings zunehmend durch Gemüse, exotische Früchte und Blumen ersetzt werden.

Plaza de la Constitución

Der Hauptplatz von Arucas, die **Plaza de la Constitución,** ist von schönen Bürgerhäusern eingerahmt, die im Zuge des Bananenbooms entstanden. Dazu zählen das Rathaus *(casas consistoriales)* und die ehemalige Markthalle *(mercado).*

Parque municipal

Ein Tor öffnet den Weg zum Stadtpark, der mit Brunnen, Wasserspielen und kühlen Steinbänken an heißen Tagen die reinste Erholung ist. Durchzogen wird er von kleinen Seitenkanälen, die mit seltsamen Schiebetürchen versehen sind. Diese spielen auf das System der Verteilung des kostbaren Nasses an, das die Wasseraktienbesitzer reich gemacht hat.

Die **Wasserbörse** (Heredad de aguas, s. S. 58) wurde unmittelbar nach der Conquista gegründet, ihr benachbartes Gebäude ist eines der prächtigsten der Stadt.

Zu Gast beim Grafen: Nobelhotel La Hacienda del Buen Suceso bei Arucas

Museo Municipal
Plaza de la Constitución 2,
Mo–Fr 10–20, Sa 10–13 Uhr
Stattlich ist auch das Herrenhaus am Rand des Parks, das der Familie Gourié, der Gründerin der Rumfabrik, gehörte. Darin informiert das **Museo Municipal**, das Stadtmuseum, über die Geschichte Arucas' und zeigt Ausstellungen; auch die Touristeninformation ist hier untergebracht.

Bummel durch die Altstadtgassen
Anschließend bummelt man über die Fußgängerstraße Calle León y Castillo, besucht die Galerie der Stiftung Mapfre Guanarteme (Calle León y Castillo 5-6) und kommt durch die Calle Gourié, wo im prachtvollen Patio der **Casa de la Cultura** ein großer Drachenbaum steht (Calle Gourié 3).

Iglesia San Juan Bautista
Plaza de San Juan,
tgl. 9–13 und 16.30–19 Uhr
Wahrzeichen von Arucas ist die dunkle, die weiße Häusermasse überragende Iglesia San Juan Bautista. Wegen ihrer Größe wird sie gern als ›Kathedrale‹ bezeichnet, obwohl sie nur eine Pfarr- und keine Bischofskirche ist. Sie wurde ab 1909 in neugotischem Stil

Der Norden

Mein Tipp

Rumprobe

In der Rumfabrik **Destilerías Arehucas** wird man durch die Bodega geführt. Dort ruhen 6000 Eichenfässer, in denen 2 Mio. Liter Rum reifen. Auf einigen haben Prominente ihre Unterschrift hinterlassen, so das spanische Königspaar, der Tenor Plácido Domingo und der deutsche Politiker Willy Brandt. Nach der Besichtigung hat man vielleicht Lust, die Tropfen zu probieren: Ron Blanco präsentiert sich hell und ist gut geeignet für Cocktails. Drei Jahre muss Ron Oro, der Goldene Rum, lagern, um seine gelbe Farbe aus den Eichenfässern zu ziehen. Wegen seines volleren Geschmacks wird er gern pur getrunken. Die Luxus-Variante, Ron Añejo, rechtfertigt ihren höheren Preis durch bis zu zwölf Jahre lange Lagerung. Es folgen Exoten, die geschmacklich angepassten Mischlinge: Ron Miel, Honigrum, Bienmesabe mit Mandeln und Leche Rizada, die niedrigprozentige ›gekräuselte Milch‹ mit Zimt.
Museo del Ron: Era de San Pedro 2, Tel. 928 60 00 50, www.arehucas.com, meist Mo–Fr 9.30–13 Uhr, Eintritt frei

– manche sagen: im Zuckerbäckerstil – errichtet und besteht aus dunklem Arucas-Basalt, einer langsam erkalteten Lava, die schwer zu bearbeiten, aber sehr resistent gegen klimatische Einflüsse und Abgase ist. An ihr haben sich Arucas' Steinmetze als wahre Meister erwiesen, indem sie in die Oberfläche eine Fülle von Ornamenten und feinsten Details eingemeißelt haben. Wohin man schaut, sieht man Schmuck, sei es die Fensterrose über dem Hauptportal, die üppig verzierten Erker oder die hoch aufschießenden Turmspitzen. Innen beeindruckt die Kirche durch farbenfrohe Glasfenster und schlanke Säulen.

Rumfabrik

An Westausgang von Arucas, Richtung Firgas, entstand 1884 die erste große, mit Dampfkraft arbeitende Zuckerfabrik der Kanarischen Inseln, und 1911 eine Rum- und Likörfabrik, leicht zu erkennen an ihrem hohen Schornstein. Heute zählt sie zu den wichtigsten Rumkellereien Europas und vertreibt ihre Erzeugnisse weltweit, ihren wichtigsten Rohstoff – das Zuckerrohr – muss sie allerdings seit längerem importieren (s. o.).

Montaña de Arucas ►F 2

Eine schmale Straße windet sich um den Vulkankegel hinauf zum begrünten Gipfel, wo man in alle Himmelsrichtungen ein weites Panorama genießt: Mehrere lauschige Balkone hängen über dem Abgrund und bieten wahlweise Aussicht auf die Rumfabrik (Mirador del Ron) und auf die Nachbarinsel Teneriffa (Mirador del Teide) sowie auf die Inselhauptstadt (Mirador de Las Canteras). Im grünen Bananenmeer Richtung Südwest erkennt man die **Hacienda del Buen Suceso** (s. u.). Das gepflegte Restaurant **Mesón de la Montaña** bietet kanarisch-spanische

Arucas

Küche, mittags ein preiswertes Menü und am Wochenende Büfett (Tel. 928 60 14 75, tgl. ab 12 Uhr, Menü 9 €/Büfett 14 €).

Außerhalb der Stadt

Jardín de la Marquesa
GC-330 Km 4,2, www.jardindelamarquesa.com, Mo–Fr 9–12 und 14–18, Sa 10–14 Uhr, Eintritt 6 €
Pflanzenfreunde haben vielleicht Lust auf den **Jardín de la Marquesa** (Las Hespérides), 1 km nördlich des Zentrums in Richtung Bañaderos. Die Grafen von Arucas legten vor 130 Jahren um ihre Sommerfrische einen Garten an mit seltenen Pflanzen, einem uralten Drachenbaum und einem Ententeich.

Schräg gegenüber befindet sich die Zufahrt zur **Hacienda del Buen Suceso,** dem 1572 erbauten ›Gut des guten Erfolgs‹. Als der Anbau von Bananen für die Grafen nicht mehr ›gut‹ war, verwandelten sie ihr herrschaftliches Anwesen in ein Nobelhotel und die 500 000 m² große Bananen-Plantage in eine Naturkulisse. Auch wer hier nicht wohnt, kann im Garten mit alten Palmen und Drachenbäumen einen Kaffee trinken oder im Restaurant gehoben-kanarisch speisen.

Übernachten

Feudal – **La Hacienda del Buen Suceso:** GC-330 Km 4,2, Tel. 928 62 29 45, Fax 928 62 29 42, www.haciendabuensuceso.com, DZ ab 130 €. Die 18 nostalgisch eingerichteten Zimmer (Himmelbett, Holzdecken) öffnen sich mit Terrassen zum Bananenmeer, den Hintergrund einiger Räume bildet die Silhouette der 2 km entfernten Stadt. Entspannung findet man im Pool-Garten mit alten Palmen und Drachenbäumen, im Jacuzzi mit Glaskuppel und Blick zum Sternenhimmel oder im Kaminsaal. In den ehemaligen Ställen befindet sich das Restaurant Alpendre.

Essen & Trinken

Am Kirchplatz kann man sich in einem Terrassen-Café und in einer Bodega mit Kleinigkeiten stärken. Wer ›richtig‹ essen will, fährt zur Montaña de Arucas oder ins Hotel La Hacienda del Buen Suceso (s. o.).

Rustikal – **La Bodega de Arucas:** Calle Párroco Cardenes 5, Tel. 928 60 17 69, www.labodegadearucas.com, Tapas ab 3 €. Nicht mehr so schön wie einst, aber immer noch ein beliebter Treff gegenüber dem Eingangsportal der ›Kathedrale‹. Die Tapas des Tages sind auf einer Tafel angeschrieben, dazu trinkt man ein Gläschen Wein.

Mit Terrasse – **Café El Parque:** Plaza de San Juan 2, Mi geschl. Am besten sitzt man auf dem Platz vor der Kirche, stärkt sich mit einem Kaffee und einem Sandwich.

Einkaufen

Wochenmarkt – Samstags findet auf der Fußgängerstraße León y Castillo ein Markt *(mercadillo)* statt.

Infos

Touristeninformation
Plaza de la Constitución 2, Tel. 928 62 31 36, www.arucasturismo.com, Mo–Fr 9–16 Uhr.

Termine
Corpus Christi: Erster Donnerstag nach Pfingsten. Zu Fronleichnam werden

farbenprächtige Teppiche auf den Straßen und Plätzen der Stadt ›ausgerollt‹. Sie bestehen aus Blumen und gefärbtem Sand, die kunstvoll zu Ornamenten und Bibelmotiven zusammengestellt werden. Bei der großen Prozession schreitet die Menschenmenge über sie hinweg.

San Juan Bautista: 24. Juni. Zu Ehren des Patrons gibt es zunächst eine Prozession, dann ein Erntedankfest mit Tanz, Gesang und Feuerwerk.

Verkehr

Vom **Busbahnhof** im Zentrum *(estación de guaguas,* Calle Bruno Pérez Medina) kommt man gut nach Las Palmas (Linie 206), El Roque und Teror (Linie 215). Busfahrplan s. S. 282.

Teror❗ ▶ E 3

Mit ›Terror‹ hat das Städtchen nichts zu tun, im Gegenteil: Mit seiner Altstadt und der Wallfahrtsbasilika gehört es zu den attraktivsten des Archipels. Hier wird die größte religiöse Inselfiesta gefeiert, jeden Sonntag steigt ein großer Markt.

Das kanarische Lourdes

Alle Inseln des kanarischen Archipels haben ihre Schutzheiligen, meist ›Sonderausführungen‹ der Jungfrau Maria. Lanzarote verehrt seine Jungfrau der Vulkane, Fuerteventura seine Jungfrau des Felsens – Gran Canaria seine Jungfrau von der Kiefer.

Es begab sich im Jahre des Herrn 1481, Gran Canaria war schon fast den Heiden entrissen, dass den noch ungläubigen Hirten im Tal von Terori die Jungfrau erschien – in strahlendem Glanz, hoch oben in der mächtigen Krone einer Kiefer. Überwältigt von der Macht des neuen Glaubens machten sich die Hirten auf nach Las Palmas, um sich taufen zu lassen. Die Kunde der Erscheinung drang zu Don Juan Frías, seines Zeichens Bischof der Insel. Der pries Gott, die Jungfrau Maria und die Hirten und eilte zum Ort der Erscheinung. Dort entdeckte er als Beweis einen großen Stein aus Jaspis mit den Fußabdrücken der Jungfrau und erklärte, ein Wunder sei geschehen.

Nur in tiefem Unglauben Verharrende werden sagen: zur rechten Zeit, um im Zuge der letzten Kämpfe die Ureinwohner von der Macht der neuen Zivilisation zu überzeugen und gleich nach der Eroberung die Missionierung in Gang zu bringen. Der Bischof ließ umgehend eine Kapelle am Ort des Wunders errichten, Wallfahrer kamen und schworen auf die Heilwirkung der Kiefernzapfen und des Wassers, das sich im Stamm des mächtigen Baums sammelte.

Die Wunder, von denen Wallfahrer immer wieder berichteten, machte Teror zum Lourdes von Gran Canaria. Der legendäre Baum fiel zwar schon im 17. Jh. einem Sturm zum Opfer, aber die Attraktion der wundertätigen Jungfrau blieb ungebrochen. Jedes Jahr am 8. September, dem Jahrestag der Erscheinung, pilgern Tausende, auch von anderen Inseln, nach Teror. Etliche der Wallfahrer, zumeist im Bus oder Auto angereist, rutschen die letzten Meter auf Knien zum Altar oder küssen sogar den Boden der Kirche. Alle acht Jahre (zuletzt 2008) findet die große Bajada de la Virgen statt, der ›Abstieg‹ der Jungfrau in einer langen Prozession hinunter nach Las Palmas.

Doch die Fiesta de Nuestra Señora del Pino ist nicht nur für die Frommen des Inselvolks wichtig, sondern auch für das Militär. Schließlich steht die Jungfrau im Rang eines Capitán General, wozu sie 1929 von König Alfonso

Mein Tipp

Klostergebäck und Bauernwürste in Teror

Auf dem Sonntagsmarkt von Teror wird nicht nur Kunsthandwerk angeboten. Kerzen und Rosenkränze in bunten Farben für die Jungfrau von der Kiefer sind für alle Gläubigen erhältlich. Aber auch die Auswahl an weltlichen Genüssen ist verlockend. Dafür sorgen sogar die Nonnen des hiesigen Zisterzienserklosters. Sie offerieren Anisbrötchen, Marzipankuchen und mit Kürbiskonfitüre gefülltes Gebäck, hergestellt in klösterlicher Ruhe. Deftig und pikant sind die *chorizos,* die Knoblauch- und Paprikawürste, die in langen Ketten vor den Ständen hängen, daneben die *morcillas,* mit Mandeln und Rosinen süß abgeschmeckte Blutwürste, eine Spezialität der Region (9–14 Uhr).

XIII. befördert wurde. Dieser Karrieresprung macht es auch für die Mitglieder des Heers möglich, ihr standesgemäß zu salutieren. Zum Fest grüßt sie das Regiment mit Marschmusik.

Basilica de Nuestra Señora del Pino

Plaza del Pino, tgl. 8–12 und 14–20 Uhr, Museo Sacro tgl. Mo–Fr 13–15, So 11–14, 15.30–17.45 Uhr

Mitten in der Altstadt liegt die kopfsteingepflasterte, nostalgisch angehauchte Plaza mit einer Riesenkiefer und der **Iglesia Nuestra Señora del Pino,** wichtigster Wallfahrtsort und religiöses Zentrum Gran Canarias. Das heutige neoklassizistische Gotteshaus von 1760–1767 beeindruckt durch seinen achteckigen Glockenturm, seine von Natursteinen eingefassten Fassaden und die bizarren Wasserspeier, die bei Regen tatsächlich auf die Passanten spucken.

Der Innenraum ist effektvoll gestaltet. Er ist sehr dunkel, so dass die durch die verglaste Kuppel exakt über der Vierung einfallende Sonne ein geheimnisvolles Licht Richtung Hauptaltar wirft. Dort steht in einem glänzenden Schrein die überreich geschmückte Statue der Jungfrau aus dem 15. Jh.: Halb lächelnd, halb traurig blickt sie auf die Menschen nieder. Ihr Thron und Baldachin sind aus Silber, Mond, Krone, Nimbus und Engel aus reinem Gold. Von der Rückseite der Kirche kann man über eine Treppe hinter dem Altar zur Marienfigur hinaufsteigen und ihr auf diese Weise näher kommen.

In den Räumen des kleinen **Museums** sind ihre Weihgaben ausgestellt: Die Armen haben ihr Miniaturnachbildungen geheilter Gliedmaßen gespendet, die Wohlhabenden Schmuck und juwelenbesetzte Gewänder. Der ausgestellte Reichtum ist freilich nur ein Bruchteil dessen, was die Kiefernjungfrau im Lauf von über 500 Jahren empfing. Ein großer Teil ihres Schatzes wurde 1975 in einer Nacht- und Nebelaktion gestohlen – einer der spektakulärsten Kunstraube Spaniens.

Palacio Episcopal / Casa de la Cultura

Plaza de Pío XII, Mi–Fr 12–14 Uhr

Hinter der Basilika befindet sich der lang gestreckte Bischofspalast, heute

Der Norden

Auf dem Kirchweihfest in Teror

eine Galerie mit Werken der in Teror geborenen Künstlerin Yolanda Graziani. Der Kultur ist auch der benachbarte weite Platz gewidmet, an dem 2006 ein repräsentatives Auditorium entstand (Plaza Sintes s/n).

Museo Manrique de Lara
Plaza del Pino 3,
Mo–Fr 11–18, So 10–14 Uhr,
Eintritt 3 €
Vor der Basilika öffnet in der ehemaligen Sommerresidenz der Adelsfamilie Manrique de Lara, Patronin der Kiefernjungfrau, das Museo Manrique de Lara. Es zeigt, wie der Inseladel lebte, und präsentiert Möbel und Volkskunst, Waffen und Kutschen.

Plaza Teresa de Bolívar
Auf der gegenüberliegenden Seite des Platzes geht die Plaza Teresa de Bolívar ab, die Teror mit einem Stück Weltgeschichte verknüpft. Teresa heiratete den Venezolaner Simón Bolívar, den berühmten General und Helden des Befreiungskampfes Südamerikas gegen die spanische Kolonialherrschaft zu Beginn des 19. Jh. Die aztekisch inspirierten Steinfriese an Brunnen und Bänken erinnern an die kanarische Amerika-Connection.

Teror

margaritacasarural.com, Ap. ab 70 €. Schönes Anwesen neben dem Rathaus, gegenüber der Kathedrale. Drei Komfortwohnungen (zwei Schlafzimmer, Salon, Küche, Bad) für mindestens drei Tage.
Landhäuser: In Teror und Umgebung vermitteln Agenturen des Turismo Rural (S. 25) Fincas auf Wochenbasis, u. a. das Pfarrhaus Cortijo de San Isidro anno 1610.

Essen & Trinken

Ortstreff – **El Rincón de Magüi:** Calle Diputación 6, Tel. 928 63 04 54, Mo geschl., Preise um 20 €, Menü 10 €. Wenige Schritte vom Kirchplatz entfernt öffnet das kleine rustikale Lokal, das fast immer von Stimmengewirr erfüllt ist. Mit ihren Wildkressen-Kroketten *(croquetas de berros)* und Fleischbällchen mit Mangosoße *(albóndigas con salsa de manga)* hat Señora Magüi einen regionalen Gastro-Preis gewonnen. Wer es feiner mag, greift zu einer der leckeren Rinderfilet-Varianten mit Pflaumensoße. Alle Desserts sind hausgemacht, hinter ›Bounty‹ verbirgt sich eine zarte Schoko-Creme mit Kokosschaum.

Nach Omas Rezepturen – **Tasca La Villa:** Plaza 7, Tel. 928 63 26 07, Mo geschl., Preise um 16 €. Mit seinen Holztischen und -stühlen passt das Lokal zum romantischen Ambiente des Kirchplatzes. Man kann sich mit einem Kaffee oder Capuccino begnügen, doch gut ist auch das Essen. Señora Araceli und Esther bieten *de todo un poco* (von allem etwas), z. B. Kichererbseneintopf *(garbanzada)*, Tintenfisch *(pulpo)* und Fleisch allerbester Güte – lecker, aber etwas teuer: iberischer Wildschweinschinken *(jamón ibérico Jabugo)* und Filetstückchen vom Rind *(vueltas de solomillo)*.

Finca de Osorio
1 km nördlich Teror, an der GC-43 Richtung Arucas, tgl. 9–17 Uhr
Auf dem etwa 500 Jahre alten Adelsgut kann man das restaurierte Herrenhaus mit schönen Holzbalkonen besichtigen. Herrlich ist der große, von Wegen durchzogene Park ringsum. Das Auto kann vor dem schmiedeeisernen Toreingang geparkt werden.

Übernachten

Auf dem Platz – **Doña Margarita:** Calle Pedro Cueto 4, Tel. 609 62 90 76, www.

Auf Entdeckungstour

Heilige Bäume und betrunkene Ratten – im Jardín Canario

Ein Spaziergang durch ein schönes, grünes Tal nahe Tafira, bei dem man einen begeisternden Eindruck von der einheimischen Flora erhält!

Zeit: ca. 2 Std.

Start: Tafira Baja ▶ G 3

Zugang: Jardín Canario, oberer Eingang GC-110, Km 7,2; unterer Eingang GC-310, www.jardincanario.org, Tel. 928 21 95 80, tgl. 9–18 Uhr, Eintritt frei.

Drachen- und Lorbeerbäume, mannshohes Erika, Kanarische Kiefern, von deren Zweigen Flechten lamettaartig herabhängen, wasserspeichernde Rosetten, knallrote Glockenblumen ... 500 Namen von Pflanzen könnte man aufzählen, die hier wachsen und so dekorativ angeordnet sind, dass man sich zuweilen in einen Skulpturengarten versetzt glaubt.

Viele ›Individualisten‹

Gran Canaria ist ein Miniaturkontinent, in dem unterschiedlichste Pflanzen wachsen. Über 2000 verschiedene Arten sind bisher bekannt, ungefähr ein Viertel davon kommt nur hier vor, nirgends sonst auf der Welt. Damit haben die Kanaren eine größere Biodiversität als etwa die 34-mal größeren Britischen Inseln! 2008 wurde an der Universität ein Lehrstuhl für Biodiversität eingerichtet. Sein erster Professor, David Bramwell, ist langjähriger Direktor des Botanischen Gartens.

Die hohe Zahl der kanarischen ›Individualisten‹ erklärt sich aus der langen Zeit der Isolation, fernab von Verbindungen zur Außenwelt. Als der Archipel vor 20 Mio. Jahren erstmals aus dem Atlantikboden über Meereshöhe emporwuchs, bestand er nur aus nacktem Vulkangestein. Neue Samen kamen mit dem Wind angeweht, wurden vom Meer angespült oder im Gefieder von Vögeln transportiert. Hatten sie auf den Inseln aber einmal Wurzeln gefasst, konnten sich die Pflanzen ungestört entfalten und im Lauf der Zeit optimal an die Besonderheiten ihres neuen Lebensraums anpassen.

Legendäre Drachenbäume

Kanarische Pflanzen in hochkonzentrierter Dosis erlebt man im Jardín Canario. 1952 vom schwedischen Wissenschaftler Eric Sventenius auf 27 ha angelegt, ist er nicht nur der größte, sondern auch einer der schönsten Botanischen Parks Spaniens. In einem Tal und an dessen steilen Flanken wachsen Pflanzen naturnah und nach ›Familien‹ sortiert.

Wählt man den oberen Parkeingang, passiert man zunächst Drachenbäume, die »berühmteste Schöpfung der Pflanzenwelt« (Alexander von Humboldt). Im Dunkel ihrer dichten Kronen und in ihrem dicken, oft hohlen Stamm sahen die Altkanarier den Sitz wohlwollender Geister. Dass sich der farblose, harzige Saft des Baums beim Austreten rot färbte und wie das Blut eines lebenden Wesens erschien, musste den Glauben an magische Kräfte zur Gewissheit machen. Kein Wunder daher, dass ihm heilende Wirkung zugesprochen wurde und er zur Mumifizierung der Toten diente. Sogar in einigen Medizinschriften der Römer wird die gesundheitsfördernde Kraft des roten Harzes hervorgehoben.

Auch die Eroberer sahen in dem Baum, den sie Drago nannten, alles andere als ein Zeichen des Teufels. In Klöstern wurden zahnstocherähnliche Stäbchen hergestellt und mit dem ›Drachenblut‹ getränkt – zum Erhalt des Zahnfleischs. Bei all dem Glauben an die Kraft des Drachenbaums ist es nicht erstaunlich, dass viele Kanarier noch heute manchen Dragos mehrere tausend Jahre zuschreiben. Botaniker sind da nüchterner. Sie gestehen auch den Methusalems unter ihnen allenfalls einige hundert Jahre zu. Obgleich der Drago erst nach etwa zehn Jahren seine verzweigte Krone ausbildet und Blüten entwickelt, ist er als Gartenpflanze beliebt. Manche Einkerbungen an sogar jungen Bäumen scheinen darauf hinzudeuten, dass das Drachenblut seine Magie noch nicht ganz verloren hat.

Kanarische Kiefern und museale Lorbeerpflanzen

Tief im Tal spenden Kanarische Kiefern Schatten. Ihre Nadeln sind länger als die ihrer europäischen Artverwandten, so dass sie mit ihnen die Feuchtigkeit aus den Wolken kämmen.

Die Nebelnässe zapfen auch die lederartigen Blätter der Lorbeerbäume an. ›Laurisilva‹ nennt man den Urwald, der einst weite Teile Europas und Nordafrikas bedeckte, bevor er aufgrund des Klimawandels infolge der Eiszeiten zugrunde ging. Nur auf den Kanaren konnte er überleben, weil die Temperaturen hier unverändert mild blieben. Nach der Conquista fiel er allerdings der Rodung zum Opfer, nur ein karger Rest überdauerte in Los Tilos de Moya (s. S. 224). Der Name ist abgeleitet von ›til‹, zu Deutsch Stinklorbeer. Sein Geruch lockt Ratten an, die sich an den eichelähnlichen Früchten berauschen: Betrunken torkeln die Tiere umher, bevor sie leblos liegen bleiben.

Viele weitere kuriose Pflanzen sind im ›Kanarischen Garten‹ zu sehen. Unter den 2000 Sukkulenten, den wasserspeichernden Spezialisten, ist die Kandelaberwolfsmilch besonders eindrucksvoll: Ritzt man ihre dicken dornigen Arme ein, tritt ein milchiger Saft hervor, der so ätzend ist, dass ihn die Altkanarier in der Küstenfischerei verwendeten: Ins Wasser geschüttet, betäubte er die Fische.

Außerdem sieht man im Park die Kanarische Palme, aus deren Harz Palmenhonig gewonnen wird, sowie mehr als 30 Aeonium-Arten, die mit ihren dicken, rosettenförmigen Blättern wie kleine Kunstwerke aussehen. Beim Spaziergang passiert man Wasserfälle, Teiche und Höhlen, zuletzt kann man am unteren Parkeingang in einem Ausstellungszentrum interessante Wanderausstellungen sehen.

Weg der Drachenbäume im Jardín Canario

Tafira, Santa Brígida

Aktiv & Kreativ

Wandern – Der alte Pilgerweg von Teror nach Cruz de Tejeda ist als Pr-GC-01 markiert.

Infos

Touristeninformation: Calle Casa Huerta s/n, Tel. 928 61 38 08, www.teror.es, Mo–Fr 9.30–16.30 Uhr.
Termine: Fiesta de Nuestra Señora del Pino, 8. Sept. (s. S. 33).
Verkehr: Vom Busbahnhof *(estación de guaguas)* kommt man gut nach Las Palmas (Linie 216), Vega de San Mateo (Linie 214), El Roque und Teror (Linie 215). Busfahrplan s. S. 282.

Tafira ▶ G 3

Ein paar Autominuten oberhalb von Las Palmas lebt die wohlhabende Schicht der Hauptstadt in gartenumfassten Villen. Im ›Unteren Tafira‹ (Tafira Baja) hat die Anfang der 1990er-Jahre gegründete Universität in einem modernen Campus ihre naturwissenschaftlichen und technischen Fakultäten untergebracht. Die Geisteswissenschaften, die sich noch in Las Palmas befinden, sollen eines Tages gleichfalls nach Tafira ziehen.

Übernachten

Für Gutbetuchte – **Maipez:** La Calzada 104 (GC-320, Km 0,8), Tel. 928 28 72 72, Fax 928 43 00 39, www.maipez.com, DZ 98 €. Ein paar Gehminuten vom Botanischen Garten in einem engen, grünen Tal ein altes, restauriertes Landhaus mit zehn Zimmern im Schatten einer riesigen Araukarie. Die Räume im Stall sind am freundlichsten, doch selbst ihnen sind die aussichtsreichen Suiten vorzuziehen. Vor dem Haus befinden sich mehrere Tennisplätze mit Flutlicht, Bus 302 nach Las Palmas hält vor dem Hotel. Belebt ist das Haus nur am Wochenende, wenn Gäste aus Las Palmas kommen.

Essen & Trinken

Mit Kräuterduft – **Jardín Canario:** GC-110, Km 7,2 (am oberen Eingang des Parks), Tel. 928 43 09 39, Preise um 20 €. Ein rustikales Landhaus, das wie ein Balkon über dem Botanischen Garten hängt. Es gibt gute kanarische Küche, z. B. den preisgekrönten Zackenbarsch *(cherne),* dazu Ausblicke ins Grüne. Sind die Panoramafenster geöffnet, steigt der Duft von Thymian und Salbei hinauf.

Infos

Verkehr: Mit Linie 303 kommt man nach Santa Brígida und Las Palmas. Busfahrplan s. S. 282.

Santa Brígida ▶ F 3/4

Das Städtchen zieht sich rund 4 km längs der eukalyptusgesäumten TF-15 und umfasst mehrere Ortsteile – vom historischen Zentrum rund um den hübschen Kirchplatz (bei Km 4) bis Monte Lentiscal mit der Hotelfachschule (Km 0).

Wegen seines frischen Klimas auf 500 m Höhe und der grünen Pracht war Santa Brígida schon Ende des 19. Jh. bei Briten als Wohnort beliebt, die sich hier Hotels und schöne Villen bauen ließen. Bis heute ist es eine Wohngegend der Wohlhabenden geblieben.

Der Norden

Übernachten

Hier wird noch geübt – **Escuela Santa Brígida:** GC-15 Km 0,4, Tel. 828 01 04 00, www.hecansa.org, DZ ab 90 €. 3 km nördlich des gleichnamigen Ortes, im ›Vorort‹ Monte Lentiscal: Das Viersternehaus wurde Ende des 19. Jh. von Briten gegründet und 100 Jahre später von Grund auf renoviert. Heute dient es als Hotelfachschule, die v. a. im Service beispielhaft sein will. Die 41 mit Stilmöbeln eingericheten Zimmer (Sat-TV, Heizung) geben sich *very british,* Lese- und Schachraum haben Club-Charakter, und der Quiney's Pub könnte ebenso gut irgendwo in England sein. Zum Haus gehören ein Pool-Garten sowie das renommierte Restaurant Satautey, in dem gern experimentiert wird. Immer wieder gibt es Gastro-Wochen *(semanas gastronómicas),* in denen fremde Küchen vorgestellt werden. Groß ist die Auswahl kanarischer Weine (tgl. ab 19 Uhr).

Sportlich – **Villa del Monte:** Castaño Bajo 9, GC-15 Km 4,2, Tel. 928 64 43 89, Fax 928 64 15 88, www.canary-bike.com, DZ ab 65 € (mind. 3 Tage). Villenartige Residenz, gemütlich und leger. Man schläft in Suite-Zimmern im Himmelbett, die übrigen Gäste trifft man im Wintergarten, im Kamin- und Esssalon. Außer einem vorzüglichen ›Langschläferfrühstück‹ gibt es auf Wunsch Dinner bei Kerzenschein. In der Bar, in der man sich selbst bedienen kann (die Kosten für die Drinks notiert der Gast), spielt man Karten oder Schach. Die Besitzerin Petra Wonisch gibt ihren Gästen kompetente Tipps zu Radrouten und unterhält eine Reparaturwerkstatt, was ihr viele Bike-Stammkunden eingebracht hat. Auch Spanischkurse und Teilnahme an Weinlese.

Landhäuser – Auf Wochenbasis werden über Agenturen des Turismo Rural (s. S. 25) Fincas vermittelt.

Essen & Trinken

Während es im Ortszentrum von Santa Brígida nur einige Durchschnittslokale gibt, findet man im ›Vorort‹ Monte Lentiscal – gegenüber der Hotelfachschule – gleich mehrere gute Adressen (Carretera del Centro 130-138).

Zum Verkosten – Die Weine Gran Canarias kostet man in der **Casa del Vino,** in Richtung Bandama gibt es ein hervorragendes rustikales Lokal, den **Bodegón Vandama** (s. S. 118, 120).

Infos

Verkehr: Mit dem Bus kommt man gut nach Las Palmas (Linie 303-311) und Vega de San Mateo (Linie 303). Busfahrplan s. S. 282.

Vega de San Mateo ▶ E/F 4

Wasserreichtum und gute Böden machten den Ort in 800 m Höhe zum Zentrum von Obst- und Gemüseanbau sowie Viehzucht – nicht umsonst heißt er ›fruchtbare Aue des hl. Matthäus‹. Einen Besucheransturm erlebt er stets am Wochenende, wenn Einheimische und Besucher zum großen Markt kommen. An der Durchgangsstraße präsentiert sich San Mateo nüchtern und funktional, eine Ausnahme bildet nur das ehemalige Landgut **La Cantonera,** das hoffentlich bald wieder als Ethno-Museum öffnet (Av. Tinamar 17). Wie beschaulich es in San Mateo einst zugegangen sein mag, erlebt man ein paar Schritte jenseits der Durchgangsstraße an der Kirche. Die erhöhte Plaza wird von Bäumen beschattet, die hier startenden Gassen sind von schlichten Bürgerhäusern gesäumt.

Vega de San Mateo

Eine Stippvisite lohnt auch die alte **Gofio-Mühle** auf der anderen Seite der Durchgangsstraße – und sei es nur, um einmal den Duft des gerösteten und frisch gemahlenen Getreides zu schnuppern.

Mercadillo del Agricultor
Sa, So 9–14 Uhr
Die beste Stimmung herrscht ›am Tag des Herrn‹. In der Markthalle werden Textilien, Trödel und Kunsthandwerk verkauft, doch am besten ist das Angebot an Lebensmitteln. Da gibt es die inselbesten Äpfel, Birnen, Orangen und Zitronen, Quitten und Mispeln, Nüsse und Maronen, Süßkartoffeln und Yams-Wurzeln. Man findet Kräuter mit staatlichem Öko-Zertifikat, lokalen Ziegen- und Schafskäse der Marke Madrelagua, dazu Brot aus dem Holzofen und Wein. Wem es in den Bergen zu kalt ist, der kauft Honigwein, ›der den Magen erwärmt‹, lecker auch der Laurelillo-Honig vom gleichen Anbieter. Hungrig geworden, stärkt man sich im Patio mit Maiskolben und Stockfisch vom Grill. Danach schwingt man auf der Plaza am Busbahnhof das Tanzbein.

Übernachten

Romantik pur – **Las Calas:** El Arenal 36, La Lechuza, Tel. 928 66 14 36, Fax 928 66 07 53, www.hotelrurallascalas.com, DZ ab 80 €. Das hundertjährige Anwesen liegt in einer Talmulde 2 km oberhalb von San Mateo. Die sieben Zimmer gruppieren sich rings um einen Hofgarten mit Orangen- und Mandarinenbäumen. Sie sind mit liebevollen kleinen Details im Landhausstil eingerichtet, im Winter werden sie beheizt (Sat-TV, Safe). Señora Magüi, die vorzüglich kocht, bereitet auf Wunsch mediterrane Menüs zu. Stetige Begleiter in den Salons, in der Kamin-Bar und im Pool-Garten sind die kecken Foxterrier Frida und Calo. Anfahrt: Von der GC-15 bei Km 14,7 nach La Lechuza einbiegen, 500 m zum Platz, dort links dem Schild folgen.

Landhäuser – Auf Wochenbasis können über Agenturen des Turismo Rural (s. S. 25) Fincas gebucht werden.

Essen & Trinken

Frauen-Team – **Tasca Rico Rico:** El Retiro 5 (GC-15, Km 11,8), Tel. 928 66 19 07, Preise um 15 €. ›Lecker, lecker‹ heißt das rustikale Lokal am westlichen Ortsausgang, an der Kreuzung von GC-15, GC-41 und GC-42. Oma, Tante und Cousinen stehen in der Küche und bereiten kanarische Gerichte zu, wobei viel Gemüse zum Einsatz kommt. Zu den Klassikern zählen Kürbissuppe *(crema de calabaza),* Wildkresse- und Kichererbseneintopf *(potaje de berros/ garbanzada)* und mit Tun gefüllte Zucchini *(calabacines rellenos).* Fleischesser greifen zum pikanten Kaninchen *(conejo)* und zu Schmorfleisch ›nach Großmutters Art‹ *(carne de la abuela).* Dazu trinkt man einen Wein der Region, z. B. der Marke Frontón de Oro. Auch das hausgemachte Gofio-Mus und der Käsekuchen *(tarta de queso)* schmecken.

Infos

Touristeninformation: Calle Doctor Ramírez Cabrera 11, Tel. 928 66 13 50, www.vegasanmateo.es, Mi–So 10–14 Uhr.

Verkehr: Vom Busbahnhof *(estación de guaguas)* kommt man gut nach Las Palmas (Linie 303), Teror (Linie 214), Tejeda – Maspalomas (Linie 18). Busfahrplan s. S. 282.

Das Beste auf einen Blick

Das Zentrum

Highlights !

Tejeda: Das Bilderbuchdorf verteilt sich über mehrere Felsterrassen, von denen man Ausblick auf einen großartigen Kessel hat. Drei originelle Museen beleuchten Geschichte, Kunst und Alltagskultur der Bergbewohner. S. 248

Roque Nublo: Der 1803 m hohe ›Wolkenfels‹ thront wie ein Gigant am Abgrund – an seinem Fuß huldigten die Ureinwohner ihrem Gott Acorán. S. 262

Auf Entdeckungstour

Mandeln, Makronen, Marzipan – im ›Mandeldorf‹ Tejeda: Ende Januar, wenn die Mandelbäume blühen und sich die Berghänge weiß und rosa färben, feiert man in Tejeda ein großes Fest. Mandelsüßigkeiten werden das ganze Jahr über verkauft, in Museen erfährt man Kurioses über die süße und bittere Frucht. S. 250

Kultur & Sehenswertes

Degollada Becerra: Aussichtsbalkon mit Panoramablick und kleiner Infostelle. S. 246

Roque Bentayga: Zum Opferplatz der Ureinwohner, einem atemberaubenden Ort, führt ein steiler Weg. S. 253

Ermita de la Cuevita: In den roten Fels wurde die Kapelle der Höhlenjungfrau in Artenara geschlagen. S. 257

Aktiv & Kreativ

Wanderung auf den Altavista: Der Fußweg auf den 1376 m hohen Altavista belohnt mit Blicken in einen zerklüfteten Talkessel, in Schluchten – und übers Meer auf Teneriffa. S. 261

Kunst-Workshops: Kreative Malwochen kann man in Fataga bei Friedhelm Berghorn verbringen. S. 275

Genießen & Atmosphäre

Parador in Cruz de Tejeda: Der staatliche Parador, ein Viersternehaus, liegt an der Wetterscheide zwischen Nord und Süd. S. 246

Hotel Fonda de la Tea: Rustikalen Komfort bietet diese Wohlfühlbleibe im Zentrum von Tejeda. S. 255

Terrassenlokale in Tejeda: An Holztischen gibt es Hausmannskost mit Bergblick. S. 256

Abends & Nachts

Ländliche Abende: Nach getaner Arbeit gönnt sich die einheimische Männerwelt in der Dorfbar ein Gläschen Rum und dazu Tapas – so in Artenara, Tejeda, Ayacata, San Bartolomé und Santa Lucía. Gäste – auch weibliche – sind willkommen und müssen Anmache nicht befürchten!

Großartige Gebirgslandschaft

Dies ist das ›andere‹ Gran Canaria: eine großartig-wilde Gebirgslandschaft, in deren Mittelpunkt der knapp 2000 m hohe ›Schneegipfel‹ aufragt. Sie macht 40 % der Inselfläche aus, in der aber nur 2,4 % der Bevölkerung leben: von Zersiedlung keine Spur, hier sieht es fast so aus wie vor 500 Jahren. 2005 wurde sie von der UNESCO zum Biosphärenreservat erklärt, Gütesiegel für eine intakte Landschaft, so reich an seltenen Pflanzen wie keine andere Region der Kanaren.

Quer durchs Zentrum verläuft die Cumbre, ein Gebirgskamm, der sich vom Tamadaba-Massiv im Nordwesten über Artenara und Cruz de Tejeda Richtung Valsequillo im Osten spannt. Er bildet die Wetterscheide der Insel: Während der Passat seine in Wolken gespeicherte Feuchtigkeit auf der Nordseite zurücklässt, sinkt er als trocken-warmer Fallwind an den von der Sonne beschienenen, südlichen Berghängen hinab. Die Wolken schwappen wie ein Wasserfall über den Kamm, um sich in Windeseile aufzulösen – ein schönes Naturschauspiel! Von der Cumbre senken sich sternförmig Täler und Schluchten Richtung Küste hinab. Voneinander getrennt sind sie durch Gebirgswände, die von markanten Felsnadeln *(roques)* gekrönt sind. Die von der Erosion freigelegten ehemaligen Vulkanschlote – so der Roque Nublo und der Roque Bentayga – wurden von den Altkanariern als heilig verehrt.

Die meisten Urlauber lernen das Zentrum Gran Canarias im Rahmen eines Tagesausflugs kennen, doch lohnt es sich, in dieser spektakulären Landschaft mehr Zeit zu verbringen. Wichtig zu wissen: Von November bis März kann es auf der Nordseite von den mittleren Höhenlagen bis hinauf in die Gebirgsregion empfindlich kühl werden. Sonniger und wärmer ist es dagegen auf der Südseite, d. h. von Tejeda bis Fataga.

Mittlerweile gibt es im zentralen Bergmassiv eine Reihe guter Unterkünfte, so in Cruz de Tejeda und Tejeda, San Bartolomé und Fataga. Restaurierte Landhäuser finden sich nicht nur in den Dörfern, sondern auch mitten in der Natur.

Infobox

Internet
www.medianias.org

Unterwegs mit Auto und Bus
Das Zentrum ist weniger gut erschlossen als der Rest der Insel. Immerhin gibt es die Linie 18, die in Maspalomas startet und mehrmals täglich über San Bartolomé, Ayacata, Tejeda und Cruz de Tejeda nach San Mateo fährt; von dort hat man Anschluss nach Las Palmas (Linie 303). Von Tejeda gibt es zusätzlich die Linie 305 nach San Mateo. Von San Bartolomé fährt Bus 34 über Santa Lucía und Temisas nach Agüimes. Busfahrplan s. S. 282.

Cruz de Tejeda ▶ D 4

Zwar liegt der höchste Pass (1500 m) nicht im geografischen Mittelpunkt, doch bildet er den wichtigsten Dreh- und Angelpunkt im Inselzentrum. Hier schneiden sich Straßen und Königswege aus allen Himmelsrichtungen. Früher war es üblich, an solchen Wegkreuzungen Kreuze aufzustellen. So

Cruz de Tejeda

Das Steinkreuz vom Pass Cruz de Tejeda

auch hier: Dem archaischen Steinkruzifix verdankt Cruz de Tejeda seinen Namen. Doch markant ist der Pass noch aus einem anderen Grund. So deutlich wie nirgendwo sonst auf der Insel erlebt man hier die Wetterscheide. Während der Nordhang oft wolkenverhüllt ist, präsentiert sich der wenige Schritte entfernte Südhang in strahlendem Sonnenschein. Grandios ist das Schauspiel, wenn sich die über den Kamm schwappenden Schwaden in Windeseile auflösen und der Blick auf einen gigantischen Kessel frei wird. An diesem herausragenden Punkt wurde in den 1930er-Jahren ein Parador, ein staatliches Vorzeigehotel, errichtet – es sollte in der abgelegenen Bergregion ›sanften Tourismus‹ beflügeln.

Wo viele Tagesausflügler passieren, blüht das Geschäft: An Souvenirständen wird dubioses Kunsthandwerk verkauft, ein älterer Mann mit Esel empfiehlt sich als Fotomotiv, eine Frau versucht, Besuchern ihre Kulinaria aufzuschwatzen. Trotzdem lohnt in Cruz

Das Zentrum

de Tejeda ein Stopp: Von der Terrasse des Parador bietet sich ein überwältigendes Panorama auf den Tejeda-Kessel, an dessen Rändern zerklüftete Felstürme aufragen; tief im Tal versteckt liegt das Bergdorf Tejeda.

Ausflüge

Von Cruz de Tejeda kommt man auf der GC-150 zu zwei Aussichtspunkten: Westwärts (Richtung Artenara/Pinos de Gáldar) zum **Mirador Degollada de las Palomas** bei Km 9, ostwärts zum noch schöneren **Mirador Degollada Becerra** (GC-150 Km 2,4, mit bescheidenem Infozentrum, 10–17 Uhr). Hält man sich an der Kreuzung nach weiteren 2,4 km in dieser Richtung rechts, gelangt man zum Picknickplatz Llanos de la Pez (mit Lokal, Mo geschl.). Fährt man an besagter Kreuzung geradeaus, erreicht man schließlich die zum Pico de las Nieves (s. S. 262) abzweigende Nebenstraße.

2 km unterhalb von Cruz de Tejeda liegt auf einer Bergterrasse der idyllische Weiler **La Culata,** Startpunkt markierter Wanderwege nach Tejeda und Cruz de Tejeda sowie zum Roque Nublo. Erreichbar ist er über die GC-15 und wartet mit der urigen Bar **Roque Nublo** auf, wo zum Lokalwein *Vino de Tejeda* deftige Fleischgerichte serviert werden. Restaurierte Landhäuser werden über Agenturen des Turismo Rural vermittelt (s. Agenturen S. 25).

Übernachten

Frisch renoviert – **Parador Cruz de Tejeda,** Tel. 902 54 79 79, www.parador.es, DZ um 160 €, Senioren erhalten Rabatt. Herrlich ist es, hier zu übernachten und die Landschaft fern der Tagesausflügler auf sich wirken zu lassen.

Entworfen wurde der Parador im ›neokanarischen Stil‹ vom einheimischen Künstler-Duo Néstor und Miguel Fernández de la Torre (s. S. 98). Die Brüder griffen typische Architekturelemente der Insel auf und veredelten sie, so dass ein großzügiger Berghof entstand. Viele Jahre war er wegen Restaurierungsarbeiten geschlossen, 2008 wurde er als Viersternehaus wieder eröffnet, wobei der ursprüngliche Entwurf weitgehend erhalten blieb. Türen, Lampen und Mobiliar wurden nach historischen Skizzen angefertigt; in gehoben-rustikalem Stil gestaltet sind auch die 43 Zimmer mit Bergblick (Klimaanlage, Heizung). Nach einer Wanderung entspannt man sich im Spa oder im kanarischen Spezialitätenrestaurant.

Klein und rustikal – **El Refugio:** Tel. 928 66 65 13, Fax 928 66 65 20, www.hotelruralelrefugio.com, DZ 85–90 €. Gegenüber vom Parador kann man gleichfalls komfortabel übernachten. 10 im Landhausstil eingerichtete Zimmer (mit Heizung), Salon, Sauna, kleiner Pool (nicht beheizt!). Im Restaurant hat man die Wahl zwischen rustikaler ›Durchgangsstube‹ und edlem Kaminraum. Zur rau-herben Umgebung passen Eintöpfe und Lammkoteletts, zum Abschluss *huevos moles,* eine originelle Eierspeise.

Essen & Trinken

Urig – **Asador de Yolanda:** Cruz de Tejeda, Tel. 928 66 62 76, tgl. 9–19 Uhr, Preise um 20 €. Das rustikale Lokal besitzt gleich zwei Außenterrassen – eine an der Straße und eine weitere auf dem Dach. Außer Grillfleisch gibt es herzhafte Eintöpfe. José Carlos, der sich bestens mit Waldpilzen auskennt, serviert gern Austernseitling (Pleurotus ostreatus) und Sommer-Steinpilz

Cruz de Tejeda

Wanderweg zum Pass Las Palomas

(Boletus aestivalis), die er pikant mit Knoblauch und Petersilie brät; beliebt ist auch sein *solomillo Nublo,* zartes Filet in Pilzsoße.

Aktiv & Kreativ

Wandern – Von Cruz de Tejeda führen markierte Wanderwege in alle Himmelsrichtungen durch grandiose Landschaften:

Weg 1: Neben dem Restaurant El Asador de Yolanda startet der Weg PR-GC-80, der via Mirador Degollada Becerra und Llanos del Garañón nach La Goleta am ›Wolkenfels‹ führt (2.30 Std.).

Weg 2: Zwischen den Straßen GC-150 und GC-15, neben einem Souvenirstand, führt ein unscheinbarer Weg binnen etwa 1 Std. nach Las Lagunetas hinab.

Weg 3: Am großen Parkplatz, 200 m Richtung Artenara (auf der GC-150), starten zwei Wege: Links geht es hinauf nach Artenara (3 Std.), rechts auf altem Pilgerpfad PR-GC-01 nach Teror (4 Std.).

Infos

Verkehr: Mit Bus 305 kommt man nach Tejeda bzw. San Mateo, Bus 18 fährt via Tejeda und Ayacata bis Maspalomas.

Das Zentrum

Tejeda, überragt vom Roque Bentayga

Tejeda ❗ ▶ D 4

Dank einer engagierten Bürgermeisterin und reichlich fließenden EU-Geldern ist die Landflucht gestoppt – Turismo Rural ist auf dem Vormarsch. Gern legt man hier einen Zwischenstopp ein, auch für einen längeren Aufenthalt ist Tejeda eine gute Wahl. Wer in grandioser Bergwelt wandern will, findet hier eine breite Unterkunftspalette – von der einfachen Pension über restaurierte Landhäuser bis zum rustikalen Komforthotel. Ein weiterer Vorteil ist das Klima. Das 1000 m hoch gelegene Dorf ›badet‹ in Sonnenschein, während nur wenige Kilometer entfernt Cruz de Tejeda in Wolken hängt.

Tejeda, das schon früher einmal die Auszeichnung ›schönstes Dorf‹ Spaniens erhalten hat, präsentiert sich

Tejeda

steig wurde in einen Aussichtsbalkon verwandelt. Dort haben die Dorflokale ihre Tische – selbstverständlich sind diese aus Holz und von weißen Sonnenschirmen überspannt. Viel Neues wurde in den letzten Jahren gebaut, doch sehr geschickt in das bestehende Dorfensemble einbezogen: Die Bibliothek duckt sich unauffällig unter dem Kirchplatz, ein Freibad samt Festplatz füllt eine Tallücke, und die drei Museen sind von traditioneller Architektur inspiriert. Auch viele Details erfreuen das Auge: Die Straßennamen sind in Stein gemeißelt, man sieht Mülleimer aus geflochtener Weide, und überall quillt Buntes aus Blumenkübeln.

Anfangs fällt die Orientierung in Tejeda nicht leicht: Über die obere Durchgangstraße, die im Ortsbereich Avenida de los Almendros (= GC-60; ›Mandelboulevard‹) heißt, wird der Verkehr an Tejeda vorbeigelenkt. Interessant ist die unterhalb, parallel zu ihr verlaufende Dorfhauptstraße, die aus jedem Winkel eine prachtvolle Aussicht bietet. Sie startet an der Tankstelle, führt an Terrassenlokalen und Läden, dem Rathaus- und dem Kirchplatz sowie an den Museen vorbei, bevor sie wieder in die GC-60 einmündet. Der unterste Ortsteil La Tosca erschließt sich über eine von der Kirche steil hinab führende Gasse.

heute so attraktiv wie nie: Terrassenförmig ist es in die Bergflanken geschlagen, seine weißen Häuser sind zum Tal hin ausgerichtet, an dessen gegenüberliegender Seite die beiden mythischen Roques aufragen. In den Straßen herrscht eine subtile Farbregie aus Granitgrau, Kupferrot, Holzbraun und Grün. So gut wie nirgends sieht man eine Reklametafel. Die Straßen sind mit Naturstein gepflastert, jeder Geh-

Museo de Esculturas

Leocadio Cabrera 2, Di–Fr 11–15.30, Sa–So 11.30–14.30 Uhr, Eintritt frei
Gegenüber der Kirche, die für das so abgelegenes Bergdorf sehr stattlich ist, befindet sich das Museo de Esculturas Abraham Cárdenes mit der Touristeninformation. Ausgestellt werden hier Werke des in Tejeda geborenen, vom Expressionismus beeinflussten Bildhauers. Dazu gibt es wechselnde Ausstellungen.

Auf Entdeckungstour

Makronen, Marzipan und Mus – im ›Mandeldorf‹ Tejeda

In Tejeda kann man in Mandelgebäck schwelgen und obendrein eine Menge über Mandeln erfahren: Gleich zwei Museen widmen sich der ungewöhnlichen Frucht.

Zeit: 2 Std.

Planung: Dulcería Nublo, tgl. 9–20 Uhr; Centro de Plantas Medicinales de Tejeda, www.plantasmedicinalescanarias.com, Di–Sa 11–15.30, So 11–16 Uhr, Eintritt frei; Museo de Historia y Tradiciones de Tejeda, Di–So 10–17 Uhr; das Mandelblütenfest findet Ende Jan./Anfang Febr. statt.

Jedes Jahr Ende Januar, wenn die Mandelbäume blühen, ist die Umgebung Tejedas in blassrosa Farben gehüllt. Monate später werden aus den Früchten leckere Süßigkeiten hergestellt.

Beste Qualität

Es ist ein Familienbetrieb, den Señora Rosa in Tejeda führt. Schon der Vater hat sein ganzes Leben Mandeln verarbeitet und zuvor der Großvater. Bald wird die nächste Generation das Regiment übernehmen. Zur Weihnachtszeit läuft das Geschäft auf Hochtouren. Tausende von *polvorones, turrones* und *mazapanes* für die Festtafel werden hergestellt. Vom Dorf Tejeda geht die süße Ware auf alle Inseln und sogar aufs spanische Festland. Ihren Erfolg erklärt Señora Rosa mit der Qualität der einheimischen Mandel, die in den Bergen beste Bedingungen hat: Trocken, warm und windgeschützt muss es sein, damit die Pflanze ihr volles Aroma entfaltet!

Es ist die natürliche Anbauweise, die die kanarische Mandel so wohlschmeckend macht: Statt in großen Anpflanzungen wie etwa in Valencia wachsen hier die Bäumchen ohne Dünger und Pestizide halbwild am Hang. Fast die gesamte Ernte Gran Canarias wird von Rosa und ihrem Mann José aufgekauft. Doch deckt sie nur ein Viertel ihres Bedarfs. 100 000 kg Mandeln verarbeiten sie pro Jahr und kommen nicht umhin, Ware aus La Palma und von den Balearen dazuzukaufen. Mit anderen Bergbewohnern haben sie eine Gesellschaft gegründet, die den Anbau fördert, um vom Import unabhängig zu werden.

Makronen, Marzipan und das Mus ›Schmeckt-mir-gut‹

Man kennt die Mandel aus dem Müsli oder dem Studentenfutter. Die Wenigsten wissen, dass sie der Keimling einer pfirsichähnlichen, ungenießbaren Frucht ist. Sie ist von einer rauen Haut umspannt und in eine harte Schale eingeschlossen, weshalb sie oft als Nuss wahrgenommen wird. In Wirklichkeit gehört sie – wie der Pfirsich – zur Familie der Steinfrüchte. Eine Maschine zerknackt die Schale, alsdann werden die Keimlinge getrocknet, aber nur selten geschält, denn die Mandelhaut enthält wertvolle Nährstoffe. Rosas Produkte sind daher fast alle bräunlich, nicht weiß wie deutsches Marzipan.

Die Mandeln werden geröstet oder in Zucker gebrannt; fein zerrieben, entstehen aus ihnen weitere Köstlichkeiten: Mit Eigelb, Zitrone, Zucker und Zimt ergeben sie *bienmesabe* (wörtlich: schmeckt-mir-gut), ein Mus, das Eis und Desserts eine feine Note verleiht. Mischt man Mandelmehl zu gleichen Teilen mit Honig, erhält man Marzipan, das in Tejeda in runder Kuchenform angeboten wird. Außerdem gibt es Mandelkuchen, Makronen, Törtchen und mit Schokolade überzogene Mandelpralinen. Deswegen ist der Besuch der **Dulcería Nublo** in Tejeda ein Muss: in der Calle Hernández Guerra 15 kann man alle Mandelköstlichkeiten kaufen.

Lehrstunde im Museum

Über einen anderen Verwendungszweck der Mandel informiert das **Centro de Plantas Medicinales de Tejeda** (Zentrum für Heilpflanzen) in der Párroco Rodríguez Vega 10. Der Natursteinbau wirkt von außen so hermetisch wie das Geheimwissen, das die Pflanzenkunde einst war. Über die Mandel erfährt man, dass sie zur Hälfte aus Öl besteht, das reich ist an Phosphor, Kalzium, Vitamin A und B. So nahrhaft ist sie, dass sie zerrieben und mit Wasser vermischt Diabetikern und

Herzkranken als Milchersatz empfohlen wird. Auch äußerlich kommt die Mandel zum Einsatz. Ihr kalt gepresstes Öl ist ein hervorragender Feuchtigkeitsspender, wirkt der Hautalterung vor und hilft bei Verbrennungen. Allerdings ist es sehr teuer, denn für 1 l Öl müssen 20 kg Mandeln ausgepresst werden. Billiger ist Mandelkleie, die zur Hautreinigung genutzt wird.

In einer original erhaltenen Apotheke aus dem 19. Jh. ist ein Keramikgefäß für Amigdalin reserviert, ein Pulver aus bitteren Mandeln, das nach dem Verzehr hochgiftige Blausäure abspaltet. Vögel, die Bittermandeln essen, verenden in Krämpfen – beim Menschen haben ca. 20 rohe Bittermandeln die gleiche Wirkung. Freilich dient ihr Geschmack als natürlicher Schutz vor dem Gift – in jedem Fall sollte man eine Bittermandel sofort ausspucken!

Nahe dem Zentrum führt eine imposante Natursteintreppe hoch zum **Museo de Historia y Tradiciones de Tejeda** (Museum der Geschichte und Traditionen) in der Párroco Rodríguez Vega 6. Dort erfährt man, welche kulturelle Bedeutung die Mandel für die Insel hat: »Ich bin der Schatten eines Mandelbaums, ich bin Vulkan, Lava und Asche« – so heißt es in der ersten Strophe der kanarischen Nationalhymne.

Das Mandelblütenfest

Wenn Ende Januar der Mandelbaum als erster aller Bäume blüht und sich ein weiß-rosa Farbteppich über die Landschaft legt, wird in Tejeda das ›Fest der Mandelblüte‹ *(fiesta del almendro en flor)* gefeiert. Wein fließt in Strömen und auch Mandellikör wird gekippt, Makronen und Mandeltörtchen werden vernascht. Tänzer drehen beschwingt ihre Kreise, Sänger preisen die wertvolle Frucht. Und ist das Fest in Tejeda vorbei, feiert man in Valsequillo weiter, wo es gleichfalls eine *fiesta del almendro* gibt.

Beim Mandelblütenfest in Tejeda

Tejeda

Museo de Tradiciones
*Calle Párroco Rodríguez Vega 6,
Di–So 10–17 Uhr, Eintritt frei*
Folgt man der Straße am Hotel Fonda de la Tea vorbei, kommt man zum Museo de Tradiciones: Eine hohe, aus sorgfältig geschichteten Natursteinen errichtete Freitreppe führt zu einem restaurierten Anwesen. Der Eingang ist einem traditionellen Tante-Emma-Laden nachempfunden, und auch sonst wird hier alles getan, um Besuchern einen lebendigen Eindruck von der Vergangenheit zu vermitteln.

Multimedial wird man in die Zeit vor der Conquista eingeführt und erfährt, was sich unter spanischer Herrschaft für die altkanarischen Bergbewohner geändert hat. Ein Raum zeigt ein Bilder-Mosaik in ständiger Bewegung, ein zweiter Saal illustriert bäuerliche Wohnkultur und ein dritter traditionelle Landwirtschaft.

Centro de Plantas Medicinales
*Calle Párroco Rodríguez Vega 10,
www.plantasmedicinalescanarias.com,
Di–Sa 11–15.30, So 11–16 Uhr,
Eintritt frei*
Ein paar Schritte weiter, wo die Straße eine scharfe Biegung macht, sieht man in einem grünen Seitental einen länglichen Natursteinbau, davor einen Kräutergarten mit Beeten in Reih und Glied. Das seltsame Haus beherbergt das Centro de Plantas Medicinales, das Zentrum für Heilpflanzen. Hier kann man Kräutersammlern beim Sortieren zuschauen, eine Tasse frisch aufgebrühten Tee trinken und einiges über die Verwendung wilder und auch gezüchteter Kräuter erfahren. Ein Video zeigt, versteckt in einer ›Voodoo-Ecke‹, wie Gran Canarias ›Hexenmeister‹ noch heute die Kräfte der Natur zu nutzen wissen (s. S. 74).

Das ausgefallenste Stück im Zentrum ist eine originale Apotheke aus dem 19. Jh. Sie beeindruckt mit Edelholzregalen, säuberlich beschrifteten Majolika-Gefäßen und einem Giftschrank.

Museo Tres Cruces
Calle Heraclio Sánchez s/n, Di–So 11–18 Uhr, erreichbar über die vom Kirchplatz hinabführende Gasse
Wenn man jetzt noch immer nicht satt ist von Kultur, kann man das private, skurrile Museo Tres Cruces besuchen, das mit bäuerlichem Handwerk von anno dazumal vollgestopft ist.

Ausflüge

Roque Bentayga ▶ D 4
Centro de Interpretación Roque Bentayga, GC-607, Tel. 928 17 03 84, Di–So 11–16 Uhr
Von der GC-60 Ayacata–Tejeda zweigt bei Km 6,3 (hier wird in einem Laden tgl. außer Mo frischer Tejeda-Käse verkauft!) eine Straße zum Roque Bentayga ab. An der Gabelung nach 400 m halten wir uns links und gelangen nach 1,5 km zum archäologischen **Centro de Interpretación Roque Bentayga.** Im Natursteinbau mit seinen kaminartigen Lichtöffnungen wird man – leider nur auf Spanisch – über den Felsmonolithen Bentayga (1404 m), eine Kultstätte der Ureinwohner, informiert.

Ein Modell zeigt die in den Fels geschlagene Mulde am Fuß des Roque, die als Auffangbecken für Trankopfer diente *(almogaren)*. Hier sollen sich einst die Altkanarier unter Leitung ihres Hohepriesters, des *faycán*, zu mehrtägigen Opferritualen versammelt haben. Während der Conquista verwandelten die Bergbewohnr den Bentayga-Felsen in eine uneinnehmbare Bastion mit verschiedenen Rückzugsmöglichkeiten – darauf deuten Reste eines Befestigungsrings und ein durch

> ### *Mein Tipp*
>
> **Opferplatz am Roque Bentayga** ▶ D 4
> Die Altkanarier hatten ein sicheres Gespür für atemberaubende Orte: Am Fuß des Roque Bentayga kerbten sie eine Vertiefung in den Fels, in die sie Ziegenmilch gossen – ein Opferritual, das die Götter gnädig stimmen sollte. Wer schwindelfrei ist und gut zu Fuß, läuft vom Centro de Interpretación (s. S. 253) auf einem erst breit, dann schmal am Abgrund entlang führenden Weg aufwärts. Nach 20 Minuten ist der Opferplatz erreicht – in schwindelerregender Höhe, dem Himmel ebenso nah wie der Erde!

den Berg führender Höhlentunnel hin. Hier konnten sich die letzten Ureinwohner noch einige Zeit gegen die Spanier verteidigen.

El Roque – El Chorrillo ▶ C/D 4

Wieder biegt man von der GC-60 bei Km 6,3 in die GC-607 ein, hält sich nach 400 m diesmal rechts und folgt der Straße, die sich in vielen Kurven hinabschraubt: Abgründe, Felsfestungen, Gebirgsstaffeln, wohin man schaut! Bis vor kurzem waren die Häuser verlassen, die Gärten verwildert und die meisten Bewohner fortgezogen. Nun kommen die ersten zurück, zumindest am Wochenende wollen sie die wilde Romantik des Tals genießen.

Nach 3,5 km ist der Weiler **El Roque** erreicht, der wie ein Nest zwischen zwei mächtigen Felsen hängt. Nur alpin erfahrene Wanderer wagen den Aufstieg zu den **Cuevas del Rey,** den ›Höhlen des Königs‹. Der anfangs mit Holzgeländern gesicherte, später ausgesetzte Weg beginnt kurz vor den ersten Häusern und führt in 10 Min. zur rechteckigen, 11 x 7 m großen Cueva, die vermutlich dem Herrscher und seinen Beratern als Versammlungsort diente. Ihre ursprüngliche, rötliche Ausmalung ist noch an einigen Stellen erkennbar, die in den Boden eingesenkten 44 Mulden dienten kultischen Zwecken.

Leichter als die Cuevas ist das nächste Dorf zu erreichen: **La Solana,** von Orangenbäumen gesäumt, mit idyllischer Plaza und einer unregelmäßig geöffneten Bar. Die Straße quert eine Seitenschlucht und endet nach 8,5 km im gleichfalls schönen **El Chorrillo.**

Wo die Straße aufhört, startet ein aussichtsreicher Königsweg, der in knapp 1 Std. nach **El Carrizal** führt – ein weiteres spektakulär gelegenes Dorf mit der urigen Bar de Pepita (Tel. 928 17 01 49, 11.30–16 Uhr).

Wanderungen in die Bergwelt

Tejeda ist ein guter Startpunkt zur Erkundung der Bergwelt. In dieser Gemeinde wurden fast alle Wege markiert. Eine Tour (PR-GC-80) führt vom südlichen Ortsausgang (GC-60 Km 3) nach La Culata (2 Std.) und weiter zum Roque Nublo (3 Std.).

Noch nicht ausgeschildert war beim letzten Besuch die Strecke nach Cruz de Tejeda: Von der Aussichtsterrasse am Rathaus (Ayuntamiento) quert

Tejeda

man die Dorfstraße und biegt in den aufwärts führenden Treppenweg Don Benito ein. Nach 50 m stößt man am Haus 18 auf die GC-60, quert sie nach links und folgt der Calle Manuel Hernández Guerra aufwärts. Nach 100 m endet diese an einer quergestellten Mauer, man passiert die Öffnung und befindet sich nun auf dem alten, durch Natursteinmauern angezeigten Königsweg. In mehreren Kehren schraubt er sich den bizarren Feldhang empor, berührt mehrmals die GC-60 und endet nach 1,5 Std. in Cruz de Tejeda.

Weitere Wege kann man auf der Homepage der Gemeinde www.tejeda.es/turismo einsehen.

Übernachten

Zum Wohlfühlen – **Fonda de la Tea:** Calle Ezequiel Sánchez 22, Tel. 928 66 64 22, Fax 928 66 64 43, www.hotelfondadelatea.com, DZ 95 €, Ap. ab 45 €. So viel Komfort erwartet man nicht in einem abgelegenen Bergdorf: Ein Gasthof, in dem Reisende schon in alten Zeiten Kost und Logis fanden, wurde von Señora Fina in ein zeitgemäß rustikales Hotel verwandelt. Es befindet sich im Ortskern, wenige Schritte von der Kirche, und gefällt mit seinen Natursteinmauern, Terrakotta und viel Holz. Die Rezeption ist einem Tante-Emma-Laden nachempfunden, den es bereits im ursprünglichen Gasthof gab, daneben befindet sich der gemütliche Kaminraum. Die zwölf Zimmer sind unterschiedlich, aber immer mit gebeizten Holzmöbeln und Leinenstoffen gemütlich eingerichtet (Flachbild-TV, Internet, Klimaanlage, Fön). Alle verfügen über Balkon und Blick auf die Bergwelt. Direkten Zugang zur großen Gemeinschaftsterrasse mit Whirlpool haben die Zimmer im zweiten Stock. Das Frühstücksbüfett wird im Mini-Restaurant eingenommen, Finas Mutter steuert regionale Spezialitäten bei! Ist im Hotel alles besetzt, kann man sich in vier bequemen Apartments einquartieren.

Wie anno dazumal – **Casa Serafín:** Calle Heraclio Sánchez 66, Tel. 928 66 64 22, 2 Pers. ab 60 €. In einem alten Haus 5 Gehmin. unterhalb der Kirche. Landhaus mit einem Wohnraum, in dem Sessel und Sofas so angeordnet sind, dass man den ganzen Tag plaudern möchte, dazu zwei Schlafzimmer, Küche und Bad, eine Grill-Terrasse mit Bergblick und ein Zitronenbaum vor dem Haus.

Sehr geräumig – **Gayfa:** Cruz Blanca 34, Tel. 928 66 62 30, Ap. 35 €. Man hat den Eindruck, die Besitzer hatten ihre eigene Großfamilie vor Augen, als sie die Apartments konzipierten: Sie sind weitläufig, je mit Wohnküche, Bergblick-Balkon, zwei Schlafzimmern und Bad ausgestattet (mit Waschmaschine, Elektro-Heizung). Auch fünf Zimmer mit Bad werden vermietet. Infos und Schlüssel erhält man im gleichnamigen Restaurant am südlichen Ortsausgang nahe der Tankstelle.

Einfach, guter Ausblick – **Tejeda:** Dr. Hernández Guerra 19, Tel. 928 66 60 55, DZ um 35 €. Pension aus Uraltzeiten, schlicht und im Winter sogar klamm, aber immerhin haben alle sieben Zimmer eigenes Bad und einige sogar Bentayga-Blick.

Im Schlafsaal – **Albergue de Tejeda:** Tomás Arroyo Cardoso 6, Tel. 928 55 11 41 oder Tel. 902 45 55 50, www.alberguetejeda.com, 17 € p.P. inkl. Frühstück. Architektonisch ist die Herberge ein Glücksgriff, doch in den beiden Schlafsälen für 16 bzw. 18 Personen schläft man nicht unbedingt sehr erholsam und der Preis ist für's Gebotene deutlich zu hoch. Von der Tankstelle läuft man in Richtung Zentrum, nach 100 m links und an der Gabelung abermals

Das Zentrum

links! Da der Wirt oft nicht vor Ort ist, empfiehlt sich die vorherige Anmeldung.
Weitere Landhäuser – Auf Wochenbasis können über Agenturen des Turismo Rural (s. S. 25) weitere urige Dorffincas gebucht werden, außer in Tejeda auch in La Culata und La Solana.

Essen & Trinken

Die Lokale liegen allesamt an der Dorfhauptstraße, sie sind mit Holzmöbeln rustikal eingerichtet und haben Terrasse mit Bergblick.

Mit günstigem Menü – **Cueva de la Tea:** Doctor Domingo Hernández Guerra 21, Tel. 928 66 63 06, Preise um 20 €, Menü 8 €. Das Lokal mit Balkendecke und großem Keramik-Wandbild ist einen Tick edler als die Konkurrenz, doch bietet es Mo–Fr ein preiswertes Menü. A la carte greift man zu Tejeda-Käse, Spanferkel mit Mojo-Soße und zur süßen Blutwurst aus Teror.
Hausmannskost – **Gayfa:** Cruz Blanca 34, Tel. 928 66 62 30, Preise um 18 €. Drei Geschwister – Sergio, Carlos und Mari – halten den Laden in Schwung: Der eine serviert, was der andere zubereitet hat: Ziege, Kaninchen und

Artenara, das höchstgelegene Dorf Gran Canarias

Lamm, deftig mariniert, dazu Runzelkartoffeln und Salat. Während Touristen die Terrassenplätze vorziehen, stehen die Männer des Dorfs an der Bar und kippen Rum.

Infos

Touristeninformation: Calle Leocadio Cabrera 2 (im Museum), 35360 Tejeda, Tel./Fax 928 66 61 89, www.tejeda.es, Mo–Fr 11–15.30, Sa–So 11.30–14.30 Uhr
Termine : Mandelblütenfest Ende Jan./ Anf. Febr., s. S. 252.
Verkehr: s. Cruz de Tejeda, S. 247.

Artenara ▶ D 4

Das höchste Dorf der Insel – es liegt in 1220 m Höhe – hat ca. 500 Einwohner, die zum Teil in Höhlenwohnungen leben. Durch Fassadenvorbauten sind sie allerdings oft nicht sofort als solche erkennbar. Wie Tejeda wartet Artenara mit grandiosen Aussichten und Wandermöglichkeiten auf, doch fehlt es an Unterkünften.

Plaza de San Matías

Im Mittelpunkt des Dorfes liegt die verkehrsberuhigte Plaza de San Matías mit der gleichnamigen Kirche: Von außen abweisend, erstrahlt sie innen mit Holzdecken im Mudéjar-Stil und in Ockertönen gehaltenen Wandmalereien. Vom Kirchplatz kann man zwei Wege einschlagen – beide führen zu Höhlen und Aussichtspunkten und lassen sich zu einer Runde verbinden.

Casa Santiago Aranda

Vom Restaurant La Esquina kommt man zunächst zum Mirador de Unamuno (s. S. 258) und folgt dann der Calle Párroco Domingo Báez, die dicht am Steilhang verläuft. Nach ein paar Minuten ist die Casa Santiago Aranda erreicht, ein malerisches Höhlenanwesen, das Señor Santiago dem Dorf vermacht hat. In einer Felsöffnung ist die Touristeninfo untergebracht, die angrenzenden Höhlen sind museal aufbereitet.

Über sie schrieb ein Chronist im 16. Jh.: »Inmitten eines großen Berges entdeckte ich Löcher nach Art von Vogelnestern. Es sind dies Höhlen, von denen einige gerundet, die anderen flach sind; die einen verfügen über nur einen Raum mit Platz für ein einziges Bett, die anderen sind mehrgeschossig. Sie alle sind in Fels geschlagen – mit nicht mehr Licht als jenem, das durch die Tür herein scheint. Die Höhlen sind frisch im Sommer und wärmend im Winter. In ihnen hört man weder das Rauschen des Windes noch das Trommeln des Regens.«

Ermita de La Cuevita

Folgt man der Straße noch ein Stück weiter und wechselt dann auf einen Treppenweg über, gelangt man in den oberen Ortsteil. Ein kleiner Platz bietet Zugang zu einer Höhle, der Ermita de La Cuevita, der Kapelle der Höhlenjungfrau. Mit ihrer tief herabhängenden Decke wirkt sie winzig klein, doch fehlt es ihr weder an einem Altar noch an einer Kanzel, einem Beichtstuhl, Chor oder Taufbecken – all dies in roten Fels geschlagen! Aus Holz ist nur die 80 cm große Madonna in einer Wandnische, die Patronin der kanarischen Folklore. Über die schmale Straße Subida a La Cuevita kommt man zum Kirchplatz zurück.

La Cilla

Ab 2009 soll auch wieder Artenaras spektakulärster Aussichtspunkt La Cilla zugänglich sein: Hinter dem Kirchplatz führt die Straße Camino de La Cilla zu

Lieblingsort

Mirador de Unamuno
Das Bergpanorama in Artenara hat es dem spanischen Schriftsteller Miguel de Unamuno so sehr angetan, dass er schrieb, er glaube »ein versteinertes Gewitter« vor sich zu haben. Dieser Satz gefiel den Dorfbewohnern so gut, dass sie dem Dichter zu Ehren ein Denkmal errichteten, das ihn in Lebensgröße auf einem Aussichtspunkt zeigt. Von hier kann er in alle Ewigkeit ›seinen‹ Blick genießen: Zur Linken der ›Schneegipfel‹ und der ›Wolkenfels‹, gegenüber der Roque Bentayga, zur Rechten der tischplatte Tafelberg Vega de Acusa und dahinter der Altavista.

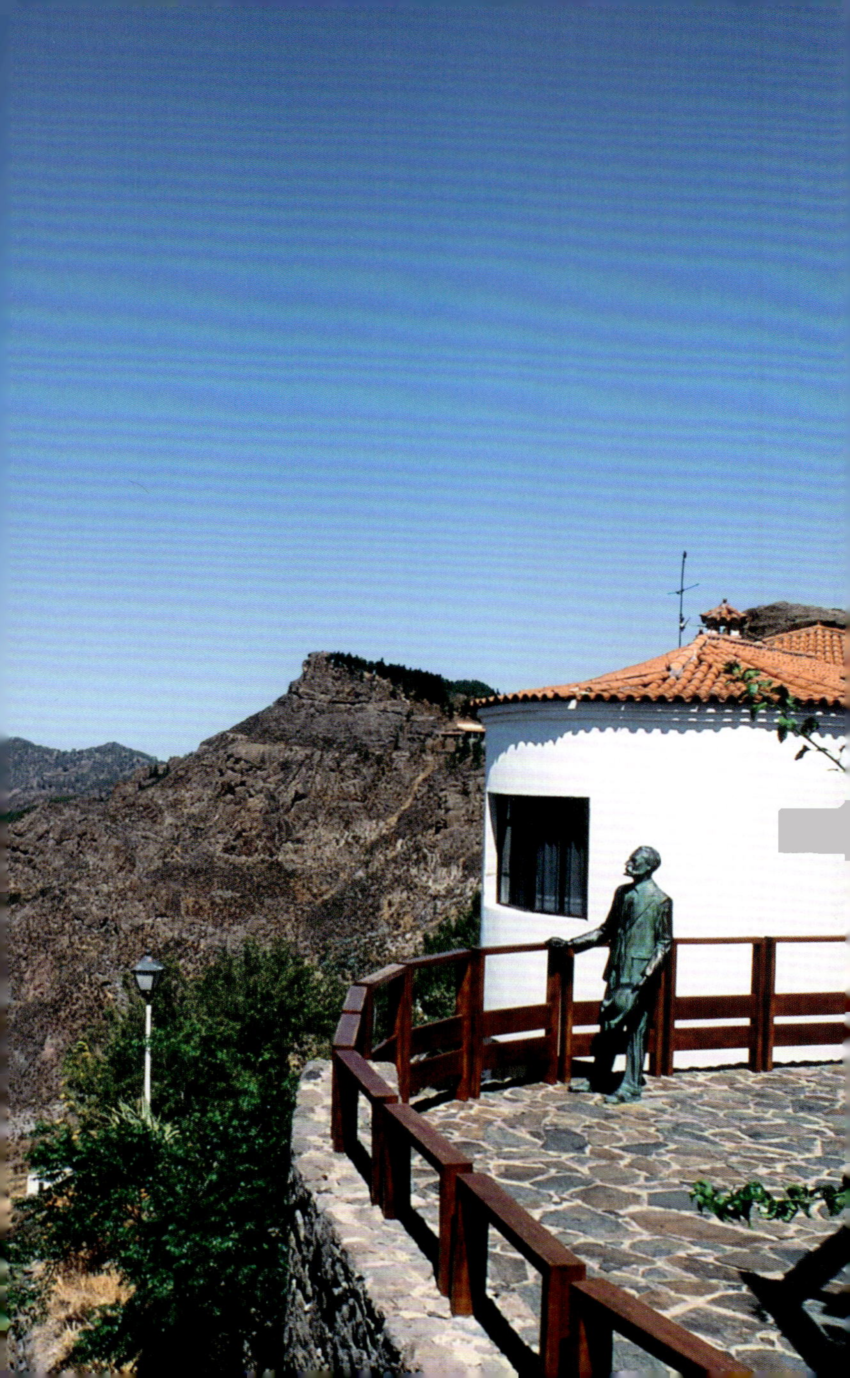

Das Zentrum

einem Plateau hinauf, wo man durch ein Tor in den Berg gelangt. Ein 60 m langer Tunnel, in dem einst der Kirchenzehnt gelagert wurde (cilla = Steuerabgabestelle), endet an einem gewaltigen Felsüberhang mit fantastischer Fernsicht.

Ausflüge

Pinar de Tamadaba ▶ C 3
Die Fahrt von Artenara nach Westen auf der GC-210 führt in die duftenden Kiefernwälder des 1100 m hohen Tamadaba-Massivs. Da sie vom feuchten Passatwind erfasst werden, hängen von den Zweigen Bartflechten wie Lametta herab, hier und da wachsen Lorbeer- und Ölbäume, im Unterholz Thymianbüsche. Zwischen den Ästen erhascht man atemberaubende Ausblicke auf Schluchten, Klippen und – übers Meer – auf Teneriffa.

Die Tamadaba-Ringstraße (GC-216) führt gegen den Uhrzeigersinn durch das Massiv, wobei sich mehrere Stopps anbieten: Beim **Aussichtsplateau** am Km 1,4 kann man zu einer herrlichen Tour aufbrechen (s. Mein Tipp S. 261), bei Km 6,2 beginnt der einstündige Abstieg zum Stausee **Presa de Lugarejos**. Bei Km 7,3 zweigt eine kleine Straße zum Tamadaba-Picknickplatz ab, und bei Km 7,6 besteht die Möglichkeit, dem ›Camino Roque Faneque‹ zur 1000 m hohen **Abbruchkante des Tamadaba** zu folgen.

Barranco de la Aldea ▶ C/B 4
Von der Straße Artenara – Pinar de Tamadaba führt die GC-210 durch Gran Canarias dramatischste Schlucht. Kurz bevor man die Hochebene Acusa auf dem gleichnamigen Tafelberg erreicht (Km 12,2), lohnt ein Abstecher zum Höhlendorf **Acusa Seca.**

Anschließend senkt sich die Straße, man passiert **Acusa Verde** (Km 16) und eine **Mühle** (Km 18,7). In Spitzkehren geht es hinab in die Schlucht von La Aldea, dann vorbei an zwei Stauseen durch den wild zerklüfteten unteren Teil des Canyon, bis man nach 30 km La Aldea de San Nicolás erreicht.

Übernachten

Wohnen in Höhlen – **Landhäuser:** In Artenara gibt es weder Hotel noch Pension oder Apartment. Stattdessen kann man sich auf Wochenbasis in rustikalen Höhlenhäusern einquartieren (s. Agenturen für Turismo Rural S. 25). Mitten im Dorf, nahe der Touristeninformation, liegt z. B. die **Casa Pajar** mit Vorgarten, Weinpergola und weitem Blick auf die Caldera (Calle Párroco Domingo Baéz 22, Tel. 902 15 72 81, der Besitzer wohnt in Nr. 40).

Essen & Trinken

Rings um den Kirchplatz bekommt man kanarische Hausmannskost. Die meisten Besucher zieht es zur Aussichtsterrasse des Restaurants La Esquina, besser schmeckt es in der ›Höhle‹:
In kleiner Höhle – **Cueva del Molino:** Calle Matías Vega 23, Tel. 928 66 62 27, tgl. 9–17 Uhr, Preise um 15 €. Kein Ausblick, aber ein uriges Ambiente. Man sitzt am Holztisch und verputzt große Portionen deftiger Küche, nach Lust und Laune des Kochs auch Feineres (z. B. Lauchpastete). Beliebt bei Einheimischen, am Wochenende ist es schwer, einen Platz zu ergattern.
Spektakulärer Blick – **Mesón Mirador La Cilla:** Camino de la Cilla 8, Tel. 928 65 81 08 (Wiedereröffnung voraussichtlich 2009). Auch wenn man keinen Hunger hat, sollte man hier einkehren

Mein Tipp

Auf den Altavista ▶ C 4
An der Tamadaba-Straße GC-210 befindet sich bei Km 1,4 eine Aussichtsterrasse. Rechterhand startet ein leichter, aber überaus lohnender Wanderweg, der in 1,45 Std. auf den Altavista (1376 m) führt – wie der Name verrät, eröffnet sich oben eine ›weite Sicht‹. Die ersten 10 Min. sind die anstrengendsten: Steil geht es hinauf zu einer Gabelung, die aufgrund eines nahe gelegenen Kreuzes Cruz de María heißt. Hier hält man sich links und muss fortan keine Abzweigung mehr beachten, sondern kann sich voll und ganz auf die Schönheit der Landschaft konzentrieren: Auf der einen Seite ein zerklüfteter Talkessel mit einem Tafelberg, auf der anderen die Schluchten des Westens, das Meer und – bei klarer Sicht – Teneriffa (leicht, hin und zurück 3, 5 Std.).

und zumindest einen Kaffee trinken: Nachdem man einen kurzen Tunnel passiert hat, öffnet sich der Blick auf ein gigantisches, wild zerklüftetes Tal – bis hinauf zu den Felsnadeln des Roque Bentayga und Roque Nublo.

Aktiv & Kreativ

Wandern – Oberhalb des Dorffriedhofs *(cementerio)* führt ein markierter Weg zum Höhlendorf **Acusa** (hin und zurück 3 Std). Oberhalb der Kapelle La Cuevita startet der Weg nach Cruz de Tejeda (2,5 Std. eine Richtung). S. auch Ausflüge und Tipp!

Infos

Touristeninformation
Calle Párroco Domingo Báez 13 (Casa Santiago Aranda), Tel. 928 66 61 02, Mo–Fr 10–14 Uhr, www.artenara.es

Termine
Fiesta de la Virgen de la Cuevita: Ende Aug. Am vorletzten Sonntag des Monats wird die Höhlenjungfrau in einer Prozession von der Kapelle zur Kirche getragen und am Sonntag darauf wieder zurück. Anschließend findet ein Viehmarkt statt. Folklore-Gruppen treten auf und viele Radfahrer kommen, da die Jungfrau auch ihre Patronin ist.

Verkehr
Bus 220 verbindet Artenara mit Teror und Las Palmas. Busfahrplan s. S. 282.

Ayacata ▶ D 5

Das Dörfchen liegt auf 1300 m Höhe in einem Kerbtal zwischen steilen Felswänden und oft haushohen Felsblöcken. Es ist ein Verkehrsknotenpunkt mitten im Bergland – und das Lokal Casa Melo profitiert davon: Von hier führen Straßen nach Tejeda und Maspalomas, nach Mogán und zum höchsten Punkt der Insel, dem Pico de las Nieves. Eine Strecke ist schöner als die andere, ich persönlich fahre am liebsten gen Osten. Noch bevor die Straße zum Pico de las Nieves abgeht, reiht sich auf einer Länge von 8 km ein un-

Das Zentrum

gewöhnliches Landschaftsbild an das andere.

Infos

Verkehr: Bus 18 fährt in nördlicher Richtung über Tejeda nach Cruz de Tejeda und Vega de San Mateo, in südlicher Richtung über San Bartolomé de Tirajana nach Maspalomas.

Roque Nublo ! ▶ D 5

Der 1813 m hohe ›Wolkenfels‹ ist das geologische Wahrzeichen der Insel – kaum ein kanarisches Folklore-Lied, das ihn nicht besingt. Gleich einer gigantischen Skulptur erhebt er sich 65 m über seinem Sockel und thront am Abgrund des Tejeda-Kessels. Er ist das Relikt eines ehemaligen Vulkanschlots, der durch Erosion abgetragen wurde – nur das harte Kerngestein vermochte der Kraft von Wasser und Wind zu widerstehen.

Auf der weiten Ebene an seinem Sockel wachsen seltene Pflanzen wie weißer Salbei, Hahnenkamm und das silberne Mutterkraut. Zwar ist er nur zu Fuß erreichbar, doch da der Weg leicht ist (hin und zurück keine 2 Std.), wird er von vielen Besuchern begangen. Es lohnt sich, früh zu kommen, allein schon, um am Startpunkt (GC-600, Km 11,2) eine der wenigen Parkbuchten zu ergattern. Sollte hier alles belegt sein, findet man vielleicht am Aussichtspunkt 400 m weiter oben (Km 10,8) einen Platz.

Der breite Weg, der nach 35 Min. in einen ausgetretenen Pfad übergeht, wird im letzten Abschnitt steiler und führt teilweise über Steinstufen aufwärts zum Roque Nublo. Unterwegs sieht man links einen Felsmonolithen, der wegen seiner Form **El Fraile,** ›der Mönch‹, heißt. Am Roque Nublo angelangt, eröffnet sich ein fantastisches Panorama, bei gutem Wetter bis zum Teide auf Teneriffa.

Übernachten

Völlig abgelegen – **Campamento El Garañón:** Erreichbar über eine an der GC-600 bei Km 6,9 abzweigende, ausgeschilderte Forstpiste, zu buchen über Vivac Aventura, Tel. 928 41 32 82, www.vivacaventura.com, mit Glück auch vor Ort bei María (Tel. 928 17 00 49), 13 € p. P. Nur für ausgebuffte Wanderer mit Schlafsack – spartanische Übernachtung in Waldhütten, oft in Gesellschaft kanarischer Schulklassen. Im Normalfall komplizierte Anmeldung mind. 7 Tage im Voraus.

Pico de las Nieves ▶ E 5

Der ›Schneegipfel‹ ist mit 1949 m Gran Canarias höchster Berg – bei klarer Sicht überschaut man weite Teile der Insel. Von der Aussichtsplattform schweift der Blick über den gesamten Südwesten, 1000 m hinab in die Caldera de Tirajana, hinüber zu den Dünen von Maspalomas und bis nach Teneriffa mit dem Teide. Besonders schön ist das Panorama bei Sonnenuntergang, wenn sich lichtdurchflirrte Wolkenbänke zwischen die Gebirgsstaffeln schieben. Den Gipfel selbst darf man nicht betreten, da er militärischer Sperrbezirk ist. Von den beiden Kuppeln, denen er seinen Beinamen ›Los Pechos‹ (›Die Brüste‹) verdankt, wird der kanarische Luftraum überwacht.

Was es mit dem Schnee auf sich hat, kann man besser verstehen, wenn man vom Gipfelplateau zur Kreuzung zurückfährt und dort in die geradeaus weisende GC-135 einbiegt. Gleich zur Rechten sieht man den **Pozo de las Nieves,** die Rekonstruktion eines ehemaligen ›Schneebrunnens‹. Hier wurde der hin und wieder fallende Schnee zu Eis gepresst, das sich in dieser Höhe lange hielt. Per Maultier wurde es in die Hauptstadt befördert, wo es im Krankenhaus therapeutischen Zwecken diente. 250 m weiter kann man links des quadratischen Asphaltplateaus (Hubschrauberlandeplatz) zum **Pozo de la Nieve Grande,** dem ›Großen Schneebrunnen‹ hinabsteigen.

Wählt man die Rückfahrt via Ayacata, fährt man auf der GC-600 erst durch fruchtbares Obstanbaugebiet, dann durch Kiefernwald zum beliebten Picknickgelände **Llanos de la Pez** (gemauerte Grillvorrichtungen, Lokal Mo geschl.). Nahe Km 9 liegt linkerhand die Campingfläche Bailico. Bei Km 9,1 zweigt links der alte Pilgerweg Camino de Santiago ab, der als PR-GC-40 markiert ist und via Cruz Grande nach San Bartolomé führt (3 Std.). Auf der Weiterfahrt erstreckt sich rechts tief in einer Schlucht der mit 1550 m höchstgelegene Stausee der Insel, die **Presa de los Hornos.**

El Juncal ▶ C/D 5

Von der GC-60, die das zentrale Bergland erschließt, zweigt bei Km 11,4 eine schmale Straße ab, die sich wenig später gabelt: Rechts geht es auf der GC-606 ins abgelegene Bergdorf El Carrizal (und weiter nach La Aldea de San Nicolás), und nach links auf der GC-661 ins kaum weniger einsame El Juncal.

Weiter Blick vom Pico de las Nieves

Lieblingsort

**Picknick am Stausee
Cueva de las Niñas** ▶ C 5
Ein krakenartig ausgreifender See im Bergland, gesäumt von duftendem Kiefernwald – gibt es einen schöneren Flecken für ein Picknick? Am Ufer stehen Holztische und Grillöfen, aus einer Quelle sprudelt Wasser. Man hört nichts weiter als das Picken des Buntspechts und den Wind, der leise durch die Kiefernzweige weht. Viele Kanarier haben den See für sich entdeckt und kommen am Wochenende, um zu feiern und zu grillen. Werktags dagegen ist es hier fast menschenleer.

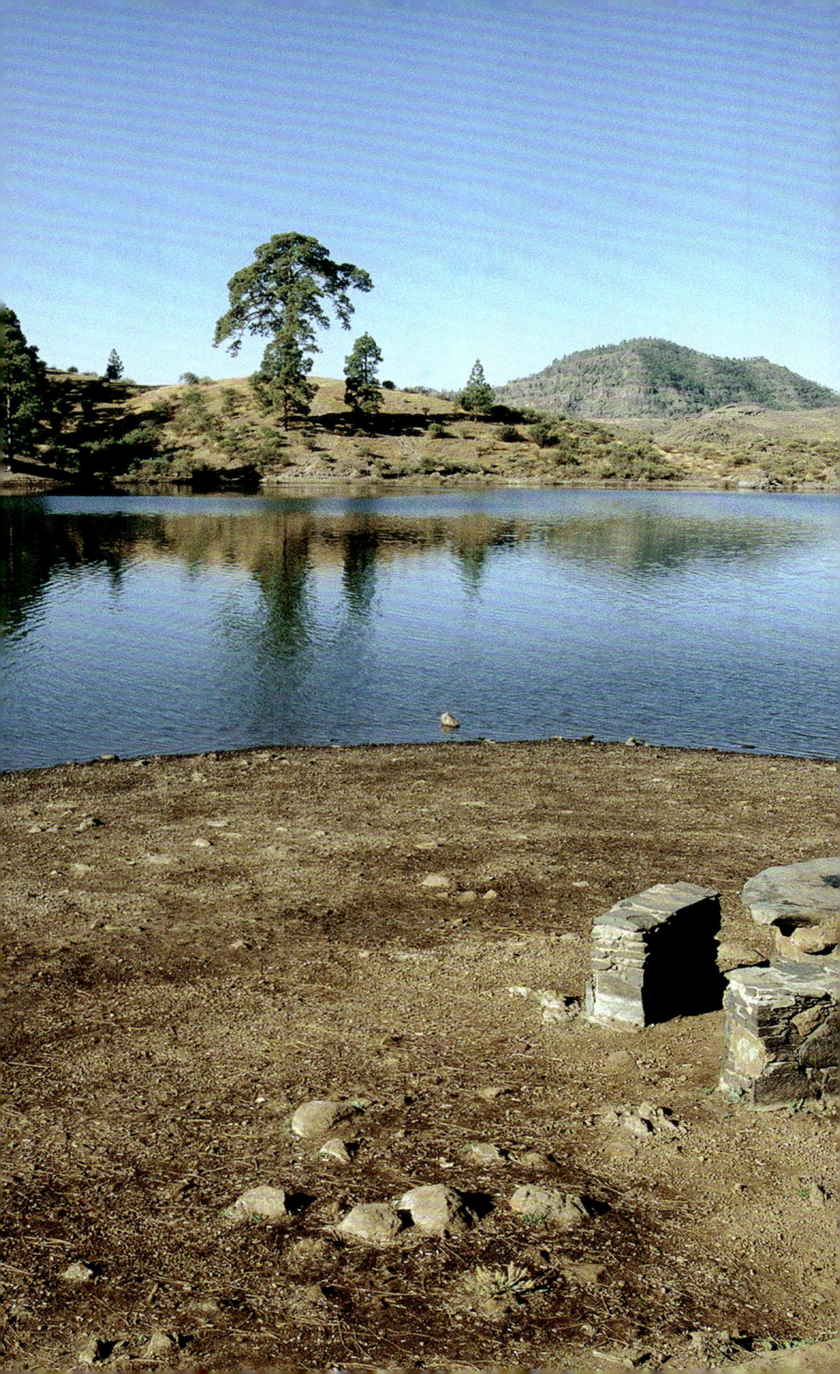

Das Zentrum

Von diesem Dorf führt eine Forstpiste ins Naturschutzgebiet **Inagua-Pajonales,** ein 1400 m hoher, von Schluchten flankierter und mit Kiefernwald bedeckter Bergrücken. Bis zu den Bränden 2007 hatten hier seltene Vogelarten wie der Buntspecht, Blaufink und die Rote Schnepfe ihr Refugium – nun sind sie vom Aussterben bedroht.

Presa Cueva de las Niñas ▶ C 5

Knapp nördlich von Ayacata zweigt bei Km 14,3 die GC-605 in Westrichtung ab und führt längs einer locker mit Kiefern bestandenen Schlucht abwärts. Nach 10 km passiert man die Zufahrt zum Stausee Presa de Cueva de las Niñas. Seinen Namen ›See der Höhle der Mädchen‹ verdankt er den Schäferstündchen, die Hirtinnen an diesem romantischen Flecken hielten. Ein ländliches Idyll ist der See noch heute. Egal ob man via Mogán oder Soria weiterfährt – jede Tour bietet tolle Ausblicke und führt längs steiler, kieferngespickter Felswände abwärts.

Presa de Chira ▶ D 6

3 km südlich von Ayacata führt die GC-604 durch lichten Kiefernwald nach **Cercados de Araña** am Stausee von Chira. Nach einem knappen Kilometer kann man einen Abstecher zum aussichtsreichen Picknickplatz **Pinar de Santiago** unternehmen. Von Cercados de Araña, das sich nur in den Ferien belebt, führt der Fahrweg links am Stausee entlang zu einer Herberge unmittelbar an der Staumauer. Sie ist kanarischen Gruppen vorbehalten. Kurz darauf endet der Asphalt, nur Wanderer können weiter (s. u.).

Übernachten

Landhäuser – Über Agenturen des Turismo Rural (s. S. 25) können Fincas am

Mein Tipp

Kurzwanderung rund um den Chira-See
Nach Querung der Staumauer stößt man auf eine gemauerte Rohrleitung, der man nach links folgt. Ist der Trampelpfad abgerutscht, läuft man in der trockenen Leitung weiter. Nach ca. 15 Min. kommt man zu einer kleinen Staumauer, quert sie und gelangt zur gegenüberliegenden Talseite, wo man ohne Weg, aber dank der Steinmännchen problemlos auf den Strommast auf dem Bergrücken zuläuft. Nach 5 Min. erreicht man eine Erdpiste, die rechts nach Cercados de Araña zurückführt. Vor uns weiden Schafe auf gewellten Hängen, dahinter sehen wir die festungsartigen Felswände des Zentralmassivs. 200 m weiter den Linksabzweig ignorieren, danach führt die Piste in sanftem Auf und Ab oberhalb des Seeufers ins Zentrum von Cercados de Araña. Rechts bringt uns die kaum befahrene GC-604 nach 2 km längs des Sees zur Staumauer zurück (Dauer 2 Std.).

Chira-See gebucht werden, z. B. die Casa Las Colmenas mit zwei Schlafzimmern, Seeblick-Terrasse und Pool-Garten.

San Bartolomé de Tirajana ▶ E 5

Das Dorf in knapp 900 m Höhe liegt am Westrand eines imposanten Felskessels. Lange Zeit hat man diesen als ehemaligen Krater *(caldera)* interpretiert, dessen südliche Steilwand vor Millionen von Jahren durch eine mächtige Eruption weggesprengt wurde. Wahrscheinlicher ist allerdings, dass hier gewaltige Erosionsvorgänge am Werk waren.

Man mag kaum glauben, dass von diesem Dorf die größte Inselgemeinde verwaltet wird – dank der Einnahmen aus den Ferienstädten der Costa Canaria zählt sie zu den reichsten Spaniens. Immerhin floss in den letzten Jahren endlich auch Geld in die Restaurierung der Häuser, selbst zwei Hotels für Aktivurlauber wurden eröffnet.

Längs der Durchgangsstraße reihen sich einfache Lokale. Am besten pausiert man auf der kleinen Straßenterrasse neben der Plaza mit Rathaus und mächtiger Kirche.

Iglesia de San Bartolomé

Die Gründung der Kirche geht auf ein Gelübde eines Konquistadoren zurück: Als sich dessen Truppen am 24. August 1479, dem Tag des hl. Bartholomäus, im Kampf mit den Ureinwohnern blutige Nasen holten, schwor er, dem Heiligen zu Ehren eine Kirche zu bauen, wenn die Eroberung von Erfolg gekrönt würde.

So kam der Ort zu seiner Kirche und seinem spanischen Namen. Im Volksmund aber ist die altkanarische Bezeichnung ›Tunte‹ bis heute gebräuchlicher. Den kriegerischen Geist unterstreicht Santiago (Jakobus), Patron der schließlich doch erfolgreichen Eroberung. Gleich zweifach steht der schwertschwingende Nationalheilige in der Kirche. Neben dem ›großen‹ wird vor allem der ›kleine‹ verehrt, eine 80 cm große, archaische Figur aus dem 15. Jh.

Museo Etnográfico

Casa Museo Yáñez, Calle Antonio Yáñez s/n, Mo–Fr 9–13 Uhr

Ein paar Schritte vom Platz wurde im Haus einer ehemaligen Großgrundbesitzerfamilie ein Ethnographisches Museum eingerichtet, das bäuerliche und feudale Wohnkultur zeigt. Im Obergeschoss befindet sich der herrschaftliche Salon, im Erdgeschoss sind Stall, Scheune und Schuppen, ein Tante-Emma-Laden sowie die museale Arztpraxis des letzten Hausbesitzers erhalten.

Einen Blick lohnt auch das ehemalige Mühlenanwesen am nördlichen Ortsausgang, das heute das nette Landhotel La Hacienda del Molino beherbergt (s. S. 268).

Caldera-Tour

Durch das Felsrund führt die schmale, 2 km nördlich des Orts abzweigende GC-654. Sie eröffnet fantastische Ausblicke und passiert grün umwucherte Weiler (Agualatente, Risco Blanco, Taidía), bevor sie in Santa Lucía endet. Natürlich kann man auch erst über die Hauptstraße GC-65 nach Santa Lucía fahren und das Felsrund in umgekehrter Richtung erkunden.

Nahe Taidía kann man an einer ›Esel-Safari‹ teilnehmen. Die einstündige Tour endet an einem rustikalen Lokal (Donkey Safari Las Tirajanas, Los Moriscos s/n, mobil 658 93 83 32).

Das Zentrum

Übernachten

Sportlich und Aktiv – **Aldiana Mirador:** Monte Pobre s/n, Tel. 928 12 30 00, Fax 928 12 30 23, www.aldiana.de, DZ pauschal ab 128 €, Individualgäste mind. 3 Nächte. Hier wollte der aus dem Dorf stammende Baulöwe Santana Cazorla seine Bettenburgen an der Küste ›gutmachen‹. Das noble Berghotel strotzt vor Granit, Marmor und Edelholz – an nichts wurde gespart, um ein exklusives Wohngefühl zu vermitteln. Das Beste sind die Panoramafenster, durch die man von früh bis spät am wechselnden Naturschauspiel teilhaben kann und über den Tirajana-Kessel bis zum Meer schaut. Sowohl die 60 Komfortzimmer als auch der große Spa-Bereich (mit halbüberdachtem, beheiztem Pool, Saunen und Jacuzzi) sind zum Talkessel geöffnet. Man kann Mountainbikes leihen und an geführten Wandertouren teilnehmen, es gibt einen Quarzsandtennisplatz und Bustransfer zum Strand. Veranstaltet werden auch spezielle Event-Wochen: Wandern, Malen, Wellness, Shiatsu u. a. Sehr gelobt werden die Frühstücks- und Abendbüfetts.
Idyllisch – **Casona del Almendro:** Llanos de El Sequero 14, Mob. 699 38 99 83, ab 60 €. Señora Nieves, die seit vielen Jahren in der Touristeninfo von Playa del Inglés arbeitet, vermietet das rustikal-komfortable ›Mandelhaus‹ ihrer Familie. Anfahrt: Nördlich San Bartolomé von der GC-60 gegenüber dem Lokal Tenderetunte in die Zementpiste einbiegen und ihr 1 km folgen.
Rustikal – **La Hacienda del Molino:** Calle Los Naranjos 2, Tel. 928 12 73 44 und 676 62 52 62, www.lahaciendadelmolino.com, DZ ab 50 €. Die ehemalige Gofio-Mühle am Dorfausgang Richtung Bergland wurde aufwendig restauriert und in ein kleines Hotel verwandelt. Die acht Zimmer gruppieren sich um einen schattigen Innenhof, in dem Ausflügler tagsüber Snacks einnehmen. In der ehemaligen Dorfschusterei trifft man sich abends am Kamin. Das rustikale Gesamtbild stören jedoch allseits präsente Werbebanner für Coca-Cola & Co.
Nur im Notfall – **Santana:** Calle Tamarán 10, Tel. 928 12 71 32, DZ 35 €. Pension mit sieben spartanischen Zimmern ohne eigenes Bad – maßlos überteuert!
Landhäuser – Auf Wochenbasis können nen über Agenturen des Turismo Rural (s. S. 25) Fincas gebucht werden.

Essen & Trinken

Am Abendbüfett im **Hotel Aldiana Mirador** kann jeder teilnehmen, doch muss er sich anmelden. Preis: stolze 55 € p. P.! Da bleibt man doch lieber in den Bars und Lokalen an der Hauptstraße und probiert den Wein der örtlichen Bodega Las Tirajanas, vielleicht auch mal die Obstschnäpse *mejunje* und *guindilla* aus Rum, Palmhonig, Orangen und Zitronen bzw. Kirschen.

Aktiv & Kreativ

Wandern – Von der Durchgangsstraße führen steile Gassen ins Oberviertel, wo nahe dem Hotel Aldiana Mirador markierte Wanderwege starten.

Infos

Touristeninformation
Calle Reyes Católicos s/n, Tel. 928 12 73 77.

Termine
Fiesta de Santiago: 25. Juli. Zum Fest des Apostels Jacobus kommen fromme

Seelen aus allen Himmelsrichtungen. Man pilgert zu Fuß oder mit dem Auto dorthin, wo sich seine Statue früher befand – zu den Überresten der Kapelle im Kiefernwald von Cercados de Araña (Picknickplatz Pinar de Santiago).

Fiesta de San Bartolomé: 24. Aug. Zu Ehren des hl. Bartholomäus finden eine Prozession sowie ein Vieh- und Handwerksmarkt statt.

Verkehr

Linie 18 verbindet San Bartolomé via Fataga mit Maspalomas, via Ayacata mit Tejeda und San Mateo. Mit Bus 34 kommt man über Santa Lucía nach Agüimes. Busfahrplan s. S. 282.

Santa Lucía ▶ E 6

Die weißen Häuser der Stadt werden von einer maurisch inspirierten Kuppelkirche überragt, darüber führen Gassen in verwilderte Orangengärten. Am südlichen Ortsausgang öffnet das einer Festung nachempfundene Privatmuseum **Museo Castillo de la Fortaleza.** Es zeigt ein Potpourri aus Archäologie, Geologie, Flora und Fauna der Insel (Calle Los Álamos 3, tgl. 9–13 und 16–19 Uhr, Eintritt 2 €).

Das Schönste an Santa Lucía ist seine palmenreiche Umgebung. Die Ortsteile Rociana, Casas Blancas und Ingenio (mit Olivenmühle) sowie Sorrueda mit idyllischem Stausee liegen eingebettet in große Palmenhaine.

Fortaleza Grande ▶ F 6

Fährt man von Santa Lucía ein Stück Richtung Küste und biegt in die Nebenstraße nach La Sorrueda ab, erreicht man Fortaleza Grande, auch Ansite genannt. Der Felsgigant, der aus der Mitte der tiefen Schlucht aufragt, erscheint tatsächlich als ›große Festung‹. Unterwegs kommt man am oberen Ende des Weilers vorbei, wo sich der Blick auf einen romantischen Stausee öffnet. Am Felsen angekommen, muss man vom ›Parkplatz‹ einige Meter hinaufklettern, um eine Höhle zu erreichen, die durch das Gestein hindurch auf die andere Seite führt. Hier gibt es viele weitere, aber schwer erreichbare Höhlen.

Ob der Felsen die letzte Widerstandsbastion der Ureinwohner war, ist umstritten, weshalb die privat initiierten, jahrzehntelang begangenen alljährlichen Gedenkfeiern zum ›Sieg über die Heiden‹ untersagt worden sind.

Übernachten

Landhäuser – Über Agenturen des Turismo Rural sowie über www.santaluciarural.com können auf Wochenbasis restaurierte Fincas angemietet werden. Besonders schön gelegen sind die Casas im Palmenweiler Ingenio de Santa Lucía (z. B. Palmeral del Valle, La Casona del Olivar) sowie im Nachbarort Temisas.

Essen & Trinken

Touristisch, aber urig – **Hao:** Calle Los Alamos 3, Tel. 928 79 80 07, Preise um 15 €. Von der Durchgangsstraße als burgähnliches Gebäude erkennbar: Am Vormittag ist das Lokal, zu dem auch ein Ethno-Museum gehört, von Busgruppen ›belagert‹. Nachmittags, wenn es still wird, sitzt man gemütlich auf Baumstümpfen an Holztischen und verputzt kanarische Klassiker. Gut schmecken die frisch gepressten Obstsäfte.

Das Zentrum

Beim Patronatsfest in Santa Lucía

Infos & Termine

Termine
Fiesta de Santa Lucía: am 13. Dez. findet eine Prozession statt, an der eine eigens aus Schweden eingeflogene Festkönigin mit Lichterkrone teilnimmt.
Los Labradores: Am Sonntag nach der Fiesta de Santa Lucía. Der Höhepunkt des Bauernfestes ist die Prozession, die von Karren mit gewaltigen Ochsen angeführt wird.

Verkehr
Mit dem Bus 34 kommt man nach San Bartolomé bzw. in Richtung Küste (auf der Strecke Temisas-Agüimes-El Doctoral).

Temisas ▶F6

Viele fahren an diesem Dorf achtlos vorbei, denn der Ortskern liegt ein paar hundert Meter abseits der GC-505. Doch der kurze Abstecher lohnt, um einen malerischen Kirchplatz zu sehen, umringt von traditionell kanarischen Häusern. Rund um das Dorf wachsen Olivenhaine, aus deren Früchten vorzügliches ›Jungfernöl‹ (s. S. 66) gepresst wird.

Übernachten

Total abgelegen – **Camping Temisas:** Lomo de la Cruz, Tel. 928 79 81 49, 2

Temisas, Fataga

und Weingärten bedeckt, Palmen stehen in kleinen Hainen. Vom Kirchplatz steigt man über Kopfsteinpflaster hinauf auf den Felssporn, von dem man einen weiten Blick über die roten Dächer hat. Unterwegs passiert man einen öffentlichen Waschplatz und das kleine, private **Museo de Fataga,** in dem Armin Hundertmark allerlei Kuriosa zur Insel ausstellt (Calle María del Pilar 12, www.archivo-islas-canarias.com, Mo–Fr 10–12 Uhr).

Vorbei an der winzigen Bodega El Rincón kommt man zum höchsten Punkt, wo die **Ateliergalerie von Friedhelm Berghorn** über dem Abgrund thront. Hier kann man nicht nur die expressiven, vom ›atlantischen‹ Licht inspirierten Gemälde des Künstlers sehen, sondern auch die seiner Malerfreunde (s. Mein Tipp S. 275).

Auf dem Rückweg zum Kirchplatz spaziert man bei der **Panadería** vorbei, wo Señora Rosario oder Sohn Markitos seit Morgengrauen an dem mit Mandel- und Orangenbaumholz befeuerten Ofen steht. Seit über 100 Jahren, nun bereits in vierter Generation, werden hier Kokosbällchen *(bolitas de coco)* und Anisbrötchen hergestellt, aber auch Mandelplätzchen *(galletas de almendra)* und mit ›Engelshaar‹, d. h. Melonenkonfitüre, gefüllte Blätterteigtaschen *(pañuelitos con cabello de ángel).* Ist die Bäckerei geschlossen, kann man ›zu jeder Tages- und Nachtzeit‹ (O-Ton Rosario!) im Haus Nr. 10 schräg gegenüber klopfen (Los Reyes 14, tgl. 10–13 und 16.30–19 Uhr).

Molino de Fataga
GC-60 Km 31,2
Knapp 2 km oberhalb des Dorfes passiert man die Zufahrt zu einer großen Palmenoase. In ihrer Mitte steht ein Gehöft aus dem 17. Jh., das in ein Landhotel verwandelt wurde. Auch eine Maismühle aus jener Zeit ist zu sehen,

Pers. mit Zelt zahlen ca. 10 €. Der Name täuscht: Zwar liegt der einfache Platz (3. Kat.) unterhalb des Dorfes, doch erreichbar ist er nur über die GC-104 via Era del Cardón. Die 2 km lange Zufahrt (über Holperpiste) ist ausgeschildert. Mit Laden und Bar, auch Holzhütten können angemietet werden.

Fataga ►E 6

Nur 15 km von der touristisch erschlossenen Südküste entfernt, repräsentiert dieses Dorf bereits das ›andere‹ Gran Canaria. Seine Gassen winden sich um eine Felskuppe, die markant im Bett einer steilwandigen Schlucht steht. Die Hänge ringsum sind mit Aprikosen-

Lieblingsort

Malerische Gassen in Fataga

Viele kommen nicht über die Lokale der Durchgangsstraße hinaus, doch gerade in Fataga lohnt es sich, die – hier wirklich einmal malerischen – Nebengassen zu erkunden. Dabei kommt man auch an der altertümlichen Dorfbäckerei vorbei, in der allerlei Süßes hergestellt wird. So hübsch ist Fataga, dass es sich einige Ausländer als Wohnort erwählten. Bei einigen kann man vorbeischauen, so bei Armin Hundertmark in seinem Privatmuseum und in der Kunstgalerie von Friedhelm Berghorn.

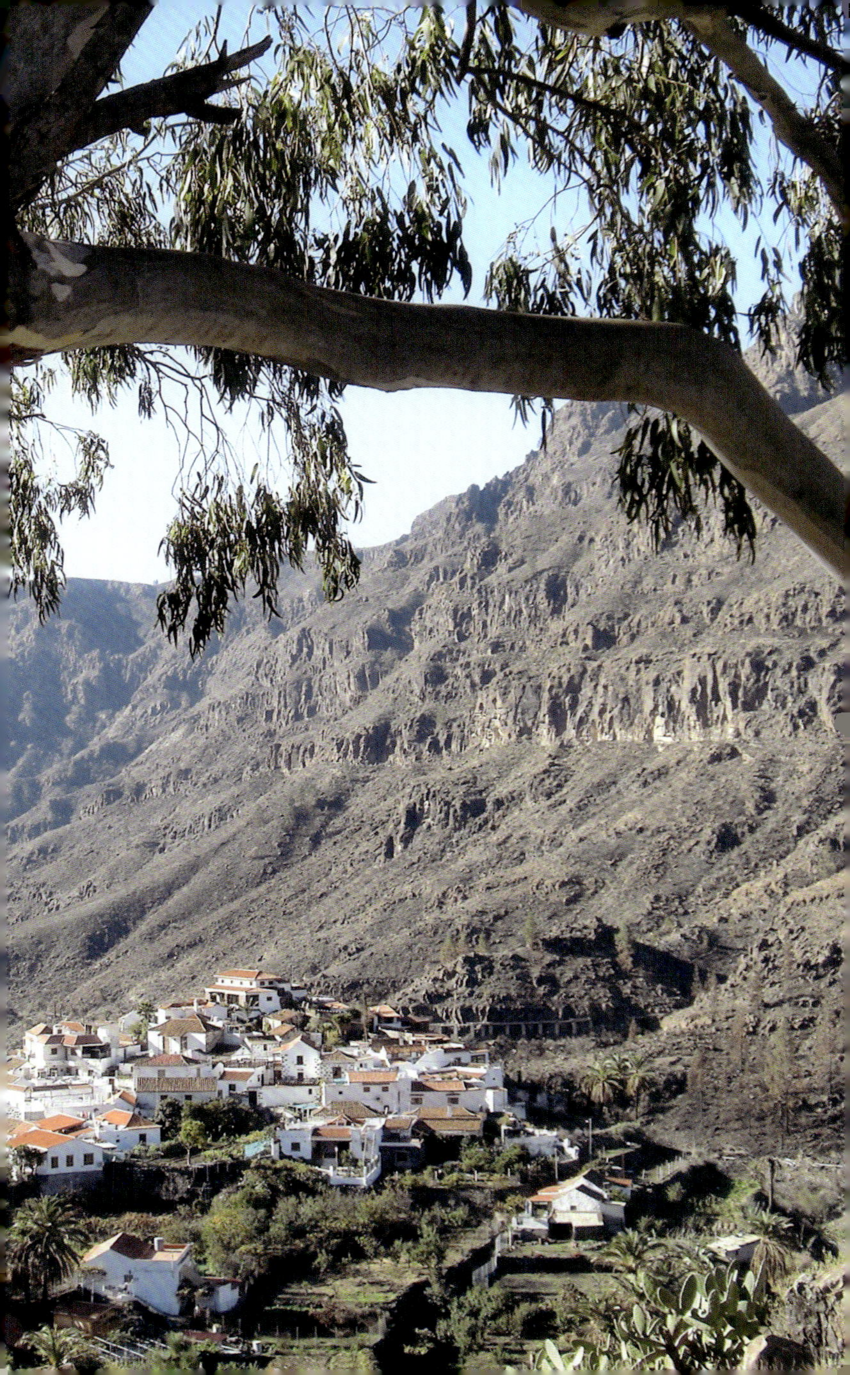

dazu ein Streichelzoo mit Esel, Ponies und Straußenvögeln. Das zugehörige rustikale Lokal bietet deftig-kanarische Hausmannskost.

Übernachten

Fataga ist klein, doch bietet es mehrere gute Unterkünfte: Ein rustikales Hotel, eine kleine Apartmentanlage und Landhäuser.

Im Palmenhain – **Molino del Agua:** GC-60 Km 31,2, Tel. 928 17 20 89, Fax 928 17 25 15, www.molinodeagua.es, DZ ab 62 €. Inmitten einer Oase mit angeblich 1000 Palmen steht ein hübsches Gehöft aus dem 17. Jh. mit kleinen Wirtschaftsgebäuden ringsum. Drei der 20 einfachen, freundlichen Zimmer haben kein Fenster, öffnen sich aber zu Terrassen, von denen man auf Esel oder Straußvögel blickt. Auch ein Holzhäuschen kann angemietet werden. Gefrühstückt wird in einer rustikalen Hütte einen Steinwurf entfernt, davor liegt der Pool im attraktiven Garten. Für Kinder gibt es einen Spielplatz neben Truthähnen, Enten und Ponys, umringt von Orangen- und Mandarinenbäumen. Weiter im Angebot: Bogenschießen, Buggy fahren, Paintball und Klettergarten (alles gegen Gebühr).

Am Kirchplatz – **Casa Rural Falcón:** Calle El Río 2, Tel. 928 79 82 31, ab 60 €. Liebevoll restauriertes historisches Haus im ruhigen Dorfzentrum. Im Erdgeschoss befinden sich die rustikale Wohnküche (TV, Heizofen, Mikrowelle, Kaffeemaschine), ein Schlafzimmer und das Bad. Über den attraktiven Innenhof kommt man ins Obergeschoss mit weiterem Schlafraum und Bergblick-Terrasse – ein herrlicher Ort, um zu frühstücken! Señora Clara, die Besitzerin, wohnt gleich neben ihrem ›Falkenhaus‹ und bringt zur Begrüßung Wein und Obst.

Mit Talblick – **Casa Rural Villa Pino Díaz:** Calle Díaz/María del Pilar 31, Tel. 928 46 25 47, ab 60 €. Hübsches Land-

---

Mein Tipp

Wohnen auf der Obst-Finca
Hier fühlt man sich gut aufgehoben, genießt weiten Talblick und die Stille, die nur vom Hahnenschrei unterbrochen wird. Puri und Tomás haben auf ihrer Obst-Finca sechs Apartments rustikal eingerichtet. Je höher die Apartment-Nummer, desto mehr Räume: Nr. 6 verfügt – neben der bestens ausgestatteten Wohnküche – über drei Schlafzimmer und Bäder sowie eine große Terrasse (max. 7 Pers.). Im Garten gibt es einen kleinen Pool, mehrere zottelige Garafía-Hirtenhunde streifen umher und bewachen das Anwesen. Da die Besitzer einst ein Lokal betrieben, bieten sie ihren Gästen auf einer restaurantähnlichen Terrasse Frühstück sowie deftiges Mittag- und Abendessen. Wer sich Mahlzeiten selbst zubereiten will, kann außer Brötchen frisch gepflückte Orangen, Papayas, Avocados und Guaven ordern (Finca Tomás & Puri, Finca Capaon 30, GC-60 Km 35, Tel./Fax 928 79 86 81, Ap. ab 30 €; 2 km südl. Fataga, Bushaltestelle vor der Finca-Zufahrt).

Fataga

Mein Tipp

Gran Canaria kreativ
Friedhelm Berghorn hat seinen Traum vom Künstlerdorf verwirklicht: In einer wild-romantischen Seitenschlucht von Fataga hat er ehemalige Bauern- in Atelierhäuschen verwandelt. Alle, die Lust haben, fernab der Zivilisation künstlerisch zu arbeiten, können hier je nach Gusto mit oder ohne Anleitung ihren Urlaub verbringen. Gestellt werden Unterkunft, drei Mahlzeiten am Tag, Arbeitsräume und sämtliche Mal- bzw. Bildhauerutensilien für knapp 1000 € pro Woche. Die Gäste werden vom Flughafen abgeholt und erhalten Tipps für weitere Unternehmungen (Galería Friedhelm Berghorn, Calle Díaz 8, Fataga, Tel./Fax 928 79 81 23, www.galeria-de-arte.de).

haus im Mittelpunkt des Dorfes, Terrassen mit Berg- und Talblick.

Essen & Trinken

Seit die Herstellung edler Tropfen staatlich gefördert wird, kann man in Fataga in mehreren kleinen Familien-Bodegas Wein ›mit Gütesiegel‹ kosten und kaufen – gekeltert werden Roter, Weißer und süßer Muskateller. Im Zentrum des Dorfes betreibt Señora Josefa die **Bodega El Rincón** (El Pilar 33, klingeln im Haus gegenüber). Ein paar Straßen weiter, am Südrand der ›Altstadt‹, entdeckt man die **Bodega El Caserío**. Ihr Besitzer, Juan Carreño, hat sein Handwerk auf der Finca des Musikers Justus Frantz erlernt und produziert vorzüglichen Weißwein (Bajada de la Socorra 6). 1 km südlich des Dorfes weist an der Durchgangsstraße ein Richtungsschild zur **Bodega La Tabaibilla**, in der Manuel García einen guten Roten anbietet (GC-60, Km 32,7).

Leidlich essen kann man in mehreren Lokalen an der Durchgangsstraße. Uriger speist man im Palmengarten des **Molino del Agua** (s. S. 274): Fleisch vom Grill, dazu Runzelkartoffeln mit Mojo und Salat. Preise um 15 €.

Einkaufen

Hübsche Souvenirs – **Galeria,** Plaza de Fataga. Die holländische Besitzerin hat hübsche Dinge zusammengetragen: Schmuck aus polierten Kamelknochen, Kästchen aus Eierschalen und gepresstem Bambus, Täschchen aus Perlmutt und Ebenholz, handgedrehte Kerzen.

Infos

Fiesta del Albaricoque: Ende April/Anfang Mai. Zum Aprikosenfest werden zu Ehren des Schutzpatrons San José Handwerks- und Essensstände aufgebaut, dazu erklingt Folklore-Musik.

Verkehr
Bus 18 verbindet Fataga mit Maspalomas, Tejeda und Vega de San Mateo. Busfahrplan s. S. 282.

Nächste Seite: Dünenlandschaft im Abendlicht – im Süden der Insel

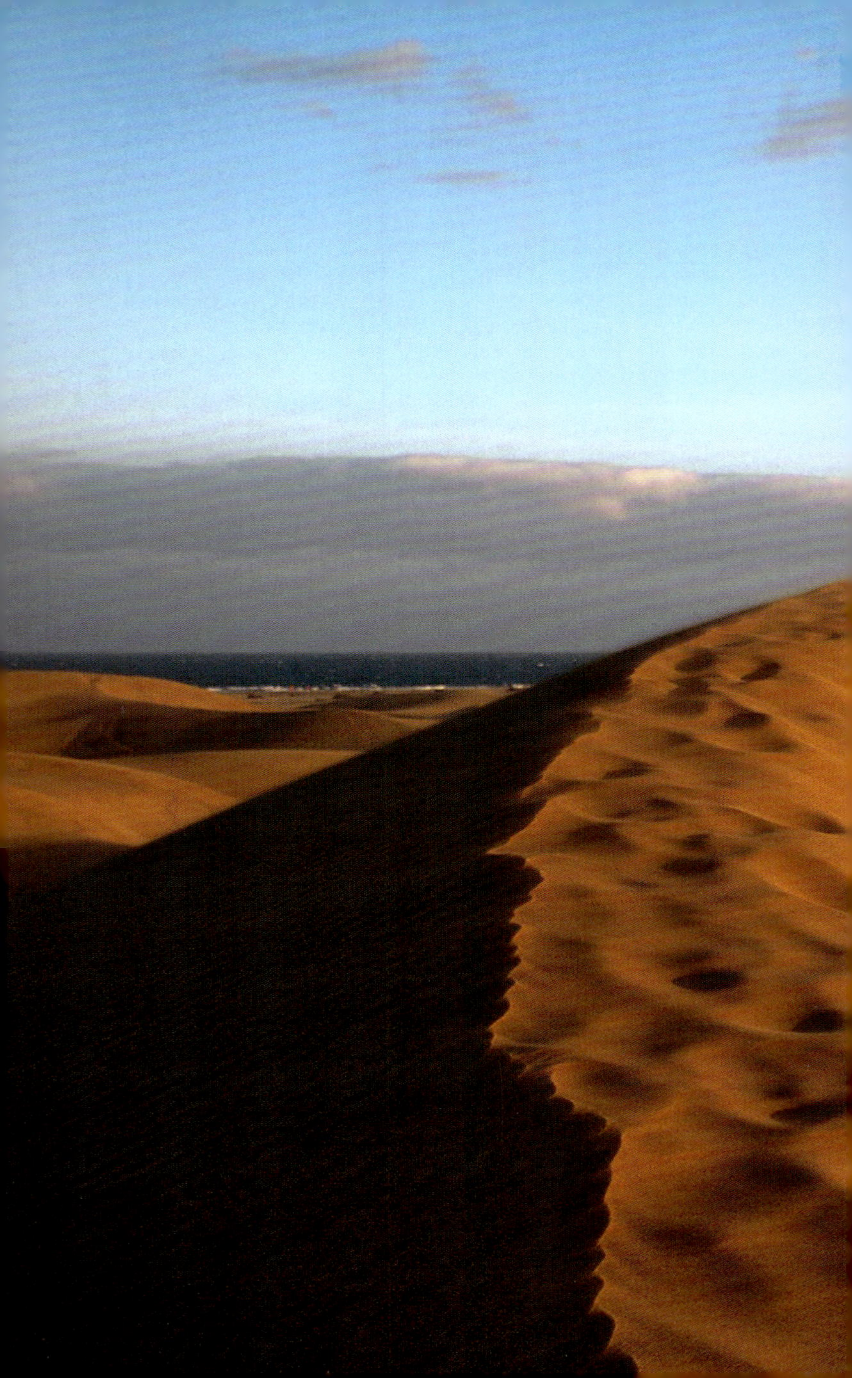

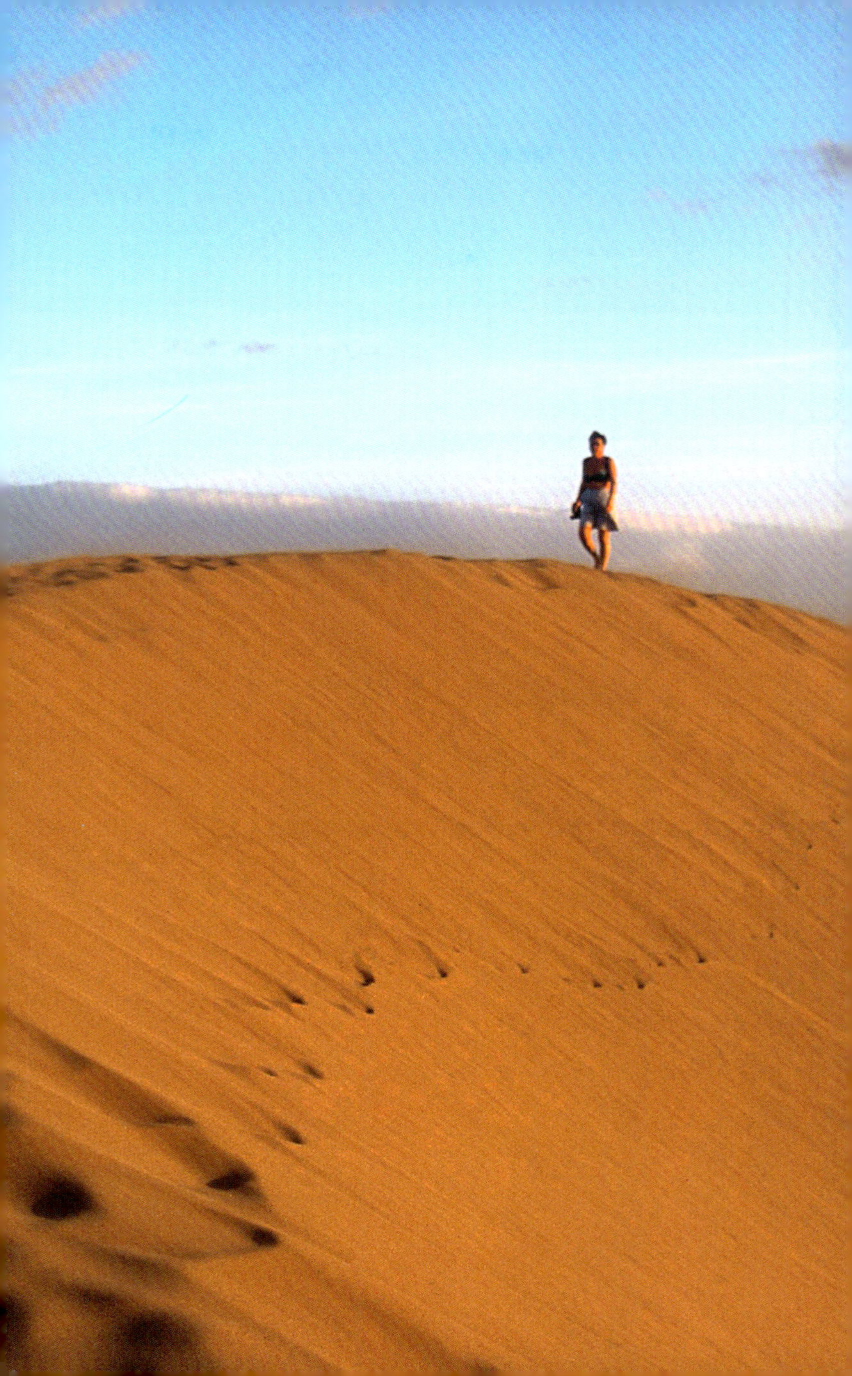

Sprachführer

Kanarisches Spanisch

Selbst wer etwas Spanisch kann, wird seine Mühe haben, die Kanarier zu verstehen, denn sie sprechen ›atlantisches Spanisch‹, d.h., statt des kastilischen Stakkato einen weich-melodischen Singsang. Während im Kastilischen, dem reinen Spanisch, das ›c‹ (vor e und i) und das ›z‹ wie das englische ›th‹ ausgesprochen werden, heißt es bei den Kanariern wie bei den Lateinamerikanern einfach nur ›s‹. Konsonanten zwischen Vokalen und am Ende des Wortes werden prinzipiell weggelassen: So klingt todos (alle) wie ›to-o‹, Las Palmas wird zu ›La Palma‹ verkürzt.

Wichtige Ausspracheregeln

c vor a, o, u wie k: z.B. casa (= Haus) gesprochen: kasa

ch wie tsch: z.B. Chira (= Stausee im Inselinnern) gesprochen: Tschira

qu wie k: z.B. quiosco (= Kiosk) gesprochen: Kiosk

j wie ch in ›ach‹: z.B. Jardín Canario (= ›Kanarischer Garten‹ in Tafira) gesprochen: Chardin Kanario

ll wie lj: z.B. Valle de Agaete (Tal im Nordwesten) gesprochen: Walje de Agaete

ñ wie nj: z.B. Presa de las Niñas (Stausee im Inselzentrum) gesprochen: Presa de las Ninjas

Bestimmte Doppelvokale werden getrennt artikuliert: So wird Puerto de las Nieves (Fischerdorf im Nordwesten) ausgesprochen: Puerto de las Njewes

Begrüßung/Verabschiedung

Guten Tag	Buenos días
(nachmittags:)	Buenas tardes
Hallo	Hola
Ich bin aus	Soy de
Deutschland	Alemania
Österreich	Austria
Schweiz	Suiza
Auf Wiedersehen	Adiós
Bis bald	Hasta luego

Allgemeines

Danke (sehr)	(Muchas) gracias
Entschuldigung	Perdón
zu klein/	Demasiado pequeño/grande
zu groß	
Gefällt mir nicht	No me gusta
mehr/ weniger	más/ menos

Unterkunft

Doppelzimmer	habitación doble
Einzelzimmer	habitación individual
mit Dusche/Bad	con ducha/baño/
Balkon	balcón
Halbpension/	media pensión/
Vollpension	pensión completa
Frühstück,	desayuno,
Mittagessen,	almuerzo,
Abendessen	cena
Es gibt kein/	No hay/
Ich habe kein	No tengo...
Handtuch	toalla
Wasser	agua
Toilettenpapier	papel higiénico

Im Restaurant

Die Speisekarte bitte	La carta, por favor
Was empfehlen Sie?	¿Qué recomienda?
Weinkarte	lista de vinos
Eine halbe Flasche von ...	media botella de...
Ein Glas ...	un vaso de...
Öl, Pfeffer, Salz	aceite, pimienta, sal
Die Rechnung bitte	La cuenta, por favor

Unterwegs

Tankstelle	gasolinera
Benzin/Super	gasolina/super
Voll, bitte	lleno, por favor
Abschleppdienst	grúa
Werkstatt	taller de reparaciones
Bus	guagua
Haltestelle	parada
Ankunft	llegada
Abfahrt	salida

Im Krankheitsfall

Magenschmerzen	dolores de estómago
Durchfall	diarrea
Notfall	emergencia
Krankenhaus	hospital, clínica
Sprechstunde	horas de consulta

Wochentage

Sonntag	domingo
Montag	lunes
Dienstag	martes
Mittwoch	miércoles
Donnerstag	jueves
Freitag	viernes
Samstag	sábado

Zeit

Um wie viel Uhr?	¿A qué hora…?
heute	hoy
morgen	mañana
gestern	ayer
morgens	por la mañana
mittags	al mediodía
nachmittags	por la tarde
diese Woche	esta semana

Zahlen

0	cero	17	diecisiete
1	uno	18	dieciocho
2	dos	19	diecinueve
3	tres	20	veinte
4	cuatro	21	veintiuno
5	cinco	30	treinta
6	seis	31	treinta y uno
7	siete	40	cuarenta
8	ocho	50	cinquenta
9	nueve	60	sesenta
10	diez	70	setenta
11	once	80	ochenta
12	doce	90	noventa
13	trece	100	cien
14	catorce	200	doscientos/as,
15	quince	500	quinientos/as
16	dieciséis	1000	mil

Die wichtigsten Sätze

Allgemeines

Ich spreche kein Spanisch.	No hablo español.
Sprechen Sie Deutsch, Englisch?	¿Habla alemán, inglés?
Ich heiße …	Me llamo…
Wie heißt Du/	¿Cómo te llamas?
Wie heißen Sie?	¿Cómo se llama?
Wie geht's?	¿Qué tal?
	¿Cómo estás?
Danke, gut.	Muy bien, gracias.
Wie viel Uhr ist es?	¿Qué hora es?

Unterwegs

Wo ist …?	¿Dónde está…?
Wie komme ich nach …?	¿Por dónde se va a …?
Wie lange brauche ich bis …?	¿Cuánto tiempo necesito a…?
Wann kommt …?	¿Cuándo llega…?

Notfall

Ich brauche einen Arzt	Necesito un médico.
Mir tut es hier weh.	Me duele aquí.
Ich bin Diabetiker.	Soy diabético.

Übernachten

Haben Sie ein Zimmer frei?	¿Tiene una habitación libre?
Wie teuer ist es?	¿Qué precio tiene?
Haben Sie ein ruhigeres Zimmer?	¿Tiene una habitación más tranquila?

Einkaufen

Was kostet …?	¿Cuánto cuesta…?
Haben sie …?	¿Tiene usted…?
Kann ich das (an)probieren?	¿Puedo probar (-melo)?
Kann ich umtauschen …?	¿Puedo cambiar…?

Kulinarisches Lexikon

Frühstück (desayuno)

churros con chocolate	Fettgebäck mit Trinkschokolade
embutidos	Wurstwaren
fiambres	Aufschnitt
huevo	Ei
huevo frito	Spiegelei
huevo revuelto	Rührei
jamón	Schinken
leche	Milch
mantequilla	Butter
miel	Honig
pan	Brot
panecillo	Brötchen, Semmel
queso tierno (fresco)	Frischkäse
queso duro (curado)	Hartkäse
rebanada	Schnitte, Scheibe
tortilla	Omelett mit Kartoffeln

Getränke (bebidas)

café solo	Espresso
café cortado	Espresso mit Milch
café con leche	Milchkaffee
caña	Bier vom Fass
cerveza	Bier
guindilla	Sauerkirschlikör auf Rumbasis
hielo	Eis in Getränken
vino blanco	Weißwein
vino rosado	Roséwein
vino tinto	Rotwein
vino seco	trockener Wein
vino de mesa	Tischwein
zumo	frisch gepresster Saft

Suppen (caldos)

cocido	gekocht, Eintopf
consomé	Kraftbrühe
escaldón	Gofio-Gemüsebrühe
gazpacho	kalte Gemüsesuppe
potaje	Gemüseeintopf
puchero	Gemüseeintopf mit Fleisch

Beilagen (guarniciones)

arroz	Reis
gofio	Speise aus geröstetem Getreide
papas arrugadas	›Runzelkartoffeln‹
papas fritas	Pommes frites
pastas	Nudeln

Gewürze (especias)

aceite de oliva	Olivenöl
azúcar	Zucker
mostaza	Senf
pimienta	Pfeffer
sal, salado	Salz, salzig
vinagre	Essig

Gemüse (legumbres)

ajo	Knoblauch
alcachofa	Artischocke
batata	Süßkartoffel
berenjena	Aubergine
garbanzo	Kichererbse
guisante	Erbse
hierbas	Kräuter
hongos/setas	Pilze
judías verdes	grüne Bohnen
lechuga	grüner Salat
papa	Kartoffel
pepino	Gurke
perejil	Petersilie
pimiento	Paprika
zanahorias	Karotten

Fleisch (carne)

albóndigas	Fleischbällchen
asado	Braten, gebraten
aves	Geflügel
bistec	Beefsteak
cabra, cabrito	Ziege, Zicklein
carajaca	Leber in Pfeffersoße
chuleta	Kotelett
cochinillo	Spanferkel
conejo	Kaninchen
cordero	Lamm
escalope	Schnitzel

estofado	Schmorbraten	cigala	kleine Languste
gallina	Huhn	dorada	Goldbrasse
guisado	Schmorfleisch	gambas	Garnelen
lomo	Lende	langostinos	große Garnelen
pato	Ente	lenguado	Seezunge
picadillo	Gehacktes	mariscos	Meeresfrüchte
pollo	junges Huhn	mejillones	Miesmuscheln
parrillada	vom Grill, Grillplatte	merluza	Seehecht
salchichas	kleine Bratwürste	mero	Zackenbarsch
solomillo	Filet	pez espada	Schwertfisch
de cerdo	vom Schwein	pulpo	Oktopus, Krake
de res	vom Rind	rape	Seeteufel
de ternera	vom Kalb	raya	Rochen
de vaca	vom Rind	salmón	Lachs
		sancocho	gesalzener Fisch mit Kartoffeln

Zubereitungen

ahumado	geräuchert	vieja	Papageienfisch
a la plancha	auf heißer Metallplatte gegart	zarzuela	Fisch und Meeresfrüchte in Soße
bien hecho	durchgebraten		
blando	mild, weich		

Obst und Desserts (fruta y postres)

con mojo picón (rojo)	mit scharfer Soße	aguacate	Avocado
con mojo verde	mit Kräutersoße	almendra	Mandel
empanado	paniert	bienmesabe	Mandel-Honig-Creme
frito	gebacken, gebraten		
maduro	reif	bizcocho	süßes Gebäck
manteca de cerdo	Schweineschmalz	flan	Karamelpudding
medio hecho	halb durchgebraten	frangollo	Maispudding
nata	Sahne, Rahm	fresas	Erdbeeren
sabroso	saftig, schmackhaft	helado	Speiseeis
salsa	Soße	higos	Feigen
tierno	zart, weich	limón	Zitrone
		macedonia de frutas	Obstsalat

Fisch und Meeresfrüchte (pescado y frutas del mar)

almeja	Venusmuschel	manzana	Apfel
atún	Tunfisch	melocotón	Pfirsich
bacalao	Kabeljau	naranja	Orange
bogavante	Hummer	pasteles	Kuchen, Gebäck
bonito	kleine Tunfischart	piña	Ananas
caballa	Makrele	plátano	Banane
calamares (en su tinta)	Tintenfische (in der eigenen Tinte)	pomelo	Pampelmuse
		sandía	Wassermelone
camarones	kleine Krabben	tarta	Torte
cangrejo	Krebs	turrón	Mandelgebäck
		uva	Weintraube

Busfahrplan

(Auszug, Stand: 2008)

Linie 01

Las Palmas – Maspalomas – Puerto de Mogán
Mo–Fr 5.40–19.20 alle 20 Min., 20.30–23.30 jede Std.
Sa–So 5–19.30 jede halbe Std., 20.30–23.30 jede Std.

Puerto de Mogán – Maspalomas – Las Palmas
Mo–Fr 7.10–20.10 alle 20 Min., 21.10–02.10 jede Std.
Sa–So 7.00–20.00 jede halbe Std., 21.10–02.10 jede Std.

Linie 11

Las Palmas – Agüimes
tgl. 5.50–21.50 jede Std.

Agüimes – Las Palmas
tgl. 6.00–22.00 jede Std.

Linie 18/305

Tejeda – Cruz de Tejeda – San Mateo
Mo–Sa 6.30*, 10.00, 13.15* (via Cueva Grande), 15.00* (via Cueva Grande), 17.15, 19.15
So 10.00, 13.00, 17.15, 19.15

San Mateo – Cruz de Tejeda – Tejeda
Mo–Sa 8.00, 11.00, 14.15, 16.00, 19.15*, 20.15*
So 8.00, 11.00, 14.15, 18.15

Tejeda – San Bartolomé – Maspalomas
Mo–Sa 9.00, 12.00**, 15.15, 17.15
So 9.15, 12.00, 15.15, 17.15, 19.15

Maspalomas – San Bartolomé – Tejeda
Mo–Sa 8.00, 11.00, 15.15, 17.15, 19.15**
So 8.00, 11.00, 15.15, 17.15, 19.15
*Bus 305
**nur bis San Bartolomé

Linie 30

Las Palmas (Catalina) – Faro Maspalomas
Mo–Fr 6.45–19.25 alle 20 Min., 19.55, 20.35, 21.05
Sa–So 6.15–19.15 jede halbe Std., 19.55, 20.35, 21.05

Faro Maspalomas – Las Palmas (Catalina)
Mo–Fr 8.00, 8.30–20.50 alle 20 Min., 21.25
Sa–So 7.15, 8.00–21.00 jede halbe Std., 21.25

Linie 32

Playa del Inglés – Puerto de Mogán
tgl. 7.55, 8.55, 9.55–18.25 jede halbe Std., 19.25

Puerto de Mogán – Playa del Inglés
tgl. 7.55, 8.55, 9.55–18.25 jede halbe Std., 19.25

Linie 34

San Bartolomé – Temisas – Agüimes - El Doctoral
Mo–Fr 6.45, 8.00, 9.30, 12.30, 14.30, 18.00
Sa–So 6.45, 10.00, 14.30, 18.00

El Doctoral – Agüimes – Temisas – San Bartolomé
Mo–Fr 8.00, 11.00, 12.00, 14.00, 16.30, 19.30
Sa–So 8.00, 12.00, 16.30, 19.30

Linie 35

Telde – Agüimes
Mo–Sa 7.00 alle 2 Std. bis 15.00, 16.30, 18.45, 20.45

Agüimes – Telde
Mo–Sa 6.15, 8.15, 10.15, 12, 14, 15.45, 17.20, 19.15

Linie 36

Telde – Cuatro Puertas – Cruce de Arinaga – Maspalomas
tgl. 5.00 jede Std. bis 18.00

Busfahrplan

Maspalomas – Cruce de Arinaga – Cuatro Puertas – Telde
tgl. 7.40 jede Std. bis 20.40

Linie 38
Puerto de Mogán – La Aldea de San Nicolás
Mo–Sa 7.00, 11.30, 16.00, 19.30
So 7.00, 16.00

La Aldea de San Nicolás – Puerto de Mogán
Mo–Sa 5.45, 8.00 (nur Mo–Fr), 9.00, 14.05, 17.30
So 9.00, 17.30

Linie 50
Las Palmas – Faro Maspalomas
tgl. 9.05–17.05 jede Std.

Faro Maspalomas – Las Palmas
tgl. 10.05–18.05 jede Std.

Linie 60
Las Palmas – Aeropuerto
tgl. 5.45–20.15 jede halbe Std., 21.30–1.30 jede Std.*

Aeropuerto – Las Palmas
tgl. 6.15–20.45 jede halbe Std., 22.00–2.00 jede Std.**

*ab Las Palmas (Catalina) jede Std. 6.00–20.00
**bis Las Palmas (Catalina) jede Std. 6.15–19.15

Linie 66
Aeropuerto – Faro Maspalomas
tgl. 7.20–22.20 jede Std.

Faro Maspalomas – Aeropuerto
tgl. 6.15–21.15 jede Std.

Linie 80
*Las Palmas – Telde***
Mo–Fr 7.15–21.35 alle 20 Min.
Sa 7.30–14.00 jede halbe Std.

*Telde – Las Palmas****
Mo–Fr 6.25–20.25 alle 20 Min.
Sa 6.25–12.55 jede halbe Std.

*Weitere Verbindungen mit Linie 12
**15 Minuten früher: Abfahrt Las Palmas (Catalina)
***Weiterfahrt bis Las Palmas (Catalina)

Linie 84
Mogán – Puerto de Mogán
tgl. 8.30–12.30 jede Std., 17.00, 18.00, 19.30, 22.00

Puerto de Mogán – Mogán
tgl. 8.00–12.00 jede Std., 16.30, 17.30, 18.30, 21.45

Linie 90
Maspalomas – Telde
tgl. 6.30–20.30 jede Std.

Telde – Maspalomas
tgl. 8.00–21.00 jede Std.

*Weitere Verbindungen mit Linie 36

Linie 91
Las Palmas – Playa del Cura
tgl. 6.15–20.15 jede Std.

Playa del Cura – Las Palmas
tgl. 7.30–20.30 jede Std.

Linie 101
Gáldar – Agaete – La Aldea de San Nicolás
Mo–Sa 7.30, 11.15, 15.45, 19.30
So 7.30, 15.45

La Aldea de San Nicolás – Agaete – Gáldar
Mo–Sa 5.45, 9.00, 14.05, 17.30
So 9.00, 17.30

Linie 102
Gáldar – Los Berrazales
tgl. 7.15 (ab Agaete), 10.30, 14.30, 18.30

Los Berrazales – Gáldar
tgl. 7.30, 11.30, 15.30, 19.30

Linie 103
Las Palmas – Puerto de las Nieves
tgl. 5.00–22.00 jede Std.

Busfahrplan

Puerto de las Nieves – Las Palmas
tgl. 5.30–22.30 jede Std.

*bei vielen Verbindungen Umsteigen in Gáldar

Linie 105
Las Palmas – Gáldar
Mo–Fr 7.30–20.45 alle 15–30 Min., 21.30–23.30 jede Std.
Sa–So 6.30–23.30 jede Std.

Gáldar – Las Palmas
Mo–Fr 6.30–19.45 alle 15–30 Min., 20.30–23.30 jede Std.
Sa–So 5.30–23.30 jede Std.

Linie 113
Gáldar – Fontanales
Mo–Sa 7.00, 14.15

Fontanales – Gáldar
Mo–Sa 8.00, 16.00

Linie 116-117
Las Palmas – Moya
Mo–Fr 7.45–19.45 jede Std.
Sa–So 7.45–19.45 alle 2 Std.
Moya – Las Palmas
Mo–Fr 8.45–20.45 ca. alle 1–2 Std.
Sa–So 8.45–20.45 ca. alle 2 Std.

Linie 127
Moya – Fontanales
tgl. 8.45, 11.45, 15.00, 16.45

Fontanales – Moya
tgl. 9.10, 12.10, 17.10, 20.10

Linie 206
Las Palmas – Bañaderos – Arucas
Mo–Fr 6.55–19.55 jede Std., 22.20
Sa–So 7.15–20.15 jede Std., 22.30

Arucas – Bañaderos – Las Palmas
Mo–Fr 6.00–19.00 jede Std., 21.00
Sa–So 6.15–19.15 jede Std., 21.15

*weiter nach Firgas mit Linie 211

Linie 214
Teror – San Mateo
tgl. 8.00, 10.00, 12.00, 14.15, 16.30, 19.00

San Mateo – Teror
tgl. 8.45, 11.00, 13.00, 15.00, 17.30, 19.45

Linie 216
Las Palmas – Teror
tgl. 6.30, 7.30, 8.00–21.00 jede Std.

Teror – Las Palmas
tgl. 6.00–20.00 jede Std., 21.00 (nur Sa/So)

Linie 220
Teror – Artenara
Mo–Sa 11.00, 14.15, 19.00
So 8.15, 16.15

Artenara – Teror
Mo–Sa 15.15, 18.30
So 10.45, 18.45

Linie 303
Las Palmas – San Mateo
tgl. 7.00–22.30 jede halbe Stunde

San Mateo – Las Palmas
tgl. 6.00–21.30 jede halbe Stunde, 22.30, 23.30

*ab Las Palmas via La Calzada mit Linie 302

Linie 311
Las Palmas – Bandama
tgl. 5.55–20.55 jede Stunde*

Santa Brígida – Bandama – Las Palmas
tgl. 6.40–21.40 jede Stunde**

*Sa–So 15 Minuten früher: Abfahrt Las Palmas (Catalina)
**Sa–So Weiterfahrt bis Las Palmas (Catalina)

Register

Acusa 261
Acusa Seca 260
Acusa Verde 192
Agaete 33, 71, **199**
Agaete-Tal 28
Agualatente 267
Agüimes 33, 36, 66, 75, **121**
Altavista 261
Año Nuevo 33
Anreise 20
Apotheken 35, 37
Arguineguín 36, **164**
Arinaga 65, **127**
Arteara 71, 141
Artenara 71, **257**
Arucas 28, 33, 36, **228**
Ärztliche Versorgung 35
Autofahren 17, 23
Ayacata 185, **261**

Bahía Feliz 31, 134, 135, 136
Bajada de la Rama 33, 203
Barranco de Arguineguín 166
Barranco de Azuaje 227
Barranco de Fataga 141
Barranco de Guayadeque 124
Barranco de Guayedra 196
Barranco de la Aldea **191,** 260
Botanische Gärten 51
Busse 18, **21,** 37, **280**

Caldera de Tejeda 49
Caldera de Tirajana 49
Camping 26
Campo de Golf 132
Casas de Bandama 117
Castillo del Romeral 129
Cenobio de Valerón 219
Cercado de Espino 166
Cercados de Araña 266
Corpus Christi 33

Costa Canaria 130
Costa Mogán 164
Cruz de Tejeda 55, **244**
Cuatro Puertas 71, **121**
Cueva Pintada 214

Degollada de la Aldea 188
Día de los Reyes 32
Día de San Juan 32
Diplomatische Vertretungen 35
Dunas de Maspalomas 150

Einkaufen 35, 37
Einreisebestimmungen 20
El Agujero 215
El Carrizal 192
El Chorrillo 254
El Juncal 263
El Risco 195
El Roque 223, 254
El Sao 166, 204

Fähren 23
Fataga 28, **271**
Feiertage 32, 33, 36
Ferienhäuser 25
Ferienresorts 24
Fernsehen 37
Festival de Jazz 34
Festival de la Ópera 34
Festival de Música de Canarias 33
Festival Internacional de Cine 33
Fiesta de la Naval 33
Fiesta de la Virgen de Pino 33
Fiesta de la Virgen del Rosario 33
Fiesta de Santiago 33
Fiesta del Carmen 32
Fiesta del Charco 33
Fiesta del queso en flor 33

Fiestas del Almendro 33
Firgas 226
FKK 36
Fliegen 20, 23
Flughafen 20
Fontanales 225
Fortaleza Grande 269
Fremdenverkehrsämter 14

Gáldar 33, 36, 71, **213**
Geld 36
Golf 30
Guía 33, **220**
Günstige Unterkünfte 25

Handicap 38
Herbergen 26
Ingenio 63, 121
Ingenio de Santa Lucía 66

Internet 14, 24

Jardín Canario 236
Jardín de la Marquesa 231
Juan Grande 129

Karneval 32, 33
Karten 15
Kreditkarten 36

La Aldea de San Nicolás 33, **189**
La Atalaya 116
La Caleta 200, 202
La Cogolla 185
La Culata 246
La Filipina 166
La Guancha 71
La Solana 254
La Suerte 204
Landhotels 24
Las Palmas 32, 33, 34, 36, 42, 44, 45, 46, 47, 60, 64, 65, 73, 75, 76, **80,** 87, 88, 146

Register

- Arenales 97
- Auditorio Alfredo Kraus 106, 110
- Canteras-Promenade 103
- Canteras-Strand 100
- Casa Consistorial 85
- Casa de África 97
- Casa de Colón 86, 89
- Casa Regental 85
- Castillo de la Luz 101
- Centro Atlántico de Arte Moderna CAAM 89
- Ciudad Jardín 98
- Ermita del Espiritu Santo 84
- Fundación Mapfre Guanarteme 84
- Gabinete Literario 90, 93
- Hafen 102
- Hotel Madrid 91
- Hotel Reina Isabel 104, 107
- Hotel Santa Catalina 99, 100
- Jachthafen 100
- Jugendstilkiosk 95
- Kapelle San Antonio Abad 89
- Kapelle San Telmo 95
- Kathedrale Santa Ana 85
- Kirche San Francisco 90
- Kirche Santo Domingo 83
- Kulturzentrum CICCA 90, 93
- La Isleta 102
- La Puntilla 106
- La Regenta 101
- Mercado de Las Palmas 90, 97
- Mercado del Puerto 101
- Museo Canario 84
- Museo Diocesano 89
- Museo Elder 101
- Museo Néstor 98
- Museo Pérez Galdós 91
- Palacio Episcopal 85
- Parque de Santa Catalina 100
- Parque Doramas 99
- Parque San Telmo 95
- Playa Chica 106
- Playa de las Canteras 103
- Plaza de Espíritu Santo 84
- Plaza de las Ranas 93
- Plaza de Santa Ana 84
- Pueblo Canario 98
- Sala de Arte Cajacanarias 101
- Santa Catalina 100
- Teatro Pérez Galdós 91, 97

Lesetipps 15, 55, 75, 77
Los Berrazales 205
Los Palmitos 160
Los Peñones 166
Los Tilos de Moya 50, 224

Märkte 36
Maspalomas 60, 132, **147**
Meloneras 62, 132, **154**
Mietwagen **21**, 37
Mirador de Tasartico 188
Mirador Degollada Becerra 49, 246
Mirador Degollada de las Palomas 246
Mirador del Balcón 194
Mogán 184
Montaña Alta 33, 222
Montaña de Arucas 230
Montañón Negro 48
Monte Lentiscal 120, 240
Moya 223

Navidad 32
Nekropole von La Guancha 215
Nekropolis von Maipés 204
Notruf 23, 37

Öffnungszeiten 29, 37

Parralillo 191
Pasito Blanco 132, **161**
Patalavaca 164, **167**
Patronatsfeste 32
Pensionen 24
Pico de Bandama 49, **117,** 119
Pico de las Nieves 30, **262**
Pinar de Tamadaba 260
Pinos de Gáldar 49, 225
Plataforma Oceánica de Canarias (Plocan) 62
Playa Amadores 164, **172**
Playa de Guayedra 196
Playa de Güigüí 189
Playa de la Verga 167
Playa de las Canteras 103
Playa de Tasarte 188
Playa de Taurito 164
Playa de Tauro 164
Playa de Veneguera 188
Playa del Águila 31, 133, 134, 135, 136
Playa del Asno 189
Playa del Cura 164, **174**
Playa del Inglés 67, 68, 132, **137**
Post 37
Pozo Izquierdo 31, **128**
Preisangaben 26, 29
Presa Cueva de las Niñas 264, **266**
Presa de Chira **266**
Presa de Soria 166

Register

Privatzimmer 24
Puerto de la Aldea 193
Puerto de las Nieves 33, 56, **196**
Puerto de Mogán 36, 164, **175**
Puerto Rico 164, 168, **170**

Radfahren 30
Radio 37
Reiten 30
Risco Blanco 267
Roque Bentayga 28, 49, 71, **253**, 254
Roque Nublo 49, 71, **262**
Rundreisen 17

Salobre 132, **161**
San Augustín 67, 68, 132, **133**
San Bartolomé (de Tirajana) 28, 33, 49, 55, **266**
San Felipe 223
San Fernando 36

San Pedro 204
Santa Brígida 28, 120, **239**
Santa Lucía (de Tirajana) 66, 127, 267, **269**
Santa María de Guía 217
Sardina del Norte 208
Segeln 30
Semana Santa 32
Sicherheit 38
Sonnenland 132
Souvenirs 35
Spartipps 36
Sporthotels 24

Tafira 239
Taidía 267
Taliarte 60
Tamadaba 71
Tauchen 30
Taurito 174
Tauro 173
Taxi **23**, 37
Tejeda 33, 55, 75, **248**
Telde 44, **114**
Telefonieren 39

Temisas 270
Tennis 30
Teror 33, 36, **232**
Tierbeobachtung 52
Timagada 71
Trapiche 63
Trinkgeld 39

Valle de Agaete 204
Valsequillo 33, **117**
Vecindario 127
Vega de San Mateo 36, 119, **240**
Veneguera 185
Verkehrsregeln 22

Wandern 30, 55, 254
Wassersport 31
Wellness 24, 31
Wetter 57
Windsurfen 31
WOMAD 34

Zeitungen 39
Zoll 20

Bildnachweis/Impressum

Bildnachweis

Gawin/Schulze, Bremen/Gran Canaria:
S. 8, 53, 54, 66, 70/71, 74, 76, 77, 92, 104/105, 120, 124, 154, 186/187, 190/191, 200/201, 206/207, 213, 219, 220, 228/229, 238, 245, 247, 248, 248/249, 256, 272/273

Hackenberg: S. 19, 65, 69, 99, 115, 122, 150, 226, 250, 252

HB-Bildatlas/Zaglitsch: S. 86

laif, Köln: S. 48 (Dreysse); S. 68 (Gerald); S. 31, 128, 276/277 (Heuer); Titelbild, S. 63, 94/95 (Modrow); 78/79 (Moirenc Camille, hemis.fr); S. 90/91, 97 (Ogando); S. 168 (Piepenburg); S. 203 (Siemers); S. 9, 12/13, 38, 40/41, 56, 156/157, 175 (Tophoven); S. 87, 224/225, 258/259 (Zanettini)

LOOK-foto, München: S. 136/137, 140, 145, 152/153, 171 (Friedel); S. 165 (age fotostock); S. 22, 29, 34, 59, 83, 110/111, 118, 126, 133, 177, 195, 198, 222, 234/235, 236, 270/271 (Richter)

Mauritius Images (Mittenwald): S. 26, 158/159, 214 (imagebroker); S. 61 (Mattes); S. 178 (Merten); S. 263 (Mitterer)

Picture Alliance (Frankfurt/M.): S. 73 (epa efe Maria Blanquez)

Ster, Kavelåg (Norwegen): Umschlaginnenklappe vorn

Visum, Hamburg: S. 50 (Oehlschlaeger)

White Star, Hamburg: S. 192

Kartografie

DuMont Reisekartografie, Fürstenfeldbruck
© DuMont Reiseverlag, Ostfildern

Umschlagfotos

Titelbild: Dünenlandschaft von Maspalomas
Umschlagklappe vorn: Jardín Canario bei Tafira

Hinweis: Autorin und Verlag haben alle Informationen mit größtmöglicher Sorgfalt geprüft. Gleichwohl sind Fehler nicht vollständig auszuschließen. Alle Angaben erfolgen ohne Gewähr. Bitte, schreiben Sie uns! Über Ihre Rückmeldung zum Buch und über Verbesserungsvorschläge freuen sich Autorin und Verlag:
DuMont Reiseverlag, Postfach 3151, 73751 Ostfildern,
info@dumontreise.de, www.dumontreise.de

1. Auflage 2009
© DuMont Reiseverlag, Ostfildern
Alle Rechte vorbehalten
Grafisches Konzept: Groschwitz, Hamburg
Druck: Sommer C. M., Ostfildern